U0903936

中国经济科学前沿丛书

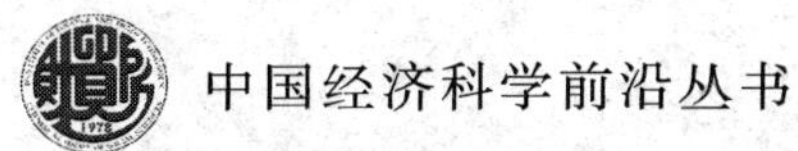

中国价格理论前沿（1）

Frontiers of the Theoretical Development of China: Price Theory

温桂芳　张群群／主编

社会科学文献出版社
SOCIAL SCIENCES ACADEMIC PRESS (CHINA)

作者简介

文武汉：广东省价格协会副会长，研究员

伍世安：江西省人大常委、省人大教科文卫委副主任委员，江西省社联副主席，中国价格协会高校价格理论与教学研究会会长，江西财经大学教授、博士生导师

戴冠来：中国价格协会副会长，薛暮桥价格研究奖评委会副主任，高级经济师

屈校民：吉林省价格协会会长，研究员

王俊豪：经济学博士，浙江财经学院院长、教授、博士生导师

温桂芳：中国社会科学院财政与贸易经济研究所研究员，中国社会科学院研究生院教授、博士生导师，中国价格协会常务理事

张群群：经济学博士，中国社会科学院财政与贸易经济研究所价格研究室主任、研究员，中国社会科学院研究生院教授、博士生导师

常　清：管理学博士，中国农业大学经济管理学院教授、博士生导师，中国农业大学期货与金融衍生品研究中心主任

许光建：经济学博士，中国人民大学公共管理学院副院长，教授、博士生导师

李文兴：经济学博士，北京交通大学中国交通运输价格研究中心主任，教授、博士生导师

袁连生：经济学博士，北京师范大学经济与工商管理学院教授、博士生导师

王万山：经济学博士，江西财经大学教授、博士生导师，九江学院副院长

王雅龄：经济学博士，青岛大学经济学院财政系主任，副研究员

黄　辉：经济学博士，华北电力大学讲师

盛　逖：经济学博士，中国社会科学院财政与贸易经济研究所，助理研究员

王振霞：经济学博士，中国社会科学院财政与贸易经济研究所，助理研究员

孙　威：法学博士，中国社会科学院法学研究所，博士后研究人员

张清勇：管理学博士，中国社会科学院财政与贸易经济研究所，助理研究员

赵立杰：吉林省价格监测中心副主任

吴启刚：吉林省农工产品成本调查队副处级调研员

孙英杰：吉林省价格研究所所长，高级经济师

戴李元：中国人民大学公共管理学院博士研究生

崔世泉：北京师范大学经济与工商管理学院博士研究生

马林梅：中国社会科学院研究生院博士研究生，辽宁工程技术大学工商管理学院讲师

周　晔：江西财经大学博士研究生，华东交通大学经济管理学院讲师

毕占天：江西财经大学博士研究生

洪　勇：华东交通大学经济管理学院讲师

郝　艺：北京交通大学经济管理学院硕士研究生

季栋伟：青岛大学经济学院硕士研究生

总　序

从1999年我们推出第一辑“中国经济科学前沿丛书”至今，已经跨越11个年头。按照当时每隔2～3年时间编撰一辑并形成一个连续性系列的计划，今年该是推出第六辑前沿丛书的时候了。

也许是巧合，第六辑前沿丛书的编撰，正值21世纪第一个十年和第二个十年的交替之际。而且，也是“十一五”收官和“十二五”开局之时。在这一具有承前启后意义的时刻，回顾、总结以往的前沿丛书编撰轨迹，以此为基础，根据形势和环境的变化，前瞻、谋划未来的前沿丛书前行方向，可能是必要的。

在编撰第一辑前沿丛书之时，我们便为它立下了宗旨，那就是归纳、总结一定历史阶段内中国在财政经济、贸易经济、金融经济、服务经济等方面的理论发展与研究概况，系统反映中国在上述领域的最新研究成果与学术进展，为以后的深入研究提供背景资料和重要的参考文献，为中国经济理论的进一步创新与发展，同时也为国外学者了解中国经济理论与实践提供一个方便的“窗口”。现在看来，坚守并贯彻这一宗旨，不仅是我们以往编撰的各辑前沿丛书获得社会广泛认可的基础，而且也是我们肩负的使命所在。按照党和国家赋予中国社会科学院的“三个定位”——马克思主义的坚强阵地、中国人文社会科学的最高殿堂、党和国家的思想库和智囊团，我们这样一个隶属于中国社会科学院、以财政与贸易经济科学为研究主线的研究机构，其定位可具体化为：马克思主义财经科学的坚强阵地、中国财经科学的最高殿堂、党和国家财政与贸易经济领域的思想库和智囊团。这就意味着，我们应当也必须以引领中国财经科学发展方向为己任，应当也必须始终工作在中国财经科学的前沿地带。因而，这一宗旨，我们应当也必须坚守下去。

在编撰第一辑前沿丛书之时，我们也为它定下了基本特点。那就是，学术性——重点反映上述几个学科领域在一定时期的理论研究概况和重要的学术观点，历史性——动态地反映一定时期内的理论发展脉络或发展轨迹，前瞻性——对今后进一步深化研究作出判断并提出建议，理论与实践相结合——将学术研究与对策研究融为一体，力求在中国经济社会发展的每一个环节都留下自己的印记。现在看来，这几个特点，虽不敢说在以往编撰的各辑前沿丛书中都做到了，但我们确实一直将其视为安身立命之本。作为一个以应用经济学为主要研究领域的研究机构，将思想付诸实践，研以致用——以自己的研究成果报效祖国和人民，这不仅是我们，也可以说是整个中国经济学界献身财经科学研究事业的梦想和追求。所以，当改革开放的伟大实践不断地把中国经济领域的各种热点、难点、焦点问题提到我们面前之时，在国内外经济社会形势的变化不断地催生各种“前沿”问题的背景下，我们应当也必须一如既往地努力实践上述的四个特点。

宗旨一贯、特点不变，这是我们这次编撰的第六辑前沿丛书以及今后将继续编撰的若干辑前沿丛书的既定方略。当然，这并不意味着，前沿丛书不能有任何调整之举。事实上，细心的读者早已发现，在以往编撰的几辑前沿丛书中，已经做过相应的调整。比如书名，《中国财政理论前沿》拓展为《中国财政经济理论前沿》，《中国商业理论前沿》改名为《中国流通理论前沿》，

《中国对外经贸理论前沿》更名为《中国国际商务理论前沿》，等等。并且，编撰的体例、风格以及装帧，也在与时俱进。这一次的调整，最重要的动作，就是增加了《中国价格理论前沿》一书。

价格问题的重要性，可以说，是随着我们步入后危机时代的脚步而日益强烈地感受到的。无论对于中国，还是整个世界，在后危机时代面临的一个重要挑战，就是经济动荡与通货膨胀相交织。日趋凸现的通胀压力，当然会直接影响到物价。对于价格问题的研究，曾经是我们的一个强项。许多前辈师长，都曾经在这一领域为国家作出过重要贡献。只是近些年来，在价格改革逐步“完成”、对于它的研究需求相对萎缩的条件下，不仅是我们，也包括整个中国经济学界，投入这一领域的精力和时间有了下降之势。故而，当物价问题重新提至我们面前甚至成为影响中国宏观经济的一个重要因素的时候，有关价格研究的供给，便显得相对不足了。在这样一种背景下，加强对于价格问题的研究，重新扬我们之所长，为党和国家的相关决策服务并推动中国价格理论研究的发展，便成为我们的当然选择。故而，便有了《中国价格理论前沿》的加盟。

于是，读者面前的第六辑“中国经济科学前沿丛书”，是由五部理论文集所构成的。这就是，《中国财政经济理论前沿》、《中国金融服务理论前沿》、《中国国际商务理论前沿》、《中国流通理论前沿》和《中国价格理论前沿》。

其实，除了上述的调整之外，应当说，最大的变化，还在于我们的研究理念、工作目标的深化。伴随着研究所的发展进程，特别是进入而立之年之后，我们越来越意识到影响力对于研究所建设的极端重要性，也越来越自觉地将提升学术影响力和决策影响力当做研究所工作的两个主要线索。这种变化，已经影响到并体现于这辑前沿丛书的编撰之中。

最后想说的是，前沿丛书的连续出版，与广大读者的关注、鼓励和支持是分不开的。在表达我们最真诚感谢的同时，也期待广大读者能继续关注前沿丛书的发展与进步，并对其中的问题和不足提出批评指正。总之，让我们共同努力，把“中国经济科学前沿丛书”的有关工作做下去、做得更好。

中国社会科学院财政与贸易经济研究所

高培勇　荆林波　史　丹

2010 年 12 月 24 日

目录

CONTENTS

第一部分　综合篇

第二部分　理论篇

第三部分　实践篇

CONTENTS

Part Ⅰ Retrospects

Part Ⅱ Theoretical Inquiries

Part Ⅲ Applications and Practices

第一部分

综合篇

中国价格60年：价格形成机制的变迁

文武汉　温桂芳*

内容摘要　本文从认识价格形成机制的本质入手，论述新中国成立60年以来，在“三大改造”、高度集中统一的计划经济、经济体制改革过程中和实行社会主义市场经济后等不同时期价格形成机制的变迁；揭示价格形成机制的变迁与经济体制实施和变迁的关系，阐明不同的价格形成机制在不同的经济体制中的地位和作用；探索建立以市场为主导的价格形成机制和管理体制的理论与改革实践，更好地发挥价格机制配置资源的基础作用。

关键词　价格形成基础　价格形成机制　价格形成机制变迁

价格机制由价格形成机制和价格运行机制组成，其中价格形成机制是前提，只有合理的价格形成机制，才有合理的价格运行机制和完善的价格机制。从理论和实践上正确认识和把握价格形成机制的本质和作用，对于深化价格改革，完善中国特色社会主义市场经济的价格体制和价格体系，使价格机制成为国家调节经济的抓手，更好地发挥价格机制的作用，对于落实科学发展观、促进经济又好又快发展，具有重要的现实意义。

---

* 文武汉，研究员，1964年毕业于中南财经政法大学，长期从事价格管理和价格理论研究，曾任国务院价格研究中心生产资料组组长、广东省物价研究所所长、广东省物价局总经济师（副厅级），现任广东省价格协会副会长、中国价格协会理事、专家委员会委员。温桂芳，中国社会科学院财政与贸易经济研究所研究员、博士研究生导师，中国价格协会常务理事。

一　价格形成机制的本质

有人认为："价格形成机制所反映的是某种物品实际价格形成中，具有直接定价权、间接定价权或价格干预权的政府、经济组织、企业、居民以及司法机构等之间的相互关系。它决定价格在现实生活中的变化规则，影响实际价格变动的作用范围和程度。"① 笔者认为这种认识虽然涉及价格形成机制的本质，但不够全面和准确。因为价格作为商品价值的货币表现，它的制定与调整的内容和方法是有其规律性的，这种规律性就是价格形成机制的本质。价格形成机制的产生和发展变化都是根源于一定生产关系下经济体制的产生和变化过程。作为制定、调整价格的价格形成机制，实际上是一个复杂有机的工作系统；它是人类社会自觉运用价值规律的抓手。它正如一部汽车，有自己的构造原理，需要一整套零部件相互联系、相互作用有机构成一部完好的汽车，在司机的驾驶下才成为运输工具。价格形成机制也有它的构造原理，是成本、费用、利润、税金等一系列相互联系、相互作用的因素构成的有机整体，在人的操作下，才成为合理决定价格的机制。所以我们要认识和把握价格形成机制的本质和作用，必须从价格形成机制中的价格形成基础、影响价格形成因素和主体的研究入手。

（一）价格形成以价值为基础

价格形成内容是商品生产、流通过程中，价格确定的内容，包括价格形成基础和影响价格形成的因素。商品价格形成的基础，是马克思阐明了的价值形成的原理，即商品价值由 $C+V+M$ 三个因素构成。因而商品价格首先由这三个因素构成为基础。在实践中通常把 $C+V$ 划为成本，包括生产成本和流通费用；把 M 划为利润和税金。所以商品价格形成基础 = 成本 + 利润 + 税金。

（1）价格形成基础中的成本，是指商品生产经营活动中所耗费的本钱和费用。它包括商品生产和流通过程中耗费的物化劳动和活劳动的支出，是商品价值中 $C+V$ 的货币表现。在生产领域发生的称为生产成本，在流通领域发生的称为流通成本，分别由生产和流通企业核算。制定商品价格时必须以成本为最低界限，这是保证企业正常生产经营活动的前提。马克

① 刘卓甫、王振元、乔荣章主编《价格知识大全》，中国物价出版社，1990，第697页。

思指出："商品出售价格的最低界限，是由商品的成本价格规定的。如果商品低于它的成本价格出售，生产成本中已经消耗的组成部分，就不能全部由出售价格得到抵偿。如果这个过程继续下去，预付资本价值就会消失。"① 成本具有个别成本和社会成本之分，在社会化大生产条件下，价格形成基础的成本应以社会成本为根据。

（2）价格形成基础中的赢利，是商品价值构成中，新创造价值 M 的货币表现，是企业销售收入中扣除成本（$C+V$）后的余额。它包括国家税金和企业利润两部分。它不仅是反映生产经营者经济效益的重大指标，而且是价格形成基础中的一个重要因素。关于价格形成基础中确定赢利额的几种赢利率分列如下。

①成本赢利率。它既反映生产某种商品所消耗的资金同获得赢利的比例，表明这种商品生产所消耗资金的效益，又作为确定这种商品价格基础中的赢利额。

②工资赢利率。它是赢利占商品成本中工资总额的比例。它既是反映劳动生产率变化的指标，又作为确定商品价格基础中的赢利额。

③资金赢利率。它是新创造价值的货币表现同预付总投资的比例。它反映全部占用资金和赢利额之间的关系，是衡量投资经营效果的综合性指标，又作为确定商品价格基础中的赢利额。

（3）价格形成基础中的税金，是国家实现职能的经济条件，是国家凭借政治权力，依法规定而强制、无偿地向商品生产经营者征收，作为财政收入的一部分，是国家参与国民收入分配和再分配的一种形式。从税金与价格形成基础的关系看，税金有价内税和价外税之分。价内税是计入商品价格内的税金，是通过价格转嫁给商品购买者、消费者负担的间接税，以商品流转额为征税对象，是价格形成基础中赢利额的一个组成部分。这种税金可以通过设定不同的税率，对不同商品的生产、流通起到一定的调节作用。确定价格形成基础中的税额，是按规定的税率乘以计税额求得。税率是税金制度的核心，是计算税额的尺度。

（二）价格形成以生产价格为基础

生产价格是价值的转化形态，由商品成本价格加上平均利润构成。它是社会化大生产发展到一定阶段的产物。商品交换开始的价格是以价值为

① 《马克思恩格斯全集》第25卷，人民出版社，1974年11月，第45～46页。

基础，并围绕着价值上下波动。随着商品生产发展到一定高度，在竞争机制的推动下，劳动力和资本在部门间的自由流动，形成了平均利润，进而成为成本价格加平均利润的生产价格。这时的商品不只是当做商品来交换，还当做资本的产品来交换。这些资本要求等量投资获得等量回报，使各行各业的投资对社会剩余价值的分配，实现等量投资获得等量利润的格局。生产价格形成后，商品的市场价格不是围绕价值而是围绕生产价格上下波动。这时社会赢利总额等于剩余价值总额，生产价格总额等于价值总额。可见价格形成以生产价格为基础是客观的必然，是价格形成机制的内在决定。

（三）价格形成以理论价格为基础

理论价格是商品价值的理论货币表现，是按照马克思的价值理论测算出来的，相当于马克思所讲的“市场价值”而成为实际价格形成的基础，它包括了生产价格是价格形成基础的内涵。它是衡量实际价格高低的客观尺度，也是实际价格上下波动的中心；是从量的规定性上探讨价格的形成规律，在科学制定基础价格的基础上，寻找合理的比价关系和价格体系。它是中国计划价格后期，作为价格改革对不合理价格进行调整的依据，由国务院价格研究中心统一测算出来，成为国家价格职能部门、行业、企业、经济组织等自觉运用价格形成机制、合理制定和调整价格提供客观依据的一种创新机制。

（四）影响价格形成的因素

商品价格在以价值、生产价格、理论价格为依据形成的基础上，制定和调整具体实际价格，还要受各种外在因素诸如供求关系、货币价值、国家法规政策等的影响。

1. 市场供求关系对价格形成的影响

在价格与供求的关系中，价值决定价格但受到供求关系的影响，价格反过来又影响供求，它们具有相互影响、相互制约的关系。马克思指出：“如果需求减少，因而市场价格降低”，“如果需求增加，因而市场价格高于市场价值”，“需求按照和价格相反的方向变动，如果价格跌落，需求就增加，相反价格提高，需求就减少”①。在现实经济生活中，供不应求的商

① 《马克思恩格斯全集》第25卷，人民出版社，1974年11月，第213页。

品价格必然上涨，价格上涨又会刺激生产，增加供应；供过于求的商品价格必然下降，价格下降又会限制生产，刺激需求增加。所以，供求关系对价格具有重大的影响。它告诫人们在运用价格形成机制时，必须在价格的形成基础上，充分考虑供求关系的影响程度，才能制定和调整出合理的价格。

2. 货币价值对价格形成的影响

在纸币流通条件下，商品价格的高低，一方面取决于价值的大小，另一方面又取决于币值的高低。在商品价值一定的情况下，货币贬值价格就会普遍上升，货币增值价格就会普遍下跌。货币流通规律要求流通中的货币量和商品价格总额成正比，和货币流通速度成反比。如果货币发行量超过商品流通的实际需求量，单位货币所代表的价值就要减少，这时货币贬值，价格就会普遍上涨。所以币值变化对商品价格具有直接的影响。

3. 国家法规政策对价格形成的影响

这种影响，在我国不同历史时期和不同经济体制下，影响的范围和程度是不同的。①在新中国成立初期和“三大改造”的过渡时期，国家对工商业主的价格行为，就有一套政策进行管理，让他们从旧中国无法无天的价格行为逐步走上规范的轨道。②在计划经济时期，实行“计划第一，价格第二”的政策。商品、服务价格实行国家统一制定和调整的政策，价格不能随着价值的变化而及时调整，不少商品的价格基本是一价定终身。在10年“文化大革命”期间，国家甚至对物价实行全面冻结，撤销政府价格机构，造成了严重的后果。③经过改革价格走向市场化后，面对价格主体多元化的局面，国家已建立起以《中华人民共和国价格法》为主体的价格法规体系和适应社会主义市场经济体制的价格管理体制，对充分发挥价格形成机制的积极作用、规范各种价格主体的价格行为具有重要影响。

（五）价格形成机制的主体

价格形成机制，是制定和调整价格客观存在的一种规律，它要通过人的操作才能发挥作用。可见价格决策的主人，就成为价格形成机制的主体。这种主体结成紧密的生产关系和利益关系，这种关系与经济体制密切相关。在不同的经济体制下，例如新中国成立初期的过渡时期的经济体制、社会主义公有制计划经济时期的经济体制和中国特色社会主义市场经济体制，价格形成机制的主体都是不同的。

以上是价格形成机制的本质特征和表现形式，它是价格主体在制定和调整价格时的客观依据。价格形成机制依存于一定生产关系下的经济体制，有什么样的经济体制，就有什么样的价格形成机制。新中国成立60年来生产关系和经济体制的发展变化过程，相应的价格形成机制也随之变迁的过程，给人们自觉运用价格形成机制，留下了宝贵的经验和深刻的教训。

二 新中国成立初期的价格形成机制

（一）新中国成立初期的价格形成

新中国成立初期，即1949～1957年，我国的经济经历了从恢复国民经济到完成“三大改造”的转变，价格形成也经历了从计划与市场并存向计划形成价格的转变。

1949～1952年，是我国国民经济的恢复时期。此前，除了少数特种商品，如钨、锑、锡等重要矿产品和猪鬃、桐油等少数农产品实行统购统销外，生产资料和生活资料的价格基本上都由市场自由形成。

新中国成立后，面对国民党留下的半封建半殖民地经济的烂摊子，商品经济十分落后，商品严重缺乏，不法商人囤积居奇、兴风作浪，物价飞涨，人民生活极端困难。政府通过国营商业在全国范围内对关系国计民生的重要商品和物资组织大量收购、调运和抛售，对重要商品和物资的价格进行管制，取缔扰乱市场的投机商，打击投机倒把行为，从而控制了市场，稳定了物价。在价格形成方面，实行牌价（国营用挂牌方式公布的国家计划）与市价价格（在自由市场上由买卖双方决定的价格）并存、牌价为主导，以直接调控市场价格的办法对广大的个体和私营经济行为间接进行调控。

1952～1957年第一个五年计划时期，一方面国家对农业、手工业、资本主义工商业进行了社会主义改造，另一方面则开始了大规模的经济建设。在这个时期，国家开始重视价值规律的作用。政府对资本主义工商业实行加工订货时，不仅要精确计算成本，还要给资本家以合理的利润；向农民收购农产品、出售工业品，都要遵守等价交换的原则，制定合理的价格。国营商业的牌价，是根据市场的实际供求情况、国家的调控能力、生产者的成本等多种因素测算出来并可随时修正调整的。从1950年6月召开的全国物价工作会议开始，一年一次的全国物价工作会议，每次都具体讨论了物价问题。其中，1951 年 4 月召开的第二次全国物价工作会议，提出了确定牌价的 7 条根据：财政收支与货币发行情况；生产情况和购买力情况；国家控制物资力量的大小；正确的成本核算；因季节和其他重大情况的变化而引起的市场变化；保持各种商品间的合理比价；照顾生产者、贩运者、消费者三者利益。根据这些原则，在以后的物价工作会议上，都对各种牌价和差价的理论公式作进一步的讨论、确定或修订①。

1956 年社会主义改造基本完成，全民所有制的国营企业在国民经济中占了绝对优势。为了筹集发展资本密集型的重工业的资金，在无法借助市场机制进行资源配置的情况下，国家主要采取计划手段推进工业化，计划经济与市场调节的关系随之发生了根本的变化。随着市场力量的逐渐消失，价格形成机制迅速转为计划定价。国家对国营企业采取统收统支的办法进行管理，生产资料逐步退出市场领域，形成独立的物资流通和配置体系；对集体农业的主要产品继续采取征购、统购、派购等政策；对生活资料也随着国家对私营批发商业的改造与私营零售商业的社会主义改造，逐步由计划进行配置。与此相应，原来牌价与市价并存的局面逐步为单一的计划价格所取代。在价格形成上，一度出现忽视价值规律作用的倾向，高指标、瞎指挥、浮夸风和“共产风”等“左”倾错误泛滥起来，严重破坏了工农业生产。针对这种情况，党的八届六中全会指出：“继续发展商品生产和继续保持按劳分配的原则，对于发展社会主义经济是两个重大的原则问题，必须在全党统一认识。有些人在企图过早地进入共产主义的同时，企图过早地取消商品生产和商品交换，过早地否定商品、价值、货币、价格的积极作用，这种想法对于发展社会主义经济是不利的，因而是不正确的。”从而制定了一系列符合价值规律要求的政策和措施，使价格机制的作用得到了进一步的发展。但是即使如此，工农业产品的不等价交换依然存在，历史上遗留下来的工农产品价格“剪刀差”长期得不到消灭，严重影响了我国“三农”的发展。

（二）新中国成立初期的价格管理

1. 建立物价管理机构，对价格实行统一管理

为了适应恢复国民经济和过渡时期的价格管理，适应将来发展社会主

① 参见徐建青《建国前期的市价与牌价——从价格机制到统购统销》，《中国经济史研究》2002 年第 2 期。

义公有制基础上计划经济的价格管理的需要，1949 年 10 月 1 日新中国诞生后，同年 11 月 1 日即成立贸易部，并明确贸易部为全国物价统管部门，统一领导全国国营商业、合作社商业和私营商业，并逐步建立、健全各级国营商业行政管理系统，负责管理全国重要商品的集中分配和价格的制定，从而形成新中国物价管理体制，为以后实行计划价格体制奠定了基础。1952 年撤销贸易部组建商业部时，将物价管理职能划归商业部管理。1957 年 8 月 6 日成立国家物价委员会，建立起从中央到各级地方政府和业务部门的物价职能机构和队伍，为规范计划价格和价格形成机制的运行，提供了组织保证。

2. 运用行政、法律和经济手段，稳定市场物价

在新的价格管理体制下，面对受长期战争创伤后的经济烂摊子，市场商品严重缺乏，物价飞涨，人民生活极端困难的局面，国家为了恢复经济、安定人民生活，首先把稳定物价作为第一件大事来抓。以平衡供求为抓手，贯彻执行“发展经济，保障供给”的方针，大力开展增产节约，发行公债，落实财政收支平衡，实施国家统一的财政收支、物资调度、现金管理。同时，在农村大力开展征收公粮、收购余粮；在城市用重金收购布匹等重要商品，把货源控制在国家手中，掌握上海、北京、天津、武汉、广州、重庆、西安等大城市的商情，按照各市每天对重要商品的供求数量，进行压价抛售，促使私商囤积居奇的商品吐出，很快就把飞涨的物价稳定下来，从而开创新中国运用价格机制治理物价的先河。为后来历次治理通货膨胀，提供了宝贵经验。

三　计划经济下的价格形成机制

随着新中国恢复国民经济和过渡时期“三大改造”的完成，在全国城乡的工业、农业、交通运输业、商业、金融业等各行各业，都普遍建立起全民和集体所有制的生产关系，使每个经济细胞都融入了有组织、有领导的经济体内，为实行社会主义计划经济体制和与此配套的计划价格体制、价格形成机制提供了前提。

（一）关于价格形成理论基础的争论

在私有制社会里，商品价格是在价值规律和剩余价值规律的作用下自发形成的。在以社会主义公有制为基础的计划经济体制下，国家制定商品价格要按照价值规律和社会主义基本经济规律、国民经济有计划按比例发展规律的客观要求，那么价格形成基础是价值还是生产价格？对此，在理论界进行了长期争论。到1963年前后，主要形成三种意见：一是社会主义价格形成的基础只能是价值；二是生产价格；三是各类商品按照工资赢利率和资金赢利率的一定比例形成的综合赢利率计算，并从中选择一个适当的标准来制定各类商品价格。

1. 价格形成以价值为基础

在20世纪50年代，多数人认为，社会主义商品价格是由国家计划制定和调整，主要依据是价值规律、社会主义基本经济规律和国民经济有计划按比例规律的要求，制定价格的唯一依据是商品价值。但商品价格以价值为基础，需要解决两个问题：一是作为形成价格的成本必须正确反映价值中的 $C+V$；二是价格中的赢利必须正确反映价值中的 M。

（1）定价成本如何正确反映价值中的 $C+V$ 的争论。

①对定价成本范围的争论。大体有以下不同认识：一是认为定价成本是价值的一部分，在成本开支中只能包括生产该种商品所形成的劳动和资金耗费；二是认为商品成本具有一定的相对独立性，它不仅包括纯生产性开支，还包括非生产性开支；三是认为纯生产性和非生产性开支，两者既有联系又有区别，只有生产性的开支归入成本，非生产性的开支由剩余价值收入补偿；四是认为管理成本属特殊开支范围，是企业在特殊环境下的开支，要从实际出发具体确定；五是认为成本开支范围由国家统一规定，企业必须严格执行，凡不符合国家统一规定的开支，都不能计入成本。

②关于定价成本中的工资问题。有人认为，社会主义条件下，劳动者是社会主义的主人，劳动力不是商品，因此没有工资范畴，劳动者的劳动报酬不应计入成本。有的人则认为，社会主义劳动报酬仍需采取工资形式，理应计入成本，如果工资不计入成本，经济效益就无法衡量。另外从定价依据的成本来看，社会主义成本的实质也应包括 $C+V$ 这两部分。另外一些人从马克思的商品价值理论出发，认为商品价值是由生产商品中消费的生产资料 C 和劳动者为自己创造的价值 V，以及劳动者创造的剩余价值 M 三个部分组成，即 $C+V+M=$ 商品价值。所以工资不计入成本，价值就不完整。

（2）商品价格中的赢利额如何确定？也就是用什么赢利率水平来确定？

①社会主义制度下，存不存在平均利润率问题？有人认为，在社会主义制度下，不存在商品生产、不存在竞争和生产无政府状态，不以追逐利润为目的，价值规律对生产不起调节作用，因此不存在平均利润的问题。这是因为当时不承认社会主义商品经济。后来已明确社会主义仍然存在商品生产，企业之间仍然存在一定的竞争，客观上也必然存在利润平均化的趋势。这主要表现在：第一，商品价格偏低的部门，要求得到大体平均的利润。第二，国民经济有计划按比例地发展要求按大体平均的利润率来制定各类商品价格。第三，企业之间的竞争和允许企业有一定的定价权，将会促使各个部门、行业利润平均化。实践证明，按大体平均的利润率来制定各类商品价格，是社会主义计划经济发展的客观要求，是不以人的意志为转移的，违反了就要受到经济规律的惩罚。这就要求在定价时要反对盲目主义，反对不考虑利润来调节生产、调节供求关系。

②用哪一种赢利率来确定价格中的赢利额？这要从实际出发、从我国的现状出发。计划价格的制定和调整，应以价值为基础，参照供求关系和国家的法规政策来确定。在实际工作中，所谓以价值为基础定价，一般是按照正常生产、合理经营条件下以中等成本加上法定的税金和合理的利润组成。其中平均成本是可以计算出来的。至于利润额如何确定，这是我国经济学界过去长期争论的问题。归纳起来主要有五种意见。

第一，按平均成本利润率定价。计算公式是：

$$社会平均成本利润率=\frac{全社会商品年销售利润总额}{全社会商品年销售总成本}\times 100\%$$

这是新中国成立以来一直采用的一种利润率。因为商品生产成本占商品价值的大部分，而在不能直接计算价值量的条件下，按成本利润率计算价格中的利润额，是基本符合价值决定价格这一原则的。同时这种办法可以促使企业把争取增加利润和降低成本结合起来。在价格既定的情况下，成本越低利润就越高。而且成本利润率还有简便易行的优点。但是成本利润率不能反映资金的利用效果，不利于企业节约使用资金。成本利润率同时存在原材料利润重复计算问题，导致原材料越贵、成本越高的商品品种获利就越多，而不利于节约原材料和代用品的采用，不利于生产计划的完成。在部门之间，哪个部门平均成本越高收益就越大，成为降低部门平均成本的一个障碍。

第二，按社会平均工资利润率定价。计算公式是：

$$社会平均工资利润率=\frac{全社会商品年销售利润总额}{全社会商品年工资总额}\times 100\%$$

因为价值是活劳动创造的，按工资利润率定价符合马克思劳动价值理论。这种定价办法可以促使企业节约活劳动，减少占用工资以获得更多利润。而且这种定价方法具有简便易行的优点。但是因为工资制度不合理，各部门中的工资额既不能真正反映各部门活劳动中为自己劳动创造的那部分价值，又不能体现按劳分配；而且价格不能正确反映价值的原则，也不能反映企业对资金的利用效果，不利于促进企业节约使用资金。按工资计算利润，使资金有机构成低的部门、手工劳动比重大的部门处于有利地位；而资金有机构成高、现代科技设备程度高、劳动生产率高的部门处于不利地位，不利于先进技术的应用和现代化生产的发展。

第三，按社会平均资金利润率定价。计算公式是：

$$社会平均资金利润率=\frac{全社会商品年销售利润总额}{全社会商品占用资金总额}\times 100\%$$

这种定价方法可以把企业和部门占用资金与利润联系起来，促进企业和部门节约资金占用量，提高资金利用效果，使企业和部门努力采用先进技术设备，提高机械化、自动化水平，提高劳动生产率。按资金利润率定价，可以全面反映企业占用资金与经济效益的关系。但这种定价中的利润是按资金占用量分配的，这就会产生商品平均占用资金越多的部门，获得越多利润，相反获利就越少。这就导致资金有机构成高的部门和企业处于有利地位，相反就处于不利地位，不利于促进国民经济协调发展和发挥我国劳动力多的优势。

第四，按综合利润率定价。综合利润率又称复合利润率，是由工资利润率和资金利润率综合形成的一种利润率。它是利润总额中，按工资与资金之间的分配比例，例如“对半开”等来定价的一种方式。采用这种利润率确定价格中的利润额，有利于发挥工资利润率和资金利润率定价的优点，弥补它们单独计价的不足。这种方法既考虑到各部门资金有机构成的高低，又顾及各部门按劳分配的要求，在一定程度上解决了由两者单独计价带来的苦乐不均的问题。但是，由于各部门的资金有机构成差别大，而综合利润率计价办法对各部门是“一刀切”，所以不合理的现象仍然存在。同时这种计算方法复杂，不便于实施。

第五，按社会平均加工成本利润率定价。加工成本利润率又称增值利

润率。计算公式是

$$社会加工成本利润率 = \frac{全社会利润总额}{全社会商品加工成本总额} \times 100\%$$

运用这种利润率确定价格中的利润额，已撇开生产资料价值转移的影响，因而可避免成本利润率定价存在的缺点。这种方法是按照不同物质技术装备条件下，平均活劳动耗费来确定利润额，而不直接与劳动者人数、工资总额挂钩，可避免工资利润率定价存在的缺陷。但是这种方法没有反映资金的占用情况，不能从价格上反映资金利用的效果；同时还存在加工环节越落后、支出费用越大，利润就越多的缺点。

2. 商品价格以生产价格为基础

商品按价值交换转变为按生产价格交换，是同社会化大生产发展联系在一起的。随着我国社会主义商品生产社会化程度的提高，以生产价格作为社会主义商品价格形成的基础是理所当然的。但有人认为，“社会主义计划经济条件下生产价格不能成为价格形成的基础，首先社会主义经济是计划经济，生产目的不是为了追求剩余价值……在这样的条件下，已经不存在利润率平均化的必然性……因此，关系国计民生的主要产品的价格，是由国家统一规定的，决不是围绕生产价格上下波动的结果”①。也有人认为，“商品、货币、价值规律、利润都属于资本主义经济范畴而不应该引到社会主义经济中来”。“平均利润、生产价格是属于资本主义经济范畴，它不可能也不应该用于社会主义商品价格形成的基础。”② 还有人认为，“虽然这些经济范畴在社会主义制度仍然存在并发生作用，但它们发生作用的范围已经受到了严格的限制，如生产资料已不是商品、价值规律对生产不起调节作用、利润不应成为重要指标等等”③。实践证明这些观点是错误的。这些经济范畴，在社会主义条件下仍然存在并发生作用。生产价格是社会主义商品价格形成基础的客观要求。不能因为生产价格在资本主义经济中存在并发生作用，就否认它在社会主义商品价格形成的基础作用。从生产价格作为社会主义商品价格形成基础的条件看：

---

① 高翔著《物价改革》，中国社会科学出版社，1982，第87～88页。

② 贾秀岩主编《物价业务基本知识》，天津市价格学会筹备组，（内部出版），1984年4月，第247～248页。

③ 贾秀岩主编《物价业务基本知识》，天津市价格学会筹备组，（内部出版），1984年4月，第247～248页。

（1）我国要实现现代化，客观上要求按生产价格定价。实现现代化要求用先进技术装备国民经济各部门，资金有机构成提高。要吸引各部门向现代化生产投资，就要按生产价格定价，从价格上体现资金有机构成高的生产和部门应得到相应回报，才有利于促进技术进步，推动社会主义扩大再生产和现代化的发展。

（2）国民经济各行各业已有一定的自主权和竞争，客观上要求按生产价格定价。使各部门的资金有计划地投向供不应求的生产中，取得更好的经济效果，通过竞争和资金转移的发展结果，客观上必然使各部门的利润走向平均化的趋势。

（3）为了节约固定资产的使用，要按生产价格定价。过去企业对固定资产只有使用的权利，没有提供使用的义务，造成固定资产使用上的严重浪费。为克服这种缺陷，客观上要求按生产价格原则定价，把生产价格中利润额大小与使用固定资产多少联系起来，实现节约使用固定资产的目的。

必须指出，在我国社会主义制度下，客观上具备以生产价格定价的条件。而且，社会主义经济中的生产价格与资本主义经济中的生产价格，有着原则的区别。一是资本主义的平均利润和生产价格反映着资本家对工人的剥削关系。而社会主义经济中，生产价格并不反映这种剥削关系，而反映着劳动者之间分工合作基础上的劳动交换关系。二是资本主义经济中的生产价格是盲目自发形成的，而社会主义条件下的生产价格，是在计划指导下自觉制定的。在我国社会主义条件下，按生产价格定价对于发展经济意义重大：一是有利于促进国民经济有计划按比例发展；二是有利于促进现有生产企业的技术改造，加快现代化的发展；三是有利于促进社会主义合理的分工合作，特别是专业化协作的发展。当然按生产价格定价也有不足之处。这种定价原则不利于劳动力密集型行业、企业的发展，特别是手工业行业和农业的发展。同时，在计算上也存在一些困难。但多数意见认为，不能因为按生产价格定价有不足之处，而否认它的科学性、效益性。

总之，在我国社会主义制度下，价格形成到底是以价值为基础，还是以生产价格为基础？对确定价格中利润额的方法，到底用哪种利润率？其实，这是实行计划经济和计划价格所遇到和需要解决的问题。因而，这种讨论一直延续到经济体制改革的初期，即直到20世纪80年代初，还出现由国务院价格研究中心（1981～1983年）按照各种利润率测算出若干理论价格，并比较论证，试点检验，最后决定采用哪一种价格形成基础和哪一种利润率来确定价格中的利润额。

（二）计划经济体制下价格形成机制的变化

1957～1978年间，我国实行高度集中统一的计划经济管理体制，与此相适应，在价格形成上则表现为商品价格统一由政府制定的价格管理体制。在此期间，价格形成的变动主要发生在中央政府和地方政府之间。

1. 在“大跃进”时期，价格形成主体从中央到地方的变更

随着经济体制的改革，经济权力大规模下放，物资管理体制也随之下放。1958年中共中央和国务院对物价的管理作出了“必须把更多的管理权限下放到地方”的决定，除棉纱、棉布、呢绒、食盐、食糖、煤炭、石油等7种商品外，各省、自治区、直辖市对其余工业品都有权对其价格进行调整；对由国家计划收购的第一类农产品和由国家统一收购的第二类农产品，其价格由中央与各省、自治区、直辖市共同议定，并将部分第二类农产品价格下放给地方管理；对第三类农产品价格，完全由省、自治区、直辖市管理。一切农产品的地区差价各省、自治区、直辖市也有权在所辖范围内自行调整①。对重工业产品，国务院各部委也下放了许多定价权，其中对机械产品下放了85.4%，从原来管理的132种10217个减少到42种1489个②。之后，随着地方价格权力的扩大，甚至出现地方不执行中央定价的情况，农村集市也曾一度被关闭，市场形成价格的机制一度几近消失③。

2. 三年经济调整时期的价格形成——强化集中统一的物价管理体制

1961年1月，中共中央作出的《关于调整管理体制的若干暂行规定》中指出：“经济管理大权应当集中到中央、中央局和省（市、自治区）三级，最近两三年应当更多地集中到中央和中央局一级。”1961年6月，中共中央作出《关于改进商业工作若干规定（试行草案）》，进一步提出坚持等价交换原则和将物价管理权限收归中央，加强物价集中管理的要求，同时恢复供销合作社，加强包括农村物价管理在内的农村商业管理工作。1962年初召开的七千人大会上，重申加强物价统一管理、严格物价纪律，强调凡是中央统一管理的价格，地方各级都无权决定；中央决定调整的价

---

① 引自成致平主编《中国物价五十年》，中国物价出版社，1998，第166页。

② 引自成致平主编《中国物价五十年》，中国物价出版社，1998，第166页。

③ 引自成致平主编《中国物价五十年》，中国物价出版社，1998，第180页。

格，地方各级必须认真贯彻执行，不得随意改变①。

这一时期，在中央政府上收了商品定价权限的同时，还实施了以下一些政策：①稳定18类主要生活必需品价格。即将18类生活必需品价格稳定在1961年8月的水平上，不得提高；同时对经营18类商品发生的政策性亏损，由财政给予补贴。②恢复了农村集市。除统购统销产品外，其余二类、三类产品均可上市，其价格由买卖双方自由决定。③实行"低对低"（指国家按计划价格收购农产品并按计划价格供应相应数量的商品，主要为工业品和粮食）和"高对高"（指农民按议价和集市价格出售农产品，国家也按高于平价的价格供应高价商品和议价商品）的价格政策。1962年国营商业和供销合作社先后开展议购议销，即一方面从农村议价收购农产品，按照"高来高去"的原则，运往城市和其他地区销售；另一方面按照高于平价的价格购进计划外的工业品，运往农村敞开销售，其价格以低于集市价格和商业能够周转经营的原则确定。④对农产品实行超购加价政策。从1960年开始，国家对粮食实行超购加价5%的奖励政策，以后扩展到对棉花、食用植物油脂油料等农产品也实行超购加价政策。由此也可以说明，价格双轨制这种形式早在20世纪60年代就已存在，其发明专利不属于80年代经济体制改革或价格改革。

3. "文化大革命"时期：商品价格被冻结

由于无政府主义严重泛滥，市场秩序受到严重干扰，各地要求增加工资、增加粮价补贴、降低物价和服务收费等上访请愿事件不断发生。基于此，1967年8月20日，中共中央、国务院、中央军委、中央文化革命领导小组联合发出《关于进一步实行节约闹革命，控制"社会集团"购买力和加强资金、物资和物价管理的若干规定》，实际上对全国物价基本上进行了冻结。"文化大革命"10年间，商品价格继续实行由计划形成的机制，直至1978年仍未有所改变。

4. 计划经济体制下的价格管理体制

这一时期，已经建立起从中央到各级地方政府和业务部门互相衔接的价格职能机构和物价队伍，形成一套计划价格管理的制度和法规政策，全国范围内的商品、服务，按照分工管理目录，实行全国统一定价、分级管理的社会主义计划价格管理体制。与此同时，物价规章制度的建设得到加强，仅在经济调整时期就先后出台了《关于物价管理的试行规定》等8个

① 引自成致平主编《中国物价五十年》，中国物价出版社，1998，第216页。

方面的物价管理规章制度。

计划价格的形成取决于计划经济体制，但由于这种计划经济体制权力高度集中，中央管得过多、统得过死，地方权力过小，生产经营者没有定价、调价权，导致价格长期处于僵化状态，一价定终身，不能随着供求情况的变化而调整。特别在长达10年的“文化大革命”期间，实行全面冻结物价，撤销全部物价机构，解散物价队伍，价格体系进一步被严重扭曲，价格不反映价值和供求关系的矛盾更加突出，也受到了价值规律的严厉惩罚。

1976年10月粉碎“四人帮”后，我国面临累积成堆的物价问题。在1977年3月召开的全国计划工作会议上，政府对物价工作提出了要求，主要有：认真检查物价政策的落实和各种价格的执行情况；切实整顿物价，严肃物价纪律；加强物价调查研究，修订物价10年规划；调整个别品种价格，主要是提高棉花、大豆和山林土特产品价格，降低农用生产资料价格、食盐、电子产品价格；提出恢复和建立物价专管机构，充实物价人员。同年8月，经国务院批准，设置国家物价总局，作为国务院的直属机构，各地区、各部门本着精简的原则，建立相应的物价管理机构。同时，价格管理人员逐步得到充实，各工厂、商店也配备与工作任务相适应的人员。通过上述措施，使物价工作逐步走上正常轨道①。

四　中国特色社会主义市场经济下的价格形成机制

1978年中共十一届三中全会拉开了经济体制改革的帷幕，1982年中共十二届三中全会指出：“价格是最有效的调节手段，合理的价格是保证国民经济活而不乱的重要条件，价格体系改革是整个经济体系改革成败的关键。”在党中央、国务院的正确领导下，经过长期探索，对计划价格逐步从“调放结合以调为主”，发展为“放调结合以放为主、放中有管、双轨过渡、分步推进”的改革办法，到1996年计划价格形成机制已基本完成向市场价格形成机制转变。全国除了有5%属于垄断性、强制性、公共福利性、保护性等缺乏竞争性不宜放开的商品、服务、生产要素价格，根据《中华人民共和国价格法》规定实行国家定价和国家指导价外，另外95%属于竞争性的商品和服务价格放开由市场形成。

---

① 参见成致平《中国物价五十年》，中国物价出版社，1998，第347～348页。

经济体制改革过程中价格形成机制的变革大体可分为两个时期：一是在改革计划经济体制，探索社会主义市场经济体制的同时，与之相适应的价格形成机制的探索；二是社会主义市场经济体制基本确立及与之相适应的新的价格模式和形成机制框架的建立与完善。

（一）改革过程中社会主义市场经济条件下价格形成机制的探索（1978～1991年）

计划价格向市场价格转轨后价格形成机制的主体，已从政府为主转变为以生产经营者为主，除了极少数商品和服务实行国家定价和国家指导价外，其余大多数商品和服务的价格放开由市场形成。在这个过程中，价格形成的基础依然是价格形成理论研究的热点。

1. 改革初始阶段的价格形成机制（1978～1984年）

以1978年召开的中共十一届三中全会为标志，我国的社会主义建设进入了改革开放时期。全会指出："现在我国经济管理体制的一个严重缺点，是权力过于集中，应该有领导地大胆下放，让地方和私营企业在国家统一计划的指导下有更多的经营管理自主权；应着手大力精简各级经济行政机构，把它们大部分职权交给企业性的专业公司；应坚决按经济规律办事，重视价值规律的作用，注意把思想政治工作和经济手段结合起来……"1982年8月中共十二大的报告中提出："正确贯彻计划经济为主、市场调节为辅的原则，是经济体制改革中的一个根本性问题。我们要正确划分指令性计划、指导性计划和市场调节各自的范围和界限，在保持物价基本稳定的前提下有步骤地改革价格体系和价格管理办法。"① 1984年10月20日中共十二届三中全会通过的《中共中央关于经济体制改革的决定》对价格改革提出了明确的要求："建立合理的价格体系，充分重视价格杠杆的作用。"决定指出："我国现行的价格体系，由于过去长期忽视价值规律的作用和其他历史原因，存在着相当紊乱的现象，不少商品的价格既不反映价值，也不反映供求关系。不改革这种不合理的价格体系，就不能正确评价企业的生产经营效果，不能保障城乡物资的顺畅交流，不能促进技术进步和生产结构、消费结构的合理化，就必然造成社会劳动的巨大浪费，也会严重妨碍按劳分配原则的贯彻执行。"按照中央的要求，在改革初始阶段，对商品价格主要以调整为主，放开为辅，同时探讨计划价格改

① 《中国共产党第十二次全国代表大会文件汇编》，人民出版社，1982，第18～28页。

革的途径。

在农产品价格形成机制方面，主要是逐步减少由国家定价的品种，增加由市场调节的比重。中共十一届三中全会向国务院建议：粮食统购价从1979年夏粮上市的时候起，提高20%，超购部分在这个基础上再加价50%。1981年，国家发布了《关于国务院有关部门农产品价格分工管理试行目标的通知》，将国家定价的产品由111种减至81种；1983年进一步取消了这些产品的统派购，改为多渠道议价经营。同年，鉴于农产品加价政策日益明显的消极作用，从夏收开始，对油料作物一律改为“倒四六”比例价，即其中40%按统购价，60%按超购加价结算付款。1984年新棉上市时，也改为按比例法收购：南方棉区按“正四六”（40%按加价，60%按牌价），北方棉区按“倒二八”（80%按加价，20%按牌价）收购。同时，继续放开一批农副产品的购销经营和价格，全部放开三类农副产品的价格，使由国家定价的农副产品收购总额的比重从1978年的92.6%下降到1984年的67.5%，同期实行市场调节价和议价的比重由7.4%上升到32.5%①。

在工业品价格形成方面，也作了一些探索。主要举措有：一是逐步放开小商品的价格，1982年放开第一批9类160种，1983年放开第二批350种，1994年国家发布《关于全部放开小商品价格的通知》，规定除了各级政府必须管理的小商品价格外，其余全部放开。二是试行双轨价格，使企业获得一定的调价权和产品自销权。首先，1981年为了改变原油产量长期徘徊局面，促进石油工业的持续发展，国务院批准石油工业部实行1亿吨产量包干政策，完成包干产量后生产的原油可以按当时的国际价格在国内销售，也可以由外贸部门组织出口，这就出现了计划内平价、计划外高价两种价格，即后来的价格双轨制。随着石油价格出现双轨制，成品油价格也出现计划内外两种价格。到了1984年，随着扩大企业自主权改革的起步，两种价格形式在工业生产资料中推开，当时规定允许企业自销部分的生产资料价格一般处于不高于或不低于国家定价20%的幅度内，1985年进一步将这一规定取消。同时，对煤炭出厂价格，在1979年平均提高5%的基础上，于1983年对开滦等22个统配矿务局实行超产煤加价办法：以1981年末核定的生产能力为基础，1982年实际产量超过核定能力的部分，可在现行价格基础上加价25%，比1982年实际产量再增产的部分，可在

① 成致平主编《中国物价五十年》，中国物价出版社，1998，第421页。

现行价格基础上加价50%。为了扭转煤炭行业的亏损局面，促进煤炭工业的发展，经国务院批准，国家对统配煤矿实行了投入产出总承包。承包方案规定，统配煤矿以1984年分配计划3.87亿吨为包干基数，包干基数内煤炭执行国家统一规定的出厂价格；每年超过基数2000万吨以内的新增产煤炭为增产煤，每吨加价50%；再增产部分即超过2000万吨部分为超产煤，每吨可以加价100%；用户特殊需要的煤种和未纳入指令性计划的超产煤，其价格由供需双方协商确定。通过上述改革措施，到1984年，由国家定价的重工业品已从1978年998种减少到769种。企业有了价格自主权，使一些滞销品种及时降了价，打开了销路；一些长期亏本的品种适当提了价，使生产得到恢复和发展。三是对电子产品和机械产品实行浮动价格，并对石油价格试行双轨制。

通过逐步放开一些商品价格由市场调节，形成计划价格与市场价格并存的格局，价格形式也由单一的国家定价变为国家定价、国家指导价和自由价格三种形式并存，过分集中的价格管理体制开始改变。

在这一时期，价格形成机制及其理论基础，仍然是学界和实际工作部门关注的问题。改革初期，为了对不合理的价格体系进行改革，需要确定和测算一套理论价格，作为价格改革的依据。国务院领导同志提出："搞好理论价格的研究是物价工作的基本建设，也是经济体制改革的基础工作。""由国务院价格研究中心在两年内对理论价格问题进行研究，经过充分论证，提出比较方案。"价格形成基础的讨论，仍然集中在价格形成的基础是价值还是生产价格上。为了科学地计算计划价格，探索计划价格改革的途径，在改革初期国务院成立价格研究中心，下设理论价格测算办公室，先后借调了50多名专家、学者和物价工作骨干参加理论价格测算和研究工作。测算理论价格的目的是为价格体系改革提供参照体系和可选方案。测算理论价格的依据是马克思主义的价格形成理论，理论价格构成包括成本、资源税、资金利润率、工资利润率和流转税五个要素，并按价格构成的不同理论测算了各种方案。测算范围包括主要农产品的收购价，主要工业品的出厂价，工农业产品流通环节的销售价，铁路、水路、公路的客运、货运价，建筑工程造价和城市公共设施及主要服务业的收费标准。第一次测算涉及的商品约800类左右①。毋庸置疑，理论价格的测算是在计划经济和计划价格的思想指导下进行的，价格按照当时价格改革"以调

① 成致平：《价格改革三十年（1977～2006）》，中国市场出版社，2006，第44～45页。

为主，以放为辅”的方针，其最终目的是为制定合理的计划价格提供理论依据和选择的实施方案。因此，随着价格改革的深入，“以调为主”让位于“以放为主”，价格形成从以理论价格为基础也逐渐为市场形成所代替。

2. 价格形成机制改革快速推进（1985~1988 年）

《中共中央关于经济体制改革的决定》指出：“在调整价格的同时，必须改革过分集中的价格管理体制，逐步缩小国家统一定价的范围，适当扩大有一定范围的浮动价格和自由价格的范围，使价格能够比较灵活地反映社会劳动生产率和市场需求关系的变化，比较好地符合国民经济发展的需要。”因此，这一阶段的价格改革是以放为主，对价格管理体制作了一系列的重大改革，价格形成机制逐步从僵化走向灵活，市场价格机制发挥了越来越大的作用。

（1）进一步放开农产品价格中的国家定价，对一些农产品运用国家指导价进行管理。1985 年，粮食取消统购，实行合同定购。合同定购的粮食价格，按“倒三七”比例计价，合同以外的粮食由农民自主支配。合同定购的粮食从 1984 年占收购总额的 67.5% 降到 1988 年的 24%，实行市场调节价的粮食则从 1984 年的 18.1% 增加到 1988 年的 57%。

（2）对重工业产品价格继续实行双轨制价格、超基数加价，逐步形成多种价格形式并存的格局。例如，在发电环节的电价中实行指导价的种类就有三种：集资办电电价、带料加工和议价燃料发电电价和小水电、小火电代售电价。此外，还试行丰枯季节和峰谷分时电价办法；对部分钢铁产品则实行浮动价、临时价、优质优价、特定价等多种形式。自 1985 年放开计划外生产资料价格后，国家定价销售的生产资料比重逐步降低，根据 1987 年统计：煤炭工业为 93%，石油和电力工业为 83%，冶金工业为 80%，化学工业和建材工业为 58%，机械工业为 37%，其余部分计划外生产资料实行市场调节价，当年煤炭、石油、钢铁等 13 种重要计划外生产资料出厂价格，比计划产品出厂价格高出 1.15 倍。按国家定价销售的重工业品从 1984 年占 90% 左右，到 1987 年已下降到 60% 左右；全国零售商品总额中的国家定价从 1984 年占 73% 降至 1988 年的 28.9%①。

（3）改革轻工产品价格管理体制，下放部分价格管理权限。对中央部门管理价格的目录进行了修订，其中国家定价的 57 种，国家指导价的 11 种。

① 成志平主编《中国物价五十年》，中国物价出版社，1998，第 491 页。

（4）1988年由于出现严重的通货膨胀，国家加强了对生产资料价格的管理，对计划外生产资料实行最高限价。

3. 治理整顿时期的价格形成（1989～1991年）

由于出现了严重的通货膨胀，从1989年开始，改革进入治理整顿时期。这一时期物价领域的主要任务是治理通货膨胀，抑制物价过快上涨，继续深化价格改革。基于此，在1988年9月至1990年上半年，重点是以治理为主，遏制物价上涨，同时兼顾改革，以巩固改革的成果。后期，在物价明显回落后，以深化价格改革为主，陆续出台一系列重大改革措施：在农产品方面，继续缩小统销价格粮食的供应范围，到1990年底，全国多数城镇平价粮油的供应范围已缩小到仅限于城镇居民的定量部分，其他均按议价供应；对重工业品，一方面提高计划价格，一方面对计划外价格实行最高限价，进而缩小两者的差距；对大多数轻工业产品也实行价格管制，由国家管理的，提价必须报国务院特批；与人民生活关系密切的日用品，实行最高限价，即使已放开的商品如需提价也要报物价部门批准；对流通环节加强了控制。

（二）社会主义市场经济体制的确立与新价格模式和形成机制的形成与完善（1992年至今）

1. 与社会主义市场经济体制相适应的新价格模式的建立

1992年，邓小平同志视察南方，对建设中国特色社会主义的一系列理论和实践问题，发表了具有重大历史意义的谈话；同年10月，中共第十四次全国代表大会胜利召开，江泽民总书记在会上作了《加快改革开放和现代化建设步伐，夺取有中国特色社会主义事业的更大胜利》的报告。报告明确提出我国经济体制改革的目标是建立社会主义市场经济体制，“我们要建立的社会主义市场经济体制，就是要使市场在社会主义国家宏观调控下对资源配置起基础性作用，使经济活动遵循价值规律的要求，适应供求关系的变化；通过价格杠杆和竞争机制的功能，把资源配置到效益最好的环节中去，并给企业以压力和动力，实现优胜劣汰；运用市场对各种经济信号反应比较灵敏的优点，促进生产和需求的及时协调”。“价格改革是市场发育和经济体制改革的关键，应当根据各方面的承受能力，加快改革步伐，积极理顺价格关系，建立起以市场形成价格为主的价格机制。”

1993年11月，中共中央十四届三中全会通过了《中共中央关于建立社会主义市场经济体制若干问题的决定》，进一步指出“深化价格改革的主要任务是：在坚持价格总水平相对稳定的前提下，放开竞争性商品和服务的价格，调顺少数由政府定价的商品和服务的价格；尽快取消生产资料价格双轨制；加速生产要素价格市场化进程；建立和完善少数关系国计民生的重要商品的储备制度，平抑市场价格”。

1997 年 9 月，中共第十五次全国代表大会召开，号召全党和全国人民高举邓小平理论的伟大旗帜，把建设有中国特色社会主义事业推向 21 世纪。在价格改革方面，强调要完善生产要素价格形成机制，尽快建立统一开放、竞争有序的市场体系。

关于适应社会主义市场经济体制要求的价格形成机制，其内涵主要有：①价格形成以市场形成为主，绝大多数能够进入竞争性市场的商品、劳务和要素价格的形成要由市场决定，价格形成的形式是企业定价。②对于不宜进入竞争性市场的少数自然垄断性产品、重要的公共产品和服务价格，仍然需要政府制定。③由市场形成的商品、服务和要素价格，是在统一开放的市场体系和公平、公正、公开的市场竞争中形成，而不是完全放任自流的。还需要用反映商品交换规律的市场法规加以约束，定价主体必须采取符合法律规范的定价行为，在特定的条件下，为了稳定市场，还可作临时性的行政干预，冻结或半冻结部分商品的价格，规定最高限价或最低保护价。

通过这一阶段的改革，以市场为主的价格形成机制基本建立。国家直接定价的商品和服务大大减少，由市场形成价格的商品和服务大幅度增加。同 1991 年比，在 1996 年商品零售总额中，国家定价的比重由 20.9% 降到 6.3%，国家指导价的比重由 10.3% 降到 1.2%，市场调节价的比重由 68.8% 提高到 92.5%。2001 年 7 月 4 日，经国务院批准，国家计委公布了新的中央定价目录，放开大多数原由中央政府制定的商品和服务价格，将国务院价格主管部门及有关部门定价的商品和服务项目，从 1992 年定价目录颁布时管理的 141 种（类）减少到 13 种（类）。至此，我国由市场形成的商品和服务的价格已经超过 90%。

2. 继续深化价格形成机制的改革

这一时期价格形成机制的改革主要有以下几方面。

一是在粮价形成机制改革方面。1992 年开始改革试点，先后在广东、辽宁、河北、山东、河南、湖南、江西、湖北、陕西等地试行。具体类型有两种：一种为“管购放销”，即继续保留定购价格，放开销售价格；另一种为“购销全放”，即购销价格都放开。大部分地区试点都采取后一种办法。1993年，多数省区放开粮食购销价格。到了1998年5月国务院召开全国粮食流通体制改革工作会议，提出进一步完善粮食价格形成机制的措施：今后在正常情况下，粮食价格主要由市场供求决定，粮食企业按市场价格经营粮食。为了保护生产者的利益，政府制定粮食收购保护价敞开收购农民的余粮；为了保护消费者的利益，政府制定粮食销售限价，作为调控目标。经过改革，逐步形成国家定购价格、国家议购价格、集市贸易价格三种收购价格形式，及与此相适应的国家定销价格、国家议销价格、集市贸易价格三种销售价格形式。同1991年相比，在1996年农副产品收购总额中，国家定价的比重由22.2%下降到16.9%，国家指导价的比重由20.0%下降到4.1%，市场调节价的比重由57.8%提高到79.0%。

二是重工业品由双轨价格向市场价格并轨。1992年8月，国家物价局颁布《国家物价局及国家有关部门分工管理价格的重工产品和交通运价目录（1992年本）》，将原属中央一级管理价格的商品，下放给省（市、区）物价部门管理22种，下放给企业定价571种，继续由中央一级管理89种。不久，又放开了一些重工产品的价格。到1996年，国家指令性计划生产的工业品占工业总产值的比重约为4%，国家计划调拨的重要生产资料占市场销售总额的比重约为5%。生产资料销售收入总额中，1991年国家定价占36%，国家指导价占18.3%，市场调节价占45.7%，到1996年三者分别变为14%、4.9%、81.1%，以市场供求为主形成价格的新机制基本形成。

三是完善政府管理的商品和服务价格形成，改革垄断行业价格形成。主要措施有：①通过价格听证、专家咨询等办法，力求使政府定价趋于科学、合理，同时制定相应的法律法规，对政府定价行为进行约束和监督。②对垄断行业中自然垄断环节或业务的价格形成，强化行业的成本监审和公众监督，为实现政府定价的科学、合理奠定基础；在非垄断环节或业务领域，引入市场竞争因素，开展竞争，其价格通过竞争形成。

四是探索和推进国内外市场价格形成的对接。

五是制定和完善价格法律法规。其中最重要的是于1997年12月29日颁布、1998年5月1日开始实施的《中华人民共和国价格法》，这是指导、规范我国物价工作和深化价格改革的根本大法，对于价格管理和宏观调控，规范价格行为，维护公平、公正、公开的价格竞争秩序，制止价格违法行为，真正做到有法可依具有重要意义，标志着我国的物价工作已经走上了法制化的轨道。同时，以《中华人民共和国价格法》为核心，制定了一系列的价格法规政策，形成较为完善的价格法律法规体系，价格管理有了强有力的法律依据。

六是建立和发展大宗商品的期货市场，积极参与国际市场价格话语权。期货市场具有发现价格、规避价格风险的作用。1988 年发生了比较严重的通货膨胀，要求政府寻找规避市场条件下价格风险的工具。基于此，在当年的 3 月，国务院总理李鹏在七届人大一次会议的《政府工作报告》中提出："加快商业体制改革，积极发展各种类型批发贸易市场，探索期货市场。"经过两年的发展，我国终于在 1990 年 10 月成立第一家期货市场——中国郑州粮食批发市场，随后上海证券交易所于 12 月 19 日成立开业。之后，2001 年 3 月出台的"十五"计划纲要提出要"稳步发展期货市场"，表明政府对发展期货市场积极性的认识不断提高，进而加速了期货市场的发展。到 2009 年，上市期货的品种已包括棉花、玉米、豆油、菜子油、白糖、燃料油、黄金等 12 项大宗商品，2009 年全年我国期货市场成交额高达 13.0 万亿元。

（三）中国特色社会主义市场经济下的价格管理体制

计划价格向市场价格转轨后的价格体制，包括价格形成机制主体，作价内容和办法，国家对政府指导价、政府定价和市场价格的调控管理、监督检查和相应的监管手段，从而形成具有中国特色社会主义市场经济灵活的价格管理体制。实践证明，市场价格是一把双刃剑，它既能积极调节市场经济发展而充满活力，但又存在自发性、盲目性、滞后性和破坏性的缺陷。为此，要发挥市场价格机制的作用，就要把调控市场价格无形的手和有形的手有机地结合起来。

（1）国家对价格调控、监管的目标任务：一是在宏观层面，通过调控保持市场总量和结构上的供求平衡，实现市场价格相对稳定；二是在微观层面，规范市场价格行为，维护价格公平竞争，发挥价格机制在资源配置中的基础性作用。

（2）价格管理机构。国家为了实现中国特色社会主义市场经济下的价格调控、监管目标，要有组织保证。从中央到省、市、县各级政府都设有精干、高效的价格职能机构和相应的价格队伍。探索把市场价格监管机制建立在法治与民主统一的基础上，形成在政府价格机构的依法行政规范引导下，发挥协会的合作协调监管、实现经营者的诚信守法和社会共同监督的机制作用。

（3）价格调控、监管手段：一是经济手段。在搞好米袋子、菜篮子建设工程的同时，建立完善的重要商品储备体系，建立健全价格调节基金体系和价格补贴制度；二是法制手段。建立健全以《中华人民共和国价格法》为核心的价格法规体系，做到对价格调控、监管有法可依、执法必严、违法必究；三是信息手段。建立健全从中央到各级地方政府的价格监测预警系统，及时了解掌握市场价格运行动态，在市场价格运行发生异动时，及时向政府提供依据，在各级政府和市场主体齐抓共管下，把价格异动消灭在萌芽状态；四是必要的行政手段。在依法行政规范调控、监管价格运行中，必要时采取临时措施，对市场价格实行适度干预，维护市场价格公平竞争的正常运行，维护经营者和消费者的合法权益；五是媒体手段。我国各种媒体过去在价格改革和价格运作中，做了大量卓有成效的宣传、教育、引导、监督工作，作出了重大贡献，成为市场价格调控、监管中不可缺少的重要力量。

（4）强化政府的价格监督检查职能作用。以价格法律、法规、政策为依据，通过对价格形成、调整和运行的监督检查，严格执行价格法规政策，及时查处价格违法违纪行为，把国家价格调控、监管的法规政策、手段、措施落到实处，实现国家对价格调控、监管的目标。

五　结束语

60年来，中国的经济经历了剧烈的变迁，经济体制发生了由新民主主义经济体制到社会主义的计划经济体制再到社会主义的市场经济体制的深刻变革。价格形成机制和管理体制也经历了由市场形成价格到计划制定价格再到主要由市场形成价格的转变；价格的职能由单纯的计划、核算工具，变成市场经济最重要的市场机制，在资源的配置中起着基础性的作用；价格工作发生了质的变化，范围极大地拓宽，内容不断地丰富。

回顾新中国价格60年的变迁，有许多的经验需要总结，有不少教训值得吸取，我们可以从中获得许多有益的启迪。

第一，坚持价格在国民经济中的重要地位和作用不动摇。

价格问题是国民经济的综合反映，价格机制是市场机制中最重要的机制，价格的合理与否直接关系方方面面的利益，关系价格机制能否真正起到有效配置资源的基础性作用。早在1984年10月，《中共中央关于经济体制改革的决定》就明确指出，“价格是最有效的调节手段，合理的价格是保证国民经济活而不乱的重要条件，价格体系的改革是整个经济体制改革成败的关键”。这个论断至今仍然适用，价格工作和价格改革在国民经济中的重要地位和作用的认识必须坚持。现阶段，我国正处于转变经济发展方式，调整经济结构，建设和谐社会的关键时期。今后的经济发展和经济体制改革与完善，经济发展方式的转变和经济结构的调整，仍然需要继续和更好地运用价格机制的作用，价格工作和深化价格改革，负有义不容辞的责任。价格改革是“整个经济体制改革成败的关键”，不仅在过去改革开放的30年如此，在今后在一个较长的时期内也不会改变。我们必须站在这一高度来认识深化价格改革的重要性，坚定不移地把改革推向前进。

第二，建立和完善与社会主义市场经济体制相适应的价格形成机制是一项长期而艰巨的任务。

60年价格形成机制变迁的历史已经充分证明，价格形成机制与经济体制有着十分紧密的关系，实行什么样的经济体制，就需要建立与之相适应的价格形成机制和管理体制。目前，我国的社会主义市场经济体制已经基本建立，需要通过进一步的改革加以完善，各项改革进入全面攻坚的阶段。价格改革取得了举世瞩目的成就，与社会主义市场经济体制相适应的以市场价格为主的价格形成机制和管理体制已基本建立，但价格形成机制并不完善，改革的任务还未完成。改革仍然处于攻坚阶段：放开由市场竞争形成的商品和服务价格，还有一些尚未真正实现市场化；与民生关系密切的商品和服务价格的改革还存在不少问题；一些基础性、自然垄断性产品价格和要素价格改革滞后，成了价格改革深化的难点；一些新的价格如环境价格的形成机制改革尚未进入实质性阶段，服务价格改革也有待于深化。在管理体制方面，适应社会主义市场经济体制要求的价格管理体制和价格调控机制、政府价格行为的规范、相应的组织保障和宏观调控体系，以及规范市场价格行为的法律法规体系，也有待进一步完善。必须认清新时期深化改革的重要性、迫切性和艰巨性，既要抓紧改革，加快改革，又要做好长期作战的思想准备。

第三，必须不断地解放思想、开拓创新。

价格形成机制不是一成不变的，它将随着社会经济环境的改变而改变。对价格形成机制的变迁，要从历史演进、社会发展、时代变迁的高度来认识，与时俱进，创新理论，才能认清价格形成机制变迁的必要性，把握价格形成机制变迁的规律，顺利推进价格形成机制的改革。我们面临经济增长方式实行根本性转变、对外开放程度提高、各项改革进入全面攻坚的新时期、新阶段，价格改革的环境，改革的重点、难点，改革的复杂与难度，都是前所未有的。时代的变迁，经济的发展，改革的深化，对外开放的扩大，各种新的的情况、新的问题层出不穷，价格改革面临着巨大的挑战。我们不能满足现状，固步自封，而要继续解放思想，创新理论，更新观念，统一认识，以适应变化了的形势。要破除过去60年形成的一些思维定势，从新时期的实际出发，从面临的新情况、新问题着眼，创新改革理论，探索新的改革办法。已经取得的经验，只能说明过去，是否适用今天，需要在新的实践中加以检验。我们的理论、思想、认识不能停留在已有的基础上，深化改革也不能不加分析地照搬过去的经验和做法。在新的时期、新的形势下，必须站在新的高度，开拓新的视野，锐意创新，大胆试验，勇于实践。只有这样才能把价格工作做好，把价格改革不断推向前进。

第四，既要坚持价格形成的市场导向，又要加强政府对宏观价格的调控。

60年的历程说明，价格形成机制的变化与经济体制更替密切相关。价格要发挥其作用，需要相应的环境和条件。在现阶段社会主义市场经济体制下，价格机制的作用还存在局限性和缺陷，需要政府予以弥补。以为实行市场形成价格，就否定政府在价格形成及价格发挥作用中的必要性；以为实行市场经济，什么问题都可以一“化”了之的看法是片面的、错误的。坚持把“看不见的手”和“看得见的手”两者结合和相互补充，这一条经验必须继续坚持。

第五，改革要以人为本，关注民生。

价格问题涉及方方面面的利益，改革实际上是对既有利益的重新调整。协调好改革中发生的种种利益关系，取得广大群众的大力支持和积极参与，使广大群众分享改革的成果，是改革能够顺利进行的重要保证。在新的历史起点上做好价格工作，深化价格改革，需要广大群众的理解和支持，需要动员各方面积极参与，使改革变成全民的事情。基于此，在深化改革的规划、设计上，在指导思想上，要充分考虑广大人民群众的利益和诉求，使改革的成果让群众看得见、摸得着，得到实惠。

参考文献

［1］刘卓甫、王振之、乔荣章主编《价格知识大全》，中国物价出版社，1990。

［2］成致平主编《中国物价五十年》，中国物价出版社，1998。
［3］成致平：《价格改革三十年（1977～2006）》，中国市场出版社，2006。
［4］马凯：《新时期价格的若干问题》，中国物价出版社，1996。
［5］张卓元：《社会主义价格理论与价格改革》，中国社会科学出版社，1987。
［6］张卓元：《论中国价格改革与物价问题》，经济管理出版社，1995。
［7］许毅等：《社会主义价格问题》，中国财政经济出版社，1982。
［8］武力、肖翔：《略论新中国60年商品价格形成机制的演变》，《财贸经济》2009年第9期。

中国价格改革30年：实践与理论创新

伍世安*

内容摘要 中国30年价格改革的实践创新表现为由改革计划价格体制（1979～1991年）向建立社会主义市场价格体制（1992～2000年）及逐步完善社会主义市场价格体制（2001年至今）的不断推进和变迁，其间伴随着关于价格范畴、定义和作用，价格基础、形成和合理标志，价格改革和国际接轨，价格水平和管理等十个方面的理论求索和创新。未来有必要深化广义的价格概念，坚定市场化取向信念，确立以人为本观念，树立统筹兼顾理念，推进和深化基础产品、垄断产品、公共产品价格及其监控体制的改革。

关键词 价格改革 广义价格 创新

以1978年中共十一届三中全会精神为指导，以1979年大幅度提高粮食、油料、棉花等农产品收购价格为标志开启的中国价格改革，迄今已走过30年历程，弹指一挥间，我国成功地实现了由计划价格体制向市场价格体制的转身变型。认真总结30年来的实践经验和理论创新成果，对于完善中国特色社会主义理论体系、坚持中国特色社会主义道路，具有重要的理论价值和实践意义。

---

* 伍世安，江西财经大学教授、博士生导师，江西省人大常委、省人大教科文卫委副主任委员，江西省社联副主席，中国价格协会高校价格理论与教学研究会会长。

一 中国价格改革的实践创新回顾

中国价格改革的目标是构建与社会主义市场经济体制相协调的社会主义市场价格机制，即宏观调控下主要由市场形成价格的机制。中国 30 年价格改革实践的创新，表现为由改革计划价格体制（1979 ~ 1991 年）向建立社会主义市场价格体制（1992 ~ 2000 年）及逐步完善社会主义市场价格体制（2001 年至今）不断推进和变迁的过程。

（一）改革计划价格体制时期（1979 ~ 1991 年）

1979 年改革之前的中国价格体制为定价权限高度集中、定价形式高度单一的计划价格体制[①]。对这一体制的改革切入点是通过有计划地调整或者放开部分产品价格，逐步理顺价格关系，引入市场调节成分。

1. 理顺计划价格关系阶段（1979 ~ 1984 年）

在“计划经济为主，市场调节为辅”的思想指导下，这一阶段的改革取向是“计划价格为主，自由价格为辅”，改革方式是“调放结合，以调为主”，改革重点是调整不合理的计划价格，先后进行了六次较大规模的价格调整。为确立“合理的”价格标准，国务院价格研究中心进行了若干方案的理论价格测算，试图为有计划地理顺价格关系提供科学依据。在这一阶段，虽然部分新产品试销价格下放到地方或企业，部分电子、机械产品试行浮动价格，小商品和三类土特农产品价格分三批放开，但“完善计划价格体制”的思路仍居主导地位。

2. 放开计划定价权限阶段（1984 ~ 1988 年）

在“有计划的商品经济”的思想指导下，这一阶段的改革取向是“少数计划价格，多数市场价格”，改革方式是“放调结合，以放为主”，改革重点是转换价格形成机制，改变过度集中的计划定价权限。在这一阶段，放开了除国家定购的粮食、棉花、油料、糖料等少数品种以外的绝大多数农副产品的购销价格，放开了大部分工业消费品价格，对工业生产资料实行“双轨制”价格，对进出口商品作价机制由比照国内同类商品定价改为

① 1973 年 12 月 5 日国家计委颁发的《国务院有关部门分工管理的价格（商品）目录》规定实行国家定价的农产品收购价格 113 种、商品零售价格 138 种、工业品出厂价格 1086 种，总计 1337 种。其中实行国家定价的零售商品总值占社会商品零售总值的 97% 左右。见成致平《价格改革三十年（1977 ~ 2006）》，中国市场出版社，2006，第 158 页。

代理制，逐步过渡到“国家统一定价”、“浮动价格”、“双轨价格”和“自由价格”多种形式并存的板块式价格体制。

3. 探索价格调控体系阶段（1988～1991年）

由于1985年起通货膨胀凸显，1988年价格“闯关”失败，在对国民经济进行三年治理整顿的思想指导下，这一阶段的改革取向是稳定价格总水平，改革方式是“控中求改，相机调放”，改革的重点是探索建立价格总水平的监测和调控体系，先后推出了重要商品储备制度和价格调节基金制度。在治理整顿初见成效后，1991年5月大幅度提高25年来一直未动的粮油统销价格，同时给予职工补贴，在解决“购销倒挂”的同时，实现了物价与工资的联动。

（二）建立社会主义市场价格体制时期（1992～2000年）

1992年春邓小平同志视察南方发表重要谈话，明确社会主义也可以搞市场经济。10月中共十四大明确经济体制改革的目标是建立社会主义市场经济体制。与之相适应，这一时期价格改革的目标是“建立起主要由市场形成价格的机制”[①]，价格改革的任务是“在保持价格总水平相对稳定的前提下，放开竞争性商品和服务的价格，调顺少数由政府定价的商品和服务的价格；尽快取消生产资料价格双轨制；加速生产要素价格市场化进程；建立和完善少数关系国计民生的重要商品的储备制度，平抑市场价格”[②]。为此，价格改革循着三条主线展开。

1. 加快转换价格形成机制

从中央到地方大批放开商品和服务价格。1992年原国家物价局颁布的中央管理价格的分工目录，重工业生产资料和交通运输价格由1991年的737种减为89种，农产品价格由40种减为9种，轻工商品由41种减为22种，续管物资收费1种[③]。1998年又由121种减为58种[④]。绝大部分生产资料的双轨价格通过放开计划内价格而由市场调节，极少数（如化肥、陆

---

① 《中共十三届四中全会以来历次全国代表大会中央全会重要文献选编》，中央文献出版社，2002，第287页。

② 《中共十三届四中全会以来历次全国代表大会中央全会重要文献选编》，中央文献出版社，2002，第287页。

③ 马凯：《中国价格改革20年的历史进程和基本经验》，《价格理论与实践》1999年第1期；赵小平主编《价格管理实务》，中国市场出版社，2005，第68页。

④ 成致平：《价格改革三十年（1977～2006）》，中国市场出版社，2006，第685页。

上石油）则并轨为国家定价，到1994年基本取消“双轨制”。1992年20个省（区）放开粮食收购价格，1996年启动粮食保护价制度；放开棉花购销价格，发布购销指导性价格信息。1998年放开原油价格，与国际市场接轨，汽油、柴油零售价格由政府定价改为政府指导价。与此同时，各地也择机调整了城市公交、房租、自来水、民用燃料、教育、医疗等价格，促进了公用和公益事业的发展。市场调节价占社会商品零售总额的比重由1978年的3.0%、1991年的68.8%增至2000年的95.8%，占农产品收购总额的比重由1978年的5.6%、1991年的57.8%增至2000年的92.5%，占生产资料销售总额的比重由1978年的0%、1991年的45.7%增至2000年的87.2%[①]，基本实现了主要由市场形成价格的机制。

2. 加强价格法制建设

1998年5月1日《中华人民共和国价格法》颁布实施，从法律层面明确了价格改革的目标是“实行并逐步完善宏观经济调控下主要由市场形成价格的机制”，并对价格监测、价格调节基金、价格听证、主要商品储备、价格干预措施、价格紧急措施等作出了具体规定，截至2007年底，国家先后出台配套的价格法规、规章40多个，各地制定地方性法规30多部、地方价格规章50多个，基本实现了价格工作有法可依。

3. 加快构建价格调控体系

这一时期，制定并落实了价格调控目标责任制，实行“米袋子”省长负责制和“菜篮子”市长负责制；建立了粮食、食糖和棉花等重要商品储备制度和副食品价格调节基金制度，以及居民基本生活必需品、服务项目价格监测网络和重要生产资料成交价格监测网络；在20世纪90年代中期物价高企的情况下，综合运用多种调控手段，治理金融秩序，推出保值储蓄，控制财政支出，抑制汇价波动，使CPI从1994年的24.1%高位降至1996年的8.3%、2000年的0.4%，成功地实现了“软着陆”。

（三）逐步完善社会主义市场价格体制时期（2001年至今）

在宏观调控下主要由市场形成价格的机制基本确立后，这一时期价格改革的重点，是按照中共十六大提出的“完善社会主义市场经济体制”的要求，推进价格主管部门的职能转变，关注民生价格的改革和监管，进一步理顺价格体系和完善调控监管体系。

---

① 成致平：《价格改革三十年（1977～2006）》，中国市场出版社，2006，第163页。

1. 推进价格主管部门的职能转变

2001年7月国家计委颁布的《国家计委和国务院有关部门定价目录》进一步减至13种，价格主管部门的职能从定价调价为主转至“定规则、当裁判、搞服务”为主。价格民主与法制、价格监测与预警、价格宣传与举报、成本调查与监审、价格监督与检查、价格鉴证与认证、价格维权与服务等工作全面展开。规范和提高政府定价的科学性和民主性，逐步引入了成本监审、价格听证、专家评审、集体审议和价格公告制度，截至2008年6月，各级价格主管部门先后召开价格听证会1万多次，政府定价的科学性和透明度显著提高（国家发展和改革委员会价格司，2009）。

2. 关注民生价格的改革和监管

价格改革和监管由商品价格向要素价格、行政事业性收费等民生价格深化推进。2004年公布取消了34个部门的103个收费项目，降低了8个部门10项收费标准；实行电信、居民用电城乡同网同价，累计减轻农民负担2600亿元；1997年以来连续28批次大幅降低1500多种药品价格，降价金额累计500亿元；对义务教育收费从“一费制”到“两免一补”；对农民收费从取消“三提五统”到取消农业税；明确了经济适用房价格、廉租房租金及物业服务收费的成本构成、定价原则和管理形式；部分省区（如宁夏、山东）开始建立低保标准与物价上涨挂钩联动机制。

3. 进一步理顺价格体系

为理顺传统能源与新能源的比价关系，促进节能减排和可再生能源发展，实行差别定价、脱硫加价和可再生能源发电加价；为反映资源环境价值，促进循环经济发展，将水价由仅包含售水价格转变为包括水资源费、售水价格和污水处理费在内的全成本价格，并推行阶梯式用水价格；为理顺上下游产业价格关系，建立天然气与替代能源挂钩调整的机制，明确发售电价格由市场形成、输配电价格由政府制定的电价改革目标，取消电煤限价措施，实施煤电煤热价格联动机制，以及民航国内航线旅客运输燃油附加与成品油价格的联动机制，公路客运价格、出租车运价与成品油价格的联动机制；为理顺国内与国际市场价格关系，融入全球经济一体化，一些外贸依存度高的大宗物资及其成品依据国际市场价格定价。

4. 进一步完善价格调控监管体系

基本建成实时价格应急监测调查系统，应急价格监测能力明显提升；

基本形成价格总水平调控体系，调控手段从单一的行政手段转向经济、法律、行政、舆论、消协等多种手段“组合拳”，在 2003 年应对“非典”、2007～2008 年应对物价较快上涨、2008 年应对雨雪冰冻灾害和“5·12”汶川地震、2009 年应对生猪价格上涨，依法启动的临时价格干预措施及其“组合拳”发挥了重要的平抑物价作用；逐步完善价格监管服务体系，初步形成了覆盖城乡的以政府监督为主，社会监督、舆论监督、行业自律为辅的监督网络，以及覆盖全社会的包括价格认证、价格评审、价格信息咨询、价格信用评比等内容的价格服务网络。

二　中国价格改革理论的创新与论争

改革是一场革命，价格改革更是一场直接触及各个经济主体利益调整和博弈的革命。正因如此，古今中外，也许改革发动者的初衷是善良美好的，但改革绩效却往往大相径庭，甚至因物价问题而酿成政治动乱和社会骚乱①。中国价格改革 30 年间虽然也历经了两次较大的物价上涨和振荡（1988～1989 年，1993～1995 年），CPI 达两位数以上，但整体上看改革绩效显著，实现了“高增长、低通胀”，达到了三个“有利于”，创造出“中国模式”的奇迹。之所以如此，是由于中国价格改革的实践创新，是在中国特色社会主义理论的指导下，坚持价格理论及其改革理论不断创新的结果。

（一）关于价格范畴的拓展

价格是商品的价格，因而对价格的认识自商品始。改革开放以来，人们经历了一个对商品范畴的认识不断深化和拓展的过程。

中国传统的计划价格理论源于苏联，认为商品是指实物性的消费品，其价值的货币表现可称为“商品价格”，至于非实物性的消费品及其价值

---

① 如俄罗斯 1992 年经济改革采取“休克疗法”，当年市场零售价格上涨近 30 倍，工业品批发价格上涨超过 30 倍，通货膨胀率达到 2200%，居民实际收入水平下降 44%。印度尼西亚 1998 年为应对亚洲金融危机，根据国际货币基金组织要求削减对穷人的食品和燃料补贴，结果引发了社会骚乱和资本恐慌性出逃，导致政府崩溃。2008 年 4 月埃及因其物价上涨 300%以上，引发了暴动、砸抢现象。海地因高粮价问题引发民众骚乱，其总理被参议院投票罢免。

的货币表现则称为"非商品收费"[①]，生产资料则不是商品[②]，不能进行市场交易，而只能采取调拨分配。在改革的实践中，学者们突破传统的樊篱，从社会分工（卓炯，1979）、物质利益（邝日安、张卓元，1978）、利益差异（何建章，1979）、发展阶段（于祖尧，1984）等视角阐述了商品价格的本质及其基本属性，使商品所包括的范围由日用消费品扩大到耐用消费品，由有形物品延伸到无形物品，由消费品拓展到生产资料及各种要素，由私人品衍生到公共物品，内涵日益丰富，外延日益扩张。与之相对应，价格的含义也日趋广义化。

（二）关于价格定义的反思

经典理论认为，价格是商品价值的货币表现，而价值是凝结在商品中的抽象人类劳动[③]。然而该定义一是无法解释非劳动物品的价格是如何形成的；二是忽略了产权因素在商品交换中的决定性作用，"商品交换，特别是在其现代形式上，实质上只是产权的交换"[④]；三是未看到"价格成因的多维性及价格发生机制的复杂性"[⑤]。根据上述价格范畴的拓展，孙剑平（1995）提出了"广义价格论"，试图以统一的价格理论对第一、第二、第三产业的价格作出统一的、同一层次的阐释；温桂芳（1999）则将价格分为狭义和广义两种，前者是指生活资料商品的价格，后者还包括服务商品和要素商品价格。伍世安（1997）进而认为，所谓广义的价格，是指交易过程中所需支付的代价条件。也就是说，当人们为取得一定数量和质量的某种物品和劳务而需支付一定的代价时，其间的经济关系便构成了广义的价格关系。狭义价格、收费和税收是人们为取得私人品、准公共品和纯公共品而分别支付的代价形式，它们共同构成了广义的价格体系。

（三）关于价格基础的论争

经典理论认为价格形成的基础是价值，而后者又是由社会必要劳动时

① 〔苏〕M. B. 沙洛特科夫主编《非生产领域经济学》，上海译文出版社，1985，第33页。

② 〔苏〕斯大林：《苏联社会主义经济问题》，《斯大林选集》下卷，人民出版社，1979，第551页。

③ 许涤新主编《政治经济学辞典》（上），人民出版社，1980，第379页。

④ 华生、张学军、罗小朋：《中国改革十年：回顾、反思和前景》，《经济研究》1988年第11期，第21页。

⑤ 李怀：《对我国价格改革理论与实践的若干思考》，《中国物价》1997年第3期。

间Ⅰ所决定，社会必要劳动时间Ⅱ只是影响价值的实现。围绕这一问题，中国学术界展开了长期而激烈的论争。20世纪80年代，人们主要围绕两种含义的社会必要劳动时间而展开，形成了如下五种代表性观点：①两种含义，共同决定价值，如纪显举（1983）；②两种含义，但由社会必要劳动时间Ⅱ决定价值，如王永治、王振之（1983）；③一种含义，单一决定，即只承认社会必要劳动时间Ⅰ，并由其决定价值，如胡寄窗（1990）；④不存在两种含义的划分，就是由社会必要劳动时间决定价值，如曾昭强（1983）；⑤存在多种含义的社会必要劳动时间，如胡培兆（2001）。

20世纪90年代中期以来，根据中共十五届五中全会决议和江泽民同志建党80周年讲话指出的在新的历史条件下要深化对劳动和劳动价值论的认识，价值问题成为理论界论争的重点，论争的焦点是非劳动要素是否创造价值、是否应得到收入。在坚持劳动价值一元论（苏星，1992；何炼成，1994）的同时，出现了新劳动价值一元论（谷书堂等，1993）、社会劳动价值论（钱伯海，1997）、劳动整体价值论（钱津，1998），以及客观效用价值论（郑克中，2003）、三元（土地、资本、劳动）价值论（丁建中等，1995）、供求均衡价值论（晏智杰，2001）、广义价值论（蔡继明，2001）、价值发展论（胡建绩，2004）、价值增值论（张幼文，1995）、均衡价格论（樊纲，1994）等多家之说，从不同路径对商品价值进行了有益的探讨，但让人们信服的商品价值理论至今尚未建立起来。

在探讨商品价值的基础的同时，学者们进而探讨了价格与价值之间的关系。经典理论认为，价值是价格的基础，价格以价值为轴心波动，即"轴心论"。而王家卓则认为存在着价格与价值之间的相互波动①，可谓"麻花条"论；万解秋认为应抛弃"计算价值"教条，价值序列与价格序列之间存在"一个跳跃间断点"②，可谓"间断点"论；于光远建议暂时搁置价值争议而先行研究价格问题③，可谓"先后"论；晏智杰则认为价值与价格等价，互为表里，价值是一种长期的稳定的市场价格④，可谓"等价"论；郭小鲁进而认为，马克思的市场价值量与新古典经济学中的完全竞争市场长期均衡价格等量⑤，可谓"一致"论。

---

① 王家卓：《略论价格理论的价值分析基础》，《经济研究参考资料》1985年第138期。

② 万解秋：《价值、理论价格、现实价格序列问题初探》，《经济研究》1985年第1期。

③ 于光远：《要的是现代的市场经济》，《经济研究》1992年第10期。

④ 晏智杰：《灯火集》，北京大学出版社，2002，第236、429、448页。

⑤ 郭小鲁：《劳动价值论与供求价格论的统一》，《经济学动态》2003年第4期。

（四）关于价格形成的新探

经典理论认为，价格以价值为形成基础，供求仅是作为一种影响因素，制约价格与价值的背离和一致。随着社会主义市场经济的建立和理论讨论的深入，供求因素已从参与价格制定到与价值共同决定价格，到主要由市场供求形成价格。与此同时，理论界还提出了成本决定论、效用决定论、金融决定论和社会决定论[①]，从多元化视角研究价格形成机制，以及从某些具体的产业和行业入手，如第三产业（张国藩，1988）、知识产品（李富强等，1998）、软件产品（王万山，2004）、网络经济（韩耀等，2006）、公共产品（易文端等，2007）、房地产业（高晓慧，2003）、资源环境（胡昌暖，1993）、自然垄断（王俊豪，2001）、生产要素（周春，2006）、非营利组织（丁美东，2004）、国际定价权（李艺等，2007）等，分别探讨了其特殊的价格形成机制，丰富和创新了价格形成机制理论。

（五）关于价格作用的求索

在计划经济条件下，“计划第一、价格第二”使价格沦为“数量调节的簿记工具”，成为“消极性价格”和“任意性价格”（李慧中，1998）。随着认识的逐步深化，学者们揭示出价格不仅具有核算职能，而且具有信息、刺激、分配、调节等职能，不仅是市场机制的核心，而且对资源配置起基础性作用。改革开放初期，理论界存在以价格改革为中心和以企业改革为中心两种相互对立的思路，两种思路都对中国经济改革的进程产生过不同程度的影响。以厉以宁为代表的“所有制改革派”或“企业改革派”认为，所有制改革或产权改革是决定经济体制改革成败的关键，为此中国的经济改革应从微观环节入手，通过产权改革，明晰投资主体，明晰产权归属，明晰资产经营的盈亏责任，解决激励机制和经营者选择机制问题。事实上，中国的经济改革也是从农村的联产承包责任制和城市的国有企业放权让利而发动的。以吴敬琏为代表的“价格改革派”或“市场调节派”则认为，价格改革是决定经济体制改革成败的关键，为此中国的经济改革应从构建充分竞争的市场环境入手，通过价格改革，建立合理的价格体系，从而为企业经营决策提供正确的价格信号，创造公平的竞争环境，充分发挥市场对资源配置的基础性作用。事实上，中国的经济改革也是从大

① 钱津：《价格形成理论的比较研究》，《河北经贸大学学报》2009 年第 3 期。

幅度提高农副产品价格、放开小商品和三类土特农产品价格肇始的。上述两派观点均有可取之处，实践表明，以市场为取向的中国经济改革是一个长期的系统工程，不存在自始至终地拘泥于某种特定的思路。但价格关系作为各种利益关系的总汇，价格机制作为各种市场机制的核心，其决定经济改革成败的关键地位并未改变。价格改革可为其他改革创造前提，提供激励；其他改革又为价格改革创造条件，提供基础，它们之间相辅相成，而非排斥替代。

（六）关于合理价格的探析

价格改革的目标之一是要建立合理的价格体系。传统理论认为，合理价格的标志是使价格符合价值或生产价格。循着这一思路，理论界围绕“理论价格”的设计，就以工资利润率、成本利润率、资金利润率抑或多渠利润率计算产品利润展开了激烈的探讨，试图通过理论价格的测算为计划价格的制定和调整提供价值依据。然而，“平均利润只是市场供求运动的结果，而不是计划的出发点”（李慧中，1998），不考虑供求关系的“理论价格”乃是一种乌托邦式的空想。1984 年在莫干山举行的全国首届中青年经济理论讨论会上“调”派与“放”派的论战，即价格改革应是调整价格体系还是改变价格管理体制之争①，实际上反映了人们对于合理价格形成的认识，已从实验室的计算走向市场的博弈，从追求体系的均衡走向机制的创新，从计划价格的“试错”走向“让价格回到交换中去”。1985 年“价格双轨制”的推出，既是上述两种主张的折衷，又是价值计算方案的终结。

虽然《中华人民共和国价格法》已将中国价格改革的目标模式明确规定为“实行并逐步完善宏观经济调控下主要由市场形成价格的机制”，但评判合理价格的终极标准并不是要达到某个既定的目标模式，而是“三个有利于”，即有利于发展社会主义社会生产力，有利于增强社会主义国家的综合国力，有利于提高人民的生活水平。这就使中国的价格改革从一开始就没有陷入任何先验的教条，而是按照“三个有利于”循序渐进。

（七）关于价格改革的方略

虽然在 1988 年曾经提出了物价“闯关”的设想，但整体来说，中国

---

① 华生、张学军、罗小朋：《中国改革十年：回顾、反思和前景》，《经济研究》1988 年第 9 期，第 15 页。

价格改革未因袭“休克疗法”，而是采取了渐进式方略，即在改革的项目上先易后难、“六先六后”①；在改革的衔接上创造了双轨制价格，被誉为“中国的发明”（波兰经济学家布鲁斯）、“天才的解决办法”（美国经济学家斯蒂格利茨）；在改革的区域上先试点后推广、先沿海后内地、先特区后全国；在改革的方式上先调后放、先增量后存量，尽可能不伤及既得利益群体，将价格的变动控制在各方可承受的能力范围内；在改革的时机上不是等距离的小步走慢步走，而是小步快步甚至在主客观条件成熟时跨大步走。

其间双轨制价格的提出和运行，是渐进式价格改革的具体实践。双轨制价格，是指同一种生产资料以国家计划为界限，同时存在两种不同性质的价格形式，其计划部分执行国家定价，超计划部分或允许自销部分由企业定价，或者实行加价和议价（邓宦松，1985）。1984 年初国家物资部门对 21 种生产资料的计划外经营部分实行浮动价格，规定浮动水平不超过计划内价格的 20%；1985 年 1 月国家物价局和物资局发出《关于放开工业生产资料超产自销产品价格的通知》，取消品种范围和价格浮动幅度限制，计划外生产资料可自由入市，价格随行就市。双轨制价格是业务主管部门吸纳学者建议而推出的一种富有中国特色的价格政策和价格形式，但也引发了理论界的论争，有三种不同的观点：①有利无弊论。认为它是计划与市场的结合，是经济体制转轨的必然选择，是特殊非均衡体系向一般非均衡体系转换的产物（袁庆寿等，1991），是生产资料价格改革的突破口，是计划价格向市场价格转化的最好形式，对于促进短线产品生产和非国有经济发展，推动经济体制改革具有积极作用。②有弊无利论。认为它从根本上违背了“一物一价”的价值规律和价格形成规律，削弱了货币作为一般等价物的功能，既不符合计划经济的要求，又不符合市场经济的要求，由此产生的价格都是扭曲的价格，造成了企业行为的双重化和衡量企业经营状况的标准紊乱，冲击国家正常计划，影响物资正常流通，导致物价上升过快，经济秩序混乱，投机之风盛行，社会风气恶化，成为“官倒”腐败根源。③利弊共存论。认为不可全盘肯定或否定，两轨价差不大则利多，反之则弊多（卢之君，1990）；既要看到

① “六先六后”是指先放开小商品后放开一般商品再放开重要商品，先改革商品价格后改革服务价格再改革要素价格，先轻工后重工，先竞争性行业后垄断性行业，先下游产业后上游产业，先消费品后生产资料再资源性产品，先放开计划外部分再放开计划内部分（温桂芳，2008）。

双轨制价格是新旧价格体制乃至新旧经济体制交替的缓冲器，便于经济改革循序渐进（余功斌，1989），是一种必须利用的价格形式，又要看到它只是一种过渡性质的价格政策和价格形式（邓宦松，1985），应加强配套，加快并轨，以减少摩擦，缩短“阵痛”（路南，1998），建议推广石家庄的差价返还过渡法和江苏的综合定价过渡法，通过分产品、分种类渐进地调整和放开价格，使双轨合一（余功斌，1989）。这一合轨目标至1994年基本实现。

（八）关于国内外价格的接轨

在改革开放的大背景下，学者们日益关注国内与国际两个市场价格之间的对接，从理论与实践相结合的角度阐述了两者对接的必要①，并就对接的含义、条件、范围、方式及配套措施等展开了系列探讨②。针对计划经济条件下国内外价格脱钩所造成的弊端，王振中（1985）提出通过调整汇率，进出口代理，微调国内价格，工贸统一核算和工贸、财政统一核算来衔接国内外价格，为1988年中国外贸实行“自负盈亏、放开经营、工贸结合、推行代理制”改革提供了必要依据；钟朋荣（1987）提出以“经过调整的世界价格”作为挂钩价格，可谓对中国自2009年5月8日起实施的成品油价格实行有控制的间接接轨的最早设想。随着中国加入WTO，对外贸易依存度提高，学者们的关注视野从货物贸易到服务贸易进而到绿色贸易，从产业间贸易到产业内贸易进而到产品内贸易，从现货贸易到期货贸易进而到金融汇率，从价格接轨到价格摩擦进而到争取国际定价权，研究的广度和深度也与时俱进。

（九）关于价格水平的新解

新中国成立以来，一直坚持保持物价基本稳定的方针，但到“文化大革命”时期，稳定物价变成冻结物价并长达10年。改革开放以来，理论界既摒弃了苏联将物价不断下降作为社会主义优越性的观点，否定了固定物价的做法，认识到价格波动是价格运行的常态；又坚决反对价格的无序波动、暴涨暴跌，认为应保持价格总水平基本稳定和相对稳定，通过宏观

---

① 朱国兴：《试论价值规律在世界市场的作用》，《经济研究参考资料》1982年总第755期；崔子都：《论国际价值》，《经济研究参考资料》1984年总第1096期。

② 温桂芳：《对国内外市场价格对接若干问题的看法》，《中国物价》1995年第4期。

调控力求将 CPI 增幅控制在 -3% ~ +5%[①]。学者们跟踪我国价格总水平的变动，在借鉴西方理论探析其变动原因的同时，还进行了“中国式”解读，探讨了通货膨胀和通货紧缩的动因和效应、PPI 与 CPI 之间的传导机制、虚拟经济价格与实体经济价格的波动性差异、相对价格调整对价格总水平的影响，以及价格水平与经济发展、充分就业、国际收支平衡等宏观经济目标之间的关系，提出了“价格水平的本质是人类实践代价水平的尺度”（江水法，2008），指出要关注民生、关注自然，构建和谐价格体系，要综合运用财政货币、商品储备、进出口贸易等经济手段，以及政府规制、应急干预、宣传解释、行会自律、依法监督等多种手段，保持价格总水平的基本稳定。

1979 ~ 2008 年中国 CPI 年均上涨 5.7%，通胀年份多于通缩年份，出现了三个周期即 1982 ~ 1990 年、1990 ~ 1999 年、1999 年至今，峰值分别为 18.8%（1988 年）、24.1%（1994 年）和 5.9%（2008 年）（许宪春，2009）[②]。因此学者们对通胀动因的关注甚于对通缩的关注，对之进行的“中国式”解释可分为体制性因素和增长性因素两大类。前者如因国家与个人之间的特殊利益矛盾加上改革后形成的多元产权机制而形成的摩擦性通货膨胀、基层经济单位的预算软约束加上下放自主权后地方实际拥有的货币发行权而形成的基层推动型通货膨胀、由于固定名义利率而形成的预期实现型通货膨胀（樊纲，1990），超经济强迫机制导致货币过量供应（朱德林，1989），价格调放改革使抑制性通胀显性化（李慧中，1989），企业经济效益不高导致亏蚀型通货膨胀（张立宏，1995），以及政府决策程序不完善和非科学化（马书琴，1989）、用行政手段管理经济（卢嘉瑞，1989）、以 GDP 为核心考核官员制度（张明文，2010）、财政分权与地方财政支出竞争（赵文哲、周业安，2009）和政治腐败（张永华，1995）等引发的宏观决策失误而导致的通货膨胀；后者如因政府主导型经济增长模式（逄锦聚，1989；李慧中，2009）、资源消耗投入型增长模式（沈坤荣，1996）、粗放型经济增长方式（许永兵，1997）、不完全成本和价格复归（黄达，1992）、总供给效率不高（盛逖，2008）、经济结构失衡（许经勇，

---

① 张卓元、路遥：《中国价格改革的基本经验》，载于邹东涛等《中国经济体制改革基本经验》，中国人民大学出版社，2008，第 237 页。

② 沈利生分为四个周期，即 1979 ~ 1986 年，1986 ~ 1991 年，1991 ~ 1999 年，1999 ~ 2009 年。峰值各为 7.5%（1980 年）、18.8%（1988 年）、24.1%（1994 年）和 5.9%（2008 年）。见沈利生（2009）。

1996）、人民币汇率波动（施建淮等，2008）等导致通胀。不少学者认为中国的通货膨胀是个复杂的经济现象，由多个因素共同作用所致，既有强烈的发展色彩，又有体制转轨的色彩（陈德尊，1995）。

学者们还围绕我国通货膨胀与经济增长的关系，展开了激烈的论争。一种意见为"不相关论"或"不稳定关系论"，认为两者之间不存在必然的因果关系，不能将之简单地归结为某种单一的正相关、负相关或不相关（李运奇，1987；乌家培，1990），适度的通胀不能刺激经济增长（尤瑞章，1987）。另一种意见为"相关论"，但又分多种情形。

1. 单相关与互相关

前者又有三种不同观点，有的学者认为经济增长为因，通货膨胀为果，影响滞后期为一年左右（许宪春，2009；沈利生，2009；朱胜等，2009）；有的学者则认为通货膨胀为因，经济增长为果，适度通胀有利于经济增长（杨晓达，1986；韩文秀，1996；蒋建业等，1996；杨术等，2009）；还有的学者认为要在一定的条件下其因果关系才能成立（孙泉，1989）。后者则认为两者互为因果，存在长期稳定的均衡关系（刘东航等，2010）。

2. 正相关与负相关

有的学者认为存在正相关（杨术等，2009），但年均经济增长率高于年均通胀率，经济增长波动性小于物价波动性，经济增长率回落时对通胀率的影响力度大于经济增长率上升时对通胀率的影响力度（许宪春，2009；朱胜等，2009）；有的学者则认为通货膨胀对经济增长的影响为负作用（周旭东等，1999）。

3. 直接相关和间接相关

前者认为通胀率与经济增长直接相关（杨术等，2009），较高的通胀率会促进当年经济增长，但会阻碍下年的增长，如年经济增长率超过9%，则本年通胀率会高于上年，反之则会低于上年（刘东航等，2010）；后者则认为存在一定的滞后期，通货膨胀的峰值滞后于经济增长峰值，但会同时回落谷底（许宪春，2009），凡是高增长连续2年超过10%以上，必然会出现明显的通胀（韩文秀，1996）。

关于通胀对经济增长的影响，有的认为"有百害而无一利"，它是一种有扭曲效应的税收——通货膨胀税，会降低真实的收入水平和经济增长率（鱼建光，1996）；经济增长可能形成对通胀的压力，通胀却不一定能刺激经济增长（乌家培等，1990），反而会产生广泛的社会危害。但反对者则认为，适度通胀是发展中国家经济增长的必然结果，具有客观必然性（杨晓达，1986），由于纸币有一种必然贬值的趋势，加之资源的稀缺性和工资的刚性，不可能实现零通胀的经济增长，只能考虑如何以最低的通胀获取最佳的经济适度增长（冯根福，1991），有时通胀率低了，也会影响经济快速发展（蒋建业等，1996），因此适度通胀是经济增长必须付出的代价（韩文秀，1996）。关于如何处理两者的关系，学者们的意见较为一致，有的还给出了具体的数量比例控制，如认为投资规模不宜过大，适宜的投资率为30% ~34%（国家计委投资研究所课题组，1995）；可按照黄金分割率，将0.62作为预警线，即经济增长1个百分点，物价上涨0.62个百分点（蒋建业等，1996）；GDP增长控制在7.2%左右，CPI增幅控制在4%以下（朱苏臻，1987）；经济发展规模和速度不能超过国家人、财、物的承受力和自然承载力，通胀率不能超过工资增长率、储蓄利息率和经济增长率（刘思华，1995）等。

（十）关于价格管理的完善

在中国社会主义市场经济体制基本建立之后，理论界和实务部门围绕如何正确认识市场经济条件下价格管理的职能、对象、方式及机制等进行了深入的研讨。在学习借鉴西方发达国家价格管理经验做法的基础上，认为"放开价格"并不等于"放任不管"，要根据形势的变化转变政府管理职能，克服"越位"、"错位"和"缺位"，由定调价为主转变为"定规则、当裁判、搞服务"为主①；要区别政府监管与市场调节的边界，价格监管的目的是保护消费者合法权益，维护公平的市场竞争环境，增强生产经营者可持续发展能力，促进社会福利最大化②；要按照WTO的要求完善价格管理，坚持依法治价③；要扩大政府定价的公开透明性和民众参与度，完善价格决策听证制度④；对于竞争性行业价格管理，应侧重于价格监测

① "价格管理的现状和进一步发挥价格杠杆作用研究"课题组：《价格管理：现状、问题与深化改革思路》，《财贸经济》2003年第3期。

② 朱明龙、周智高：《我国政府价格监管问题研究——政府价格监管的必要性与责任边界》，《价格理论与实践》2009年第1期。

③ 江西省计委价格调控处、江西省价格理论研究所联合课题组：《WTO与中国价格管理》，《价格月刊》2002年第11期。

④ 朱国玮、黄珺、汪浩：《公共价格决策中的民众参与问题研究》，《价格理论与实践》2004年第8期；江苏省物价局课题组：《价格听证制度改革的研究》，《价格理论与实践》2009年第8期。

和信息预警，依法制止价格欺诈等不正当竞争行为①；对于垄断性行业价格管理，应侧重于成本监审和政府规制，依法制止价格垄断和暴利行为②；要改进价格统计制度③，建立广义的价格监控体制④，提高价格调控的前瞻性、价格监管的有效性和价格改革的协调性。上述观点和建议，对于完善中国的价格管理，具有重要的参考价值。

三　未来中国价格改革的前瞻

如上所述，中国30年价格改革取得了巨大的历史成就和丰硕的理论成果，但未来面临的价格改革情势更为复杂，任务更为深重，决策更为困难，跋涉更为艰辛。

（一）认清新时期的形势，把握价格改革新的特点

1. 价格改革面临新要求

全面深入贯彻科学发展观，夺取全面建设小康社会的新胜利，是新时期改革发展的目标任务，也是对深化价格改革的新要求。转变经济发展方式，要求建立和完善资源环境价格形成机制，以促进资源节约、环境友好、可持续发展；统筹城乡经济发展，要求完善粮食等主要农产品价格形成机制，建立土地有序有偿流转制度，以转换二元结构，促进城乡经济一体化；坚持以人为本，要求完善公共品价格形成机制，实现公共服务和普遍服务均等同价，以促进社会和谐，人民生活更加幸福和具有尊严。

2. 价格改革面临新诉求

2009年中国人均GDP达到3680美元，社会发展已进入矛盾凸显期，表现为一方面利益群体多元化，有着各自的利益诉求，另一方面收入差距拉大、基尼系数上升。价格作为各方面利益关系的交汇，各种利益主体的诉求必然要通过价格发泄出来，使价格成为各方面利益冲突的焦点；而每一项价格改革举措的出台，已不可能同时满足所有人的利益诉求，总有一部分群体利益受损，且他们的承受能力各异。如何在价格改革中统筹兼

① 吕明瑜：《欺骗性价格表示的法律规制》，《江西社会科学》2003年第4期。

② 郭宗杰：《现代法律框架内的反暴利问题》，《价格理论与实践》2004年第5期。

③ 顾海兵：《居民消费价格指数统计仍需进一步完善》，《价格理论与实践》2001年第3期。

④ 广东省价格协会：《广东价格理论创新30年回顾与展望》，《粤港澳市场与价格》2009年第2期。

顾，平衡各方利益，已成为价格改革决策的一个重点和难点。

3. 价格改革面临新“骨头”

由于中国价格改革依循先易后难的渐进路径，因此今后面临的主要是一些“硬骨头”项目，如资源环境价格、垄断行业价格、公共产品价格、要素价格等。这些方面的价格改革，一是其本身涉及面宽、触及利益深、配套性强、风险性大，存在“高难动作”；二是理论探究不深，或是分歧意见甚大，造成改革方向不明，政策取向不清；三是长期作为改革领导者、组织者和推动者的政府部门，在改革的深化过程中有可能成为被改革的对象，致使博弈难度加大，改革方案难产。然而，上述改革又是深化价格改革绕不过去的沟坎。

4. 价格改革面临新环境

中国作为一个正在崛起的大国，其经济体系已深度融入全球一体化。一方面，国际产业的转移、国际资本的流动、投机基金的炒作、国际期货价格的波动、国际政治风云的变幻，以及大国利率汇率的调整，能源、粮食等商品的金融化，跨国公司国际投资和内部转移价格的变动等，会通过各种传导机制影响中国国内价格的涨落；另一方面，中国作为 GDP 和进出口总额均居世界第二的新兴经济体，“中国因素”已成为影响国际市场价格变动的重要力量。两者相互交织、相互影响，使价格变动的不确定因素增多，价格调控的难度增加，价格改革的风险骤升，价格决策的预期难料。

在看到上述深化价格改革的风险和难度的同时，也要看到许多有利条件：有中国特色社会主义理论体系作指导，以科学发展观统领全局，使深化价格改革有明确的方向和要求；中国经济仍处于战略机遇期和快速增长期，经济发展、文化繁荣、政治稳定、社会安定，使深化价格改革有良好的宏观环境；国家财力雄厚，外汇储备充裕，中央调控能力强，可以有效驾驭全局，使深化价格改革有坚实的支撑保障；历经 30 年改革，企业和人民群众已基本适应价格水平正常而合理的波动，具有较强的理性选择和承受能力，使深化价格改革有较好的思想基础；前 30 年价格改革的丰富经验，如在改革的方向上坚持市场化取向，改革的方式上采用渐进式，改革的举措上考虑利益兼顾，改革的组织上采取整体推进等，可为深化价格改革提供重要的借鉴参考。

当然，除上述之外，新的问题还呼唤新的理论，在新的历史条件下，深化价格改革需要理论创新。

——价格形成基础。一方面，科技、信息、知识、品牌、标准、管理、制度等凝结着人类高度复杂劳动的要素，在价格形成中的地位和作用日益突出，显示出劳动价值论的顽强生命力；另一方面，资源、环境、地理、产权、代际、效用、公平、正义等非劳动要素日益渗入价格形成，甚至成为决定价格形成的前提，又考验着劳动价值论的生命力，需要进行价值理论的新综合。

——价格构成要素。一方面价值构成比重发生变化，"微笑曲线"中的两端即研发环节和销售网络、售后服务环节成为高附加值部分，而生产制造环节所创造的价值逐渐下降；另一方面国家运用税收、收费、补贴、罚款、排污权交易等手段，使部分外部成本内生化或使部分内部成本外生化，前者如资源使用者成本（各种资源税费、地租、权利金、红利等）、环境损害成本（各种环境税费和罚款等）、生态补偿成本、环境治理成本、代际成本、安全成本等原本由外部支付的成本，转化为产品成本或加大了产品成本，后者如研发成本、绿色生产成本、资源综合利用成本、再生处理成本等因获得财政补贴、减免税、政府采购而部分外生。对于上述成本和价格构成的变化，需要从理论上作出新的解释。

——价格形成机制。影响价格形成的因素已由商品成本、需求、竞争等具体供求关系的变动，扩大到货币供给、资本市场、投机炒作、心理预期、国际市场、地缘政治、自然灾害、疫病传播甚至舆论报道等，使因素更加复杂，不确定性增加，"蝴蝶效应"显现，传统的供求均衡分析失效，需要寻找更好的分析工具。

——价格运行机制。价格的运行环境也发生了较大的变化：实体经济和虚拟经济并存，国内市场和国际市场一体，现货市场和期货市场互动，商品市场和要素市场相连，商品效用的多元化（如粮食的能源化）和金融化（如石油的金融化）并举，个人偏好的个性化和预期性同增，经济因素和非经济因素交织，使价格变动的波及效应难以预测，调控监管更为困难，需要丰富价格调控监管的范围和内容，深入研究资产价格变动规律及其与商品价格之间的互动关系、国际市场价格波动规律及其与国内价格变动的关系、市场价格的运行规律及其与政府管理价格的关系等重大问题，创新价格调控监管的理论。

——价格总水平。农产品、矿产品、能源、楼房、土地等基础生产资料和生活资料日益成为金融资本炒作的对象，"工资刚性"和"利润刚性"对成本推进型通胀的影响日益加深，新兴战略产业的崛起和产业结构的转型升级打破了原有的价格体系格局，价值链的全球化延伸使输入型通胀变得轻而易举。电子货币和电子结算使货币流通速度大大加快，金融衍生工具的泛滥使金融资产价值数十倍于实体 GDP，国际游资的兴风作浪使价格水平起伏跌宕，"羊群效应"的预期使价格振幅"火上浇油"。这一切都使得价格水平变动的动因更为复杂和更具有不确定性，对价格水平的调控需要创新工作理念和工作机制，善于运用各种政府资源和经济杠杆，进行跨部门、超经济的综合协调。

总之，实践的发展要求理论不断创新，且只有通过创新才能使理论更具有解释力和预测力，从而更具有指导力和生命力。

（二）深化广义价格概念，推进基础产品价格改革

价格理论的创新需要从基本概念和核心概念创新开始。基本概念和核心概念创新的一个重要方面就是有必要将价格广义化。对传统计划经济理论的批判，将生活资料价格拓展到生产资料价格，是对价格概念的第一次扩展；新古典经济学将商品价格拓展到要素价格，是对价格概念的第二次扩展；新制度经济学将制度、产权、公共物品等纳入价格范畴，是对价格概念的第三次扩展；资源环境经济学将资源、环境、生态等纳入价格范畴，是对价格概念的第四次扩展。那么，什么是广义的价格呢？从上述价格概念扩展的演进可以看出，所谓广义价格，是指人们在交易过程中为取得一定数量和质量的物品而需支付的一切代价条件。这里包含如下几重解释：①价格总是指某种"物品"的价格。人们消费的物品不仅包括私人物品，而且包括公共物品，因此广义价格包括私人物品价格和公共物品价格。②人们之所以为取得所需要的物品而需支付代价，是因为各种物品具有排他性产权。这种"产权"不仅包括私人产权，而且包括公共产权；不仅包括所有权，而且是一个"权利束"，包括占有权、使用权、管理权、转让权、收益权等，"权利的价值决定了所交换物品的价值"[①]。③人们所需支付的代价的大小，从物品的产权拥有者来说，要能补偿其在生产和供给过程中所耗费的"成本"，因为他们也为之付出了代价。这种成本不仅包括生产成本，而且包括交易成本、环境成本和代际成本。④从消费者来说，其所支付的代价不仅包括直接代价，即支付给物品产权拥有者的成本

① 〔美〕H. 登姆塞茨：《关于产权的理论》，载〔美〕R. 科斯等《财产权利与制度变迁》，刘守英等译，上海三联书店，1994，第 96 页。

补偿，而且包括间接代价，如因消费后产生的垃圾处理费用；不仅包括现时的消费代价，而且包括未来的消费代价，即消费者使用成本。⑤消费者取得物品、支付代价是通过交易方式。这种“交易”作为人与人之间对自然物的权利的让与和取得的关系，不仅包括买卖的交易，而且包括管理的交易和限额的交易[①]，不仅包括产权间的交易，而且包括产权内的交易。比如集体成员和社团成员欲取得纯公共品和准公共品，同样需要通过交易方式付出代价，前者表现为税收，后者表现为收费。

按照上述解释，广义价格从横向看不仅包括商品价格和要素价格，而且包括以价值形态支付的一切代价，如各种税费、基金和罚款；从纵向看不仅包括生产经营者成本和消费者成本，而且包括资源环境累积成本[②]，即人们为获得某一物品所付出的资源环境代价。深刻认识广义价格的含义，对于推进基础产品价格改革具有重要的理论指导意义。

以资源、能源为例。中国资源、能源价格一方面偏低，从而导致生产方式粗放、资源能源浪费；另一方面又不合理，矿老板们富得流油，国民收入分配不公。资源、能源价格之所以偏低，是由于其所反映的成本是不完全成本，未充分体现资源能源稀缺程度及所有者成本、发现成本、环境损害成本和耗竭补偿成本；资源能源价格之所以不合理，是由于公共产权的分割不合理，资源能源所有权（国家）、占有权（地方政府）、管理权（国土部门）、开采权（采掘企业）、治理权（企业或政府）与其收益权不相匹配。为此，资源能源价格改革的关键，就是要运用税费、基金、罚款等广义价格手段，将外部成本内部化，在提高资源能源价格水平的同时，使各种产权均能获得相应的收益。

再以农产品为例。中国农产品一是价格偏低，未充分反映土地使用成本、基础设施投资成本、环境损害成本、绿色成本、农民务工机会成本等；二是“蛛网”现象严重，“多了砍，少了赶”。农产品价格深化改革的关键，在于建立以市场价格为主、以目标价格和最低保护价为辅的“三元价格形成机制”，以市场价格作为调节农产品供求的主要杠杆，以最低保护价为价格的下限，目标价格为上限。最低保护价的制定要考虑直接成本的保本，不致“谷贱伤农”，目标价格的制定要考虑完全成本的补偿，并

① 〔美〕康芒斯：《制度经济学》（上），于树生译，商务印书馆，1962，第1版，第74～86页。

② 伍世安：《论循环经济条件下的资源环境价格形成》，《财贸经济》2010年第1期。

有合理赢利。在这里，目标价格的制定及政府为将市场价格波动控制于上下限之间而实施的价差补贴、直接收购、休耕补贴、无追索权贷款、进口差价税等①，也可视为广义价格的运用。

（三）坚定市场化取向信念，深化垄断行业价格改革

中国现行的垄断行业，多数是由原行政垄断经营转化而来，即将原计划经济条件下的政府直接经营，通过政企分开改革，整体转制为企业垄断经营，从而形成行业性或地区性独家垄断。这类垄断行业就像是个“混血儿”，兼有自然垄断（如投资巨大、网络结构、规模效应、完全垄断）和行政垄断（如政府干预、行政保护、交叉补贴、X低效率）的特征，同时还承担了普遍服务、科技创新、安排就业、维护稳定、积累资金等社会责任。就其价格来说，或具有垄断性，或由政府规制，相对具有稳定性，但大多数产品价格具有上涨刚性，在政府未予批准时，甚至出现以“断气”、“断供”为要挟的现象。正因如此，人们往往对之爱恨交加、莫衷一是。

对于垄断行业价格改革，有必要先从深化企业改革入手，在深化政企分开、业务分开、政规分开的基础上，在强自然垄断业务中可采用股份制方式，以国有资本控股并吸收各类资本，在弱自然垄断业务中可公私经营并存或委托民营，在竞争性业务中可大力引入民间资本和外国资本，实现竞争主体多元化②。与此同时，政府应加强成本监审，实行正常报酬率价格规制。在微观产权基础改造基本完成之后，对竞争性业务可逐步放松价格规制，对垄断性业务可由报酬率规制推进到激励性规制，采用价格上限、特许招标、区域间标尺竞争等，通过引入竞争因素，提高垄断行业效率。

在这里，坚定市场化取向改革的信念尤为必要。当改革涉入“深水区”，出于种种主客观原因，对市场的非议和责难也纷纷泛起，从而动摇高层决策的决心。应当看到，市场经济是人类迄今为止所能找到的最能激活经济主体和创造力的一种经济形态，是一种成功的有效率的经济体制。在中国这样一个有着两千年封建历史、新中国成立后又长期实行计划经济

---

① 周应恒：《加强农产品价格管理防止市场异常波动》，《价格理论与实践》2009年第10期。

② 中国目前私营控股投资在金融业仅占9.6%，交通运输、仓储和邮政业占7.5%，水利、环境和公共设施管理业占6.6%，许多领域仍是国有资本一股独大。见辜胜阻《扩大民间投资必须破除垄断》，2010年3月31日第1版《中国经济时报》。

的国度来说，对市场经济的认识往往不是过了头，而是远远不足。一些对市场配置方式的责难如“市场失灵”，在不能证明以其他配置方式取代市场方式更为有效的情况下，则还不能轻言市场配置方式“失灵”，更不宜匆忙地用其他配置方式替代之①。

（四）确立以人为本观念，完善公共产品价格形成机制

科学发展观的核心是以人为本。表现在公共产品价格改革上，一是要逐步实现基本公共服务和普遍服务均等同价，如水电气热收费、基本教育收费、基本医疗收费、基本药品价格、基本邮政服务收费、基本殡葬服务收费、廉租房租金及各种社会保障标准等，使广大人民群众能够共享改革和发展的成果；二是对于特殊困难群体，要实行减免费或价外补贴；三是拟调整公共产品价格时，要召开听证会，充分尊重民意和专家意见；四是要加强成本监审，根据监审核算的成本和拨付的财政资金确定其价格和收费。公共产品价格改革的关键是价格与财政的协调配合。公共产品与其他产品一样，生产和供给存在成本及其补偿问题，但它与其他产品不同之处，在于成本补偿的途径不仅有消费者的付费，还有财政资金的拨付，且两者之间相互依存，此消彼长。因此公共品生产和供给的规模、质量及其价格标准，不仅取决于其消费的非竞争性和非排他性，更取决于执政党的政治理念和哲学，以及财政预算的约束。为此，在公共产品价格的改革中，要注意量力而行，兼顾社会、企业和政府三者的承受能力，着力于解决人民群众最关心、最直接、最现实的利益问题，形成政府定价与公众参与定价相结合、价格调整与财力约束相结合的公共品价格形成机制，而不宜借“民生工程”超预算约束“开口子”、“铺摊子”、“赚面子”，否则一旦财力难以为继，而被迫提高公共产品价格时，就有可能引起政治动荡和社会骚乱。

（五）树立统筹兼顾理念，建立广义价格监控体制

科学发展观的基本要求是坚持全面协调可持续发展。落实到深化价格管理改革上来，有必要从如下三方面建立和完善广义价格监控体制。

一是要深化广义价格（包括要素价格和调控手段）的改革。要深入研究、探索解决农地产权“虚置”问题，以及两种土地所有制之间的矛盾冲

① 伍世安、杨青龙：《论市场失灵的判别标准》，《贵州财经学院学报》2010 年第 1 期。

突，构建一元化土地价格制度；完善征地补偿制度，体现耕地的生产资料价格、社会保障价格、发展权价格、粮食安全价格和生态安全价格[①]，制定有利于农村土地有序流转、合理集中、城乡置换的价格收费政策；坚持和完善城市土地“招拍挂”制度，提高开发商资质、业绩、资金信用、规划设计等技术指标所占权重，将房地产价格控制在合理区间内。要逐步提高最低工资标准，完善社会保障制度，提高工资在国民收入初次分配中的比重，遏制垄断行业过高的工资和过快的上涨；加快建立劳动力市场工资指导价位制度，指导企业合理确定劳动者工资水平和各类人员工资关系。要逐步建立由市场供求决定金融机构存贷利率水平的利率形成机制，实现利率市场化，灵敏反映资金的市场供求。要稳步推进人民币汇率制度改革，从有管理的浮动汇率到跨境人民币支付和结算，逐步实现人民币可自由兑换和汇率由市场形成的机制。要推进新一轮税制改革，建立融收入和调节功能于一身的现代税制体系，逐步增加直接税在整个税收收入中的比重；开征物业税、环境税和社会保障税，提高资源税率，实行综合与分类相结合的个人所得税制，适当降低一般流转税（如增值税和营业税）并相应提高选择性流转税（如消费税）占流转税收入的比重。要按照事权与财权相匹配的原则，调整 1994 年分税制改革所确定的中央与地方分税的比例，逐步改变中央财力集中过度、转移支付比例过大，而地方财政沦为“土地财政”、不得不“跑部钱进”的窘境；调整投资与消费的比例，逐步提高消费尤其是居民消费占国民收入的比重[②]；按照管理性财政要求，完善公共财政支出，加强财政监督，提高财政资金使用效益。

二是要形成广义价格的调控合力。如前所述，无论是具体商品价格的形成，还是价格水平的涨落，日益受到更多更为复杂因素的影响，因此无论是对具体商品价格的调节，还是对价格总水平的调控，都离不开广义价格手段的调控，离不开各种调控政策的“组合拳”。要加强和改进价格监测工作，将监测范围延伸至国际主要商品（期货）市场，分析全球经济贸易和市场行情，发布具有权威性的预测和预警信息，掌握主要商品和大宗进出口物资价格调控的主动权；将股票、房地产、期货等虚拟市场价格的变动纳入实时价格应急监测调查系统，探讨建立虚拟经济与实体经济的联

① 戴冠来：《解放思想深化价格改革的若干问题》，《价格理论与实践》2009 年增刊。

② 中国（海南）改革发展研究院院长迟福林指出，中国目前的消费率为 49%，居民消费率为 35%，比印度低 15%，比俄罗斯低 16%，他认为“十二五”期间中国居民消费率应提至 50% 左右。见 2010 年 3 月 26 日第 1 版《中国经济时报》。

立模型，提高监测预测的准确度和前瞻性。要总结生猪价格调控管理的经验，考虑不同商品价格变动的特点和规律，积极探索重要商品价格的调控预案，形成综合运用财政、货币、投资、储备、进出口等政策措施调控价格的局面。要梳理各种收费、税收、罚款、补贴、基金、储备等手段的实施效果，提高其针对性和有效性。

三是要建立与广义价格调控相适应的行政管理体制。要改变由物价部门单打独斗管理物价的方式，建立权威性、综合性的议事机构，统一领导和协调宏观价格调控问题。价格总水平控制目标要纳入国民经济社会发展计划，与经济发展、充分就业、社会稳定、资源节约、环境保护等指标衔接协调。工资、利率、税收、汇率政策的制定和调整要与价格总水平的调控统筹考虑，财政、信贷、税收、工资、汇率等重大宏观决策活动应有价格管理部门的参与。

参考文献

[1] 蔡继明：《广义价值论》，经济科学出版社，2001。

[2] 陈德尊：《通货膨胀的成因和预防》，《中国物价》1995 年第 10 期。

[3] 成致平：《价格改革三十年（1977～2006）》，中国市场出版社，2006。

[4] 邓宦松：《关于生产资料双轨制价格问题的浅见》，《天府新论》1985 年第 5 期。

[5] 丁建中等：《论商品价值的三维尺度》，《学术月刊》1995 年第 12 期。

[6] 丁美东：《非营利组织及其价格机制研究》，中国财政经济出版社，2004。

[7] 樊纲：《改革、调整、增长与摩擦性通货膨胀》，《经济研究》1989 年第 1 期。

[8] 樊纲：《我国通货膨胀三种主要成因的理论分析》，《经济研究》1990 年第 3 期。

[9] 樊纲：《现代三大经济理论体系的比较与综合》，上海三联书店，1994。

[10] 冯根福：《我国的通货膨胀与经济增长问题》，《财贸经济》1991 年第 9 期。

[11] 高晓慧：《中国住房价格机制研究》，中国物价出版社，2003。

[12] 谷书堂、柳欣：《新劳动价值论一元论》，《中国社会科学》1993 年第 6 期。

[13] 国家发展和改革委员会价格司：《中国价格改革三十年》，《价格理论与实践》2009 年增刊。

[14] 国家计委投资研究所课题组：《经济增长、投资增长与通货膨胀》，《中国工业经济》1995 年第 8 期。

[15] 韩文秀：《经济增长与通货膨胀之间关系研究》，《管理世界》1996 年第 6 期。
[16] 韩耀等：《网络经济学：基于新古典经济学框架的分析》，南京大学出版社，2006。
[17] 何建章：《我国全民所有制经济计划管理体制存在的问题和改革方向》，《经济研究》1979 年第 5 期。
[18] 何炼成：《也谈劳动价值一元论》，《中国社会科学》1994 年第 1 期。
[19] 胡昌暖：《资源价格研究》，中国物价出版社，1993。
[20] 胡寄窗：《社会必要劳动时间不存在两种含义》，《经济研究》1990 年第 3 期。
[21] 胡建绩：《价值发展论》，复旦大学出版社，2004。
[22] 胡培兆：《马克思的劳动价值理论今解》，《经济学动态》2001 年第 7 期。
[23] 黄达：《长期宏观决策必须考虑的一个必然趋势——从不完全的工资、成本、价格向比较接近完全的工资、成本、价格的转化》，《财贸经济》1992 年第 4 期。
[24] 纪显举：《论两种含义的社会必要劳动时间共同决定价值》，《经济研究》1983 年第 6 期。
[25] 江水法：《价格水平的实践代价水平尺度论》，江西人民出版社，2008。
[26] 蒋建业、魏承史：《通货膨胀界限与经济增长》，《价格理论与实践》1996 年第 11 期。
[27] 邝日安、张卓元：《略论社会主义经济中的利润》，《经济研究》1978 年第 7 期。
[28] 李富强、葛新权、何燕生、唐五湘：《知识经济与知识产品》，社会科学文献出版社，1998。
[29] 李慧中：《稳定物价与构建和谐价格环境》，《当代财经》2009 年第 11 期。
[30] 李慧中：《我国通货膨胀之价格改革成因与非价格改革成因》，《复旦学报》（社会科学版）1989 年第 2 期。
[31] 李慧中：《中国价格改革的逻辑》，山西经济出版社，1998。
[32] 李艺、汪寿阳：《大宗商品国际定价权研究》，科学出版社，2007。
[33] 李运奇：《论通货膨胀理论和政策的时空约束》，《经济研究》1987 年第 6 期。
[34] 刘东航、沈金生：《我国经济增长与通货膨胀关系的实证研究》，《中共青岛市委党校、青岛行政学院学报》2010 年第 1 期。
[35] 刘思华：《经济增长和通货膨胀相互关系的历史轨迹与发展趋势》，《学术月刊》1995 年第 5 期。
[36] 卢嘉瑞：《中国：通货膨胀的成因及对策》，《改革与战略》1989 年第 6 期。

[37] 卢之君：《关于生产资料“双轨制”价格讨论观点综述》，《财贸研究》1990年第2期。
[38] 路南：《取得巨大成就的价格改革20年》，《中国物价》1998年第12期。
[39] 马凯：《关于建立社会主义市场经济体制的几个问题》，《财贸经济》1993年第1期。
[40] 马书琴：《试析通货膨胀的政治成因》，《理论探讨》1989年第3期。
[41] 逄锦聚：《论我国通货膨胀的危害、成因及治理》，《南开经济研究》1989年第1期。
[42] 钱伯海：《社会劳动价值论》，中国经济出版社，1997。
[43] 钱津：《价值分析：劳动整体中的主客体作用关系》，《天津社会科学》1998年第1期。
[44] 沈坤荣：《中国经济的增长模式与通货膨胀》，《经济学家》1996年第1期。
[45] 沈利生：《经济增长与通货膨胀的周期联动——兼中国的菲利普斯曲线解读》，《宏观经济研究》2009年第6期。
[46] 盛逖：《总供给效率不高对我国物价稳定的冲击及对策分析》，《财贸经济》2008年第12期。
[47] 施建淮、傅雄广、许伟：《人民币汇率变动对我国价格水平的传递》，《经济研究》2008年第7期。
[48] 苏星：《劳动价值一元论》，《中国社会科学》1992年第6期。
[49] 孙剑平：《广义价格论》，电子科技大学出版社，1995。
[50] 孙泉：《通货膨胀、经济增长与货币改革》，《中国物价》1989年第3期。
[51] 王俊豪：《政府管制经济学导论》，商务印书馆，2001。
[52] 王万山：《软件产品价格机制研究》，中国财政经济出版社，2004。
[53] 王永治、王振之：《价格与供求——兼论第二种含义的社会必要劳动时间决定价值》，《经济研究》1983年第6期。
[54] 王振中：《国内价格与国际市场价格的关系》，《经济研究》1985年第9期。
[55] 温桂芳：《价格改革30年：回顾与思考》，《财贸经济》2008年第11期。
[56] 温桂芳：《新市场价格学》，经济科学出版社，1999。
[57] 乌家培、刘永强：《论经济增长、物价上涨、货币供给与通货膨胀的关系》，《中国工业经济》1990年第6期。
[58] 伍世安：《中国收费研究》，中国财政经济出版社，1997。
[59] 许经勇：《结构型通货膨胀的成因与对策》，《天府新论》1996年第1期。
[60] 许宪春：《改革开放以来我国经济增长与通货膨胀周期的简要分析》，《宏观经济研究》2009年第4期。
[61] 许永兵：《粗放型经济增长方式与通货膨胀》，《价格理论与实践》1997年第11期。

[62] 晏智杰：《劳动价值学说新探》，北京大学出版社，2001。
[63] 杨术、闫超、王淑华：《我国通货膨胀率与经济增长率的相关研究》，《经济视角》2009 年第 11 期。
[64] 杨晓达：《适度通货膨胀是发展中国家经济增长的必然结果》，《金融研究》1986 年第 12 期。
[65] 易文端、顾峰、吴振先：《公共产品价格政策博弈分析》，研究出版社，2007。
[66] 尤瑞章：《经济增长与所谓“适度通货膨胀”》，《贵州社会科学》1987 年第 7 期。
[67] 于祖尧：《社会主义商品经济论》，《经济研究》1984 年第 11 期。
[68] 余功斌：《“双轨制”价格改革问题的探讨》，《探索》1989 年第 2 期。
[69] 鱼建光：《从我国的货币政策看通货膨胀与经济增长》，《学术月刊》1996 年第 6 期。
[70] 袁庆寿、张国平：《论非均衡体系中的价格改革——兼对双轨制价格的经济学思考》，《经济纵横》1991 年第 11 期。
[71] 曾昭强：《社会必要劳动时间与商品价值决定》，《经济研究》1983 年第 12 期。
[72] 张国藩：《第三产业价格》，中国计划出版社，1988。
[73] 张立宏：《亏蚀型通货膨胀成因分析》，《湖湘论坛》1995 年第 3 期。
[74] 张明文：《当前我国通货膨胀成因及对策研究》，《黑龙江对外经贸》2010 年第 1 期。
[75] 张永华：《通货膨胀的腐败成因》，《北京社会科学》1995 年第 4 期。
[76] 张幼文：《价值增值论》，上海社科院出版社，1995。
[77] 赵文哲、周业安：《基于省际面板的财政支出与通货膨胀关系研究》，《经济研究》2009 年第 10 期。
[78] 郑克中：《客观效用价值论》，山东人民出版社，2003。
[79] 周春：《市场价格机制与生产要素价格研究》，四川大学出版社，2006。
[80] 周旭东、陈斌、张兵：《试论通货膨胀与经济增长的关系》，《中国人民大学学报》1999 年第 3 期。
[81] 朱德林：《论我国货币供应的强迫机制——通货膨胀的最直接成因》，《浙江财经学院学报》1989 年第 3 期。
[82] 朱胜、罗健梅、王诗琦：《我国的经济增长与通货膨胀关系实证研究》，《中国统计》2009 年第 10 期。
[83] 朱苏臻：《关于通货膨胀与经济增长相互关系的探索及验证》，《金融研究》1987 年第 7 期。
[84] 卓炯：《我也谈谈社会主义的商品制度》，《经济研究》1979 年第 6 期。

第二部分

理论篇

环境价值与价格

戴冠来*

摘　要：环境价值的实体是有效能值和有效空间。环境价格是环境价值的货币表现形式。环境价值的不确定性较强。要实现公共环境价格的合理化，应该进行环境价格公议，改善政府价格调控，反映环境供求关系，把握环境价格形成的四条原则。

关键词：环境　价值　价格　改革

一　问题的提出

哥本哈根全球环境峰会使如何应对环境危机再次成为国际社会的热点问题。但是不同国家环境问题的重点不同。我国既面临严重的生态环境危机，又存在环境价格极不合理的现象。

要解决环境价格不合理的问题，首先要确定环境价格合理化的基础是什么？研究环境有没有价值？环境价格是不是以价值为基础？

环境系统的特殊性使环境有没有价值的问题长期没有解决。环境是以人为主体的外部世界。人类是环境的主体，围绕人类的空间和其中影响人类生活发展的因素的总体就是人类的环境。可以把环境分为自然环境（包括经过人工改造的自然环境，本文的生态环境、环境资源也是指自然环境）和人工环境。环境价值理论对这些环境都应该研究，但是应该更注重研究自然环境。“自然环境是指可以直接影响和间接地影响人类生存和发

* 戴冠来，经济学硕士，法学学士，高级经济师。现任中国价格协会副会长，薛暮桥价格研究奖评委会副主任。主要研究方向是价格理论、竞争法律制度。本文征求过著名价格专家温桂芳研究员的意见，对他提出的宝贵建议表示衷心的感谢。

展的如大气、水、日光辐射和生物等一切自然形成的物质和能量的总体”①以及空间等环境因素。环境系统与一般商品相比有不同特点。环境具有不可替代性，是宇宙长期发展的结果，多数环境要素是不可再生、不能由人类劳动复制的最稀缺因素。环境有为人类服务的直接性，环境可以不经过生产劳动过程，而直接在生活消费中为人类服务。环境物品有公共性，作为人类生存的外部条件，环境系统自古以来是不可分割的公共品，尤其是世界的大气、海洋等环境，在当代还成为国际公共品。当然，某些小环境如私家园林属于私人产品，但是总体而言环境不是也不可能是私人产品。本文研究的是公共环境。环境消费有非市场性，多数情况下人们不是从市场上购买环境，环境价值也不是在普通市场上形成的。环境系统的这四个特点使人们曾经感受不到环境有价值②。在 20 世纪 60 年代前，“环境没有价值”还是社会普遍接受的观念。20 世纪 60 年代后，生态环境日益恶化，环境科学迅速发展。20 世纪 70 年代，国外一些经济学家和生态统计学家从保护环境的角度提出环境有价值和环境价值评估理论。美国经济学家诺德豪斯 1972 年提出在国民经济核算体系中引入环境核算方法③。1974 年美国经济学家列昂捷夫为研究“环境问题和政策对世界发展可能造成的影响”，建立了包括污染和清除污染工业在内的全球投入产出表，计算了环境污染的价值④。80 年代，更多的人开始认识到环境价值的存在。1989 年联合国环境规划署和世界银行组成工作组致力于自然环境货币核算可能性的检验。到 90 年代，环境资源的价值性研究成为环境科学的热点。1993 年联合国统计委员会提出综合环境与经济核算体系，即 SEEA 体系，为各国计算环境价值提供了方法。1997 年美国经济学家康斯坦扎等人计算了全球生态系统服务价值为 16 万亿 ~ 54 万亿美元，平均为 33 万亿美元，是 1997 年全球 GNP 的 1.8 倍⑤。至今为止，世界不少国家都开始尝试进行综合环境与经济核算。有关环境价值的这些研究成果是在 70 年代末期零散传入中国的。80 年代，一些中国经济学家提出环境污染成本和生态破坏成本

① 董小林：《环境经济学》，人民交通出版社，2005，第 2 页。

② 国内外有的经济学家对环境价值、价格的区分并不明确，有人还把这两个概念混为一谈。因此在引用环境价值的历史文献时，暂时也不明确区分这两个概念，仍维持前人原来的表述形式。只是在把两个范畴分别研究、需要特别区分时才明确区别。

③ 赵桂慎主编《生态经济学》，化学工业出版社，2009，第 142 页。

④ 陈栋生编《环境经济学与生态经济学文选》，广西人民出版社，1982，第 168 页。

⑤ 赵桂慎主编《生态经济学》，化学工业出版社，2009，第 19、142、176 页。

的概念，开始进行环境污染损失研究和环境费用效益分析。1981 年于光远发表《应对环境进行计量》，呼吁开展对环境污染损失的计算。1994 年李金昌等进行了全国生态环境成本核算。1999 年王金南开展了可持续发展与环境经济指标体系研究。2004 年国家统计局和国家环保局联合启动绿色GDP 研究，至今已经完成 2004 年、2005 年、2006 年各年的核算工作[①]。2006 年 9 月国家统计局和国家环保局联合发布了 2004 年中国绿色国民经济核算研究报告。在经济管理部门认识到环境有价值的同时，20 世纪 90 年代以来，我国另一些环境经济学和生态经济学家开始重视环境价值实体和环境价格实现方式的理论研究。

从目前来看，环境有价值的观念在我国还没有完全被人们接受，环境无价值的思想还有一定市场。对于环境价值究竟是什么，也还研究得不够。在下面的内容中，仅针对这个问题做进一步的探讨。

二 环境价值理论文献分析

（一）环境无价值论

在劳动价值论看来，自然环境没有价值。因此在生产过程中，“一切未经人类协助就天然存在的生产资料，如土地、风、水、矿脉中的铁、原始森林中的树木等等”，“本身不是人类劳动的产品，那么，它就不会把任何价值传给产品”[②]。“土地不是劳动产品，从而没有任何价值”[③]。但是这一理论认为有些环境因素虽然没有价值但是有价格。例如，认为“一切地租都是剩余价值，是剩余劳动的产物”，“是土地所有权借以实现的经济形式”[④]。土地价格是地租的资本化，因此也是凭据土地私有权对剩余劳动的分配。这些理论对于后世实行计划经济的国家有很大的影响，即：自然环境没有价值；其中没有所有权的自然环境如空气既没有价值也没有价格；有所有权的自然环境如土地没有价值但可以有价格；环境价格是资本化的租金，是对剩余价值的分配。这种理论反映了一个多世纪以前的欧洲资本主义社会的情况，但是很难用它直接说明我国当前的环境价值和价格

① 王金南等：《绿色国民经济核算》，中国环境科学出版社，2009，第 74 ~ 76 页。

② 马克思：《资本论》第一卷，人民出版社，1975，第 230 页。

③ 马克思：《资本论》第三卷，人民出版社，1975，第 702 页。

④ 马克思：《资本论》第三卷，人民出版社，1975，第 214、715 页。

问题。

（二）环境产权价值论

1960年，科斯将产权理论用于污染问题研究，认为污染权也是产权，通过对污染权（或者不被污染权）的分配及合法交易就可以用市场机制形成环境物品供给与需求的均衡和均衡价格①。产权学派关于产权及其价值的研究，与马克思关于土地所有权和土地价格的理论有相似之处。产权学派的代表人物登姆塞茨认为，“当一种交易在市场交易中拟定时，就发生了两束权利的交换。权利束常常附着在一种有形的物品或服务上，但是，正是权利的价值决定了所交换的物品的价值”②。沿着他的理论思路可以得出一个结论：如果某甲对于环境有产权，某乙要使用环境就要向某甲付钱，这就是环境的价值。无论是清洁地去使用环境还是污染地去使用环境，只要环境有产权，就一定有价值。但是产权价值理论没有彻底说明，究竟是产权有价值还是产权的载体环境有价值。

（三）环境价值二分论

认为环境价值可划分为两部分：一部分是比较实的、有形的可以在市场上实现的商品价值；一部分是比较虚的、无形的直接为人类生产生活服务的服务价值，即生态舒适价值。这是一种有代表性的环境价值二分法。最早定义生态舒适价值的是环境与资源经济学奠基人美国未来资源研究所的经济学家克鲁梯拉。他在1967年发表的《自然保护的再认识》论文和《自然资源保护的再思考》专著中，提出了“舒适性资源的经济价值理论”。在他与费舍尔合著的《自然环境经济学：商品性和舒适性资源价值研究》中，将环境资源划分为商品性资源和舒适性资源，着重论述了舒适性环境资源的价值及其评估问题③。这种环境价值二分法理论明确提出环境资源除具有商品性价值之外，还有为人类直接提供舒适性服务的价值，开创了价值不需要在商品市场实现而直接为人服务的理论思路。

---

① 〔英〕尼可·汉利等：《环境经济学教程》，中国税务出版社，2005，第23~24页。

② 引自〔美〕科斯等《财产权利与制度变迁》，上海三联书店，1996，第96页。

③ 孔蕊：《浅谈环境资源价值》，《中国环保产业》2002年第12期。

（四）环境总经济价值论

国外环境经济学家通过发展环境二分法价值理论，把环境价值分为两个部分。如“戴维·皮尔斯等人将生态服务的价值区分为使用价值和内在价值”[①]。有人把环境价值称为环境总经济价值（total economic value，TEV），环境总经济价值包括使用价值和非使用价值两个部分[②]。其中使用价值 *UV*（use value）是指环境被使用或消费的时候，满足人们某种需要或偏好的能力。使用价值又包括直接使用价值、间接使用价值和选择价值。直接使用价值 *DUV* 是指环境资源直接满足人们生产和消费需要的价值，如环境的旅游休闲价值。间接使用价值 *IUV* 包括人类从生态环境对生产和消费活动的各种支持功能中间接获得的效益，如环境资源对保持水土、调节气候、营养循环的价值。选择价值 *OV* 又称期权价值，是人们为了将来利用而选择当前不使用某种环境资源时，所产生的损失或愿意支付的费用。非使用价值 *NUV*（non use value）是指人们从不打算使用某些环境时，这些人们没有打算使用的环境仍然具有的价值，包括存在价值（*EV*）和馈赠价值（*BV*）。前者是指人类被动使用的环境的价值，后者是指为了把环境留给后代使用而愿意做出的支付或愿意减少的收入。总经济价值的构成可以用公式表达：$TEV = UV + NUV = (DUV + IUV + OV) + (EV + BV)$。因为使用价值的概念容易与劳动价值论的使用价值混淆，也可以把它翻译成利用价值；而非使用价值则可以翻译成非利用价值。

从字面上看，总经济价值类似于传统经济学的使用价值和效用价值，但是它们不完全相等。总经济价值论是一种新颖的价值理论，它合理地扩大了价值范畴的外延和价值理论研究的眼界。传统经济理论认为劳动决定价值，总经济价值理论却认为没有通过人类劳动的环境要素也有价值。传统经济理论认为只有发生交换的对购买方有效用的物品才有价值，总经济价值理论却认为没有在市场实现交易，甚至从来没有被人使用的环境要素也有价值。当然，这个理论也有一定的缺陷，如对于非使用价值的范围界定不明确，在实践中难以把握。在实际经济生活中，只是谨慎承认非使用

① 赵桂慎主编《生态经济学》，化学工业出版社，2009，第 176 页。

② 参见王玉庆主编《环境经济学》，中国环境科学出版社，2002，第 38～42 页。

价值的存在[①]。

（五）环境效用价值论

效用价值论是以效用作为价值本质和价值尺度的一种理论，是传统经济学重要理论学说之一。但是当时在研究效用价值时，环境问题并不严重，所谓商品的效用仅涉及同代人和直接使用的商品的效用。中国环境规划研究院副院长、中国环境科学学会环境经济学专委会主任王金南研究员及其合著者，把环境总经济价值理论与效用价值理论结合起来，提出“利用效用价值理论来衡量资源的价值”。“环境资源不论是经过人类劳动加工，还是未凝结人类的劳动，资源本身就具有存在价值”。他们认为环境资源的价值包括直接使用价值，这些资源容易进入市场，可以通过供求关系决定其价格；还包括间接使用价值，如地表植被的生态效益，不能通过市场交易体现其价值，只能通过机会成本收益法进行估价[②]。这些理论概括，一方面克服了总经济价值理论外延过于宽泛的缺陷；另一方面把环境的间接使用价值、环境本身具有的存在价值、不能通过市场交易的价值都纳入效用价值范畴，是比较有代表性的一种环境效用价值理论。其不足之处是没有完全解决效用价值理论存在价值实体和价值度量的问题。

（六）生态劳动价值论

我国生态经济学会副理事长、中南财经政法大学刘思华教授在1997年提出生态劳动价值理论。他认为“生态价值是物化在生态系统的某种生态产品中的社会必要劳动的表现”。“这种恢复、更新、保持生态环境具有人类生产和经济社会发展所需要的使用价值的劳动是一种创造生态价值的新型的劳动形式。”[③] 刘思华教授论证恢复、更新、保持生态环境需要付出新型人类劳动，因此环境有价值。生态劳动价值论阐明好的生态环境物化了

---

① “美国哥伦比亚地方上诉法院于1989年裁决非使用价值是经济价值的有效组成部分”，法庭声明“存在价值可能代表‘被动的使用’，但是它们仍然反映了人类得自于一种资源的效用”。例如，当年有一艘油轮在阿拉斯加海岸沉没，有人认为它伤害了海洋野生动物，因此损失了人类在电视上被动观赏它们的价值。1992年美国国家海洋和大气管理局还举行了一场听证会，听取专家对环境污染价值损失评价方法的意见。专家审慎地接受了包括“被动使用价值”损失在内的环境损坏评价方法。参见〔英〕尼可·汉利等《环境经济学教程》，中国税务出版社，2005，第334页。

② 王金南等：《绿色国民经济核算》，中国环境科学出版社，2009，第26、27页。

③ 刘思华：《可持续发展经济学》，湖北人民出版社，1997，第147、149页。

人类劳动，给生态环境赋予了劳动价值的属性；同时也把环境价值与社会必要劳动结合起来，初步涉及了环境价值的市场实现问题，这样既突破了环境无价值的理论束缚，也坚持了劳动价值论。但不足之处是没有说明未经过生产劳动过程，不可能进入市场交换，直接为人们生活服务的环境有没有价值；没有说明污染环境的、坏的劳动如何创造环境价值。

我国生态经济学者魏彦杰博士对生态劳动价值理论进行了完善。一是认为“就生态价值而言，它存在的基础是劳动造成的生态环境改变”，“它也是一般人类劳动凝结与交换外化的结果”。二是把生态产品中物化的生态价值和普通商品中物化的经济价值统一起来，提出生态经济价值的概念，“生态经济价值是包含在劳动成果中（无论其表现为物质、精神、劳务或是环境）的生态价值与经济价值的综合”。三是把破坏环境的劳动也纳入生态经济价值的概念，提出“生态经济价值 = 体现了正环境效应的经济成果 + 扣除了负环境效应影响的经济成果”[①]。正环境效应是人类劳动利用好的环境和改善环境生产出的商品的效应，负环境效应是如果人类劳动破坏了环境，就需要在劳动成果中扣除污染环境的损失。四是认识到政府干预手段对环境价值实现的重要作用。正如作者所言对于某些生态价值的实现“有必要通过干预手段来弥补市场机制的不足”，这是“生态经济利益得以优化配置的首要基础”[②]。然而生态经济价值论也有一个问题，即既认为某些劳动消减环境价值，又认为劳动创造环境价值，在理论上存在内生的矛盾。

（七）生态服务价值论

我国生态经济学会生态经济教育委员会副会长、浙江大学沈满洪教授，在他主编的《生态经济学》一书中用生态服务来界定生态价值的含义。他说“价值的本质可以是指事物的用途或积极作用……一般而言，生态价值是通过生态服务功能体现出来的对人类直接或间接的作用”。由于生态服务价值的存在，劳动价值发展为广义商品价值，广义的商品价值包括三种形式，即原有意义上的劳动价值形式；自然资源的资源价值形式；生态系统的生态价值形式[③]。因为作者在这里是把生态价值与自然资源价

① 魏彦杰：《基于生态经济价值的可持续经济发展》，经济科学出版社，2008，第45、46、49页。

② 魏彦杰：《基于生态经济价值的可持续经济发展》，经济科学出版社，2008，第168页。

③ 沈满洪：《生态经济学》，中国环境科学出版社，2008，第294、296页。

值、劳动价值并列，可以理解为在这里的生态价值就是环境价值。生态服务价值理论的贡献在于把自然环境的积极作用和人类生产的积极作用共同作为价值的源泉，把劳动价值和环境价值都用积极作用这个统一的概念概括起来，发展了价值理论。它认为“凡是能够增进人类利益的物品或活动都具有价值。如果以这个标准来衡量，人类的社会生产具有这种性质，因而是价值的源泉之一；大自然也有这种功能，因而也是价值的源泉之一”[①]。它承认有一些环境是公共产品，一般不能确定其市场价格并进行市场交换，但其仍然对人类有积极作用，因此也有价值。但生态服务价值理论把“积极作用”当做价值实体，使得环境价值在实体上不太好把握，同时对于公共环境的价值如何实现也研究不够。

（八）环境能值价值论

与劳动价值、效用价值、服务价值等环境价值理论不同，中国农业大学资源与环境学院副院长赵桂慎借鉴生态经济学能值理论的研究成果，把“能值”理论用于环境价值分析。他明确提出“人类与自然界创造的所有财富均包含着能值，都具有价值”，“自然资源、商品、劳务和科技信息均可以能值衡量其固有的真实价值”，能值是“定量分析资源环境与经济活动的真实价值”的共同量纲[②]。“能值”（emergy）是由美国生态学家奥德姆（H. T. Odum）1986年创立的新单词和新概念，是指一种能量中所包含的其产生或作用过程中直接或间接使用的太阳能的总量。这个词是由embodied和energy两个词的部分成分搭配构成，因此也可以理解为“表现能”或“具象能”。因为自然环境各种因素和生产商品的劳动都含有能量，而所有能量又都是来自太阳，如果把这些不同质的能量折算为太阳能，这些不同质的能就可以变为能够互相比较和交换的相同质量的能，这就是太阳“能值”。能值的度量单位是太阳能焦耳（1sej），它等于1焦耳太阳能的能量。其他类型能量与太阳能的比率叫“太阳能值转化率”（如1焦耳的风能等于623 sej）。赵桂慎教授认为能值是对人工商品、自然环境复合系统进行经济效益分析的共同价值实体。

能值价值理论突破了环境价值本质研究的瓶颈，提出了新的价值实体和尺度，对于人类重新认识商品价值、正确认识环境价值都有重要意义。

---

① 沈满洪：《生态经济学》，中国环境科学出版社，2008，第294页。

② 赵桂慎主编《生态经济学》，化学工业出版社，2009，第103页。

需要进一步研究的问题是，是否因为一切自然财富和社会财富都有能值，就可以反过来说一切能值都是价值实体。回答可能是否定的。因为许多远离人类的某些星球，虽然具有能值，但是如果这部分能值没有对人类发挥效用，没有反映人与人的社会关系，也不能叫价值。另外环境为人类提供的服务不仅有能量，还有空间，自然空间也应是构成环境价值的成分。

三　环境价值的本质

国内外不同的环境价值论都承认环境对人类生存的积极作用，但是对环境价值的实体、本质有不同看法。承认环境价值实体是劳动的，无法解释未经劳动加工的环境有没有价值；承认环境自身有内在价值的，没有准确说明这种价值的实体和价值的实现方式。我们可以在解决这几个问题的基础上向前发展环境价值理论。下面首先进一步探索环境价值的实体究竟是什么。

（一）环境价值的实体

上述环境价值理论，分别把环境价值的实体归于人类的劳动、环境效用或环境能量。然而根据能值理论，自然环境的效用和人类劳动都是太阳能运动的产物，都凝结了太阳能值。因此能值可以作为可比的同质因素充当劳动价值和环境价值的共同实体。但是不是所有的能值都可以作为价值实体，只有那些对人类有效的能值即有效能值才形成环境价值。除能值以外，环境还为人类提供了生存空间，因此有效空间也是环境价值的实体。

（1）提出有效能值和有效空间是环境价值的实体，可以克服自然主义价值论的缺陷。当代某些生态学家和环境保护团体认为，大千世界任何物质和生命都有其“存在价值”，这与人类是否存在和是否承认其“有效性”没有关系。如果从哲学的角度分析，这些对环境“价值”的想法有一定道理，因为宇宙本来也不是专门为人创造的，不以人的好恶而存在，自然环境有其自身的平衡机制和存在的合理性。但是从价值范畴的经济和社会本质分析，环境价值只能是对于环境主体而言的价值。无论商品价值还是环境价值，都要以人类为评价主体。尤其是那些没有进入市场的自然生态环境，它有没有价值更需要人们的认可。有些环境因素，即使有自身的“存在价值”，可是如果人们没有认可这些环境对人的使用价值，不被人们（包括人类子孙）所需要，那就不可能有价值。提出有效能值和有效空间是环境价值的实体，能够厘清环境价值实体和环境价值本质的区别。有人认为，环境价值的实体是环境产权。根据科斯的产权与价值关系理论，商品和服务的价值是由产权的价值决定的。“如果没有建立土地产权……价格机制不能起作用，因为没有可供购买的产权。”① 因此，他们认为即使承认环境有价值，也是承认环境产权的价值，不是环境本身的价值。这种看法是混淆了价值“实体”和价值“本质”。价值实体是价值存在的物质载体，是价值的肉体；价值本质是价值实体反映的社会关系，是价值的灵魂。因此，环境价值的实体应该是价值的载体——有效能值和有效空间，环境价值的本质才是包括环境产权关系在内的环境社会关系。判断环境有没有价值，既要看环境有没有价值载体，也要看环境价值是不是反映了一定的社会关系。

（2）提出有效能值和有效空间是环境价值的实体，可以解决环境价格的基础问题。有人认为，环境只有价格没有价值。环境价格不是自然界自身价值的表现，而是通过环境所有权的占有对劳动者创造的剩余劳动的分配。这种剩余劳动理论产生的土壤是早期的资本主义社会，我国经济生活的现实却不是这样。应该看到，我国已经实现了土地公有制，尤其是城市中的土地都是国家所有，不能认为国有土地的绝对地租是由农民剩余劳动创造的，因为农民并没有在这块土地上劳动；更不能认为国有土地地租是工人剩余劳动创造的，因为商品在按价值或生产价格销售的情况下，工业品不可能获得超过农产品的超额利润，城市土地也不能获得高于农村土地的绝对地租。这部分价值只能解释为土地自身的环境价值。至于其他环境的价值如空气、森林、自然景观，更是有效能值。不可能用剩余劳动的分配来解释。

（3）提出有效能值和有效空间是环境价值实体，可以丰富传统价值理论。根据过去的价值理论，如果一个商品有价值，它不但要有用，同时还应该具有一切商品都有的同质实体，能够与其他互相交换的商品进行比较。过去，只有商品中凝结的社会必要劳动才具有这个属性，因此社会必要劳动是价值实体。今天，有效能值也具备这个属性，因此有效能值也能够充当价值实体。而且有效能值可以“打通”商品价值和环境价值的隔阂。至于有效空间，从理论上来说，空间本来是能量运动的形式，实际是一个事物的两个方面，二者也是能够统一度量的事物。当然，需要明确的

① 〔美〕科斯：《企业、市场与法律》，上海三联书店，1990，第37页。

是，尽管有效能值和有效空间与社会必要劳动一样在理论上可以换算，但是从实践上说，环境价值也是像劳动价值一样用货币表现和度量的，不需要进行物理学上的换算。目前生态经济学家不仅已经计算了对人类有用的各种环境因素、主要工农业产品、人类体力劳动和作为智力劳动的知识产品、资料信息的太阳能值转换率，而且计算了各国货币的太阳能值转换率[①]。同时，环境经济学家还研究了对于各种环境价值的评估方法[②]，利用这些指标和方法，就可以统一计算不同环境因素和不同商品的价值。也可以统一计算自然环境和人工环境的价值。

（二）环境价值的本质

环境价值的实体是有效能值和有效空间，这种有效性的有无、有效性的大小和有效性由谁来享受是由人来确定的，反映了人与人之间围绕环境形成的社会关系。这种社会关系就是环境价值的本质。与商品价值反映的不同商品所有者之间的社会关系有所不同，在环境价值中，反映的不是不同环境所有者之间的社会关系，而是环境的共享者与环境的使用者之间、环境的污染者与受害者之间的社会关系。因为公共环境在物理上的不可分割和经济上的不能平均使用，人们对于公共环境不可能平均占有和独立所有，公共环境只能由社会共享。但是由于环境的稀缺性，对于共享的公共环境不能无偿使用，人们需要计算使用环境的得失损益，因此环境的共享者、环境的具体使用者、环境的污染者、受环境污染者、环境的改善者之间产生斤斤计较的社会关系。这些环境社会关系，就是环境价值的本质。

有人认为，价值本质是商品生产者之间交换劳动的社会关系，但多数环境因素不包含人类劳动，不反映劳动者的社会关系，因此环境价值不具有价值的本质，不是真正的价值。这种推理是不正确的。其实，在人类古代历史上有一个漫长的时期，产品虽然是劳动生产的，但是因为没有出现商品交换，劳动本身也没有成为价值。只有在出现商品交换的社会关系之后，互相交换的劳动才形成价值。因此，价值的本质不是劳动，而是人们之间利益交换的社会关系。环境价值也具有这种利益交换的社会关系。

---

① 赵桂慎主编《生态经济学》，化学工业出版社，2009，第120页。

② 参见〔美〕A. 迈里克·弗里曼《环境与资源价值评估》，中国人民大学出版社，2002。

（三）环境价值的类型

环境价值有三个基本类型。这三个基本类型代表了三种环境社会关系。

1. 环境服务总值

环境服务总值是一定时点或时期生态环境对人类或具体国家提供环境服务的价值总额。如前文所述，有专家计算 1997 年全球环境服务价值平均为 33 万亿美元。环境服务总值是从积极的方面考虑生态环境对人类的影响，如输入物质和能量，转化废弃物质，直接提供环境服务。“是指人类直接或间接从生态系统得到的利益”，“包括大气调节、气候调节、扰动调节、水调节、水供应、侵蚀控制、土壤形成、营养物循环、废物处理、花粉传授、生物控制、栖息地、食物生产、原材料、遗传资源、娱乐、文化服务等”①。由于自然环境是不断发展变化的，不同历史时期的环境服务总值是不同的。环境服务总值也可以分割为环境对每一个经济单位（包含团体和个人）提供特定环境服务的价值即环境服务价值。它是环境服务总值的一部分，例如一个人在海边休闲旅游享受的环境服务价值。环境服务总值主要体现了人与人之间纵向的社会关系，如当前与长远、当代与后代、发展经济与保护环境等方面的社会关系。虽然计算这些价值表面上看只是统计核算问题，不需要让哪一个单位为此缴纳环境服务税、费，因此可能不会有人斤斤计较。但是承认不承认环境服务有价值，如何保护或者利用这些价值，在什么时候利用这些价值，还是能反映出人与人之间的社会关系。例如，我国国家环境保护和统计部门 2006 年曾经共同发布了《中国绿色国民经济核算研究报告 2004》，可是由于对 2005 年及以后各年的报告结论一些地方政府不同意以及两个部门有意见分歧，2005 年以后的“绿色 GDP 核算研究报告的发布最终陷入僵局。目前许多地方仍然唯 GDP 至上，在这种观念支配下，要在政府层面上继续开展绿色 GDP 核算，甚至建立绿色 GDP 考核指标体系，其阻力之大是可想而知的”②。

2. 环境退化价值

环境退化价值，即是一定地区、一定时期环境受到破坏和污染导致环境价值的损失。“环境退化价值反映当期为经济活动所消耗的……环境投

① 赵桂慎主编《生态经济学》，化学工业出版社，2009，第 175 页。

② 王金南等：《绿色国民经济核算》，中国环境科学出版社，2009，代总序第 6 页。

入的货币价值。”[①] “我国每年因环境污染造成的损失约占 GDP 的 10% 左右。”[②] 环境退化的原因既有环境污染，也有其他环境破坏，如砍伐森林、消灭生物物种、增加温室气体等，不能认为环境退化的原因只是环境污染。环境退化价值体现了人与人横向之间的社会关系。破坏环境的经济单位与受到损害的经济单位，以及与没有受到直接损害，但受到间接损害的经济单位之间，都要围绕环境退化价值的大小发生利益矛盾。

3. 环境改善价值

虽然由于环境污染，环境质量每年都在退化，但是人们对于环境的保护活动在一定程度上仍然能够增加一部分新的环境价值。这部分价值是由于人类劳动每年新创造的环境改善价值。环境改善价值主要体现在两个方面，一方面是治理污染的环境治理价值，另一方面是进行环境建设如绿化造林、建设湿地等的价值。环境改善价值体现人与人之间在环境破坏与环境保护方面的横向社会关系。

由于环境价值从总体上而言不是人类劳动生产出来的，而且由于人类现有生产方式对于环境价值有很大的破坏，在当前情况下，无论从一个国家，还是从整个世界来看，环境退化价值都是大于环境改善价值，所以环境服务总值的存量日益减少。在三种基本类型的环境价值中，人们最关注的重点是环境退化价值。传统的经济理论的核心问题是价值的生产和增加，而环境价值理论关注的核心问题却是防止价值的减少。“在讨论环境价值时我们关注的不是环境价值存量，而是环境价值流量，即环境被污染被破坏后环境价值的减少部分。”[③] 环境价值理论的真谛和生命力不在于研究环境价值的增加，而在于揭示恰恰是人类生产才造成环境价值的减少，在于如何通过转变生产和生活方式减少环境价值退化，保护自然环境的原始价值。因此环境价值的本质不是“生产价值”的商品生产者之间的社会关系，而主要是“减少价值”的环境破坏者与环境的改善者、受害者之间的社会关系。总而言之，环境价值的创造者是大自然，环境的所有者是世世代代的人类。进行环境价格改革的实质是实现全体公民对环境价值的共享，使环境价格反映环境价值，调节环境社会关系和环境资源的配置。

---

① 王金南等：《绿色国民经济核算》，中国环境科学出版社，2009，第 90 页。

② 杨东平主编《中国环境的危机与转机》，社会科学文献出版社，2008，第 230 页。

③ 王金南等：《绿色国民经济核算》，中国环境科学出版社，2009，第 195 页。

（四）环境价值的不确定性

由于环境物品不像普通商品一样看得见、摸得着，环境的有效性又受到人类不同评价的影响，在一定时间和空间被人们承认的环境价值有很强的不确定性。

导致环境价值不确定性的因素有以下几个。

（1）环境预测。多数环境问题是少数专家分析、预测的。有的是十几年或下一代才可能产生；有的所谓环境问题其实并不存在；许多环境问题存在污染源与污染后果是否相关的不确定性，存在污染后果何时出现、是否一定出现的不确定性。但是人类为了生存，即使风险不一定来临，也不能等到风险来临再采取防备行动，所以人类已经进入不得不按照专家的主观分析和预测决定客观行为的历史时代。德国著名社会学家乌尔里希·贝克指出，当代社会是风险社会，核风险、气候风险、环境风险等各种风险的不明和无法预测的后果成为社会的主宰力量。这种由专家“意识决定存在”的过程在一定程度上扭转了“存在决定意识”的历史规律①。在环境价格问题上，政府和公众有时只能凭专家学者对环境风险的主观的理论分析和预测，确定对环境物品的客观需求、供给，由此形成的环境价格会在很大程度上受到心理预期的影响。

（2）环境禀赋。在不同国家、不同地区环境资源的结构和丰歉程度不同，相同的环境会有不同的价格。因为环境禀赋不同，同一个国家，不同的历史阶段对相同的环境也会有不同的估价。

（3）社会估价。环境物品与普通商品的价值形成的不同之处是，普通商品消费者对一种商品需求和购买数量不同，但是通过自由选择购买数量可以“由不同的需求形成唯一性的价格”；而环境是公共物品，对于同一环境物品需求不同的人不能像选购普通商品一样选择不同的购买数量，而是必须同样消费同一种环境物品，他们“不同的需求只会导致不同的估价”。对于同样一种环境，不同收入群体的估价不同，室内工作的人与室外工作的人评价不同，开车的人与走路的人评价不同，环境科学知识水平不同和环境信息掌握不同的人估价不同，这些不同的估价决定了环境价值的不确定性。“我们必须仍要意识到许多个体对于生态系统和生物多样性所提供的大多数服务和功能是陌生的”，对于环境估价，“如果被调查者熟

---

① 参见〔德〕乌尔里希·贝克《风险社会》，译林出版社，2003，第20、21页。

悉这一物品，那么非市场估价就更加可靠”①。

（4）公众需求。环境的公共物品性质使公众寄希望于免费消费，有“搭便车”消费的心理，不愿意暴露自己的真实需求。

（5）专家评估。由于环境科学还是一门年轻的学科，环境价值的评估方法和评估理论还不成熟，由于不同专家的估价原则、估价方法不同，对于同一种环境的评价也不相同。

（6）政策因素。环境价值是在社会评估甚至是在政治斗争中形成的，经常受到国内外政治因素的影响。有时候不同社会利益集团会以环境政策的改变换取其他经济社会利益。因此环境价值的大小可能因为政治斗争而变动，不能像小麦和苹果一样由市场供求关系形成比较确定的价格。在我国，实行社会主义和谐社会，党从为人民服务的政治宗旨出发，始终把人民最直接、最现实、最迫切的环境需要作为环境保护政策的重点。因此应该把有毒、有害物质对淡水、空气、土壤的环境污染和垃圾污染作为防治的重点，优先确定和赔偿这些环境损害的价值。对于其他环境变化如气候变暖、物种减少等环境损害价值问题，则不是人民最直接、最现实、最迫切需要解决的，可能放在第二位去补偿和实现。由于不同政党和不同政策追求的环境目标不同，导致同一环境要素在不同社会、不同国家的重要程度不同，其价值的大小也不同。环境价值的不确定性使环境价值的实现和环境价格的形成比普通商品更加复杂。

四 环境价格形式

环境价值的实体是有效能值和有效空间，本质是环境社会关系，这个实体和本质是由货币形式具体表现出来的，环境价值的货币表现形式就是环境价格。如果套用商品价格的定义，我们可以说环境价格是环境价值的货币表现。以价格表现的环境价值有不同的形式。

（一）环境费用

环境费用是在经济活动中经济单位为了使用、损害环境不得不支付的费用，是以货币形式表现的环境价格。环境费用表现的是环境服务价值、环境退化价值或环境改善价值。从表面上看环境费用反映的是经济单位用

① 〔英〕尼可·汉利等：《环境经济学教程》，中国税务出版社，2005，第337页。

于环境的各种物质和人工费用，归根结底是劳动价值，不能归结为环境价格。当然在少数情况下有些环境是完全由人工创造的，这些环境费用是人工环境的劳动价值。但是在多数情况下用于环境的费用并没有生产任何新的产品，仅仅恢复了原来的环境和弥补了原来环境的损害。这些费用正是验证了这些环境原有的价值，如果被使用和损害的环境没有价值，人们就不必为它花费这些费用和劳动。

美国环境质量委员会把环境费用划分成四类：损害费用、防护费用、消除费用和事务费用[①]。在我国实际经济生活中，环境费用的类型远远超过这些。我们比较常见的环境费用是：①环境使用费用。它是为在一定范围、一定时间使用环境服务并且没有对环境造成破坏和污染所支付的费用，如游览名胜风景区的门票费用。环境使用费用是环境服务价值的一部分，或者说是环境租金。②环境损害赔偿费用。它是环境污染等破坏环境的活动造成的影响费用，如空气污染所致疾病的医疗费用和环境疾病病假误工费用，水污染对渔业影响的费用。环境损害赔偿费用可能表现为环境污染费或者对受污染者的补偿金。③环境防护费用。它是人们把自己与污染隔离开的费用，如隔离噪音的费用、戴口罩的费用。④环境恢复费用。它是治理污染的费用，如污水治理费。这个费用也可以称为环境污染消除费用或环境治理费用。⑤环境事务费用。它是监测环境质量、进行环境科学研究、制定环境政策的费用。⑥环境建设费用。它是用于提升环境质量的环境保护活动的费用，如植树造林、野生动物保护、水土保持、节约能源的费用。环境建设费用与环境恢复费用是不同的费用形态，前者是直接改善环境的费用，后者是把被污染的环境治理好的费用。

（二）环境行政收费和税收

环境价值的价格表现形式还有环境行政收费和税收。福利经济学家庇古在1920年的《福利经济学》中提出，可以用向有负外部效应的厂商征税（收费）的办法解决环境污染问题，“该税收等于厂商生产每一连续单位的产出所造成的损害”。鲍莫尔等人继承了庇古的观点，提出不必针对企业的产量征税，而是可以直接“对企业的污染物排放征税”[②]。这样可以更准确地反映企业的外部成本。早在1904年德国就在鲁尔河流域实行了废

① 陈栋生编《环境经济学与生态经济学文选》，广西人民出版社，1982，第159页。

② 刘传江、侯伟丽主编《环境经济学》，武汉大学出版社，2006，第37、188页。

水排放收费，随后，法国（1969 年）、荷兰（1972 年）、英国（1974 年）、意大利（1976 年）、美国（1978 年）也在全国范围实行了排污收费[①]。

这些环境税收和收费都是环境的价格形式，不是一般的税收形式。环境"征税手段的理论基础是……环境资源的价值理论"[②]。正是因为环境有价值，所以使用和损害了环境价值的经济单位就要给以等价的赔偿。国家征收环境税不是像其他税收一样无偿征收公共财政资金，而是环境管理者与环境使用者进行的等价交换。如水资源费和碳税都是经济单位因为使用或者破坏环境所付出的等价的补偿，不是为了享受一般公共服务所缴纳的无偿的税赋。而政府对于经济单位提供的环境收费和税收优惠，也是对经济单位建设环境或者治理环境的等价经济补偿。但是与一般价格不同的是，环境收费和税收反映的不是商品交换双方的关系，而是公共环境的管理者与环境使用者之间的交换关系。

（三）排污权价格

排污权价格是环境管理者把环境使用权按数量有偿分配给经济单位时的价格。20 世纪 70 年代美国经济学家戴尔提出排污权交易的手段，后来排污权交易在美国、德国、澳大利亚、英国相继实行并逐渐扩大[③]。1972 年蒙特葛玛利将科斯定理用于排污权交易实践的研究[④]。排污权在有偿分配的情况下，其价格一般相当于环境损害费用或者环境治理费用。排污权如果能够进行交易，其价格是排污权交易价格，一般相当于出售排污权的经济单位的污染治理费用加交易费用。

（四）环境成本

环境成本是环境退化价值的货币表现形式。例如在计算绿色 GDP 时，需要在经济总量中扣除环境成本。但是在宏观上使用环境成本的概念并不太准确，因为环境退化价值是环境服务总值的减量；而成本是使价值增加的指标，无论可变成本还是不变成本都要把自己的价值转移到产品的价值中，成本增加必然使价值增加，不能使价值减少。因此环境退化价值的概念比环境成本的概念更恰当。在联合国环境资源核算体系的 2003 年版本

① 王玉庆主编《环境经济学》，中国环境科学出版社，2002，第 214 页。
② 刘传江、侯伟丽主编《环境经济学》，武汉大学出版社，2006，第 188 页。
③ 刘传江、侯伟丽主编《环境经济学》，武汉大学出版社，2006，第 198 页。
④ 张真、戴星翼：《环境经济学教程》，复旦大学出版社，2007，第 97 页。

中，已经不再使用环境成本的概念[①]。在微观经济中使用环境成本的概念也要明确它属于环境退化价值。譬如现在我们常说为了外部成本内部化，应该把环境成本加在企业成本上。但是这样做的结果反而会增加产值和国民生产总值。所以在计算绿色 GDP 时，还应该扣除企业污染环境造成的这部分成本价值即环境退化价值。

五　环境价格形成

商品价值是通过交换过程以价格形式实现的。通过交换过程，商品的所有者失去商品的所有权，得到商品的等价物货币；货币的所有者失去货币的所有权得到商品，商品的价值从而以价格的形式得到实现。由于环境系统的特殊性，环境价值实现即价格形成主要通过政府干预和社会公众参与，与普通商品有不同的方式。一是环境权利的让渡和环境价格量的确定方式不同，环境价格不是通过市场，而是通过社会公议和政府调控的方式。二是供求关系发挥作用的形式不同，环境价格不是在市场上通过价格围绕价值波动，而是在社会公议、政府定价和环境问题的公益诉讼时，通过调整环境价格政策的重点和力度反映环境供求关系。

（一）社会公议与价格形成

环境价值的实现也是以环境权利的存在和让渡为前提。但是由于环境权利是社会共享权利，这种权利的实现只能通过社会公议。社会公议就是社会公众以公共环境的权利共享主体的身份共同讨论确定环境价格，并且共同讨论确定环境价值分配的组织方式。

环境共享权利是一种新的权利。因为公共环境在物理上的不可分割性和共用性，人们对于公共环境不可能独立拥有；因为公共环境在经济上的不能平均使用，公共环境的权利也不能平均分配；因为公共环境天然是人类生存的基本条件，环境权利是人们的基本权利，它既不能被他人剥夺，也不能被本人转让，只能由社会共享。马克思曾经把土地这种环境因素称为“人类世世代代共同的永久的财产，即他们不能出让的生存条件和再生产条件”[②]。由此可见，环境权是每个人和每代人天然具有的共享权利。国

---

① 王金南等：《绿色国民经济核算》，中国环境科学出版社，2009，第 90 页。

② 马克思：《资本论》第三卷，人民出版社，1975，第 916 页。

外在全民和人类环境权立法和执法方面已经有许多规定[①]。我国宪法和法律对全民环境权益也做出不少的规定[②]。到2000年全世界已经有41个国家（地区）在宪法中规定了所有公民的环境权[③]。由于环境共享权利不能通过买卖而实现，公众的环境权利只能以社会公议的方式来实现。只有通过社会公议才能取得公众对于环境价值意见的统一，才能进一步按照统一的价格进行价值交换或价值补偿。在没有得到社会公议同意的情况下，环境价值不能够成为社会承认的现实有效的价值。鉴于环境是由社会共享，不是国有资产，在其确定和实现过程中，也不能由什么政府机关独自确定环境价值。政府只能起到反映社会公议意见的作用，不能取代社会公议。如果没有社会公议，确定环境价值的问题就会溢出合理渠道，以其他形式发展恶化，甚至形成严重的社会矛盾。例如2007年厦门居民因为反对在附近建设对二甲苯石化项目，集体上街散步；2007年北京六里屯居民、2009年广州番禺居民反对在居住区附近建设垃圾发电厂；确定某些环境收费标准时，没有进行社会公议，以致征收困难。这都反映了居民与企业、公众与政府对环境污染损失评价的不同，对环境保护问题缺乏社会公议和法律程序保证。

---

① 参见周训芳《欧洲发达国家公民环境权的发展趋势》，《林业经济问题》2002年第6期。周训芳：《环境权论》，法律出版社，2003，第106～107页。《挪威宪法》规定“每一个人有权获得一种有益于健康的环境和一种生产力和多样性受到保护的自然环境。自然资源的利用应建立在全面的长期的考虑的基础上，由此未来世代人的这一权利也应该受到保护”。韩国《宪法》（1980年第8次修改）第35条规定：“所有公民都有在健康而舒适的环境中生活的权利。”美国在1969年颁布的《国家环境政策法》规定：“每一个人都有权享受健康的环境，同时每一个人也有责任对维护和改善环境作出贡献。”不仅国内法中有规定，国际条约或宣言中也有规定，如1972年的《人类环境宣言》中规定：“人类有权在一种能够过尊严和福利的生活的环境中，享有自由、平等和充足的生活条件的基本权利。”

② 我国宪法规定“矿藏、水流、森林、山岭、草原、荒地、滩涂等自然资源，都属于国家所有，即全民所有”。“国家保障自然资源的合理利用”。“国家尊重和保障人权”，“国家保护和改善生活环境和生态环境，防止污染和其他公害”。我国《国家人权行动计划（2009～2010年）》提出“创造有益于人类生存和持续发展的环境，努力建设资源节约型、环境友好型社会，保障公众环境权益”。我国《环境保护法》规定“一切单位和个人都有保护环境的义务，并有权对污染和破坏环境的单位和个人进行检举和控告”，“造成环境污染危害的，有责任排除危害，对直接受到危害的单位或者个人赔偿损失”，“当事人也可以直接向人民法院起诉”。我国《环境影响评价法》规定，“对可能造成不良环境影响并直接涉及公众环境权益的规划，应当在该规划草案报送审批前，举行论证会、听证会”。

③ 才惠莲主编《比较环境法》，湖北人民出版社，2009，第113页。

环境价格的制定需要做好以下几方面的工作。

1. 明确社会公议的形式和程序

应该由法律明确社会公议的具体形式和程序。例如以公民和社团组织的会议、政府与公众对话会或者人民代表大会的会议作为环境价格公议的具体形式。对于地区之间和国际范围的环境价值问题，还要通过地区之间、国家之间的会议对环境价值问题进行公议，取得对有关环境价值的统一认识①。在社会公议中或者公议后出现环境价值纠纷和矛盾时，最终应该能够通过法律诉讼解决。对于同一国家不同地区之间、世界上不同国家之间都应该建立这种法律诉讼机制②。现在有些政府部门在环境价格问题上召开听证会，征求公众意见，这是一个很大的进步。但是这种形式与社会公议还不相同。以自来水价格和水资源费的定价机制为例。前者涉及公众与自来水企业的关系，应该由政府组织自来水价格听证，后者涉及公民自己的环境共享权利，应该由社会公议定价。目前我国法律规定，建设项目规划直接涉及公众环境权益的，应该在该规划草案报送审批前举行论证会、听证会征求公众意见。但是一个项目是否涉及公众环境权益并不是由公众决定的，好多涉及公众环境权益的项目因为政府和企业认为不涉及公众环境权益，就自己决定不征求公众意见。这也是因为缺少社会公议机制。要改变这种状况，应该立法规定，任何涉及公共环境价值的问题，无论是否有害于民，必须经过社会公议和由法律程序确定。对于经过法律程序公议的环境价值如收费或收税、污染赔偿，有关经济单位必须执行。这既是公民

① 美国著名后现代思想家大卫·格里芬指出，“根据联合国宪章和国际法原则，国家拥有主权依照其自身的环境政策开发其资源”，“除非我们能够克服文明的无政府结构而创造出全球民主”，“依照一个全球层面的民主政府——超越国家政府层面之上并且天然地为（仅为）那些国家政府层面无法解决的全球事务负责，全世界人民选举出来的代表可以通过旨在减缓并且最终扭转全球变暖和其他生态危机的法律”，才能解决全球性的环境保护问题。参见李惠斌等主编《生态文明与马克思主义》，中央编译出版社，2008，第57、62、63页。

② 参见周训芳《欧洲发达国家公民环境权的发展趋势》，《林业经济问题》2002年第6期。该文指出现在有些国家之间已经签订了关于环境污染损害价值赔偿问题的国际公约。在1974年于斯德哥尔摩签署的《丹麦、芬兰、挪威和瑞典关于环境保护的公约》中规定，“受到或者可能受到由另一缔约国中损害环境的活动而引起的公害的影响的任何人，有权向另一缔约国的合适的法院或者行政当局控告这样的活动的容许性问题，包括预防损害的方式问题，以及作为从事这一活动的国家的法律主体在同样的范围内和针对同样的问题控告法庭或者行政当局的决定。在由损害环境的活动引起的损害赔偿程序中，同样适用本条前款的规定。对受害方所作出的赔偿问题的判决所采取的规则，与从事这一活动的国家的赔偿规则相比，不应不利于受害方”。

在法律上的环境权利，也是保证环境价值能够顺利实现的基本条件。

2. 规范社会公议内容

一是环境价格的确定。确定绿色 GDP 中环境退化价值，公立公园门票价格、环境收税、环境收费、排污权有偿分配价格等涉及环境价值的问题都应该进行社会公议。二是讨论环境损害的价值赔偿。要由受伤害的公众公议环境污染赔偿价值，由公众确定环境恶化的损失。三是讨论环境价值的分配。对于公共环境的税费收益，应该用于公共利益；对于环境建设的效益要回报给改善环境的经济单位；提高环境税费可以同时降低其他税费；对于居民基本生存需要的环境用量不收费或少收费，超额用量多收费。如果公众只能享受环境价值公议权，却不能分配到环境价值的收入，同样不能保障环境价值的实现。目前我国环境保护事业中存在群众基础薄弱的问题，其中一个重要原因是环境收费改革只增加群众负担，不让群众知道环境收入的使用分配情况。因此应该单独建立环境收支专门账户，公开收支项目。社会公众及其组织有权讨论和监督环境收入和支出。“纠正环保收费改革只单向增加人民收费负担，人民无权享受收费利益的做法”①。四是进行环境价格政策的评估。由社会公议提出关于环境价格政策的建议。

3. 确立社会公议准则

对于没有环境价值交易市场的环境价值，在由社会进行价值公议时应该有社会公认的环境价值评估准则。环境价值评估是科学性很强的一门新型技术，既涉及环境科学、经济学、社会学，也涉及心理学、法学和许多边缘科学，目前国内外在确定环境价值时已经积累了许多环境价值评估的方法和经验。“在政策制定及环境诉讼中估价方法的使用日益增长。因此，改良估价方法是经济学家和其他社会科学家在未来的一项重要任务”②。为了保证社会公议的科学性和公平性，要完善环境价值评估的经济技术方法体系，使社会有关各方面能够以统一的技术方法去评议一种环境因素的价值。应该由中国价格（评估鉴证）协会、中国法学会、中国环境保护协会等行业、专业协会共同制定环境价值评估准则，作为社会公议环境价值的依据。为了保证公民的环境权利，对于违反社会公议意见、破坏环境的行

---

① 戴冠来：《解放思想深化价格改革的若干问题》，《价格理论与实践》，2009，纪念价格改革三十周年专辑。

② 〔英〕尼可·汉利等：《环境经济学教程》，中国税务出版社，2005，第 376 页。

为，公民有权利进行环境公益诉讼。由于环境价值评估的复杂性和特殊性，还应该建立环境法庭，专门受理环境价值纠纷案件和其他环境案件。

（二）供求关系与价格形成

作为公共产品的环境，其价值无法在普通市场实现，而是由社会公议和法律程序确定的，但是在确定环境价值的时候也要充分考虑供给与需求、成本与效用，环境价格的形成仍然受到供求关系和价值规律的支配。如果环境价值的确定符合成本效益关系，环境价值容易顺利实现；如果脱离了供求关系，也会出现环境供给与需求的失衡。即使能够强制推行一种环境价格政策措施，也将半途而废或者导致环境更加恶化。

根据供求关系对环境价格形成的影响程度，可以把环境价格形成方式分为五个大类，供求关系影响程度最弱的是环境无偿无限使用，较弱的是环境无偿有限使用，居中的是环境有偿无限使用，较强的是环境有偿有限使用，最强的是环境使用权交易。在这几种情况下，虽然供求关系作用程度不同，但是都有它在发挥作用①。

环境无偿无限使用是不需要为环境使用付费的，也不限制环境的使用数量，仅是在统计核算上计算这些环境的价值。从表面上看不存在任何供求关系问题。但是在环境越来越稀缺的实际情况下，为了了解国家生态环境的变化和经济单位享受环境服务价值的情况，也需要环境供求关系、成本效益的分析。例如，在中央政府考察地方绿色 GDP，而在一些地方政府不承认环境服务和环境损害价值值那么多钱的时候，就要计算损害环境的成本，同时也要考虑损害环境的建设项目可能为地方带来的收益。一般情况下，地方政府会低估环境损害的成本，高估建设项目的价值，也就是低估环境供给的成本，高估环境使用的收益。因此在计算绿色 GDP 时难点还是环境成本和效益的分析。从微观上说，在经济单位无限无偿使用环境时也有供求关系的问题。例如公众游览自然风光，此时环境的服务价值也是存在的，只是没有表现出来。如果为了保持这种自然环境不被经济建设破坏，为了说明这些自然风光环境的价值，也要考虑供求关系。例如可以用公众为保留这个风景区愿意支付的价格或者公众因为失去这个风景区想得到的补偿价格来模拟这个风景区的需求。对于这些无偿无限使用环境的情况，无论是宏观上还是微观上，只要涉及环境价值的确定，都要考虑供求

① 戴冠来：《环境价格理论需要研究的几个问题》，《中国物价》2007 年第 9 期。

关系。

环境无偿有限使用是指国家通过环境规划批准经济单位在一定环境质量及一定污染物排放量之内无偿使用环境。现在有人认为这种纯粹数量规制的行政许可行为不需要经济单位为使用环境交钱，所以可以由政府任意规划审批，想让你减排多少就减排多少，想让你多排放多少就多排放多少，与市场无关，其实不然。因为在环境稀缺的情况下，实行从紧的环境政策如提高环境质量、降低污染物排放会给社会带来成本（经济单位减少收入）和收益（社会获得环境改善的效益）；实行从宽的环境政策如降低环境质量、增加污染物排放也会给社会带来成本（社会付出环境恶化的成本）和收益（经济单位增加收入）。既然每一种环境数量规制都有成本和收益的问题，那么环境规划的数量就不可能是任意的。只有在环境数量规制的数值处于成本与收益均衡点的时候，才是合理的。只有在这个均衡点上，环境规划和审批数量才是合理的。在国家之间，如制定国际减少碳排放的环境公约，同样需要考虑每个国家的成本和收益。人类固然需要良好的自然环境，但是任何环境规划和数量规制都是有代价的，都需要进行成本效益、供给和需求分析。

环境有偿无限使用是指对使用环境不进行数量限制，但要对所有使用环境的单位收费或收税，或者对环境污染给公众带来的疾病要进行赔偿、处罚。此时环境税费或赔偿金应该等于一定环境质量条件下的环境治理成本或者环境损害成本。因此制定科学合理的环境税费标准应该研究环境税费与环境保护力度的关系，环境税费标准过高可能打击企业生产，使环境需求不足，环境太好而经济发展困难；环境税费标准过低会使企业降低治理环境的努力，使生产过度发展而环境更加恶化。

环境有偿有限使用，是指既规定环境使用的数量和质量，又要对使用环境收取费用，例如污染超标收费。因此，应该更充分考虑成本和效益、供给和需求。

环境使用权分配，是环境价值实现中市场化程度最高的情况。无论使用权有偿分配和无偿分配都是环境有限使用，都应该考虑环境供求关系的问题，而使用权的交易价格则是在真实市场上形成的，市场供求关系本身直接调节这种价格。

（三）国家调控与价格形成

国家在社会公议和充分考虑环境供求关系的基础上，制定和调控环境价格。国家调控环境价格的经济和法律依据，是全体公民委托国家实行环境管理权、环境利用权、环境许可权、环境监督权和环境定价权等权利。国家依据这些权利通过法律程序规定环境价格税费，授权经济单位使用环境或者污染环境。对于没有得到授权使用和污染、超标污染环境的经济单位，国家都要追究。经济单位不接受环境管理，不缴纳环境税费，应受行政或司法处罚。国家对环境价格的调控是保证环境价格合理形成的重要环节。

六　环境价格形成原则

环境价格以什么具体方式实现，环境价格的数量究竟能够实现多少，是由公众和政府共同确定的。有的情况应该无偿使用环境，有的情况应该实行数量规制；有的情况应该实行收费，有的时候应该收税，有的时候应该实行使用权交易；有的时候环境价格应该提高，有的时候环境价格应该降低。由于环境价值的不确定性和社会公议的复杂性，在充分考虑环境供求关系的基础上，国家在确定环境价格政策、选择环境价值实现方式、确定环境价格高低的时候还应该把握一些原则。

（一）坚持环境治理效果与社会经济效益相平衡

环境价值是环境社会关系的经济反映，实现环境价值的过程是调节环境社会关系，把稀缺的环境资源按照各方面的利益，恰当分配到社会各方面的过程。因此选择环境价格的实现形式，既要考虑能不能提高环境质量，也要考虑能不能有经济和社会效益。从提高环境质量这一标准衡量，当然是行政强制或者提高价格的办法最好。但是这个办法的监督成本可能最高，有时候甚至无法监督。即使能够监督也要考虑成本和效益、供给和需求的均衡。从环境价格最灵活反映市场供求关系的标准衡量，用环境使用权交易的办法最好，但也存在监督成本的问题。同时，在使用权分配中也有把多少排放量分给社会的问题，也要考虑减排成本和社会收益的均衡。

（二）坚持代内公平和代际公平相兼顾

环境价格究竟是多少不是用成本计算就可以确定的。它的形成涉及社会心理影响，只有社会各方面感到环境价格是公平的，才能被有关方面承认和顺利实现。确定环境价格的高低，首先要做到代内公平。做到同一环境物品的价格对所有者与使用者，对不同地区所有者，对不同使用者要公平；对同一环境物品的不同环境污染因子污染收费之间要公平；对于不同环境物品实行的价、税、费和数量规制之间都要公平。其次，要考虑环境价值的代际公平。环境价值包括利用价值和非利用价值。人们对于环境的稀缺性评价越高，对于后代子孙越关心，就会越重视环境的非利用价值，所以对于环境价值倾向高估，从而抑制了当代的环境消费。但是当代人的发展是后代人发展的基础，如果当代人过分强调为后代保护环境，为了保护环境把自己饿得皮包骨，也影响后代人的可持续发展。

（三）坚持价格管理效果大于管理成本

环境价值的实现与普通商品价值实现的根本区别是需要借助社会组织和政府管理，因此应该考虑管理成本。现在环境价格不合理，要进行环境价格改革，既要考虑提价，也要考虑管理。有的地方环境收费标准定得很高，但是收缴率很低，或者收的钱还不够给收费员发工资，这就是管理成本过高。成本最节约的环境价格形成方式是环境税收。因为税收一般是针对具体产品金额、数量，而不是针对环境污染数量和环境使用数量，而且，有征收渠道和强制性，这就使监管成本大大降低。但是有时候并不能准确把握税率，如果税率过高可能降低产品的经济竞争力，税率过低反而成为纵容环境污染的门票，这就会造成管理成本低但管理效果差。在经济合作与发展组织（OECD）国家采用的100种或更多的经济激励中，有2/3是用于增加收入而不是改变行为，税率“被设置得过低而不能令生产者将污染控制增加到社会最优水平”①。因此，要努力做到既取得好的价格管理效果，也节约环境管理成本。

（四）坚持环境价格的社会可接受性

由于环境因素的不同特点和社会经济法律发展的水平不同，环境监督和计量的技术条件不同，对于一种环境因素在一定时间、一定地点只能有一种最优的社会可接受的价格实现形式和价格实现水平。对于特别严重超标准的环境损害问题，用行政处罚和环境损害赔偿的形式计算环境损害价值比较合适。对于地域性和社会涉及面较小的点源污染的环境价值，用市

① 〔英〕尼可·汉利等：《环境经济学教程》，中国税务出版社，2005，第54页。

场交易价格、环境收费的形式比较容易实现。相反，对于涉及面较广的面源污染问题，用税收形式计算环境价值比较容易被社会接受。对复杂的环境问题，还应该采取多种环境价值的实现方式，综合运用多种价值实现方式。具体而言，对于焦炭生产环节进行数量限制和征收空气污染费比碳税更有可行性；对于地方天然水源收取水资源费比水资源税更有可行性；对于飞机噪音收取噪音污染费比污染税更有可行性。总之，“排污费在所有的发达国家中都用于一些点源形式的污染”①。但是，对于使用化肥、农药带来的环境价值损害，用化肥农药污染税的形式更有可行性。对于垃圾治理，如果能够计量，就应该用收费方式，如果不能计量，用收税方式或者捆绑在其他收费项目上征收更有可行性。在国际环境价值实现方面，鉴于碳排放量方面的数量分配、质量监督和利益补偿的棘手问题成为国际谈判的核心问题，《气候变化政治经济学》作者之一卡梅伦·赫伯恩指出：统一的碳排放税可以将这些问题搁置一旁。征收碳排放税或许是一种错误的做法，但这完全是为了防止国际环境谈判会议上出现团糟的局面②。所以某些国家对进口产品开征碳税，虽然有强加于人的霸权形象，但因这种方式简单易行，可能成为在国际领域的一种环境价值实现方式。我国对此需要准备应对的措施。

参考文献

［1］赵桂慎主编《生态经济学》，化学工业出版社，2009。

［2］董小林：《环境经济学》，人民交通出版社，2005。

［3］王金南等：《绿色国民经济核算》，环境科学出版社，2009。

［4］〔德〕马克思：《资本论》，人民出版社，1975。

［5］陈栋生编《环境经济学与生态经济学文选》，广西人民出版社，1982。

［6］〔英〕尼可·汉利等：《环境经济学教程》，中国税务出版社，2005。

［7］〔美〕科斯等：《财产权利与制度变迁》，上海三联书店，1996。

［8］孔蕊：《浅谈环境资源价值》，《中国环保产业》2002年第12期。

［9］王玉庆主编《环境经济学》，中国环境科学出版社，2002。

［10］〔美〕科斯：《企业、市场与法律》，上海三联书店，1990。

① 〔英〕尼可·汉利等：《环境经济学教程》，中国税务出版社，2005，第56页。

② 英国《金融时报》中文网，2009年12月2日。

[11] 杨东平主编《中国环境的危机与转机》，社会科学文献出版社，2008。
[12] 刘思华：《可持续发展经济学》，湖北人民出版社，1997。
[13] 魏彦杰：《基于生态经济价值的可持续经济发展》，经济科学出版社，2008。
[14] 沈满洪：《生态经济学》，中国环境科学出版社，2008。
[15] 刘传江、侯伟丽主编《环境经济学》，武汉大学出版社，2006。
[16] 张真、戴星翼：《环境经济学教程》，复旦大学出版社，2007。
[17] 蔡守秋：《环境权初探》，《中国社会科学》1982 年第 3 期。
[18] 周训芳：《欧洲发达国家公民环境权的发展趋势》，《林业经济问题》2002 年第 6 期。
[19] 周训芳：《环境权论》，法律出版社，2003。
[20] 才惠莲主编《比较环境法》，湖北人民出版社，2009。
[21] 环境问题公众知情、参与决策及诉讼权利公约》，白荣梅译、徐炳勋校，天堂草原网站，2004 年 6 月 10 日，http：//www. caoyuan. org/shownews. asp? news_id =7。
[22]〔德〕乌尔里希·贝克：《风险社会》，译林出版社，2003。
[23]〔美〕A. 迈里克·弗里曼：《环境与资源价值评估》，中国人民大学出版社，2002。
[24] 戴冠来：《解放思想深化价格改革的若干问题》，《价格理论与实践》，2009，纪念价格改革三十周年专辑。
[25] 戴冠来：《环境价格理论需要研究的几个问题》，《中国物价》2007 年第 9 期。

通货膨胀前沿理论研究

许光建　戴李元*

内容摘要　2009 年中国的货币供给量大幅度增长，使人们产生了对未来可能出现通货膨胀的担忧。近几年来，国内学术界对通货膨胀理论的讨论较之以前更为热烈，同时也在讨论过程中出现了一些新特点。本文回顾了新中国成立以来通货膨胀和通货紧缩理论的发展，归纳和总结了近年来学界的相关讨论，并提出了防止通货膨胀的政策建议。

关键词　通货膨胀　新特点　政策建议

2008 年第四季度我国政府为应对国际金融危机，及时调整了宏观经济调控目标，实施了积极的财政政策和货币政策，大幅度增加政府投资，连续降低银行准备金率和存贷款利率，积极扩大国内需求，取得了经济稳步增长的显著成就。但是随着国内和国际经济的好转，人们也在担心，在 2009 年由于采取积极的财政和货币政策，出现了货币供给量的大幅度增长，可能会带来明显的通货膨胀。根据国家统计局最新公布的数据，2010 年 7 月份我国居民消费价格指数（CPI）同比上涨 3.3%，创下 21 个月以来的新高。通货膨胀又一次成为经济学界关注的重要问题。下面，我们就在对新中国成立以来我国关于通货膨胀及通货紧缩理论进行回顾的基础上，梳理近几年来国内对通货膨胀及通货紧缩相关观点所作的各类讨论，以期从中得出治理通货膨胀的可行之法。

---

* 许光建，经济学博士，中国人民大学公共管理学院副院长、教授、博士研究生导师，主要研究方向是宏观经济理论与政策、价格理论与价格政策、公共财政管理学等。戴李元，中国人民大学公共管理学院博士研究生，主要研究方向是宏观经济理论与政策等。

一　改革开放之前的通货膨胀理论

从20世纪50年代初期到70年代末实施改革开放，我国经济学界形成了一些对通货膨胀的比较一致的认识和观点。这一时期的通货膨胀理论主要有两个特征。

第一，片面强调保持价格总水平的基本稳定，在个别时期还曾提出要保持价格总水平的绝对稳定。这种观点的产生是与当时高度集中的计划价格体制相联系的。在计划经济体制下，价格只是国民经济计划的核算工具，对资源配置基本不起调节作用。为了使价格顺利地履行计划核算的功能，就要求各类商品的价格尽可能地保持相对稳定状态。同时也是和在改革开放之前的很长时期内价格总水平基本稳定的实践相联系的。

第二，把通货膨胀与资本主义制度不适当地联系在一起。该观点错误地认为通货膨胀是资本主义制度下的一种特有的现象，在社会主义制度下不应当出现。产生这种观点的原因是多方面的，既有理论上的原因，也有历史的原因。我国在新中国成立前的十几年，由于日本侵略和国民党政府的反动统治，通货膨胀非常严重，曾经达到过天文数字。在新中国成立前后的一段时期内，也曾经出现过四次价格大波动，新生的人民政府在很短的时期内就抑制住了通货膨胀，实现了价格总水平的稳定。这些历史事实使人们对通货膨胀产生了很强烈的反感。再加上我们在20世纪50年代还一度片面地宣传苏联在第二次世界大战后连续七次大幅度地降低商品价格的政策，更使人们固化了价格稳定是社会主义优越性的观念。

当然，我们也应看到，在改革开放前也有一些经济学家对我国的通货膨胀问题进行了比较客观的研究并提出了有价值的观点，只是由于受学术环境和经济体制的制约，对通货膨胀的研究很难深入下去。

二　改革开放以来的通货膨胀理论

（一）关于通货膨胀的论争

改革开放初期，具体来说就是从1978年到20世纪90年代初，我国出现了改革开放以来的首轮通货膨胀，特别是1988年价格总水平的较大幅度的上涨。如何认识通货膨胀，成为那一时期经济界讨论的热点问题。

1. 关于通货膨胀概念的论争

通货膨胀，是对价格总水平上涨的一种概括。但对于通货膨胀的具体定义，我国经济学界一直存在着不同的理解。长期以来比较流行的通货膨胀概念是：纸币的发行量超过了商品流通所需要的货币量或金属货币量所引起的价格上涨现象。例如："纸币发行量超过商品流通中的实际需要量所引起的货币贬值现象"①；"通货膨胀，就是纸币的流通量多于它所代表的金属货币的客观必要量"②；"通货膨胀实际上就是由于货币供应过多导致的货币贬值，物价水平上涨"③；等等。

而在西方经济学界，虽然对通货膨胀的理解并不完全一致，但是主流的观点是明确的，即通货膨胀的定义是价格总水平的持续上涨。例如，在美国经济学家斯蒂格里茨、曼昆和米什金等人编著的教科书中，都明确地把价格总水平的上升称为通货膨胀。

我们认为，我国过去关于通货膨胀的理解是值得怀疑的而且应该改变。因为过去长期流行的关于通货膨胀的定义的核心是：货币流通量超过流通中需要的金属货币量或货币量。很显然，这种定义是从货币多少的角度来理解通货膨胀的，而且货币多少的判断标准是流通中需要的货币量。而在纸币流通制度下，价格会随着纸币数量的增减而涨跌。纸币只是代表着一定的价值量，并且纸币所代表的价值是不确定的，因为这在很大程度上决定于纸币的流通数量。在这种情况下，流通过程中究竟需要多少货币数量，就不再具有客观标准。

汪祥春在一篇论文中指出："就我国来说，通货膨胀是外来语。既然是外来语，就应遵守国外通行的定义，还它本来面目，而不能任意修改"，"现代西方经济学所用的通货膨胀一词，指的是物价总水平上升和购买力下降，不但包括由于货币数量过多引起的物价总水平上升，而且包括由于其他原因引起的物价总水平上升"④。我们认为，这一看法是很中肯的。

2. 关于是否要区分结构性的物价上涨与通货膨胀的论争

在改革开放初期，由于对通货膨胀的不同理解，有学者经常把通货膨胀与价格上涨区分开来，将两者视为存在因果关系的两个概念。比如，有

---

① 许涤新主编《政治经济学辞典》（上），人民出版社，1980，第616页。

② 钟朋荣：《中国通货膨胀研究》，江西人民出版社，1990，第21页。

③ 王素珍：《关于货币本质及货币政策目标问题的讨论》，中国金融出版社，2000，第68页。

④ 汪祥春：《价格机制与宏观调控》，东北财经大学出版社，1998，第330页。

学者认为物价上涨与通货膨胀是两个不同的经济范畴。物价上涨是通货膨胀的表现形式，但通货膨胀的表现形式不仅仅是物价上涨一种，还有隐蔽性和抑制性通货膨胀，后两种不一定以物价上涨形式表现出来，或者说没有物价上涨的场合仍然存在通货膨胀①。而政府直接运用行政力量干预和管理物价、价格改革引起的价格总水平上升等，就不属于通货膨胀。还有学者认为，因为物价的普遍上涨并不一定都是由于通货膨胀所引起的，在纸币流通条件下，虽然纸币本身没有价值，但它代表着一定量的价值，这时商品的价格由商品的价值和纸币所代表的价值共同决定。商品价格上涨可能由币值下降所引起，也可能是在纸币所代表的价值不变的情况下，由劳动生产率下降和商品价值上升所引起的。前一种涨价是通货膨胀的结果，后一种涨价则与通货膨胀无关②。

其实，在计划经济体制下确实存在着货币流通量过多与价格总水平相对稳定的矛盾现象，即所谓抑制性的、隐蔽的通货膨胀问题。在这种情况下，确实不能用价格总水平上涨率等同于通货膨胀率。但我们应该明确，在探讨计划经济体制下通货膨胀问题时，既要重视政府规定的计划价格（牌价）的变动情况，也要重视自由市场价格甚至“黑市”价格的变动情况。而在改革开放初期，由于国家大规模、大幅度地调整重要的产品价格，曾经导致了价格总水平的明显上涨。这种由于政府调整价格引起的上涨和由于单纯增加货币供给而引起的上涨出发点是不同的，这种上涨是必要的。但这仍然属于通货膨胀。应当说，如果在调整价格的过程中，货币供给量没有相应的增加，价格总水平是不会上涨的。国家调价和货币供给增加是价格总水平上涨这一过程中共同存在的两个现象，无法截然分开。因此我们认为，物价上涨与通货膨胀是同义的。

3. 关于通货膨胀与经济增长关系的论争

关于通货膨胀对经济增长的影响，学术界分为两派，即“有益论”与“有害论”。前者认为，通货膨胀有利于我国经济的增长，而且通货膨胀是经济增长所必须付出的代价，对发展中国家而言尤其如此。通货膨胀率条件波动性和经济增长率之间存在显著的正相关关系，通货膨胀率波动性越大，经济增长率就越高，认为我国经济运行中价格水平及其波动性对实际产出产生显著的影响。而如果要控制 CPI 的变化幅度，或者说要控制通货

---

① 刘扬：《中国物价波动与通货膨胀研究》，中国财政经济出版社，1998，第 5 页。

② 钟朋荣：《中国通货膨胀研究》，江西人民出版社，1990，第 23 页。

膨胀，那么对于GDP增长率的适当控制也就成为必然（如王智勇，2008）。后者则认为，通货膨胀对经济增长起阻碍作用，并且这一危害表现在不同的层面上。比如，为治理通胀，政府必然采取紧缩政策，这在抑制通货膨胀的同时必然也会抑制经济增长；即使通货膨胀尚未发生或尚未达到严重的程度，但具有明显通货膨胀倾向的宏观政策会引发通货膨胀预期和对宏观经济环境恶化的预期，最终导致投资者信心的丧失、实际投资的缩减和经济增长速度的下降。而这种作用是通过改变居民的消费—储蓄行为、增加生产者经营风险和成本以及扭曲国民收入分配等机制实现的（如黄宪慧、韩海波，2006）。

而国内关于经济增长对通货膨胀的影响也存在这两派观点。一是相关论，即经济增长必然会带来高通胀，要抑制通胀就必须降低经济增速。因此，高增长伴随适度的通货膨胀是允许的。如在20世纪90年代，有学者认为，如果经济增长率在10%左右，那通胀率保持在4%～6%都是可以的（王积业，1997）。二是不相关论，即经济增长并不必然导致通货膨胀。现实中只要政策得当，就可以既实现经济高增长又保持低通胀；而如果政策不当，即使在经济低速增长时也可能发生高通胀现象。同时，我国经济的加速增长还会降低通货膨胀率甚至引起通货紧缩。

在讨论最近的通货膨胀预期时，有专家提出，用市场机制解决问题的时候，要加大对通货膨胀的容忍度。我国价格扭曲的时间太长了，只要用价格手段，必然会引起价格的上涨。因而通货膨胀3%的目标可以放宽到5%，只要不出现恶性通货膨胀，不长期处于负利率状态，中国就不会有太大的问题。也有学者提出，CPI增幅如果连续3个月超过3%，政府就应该采取紧缩措施以防止通胀的出现。

我们认为，价格总水平变动，特别是剧烈的、大幅度的变化是不利于经济增长的。只有在短期内，在价格变动没有被市场主体预期到的情况下，才可能对经济增长发生某种作用。通货膨胀虽然在一定程度上有利于促进经济增长，但这种作用只能是暂时的，不可能是长期的，过度通货膨胀必然影响到整体经济的发展。但究竟怎样一个通胀区间是对经济发展有利的，国内的讨论也十分激烈，不少学者对此也进行了大量的数量分析，适度区域也不尽相同。高增长和低通胀在我国经济发展中是存在的，比如2003～2007年两位数的高增长与低通胀就是一个比较完美的发展周期。其中，根据国家统计局课题组的分析，在现阶段，1%～5%是我国通货膨胀率的可容忍区间。在这一区间内，国民经济能够保持持续、稳定、健康增长，不会造成严重的社会问题，高增长、低通胀的经济发展模式仍然是可以持续的。我们认为，这个区间是比较适度的。当然，这个区间不是固定的，而应该是动态的。这需要随着经济发展水平的变化，根据国际国内经济形势的走势进行不断的调整。

（二）关于价格总水平上涨的原因分析

1. 改革开放初期的讨论

在改革开放初期，由于计划价格一统天下的局面尚未改变，所以国家对某些重要产品价格的调整往往成为价格总水平上涨的主要原因。那时学者们往往把价格调整和价格改革看做通货膨胀的重要成因。例如，胡昌暖[①]在1979年的一篇论文中，论证了影响价格总水平变动的主要因素，提出了提高农产品收购价格，缩小“剪刀差”，提高原材料、燃料价格，提高职工工资这三项因素，都会导致价格总水平的上涨。并提出，“在今后的一个时期内，我国物价总水平是相对稳定而又有所上涨的趋势。认清这种趋势，并有计划地进行调整，即使物价在相对稳定的情况下有一些上涨，也没有什么可怕。问题在于，要做好整个国民经济综合平衡工作，物价上涨特别是消费品零售价格上涨时，要相应地提高工资，尽可能使工资的增长幅度超过物价的上涨幅度，以免降低职工生活水平”。

黄达[②]在1980年的一篇论文中认为，不合理的比价必须调整，包括工农业产品比价、原材料工业产品、加工工业产品的比价必须调整，这种调整，一般是调高的较多而调低的较少，因此，“只要价格调高的面和量大于价格调低的面和量，物价水平当然会因之提高，而且前者大于后者的状况只要短期不能改变，物价水平必然会出现不断提高的趋势”。“因而，对于基本稳定的物价方针我们是否需要区分为短期和长期来理解，作为短期的物价方针，那就是说在调整不合理的比价时，尽可能控制物价水平变动——主要是上升——的幅度，不使相邻年度之间有跳跃性的波动；作为一个长期的物价方针，则应理解为允许物价水平在有时有些调升和有时基本持平的交替过程中平稳地、小幅度地逐步提高。”

而张卓元[③]认为，我国在对原来不合理的价格体系进行结构性调整时，

① 胡昌暖：《谈谈剪刀差和价格总水平问题》，《经济研究》1979年第6期。

② 黄达：《试论物价的若干问题》，《中国社会科学》1980年第6期。

③ 张卓元：《改革时期控制物价总水平研究》，《经济体制改革》1985年第6期。

物价总水平在一定程度上出现上涨将是不可避免的。但是，这又与有意识地在价格改革时搞通货膨胀是不同的，也并不意味着物价总水平的普遍上涨。因为这种选择必须有一个根本的前提条件，就是在价格改革中要严格控制社会的总需求量和货币供应量，保证社会的总需求和总供给基本平衡，保证货币流通量的增长同经济的增长基本相适应，而不能过分地超过经济增长的需要。

2. 20世纪90年代的讨论

在改革开放的实践中，人们逐步认识到了，在改革开放的一定阶段上，价格总水平的一定幅度的上涨是不可避免的。因此，价格总水平的调控目标必须适应改革开放的新形势的要求，不能以不变的观念去对待价格总水平的变动。

从20世纪80年代中期开始，人们对通货膨胀的成因有了更多的认识。有学者认为，中国经济正处于计划经济向社会主义市场经济的体制转轨时期，由于国有企业经营机制的不规范和新的宏观调控体系的不健全，极易出现通货膨胀。有的学者还提出了一个“银行信贷倒逼机制”理论，认为由于国有企业和地方政府的扩大生产和加快经济增长的压力，使各级银行自下而上层层倒逼，致使全社会信贷扩张，从而导致了通货膨胀。还有学者从开放经济的角度论述国际市场价格对国内市场价格的冲击和传导作用。更多的学者认为，中国在改革中出现的通货膨胀，既有体制方面的因素，也有结构调整方面的因素，更有货币供给方面的因素，不能简单地用一般经济学理论加以说明，必须结合中国实际情况才有可能做出正确判断。

3. 1997～2002年期间关于通货紧缩的讨论

从1997年到2002年期间，我国在保持经济增长的同时，出现了价格总水平持续轻微下降的现象，经济学界把这一现象概括为通货紧缩。在关于通货紧缩产生的原因的讨论中，经济学界有“宏观主因论”、“微观主因论”及“中观主因论”等三种不同的观点。

一是“宏观主因论”，主要从宏观经济政策方面分析了通货紧缩的原因。这种观点认为：一方面，通货紧缩是1993～1996年这一时期抑制通货膨胀的代价，与政策调整作用和价格下降趋势的惯性有关；另一方面，宏观经济政策调整缓慢，没有及时根据形势变化进行调整。

二是“微观主因论”。持这种观点的人数较多，但各自所强调的内容与分析的角度又有所不同。吴敬琏[①]指出，一个国家经济状况的好坏并不都是像凯恩斯主义所认为的那样取决于需求是否充足，而是取决于“供给方面”是否具有活力，中国当前的通货紧缩主要是由于“供给方面”缺乏活力造成的。汪同三等[②]认为，通货紧缩的深层次矛盾必须从供给方查找，其根源在于长期以来实行的高积累政策以及由此对居民收入和消费所产生的抑制作用，是高积累政策所带来的积累与消费之间的矛盾长期积累的结果。在国有企业中，一方面，长期实行低工资政策；但另一方面，又低价向职工提供包括住房等各种福利。而随着改革的深化，低工资虽然没有从根本上改变，但政府向职工提供的公共福利却是越来越少。这实际上等于减少了职工的实际收入。而因为政府压低了国有企业职工收入和农民的收入水平，所以非国有企业可以相应地压低雇员的工资水平，这也是消费倾向偏低、消费需求不旺的原因之一。余永定[③]通过模型分析，强调中国的通货紧缩和企业的持续亏损相关（但也不排除其他因素）。企业亏损的后果不仅是企业负债率的不断上升，导致企业负债率过高，也意味着不良债权在不断增加。企业的亏损是造成金融不稳定的根本原因。易纲[④]强调根源在微观机制，中国通货紧缩的根源是制度与结构，是“赢了归自己，输了归银行（归财政）”的投资制度，尤其是国有企业的长期低效是导致目前宏观经济状态的根本原因。

三是“中观主因论”。这一观点由北京大学中国经济研究中心的陈平提出。他认为分析经济问题中观层次最重要。中国经济进入结构重大调整阶段之后，结构调整的瓶颈在于金融改革滞后，是金融改革滞后拖垮了国有企业。

4. 2004 年以来通货膨胀的讨论

我国在经历了 1997 ~ 2002 年的物价下降之后，迎来了物价缓和波动、温和上涨的新一轮通货膨胀周期。2003 ~ 2006 年，我国的居民消费价格指数上升幅度较小；而进入 2007 年下半年后物价上涨幅度明显加大，特别是食品价格的持续上涨。经济学界对于这一轮价格总水平上涨的结构性特征认识是比较一致的，但是对于导致这一轮比较明显的价格总水平上涨的主

① 吴敬琏：《激活供给方，采用“向供给方面倾斜”的政策治理通货紧缩》，《经济与信息》1999 年第 6 期。

② 汪同三、李涛：《中国通货紧缩的深层次原因》，《中国社会科学》2001 年第 6 期。

③ 余永定：《通货紧缩的根源在于企业亏损》，《经济研究参考》1999 年 A5 期。

④ 易纲：《治理通货紧缩与微观机制改革》，《经济研究参考》2000 年第 10 期。

要原因却存在着较大分歧。其中有两种观点影响较大：一是食品价格成因论，把价格总水平的上涨主要归因于食品类，特别是粮食和猪肉价格的上涨；二是国际输入成因论，把价格总水平的上涨主要归因于进口能源、原材料和部分食品价格的上涨。

（1）食品价格成因论。从价格指数变动的结构来看，2007年下半年以来出现的价格总水平上涨中，食品类价格特别是猪肉等副食品价格的大幅度上涨表现突出，对拉动CPI上涨起了较大的作用。但是，能不能由此就认为农产品价格上涨是本轮价格总水平明显上涨的主要原因还是有争论的。如果回顾我国改革开放以来出现的几次严重的通货膨胀，食品类价格上涨都是比较明显的。例如，1988年商品零售价格指数比1987年上涨18.5%，其中食品类价格上涨23%；1994年商品零售价格指数比1993年上涨21.7%，其中食品类价格上涨35.2%，食品类中粮食价格上涨48.7%。1994年城镇居民消费价格指数比1993年上涨25%，其中食品类价格上涨31.8%。这主要是由于在我国的居民消费价格指数或商品零售价格指数构成中，食品类占有较大权重，目前约为33%。这和我国城乡居民的消费支出结构是比较吻合的。由于食品类在居民消费价格指数构成中占有较大权重，所以，在价格总水平上涨过程中，食品类价格上涨幅度一般总是明显超过其他大类消费品和服务项目的价格上涨幅度的。只不过在不同时期，表现的程度有所不同而已。

（2）国际输入成因论。我国目前部分能源、原材料（如原油和铁矿石）、部分食品（如食用植物油），对国际市场的依赖程度已经非常强。因此，随着国际市场价格的上涨，国内市场的价格也会相应上涨。近些年来，国际市场上这些产品价格上涨的幅度确实是很大的，因此对我国的国内价格影响是很直观的。2007年以来，原油期货价格从每桶50多美元一度上涨到每桶140美元以上，目前稳定在每桶80美元左右；铁矿石价格在2005年、2006年、2007年分别上涨71.5%、19%和9.5%；农产品价格同时大幅度上涨，尤其是2010年的全球气候异常导致的粮食减产，更使国际市场粮食价格一路飙升。但是，我们也应当看到，国际市场能源、原材料价格上涨对于我们国内价格总水平的影响过程还是比较复杂的。

首先，我国的农产品产量从2004年以来一直保持了增长的趋势，粮食储备充足。考虑到我国进口的粮食在国内总消费量中的比重不大且比较稳定的事实，在国内粮食生产有所增长的背景下，国际市场粮食价格上涨对我们的价格水平的影响是很有限的。至于食用植物油，情况比较特殊。由于我国70%依赖进口，国际市场大豆和油脂价格上涨会直接导致国内相关产品价格上涨，和国际市场价格的联系比较紧密。

再看原油价格的影响。国际市场上原油价格的上涨确实是惊人的，我国为进口原油所付出的代价也是越来越大的。但是，在分析国际市场原油价格对国内市场价格总水平的影响时，需要考虑到，在我国目前的居民消费价格指数构成中，能源，特别是汽油、柴油的消费比重还比较小，因此，国际市场原油价格对我国居民消费价格的影响是比较弱的。

当然，随着我国经济对外开放程度的提高，国际市场价格变化以及主要贸易伙伴的国内价格总水平的变动对于我国的重要产品价格和价格总水平的变动的作用在逐步增强，2007年以来的价格总水平上涨确实具有一定的国际背景。它不仅包括能源原材料的价格上涨因素，还包括美国、欧洲等主要发达国家出现的通货膨胀因素。这些国际背景对于我国的价格总水平上涨具有一定的影响作用。

（3）供求失衡导致通货膨胀。从宏观经济理论来看，价格总水平的上涨，主要是由于总供求失衡，总需求增长持续超过总供给的增长推动的。有的时候，如果农产品或能源价格由于气候或环境因素、国际因素而突然大幅度上涨，确实会推动一个国家或地区的价格总水平相应地上涨。但是这种上涨是短期性的。如果在一个较长时期里，在农产品或能源价格上涨过程中，价格总水平相应地持续上涨，那么一定是伴随着总需求的持续膨胀。总之，价格总水平的持续上涨的最重要的因素应当是总供求的失衡。

从我国的情况来看，导致近期价格总水平上涨的因素虽然很多，但主要因素就是总需求的持续过快增长从而导致总供求的严重失衡。2003年以来，在经济持续快速增长的过程中，我国出现了所谓“三过”问题，即固定资产投资增长过快、货币供给增长过快和外贸顺差过大等。这些问题必然导致通货膨胀或价格总水平的持续上涨。

三　近年来对通货膨胀理论讨论的新进展和新特点

学术界在讨论2007年下半年开始的新一轮通货膨胀的成因时，形成了多种不同意见。部分学者认为，这轮通货膨胀是成本推动型的，原材料、燃料、动力购进价格等生产成本和劳动力成本上涨导致了通货膨胀；另一部分学者认为是需求拉动型的，经济的持续扩张、货币供应量的快速增长形成的固定资产投资过热和资产泡沫导致了通货膨胀；还有学者认为是结构型的通货膨胀，即国际粮食价格的大幅上涨传递到国内，同时国内猪肉、粮食等价格上涨，导致了食品价格上涨，进而引起了通货膨胀。在这些讨论中，我们发现了一些以前讨论通货膨胀时所没有出现过的新特点，主要表现在四个方面。

（一）重视用定量分析方法解析影响因素

在对本轮通货膨胀成因的分析中，国内学术界更多地采用了定量方法，用数据说明各种因素与通货膨胀之间的关系，使得对因素的解析比定性分析更具有说服力。总的来看，定量分析的方法还是能够在一定程度上说明通货膨胀的成因，并能据此提出更有意义的治理通胀对策。

在进行定量分析时，运用较多的是向量自回归（VAR）模型和贝叶斯向量自回归（BVAR）模型。例如，有学者运用这两个模型研究了名义汇率、国际市场价格波动、货币供应量和房地产价格对我国国内价格水平的影响（范志勇、向弟海，2006；陈彦斌等，2009；喻旭兰、李峰，2010）。他们通过计量研究发现：国内生产者价格的短期波动主要归因于进口价格冲击，而消费者价格的短期波动则主要是进口价格和货币供给冲击造成的。货币供应量波动是导致消费者价格波动的主要原因之一，而名义汇率则不是主要原因。但货币供应量不能预测通货膨胀，并且在短期内不能采用控制货币供应量的政策来治理通货膨胀。另外，运用VAR模型中的协整分析、格兰杰因果检验方法对我国房地产价格与通货膨胀的互动关系进行了实证检验。协整检验结果表明我国房地产价格与通货膨胀之间存在长期稳定的变动关系，且是相互同向变动的。从数值上看，通货膨胀每增加1%，房地产价格就增加3.55%；房价每增加1%，通货膨胀将上涨0.28%；格兰杰因果检验结果表明：在长期内房价与通货膨胀是互为格兰杰因果关系的。

另外一种常用的模型是四象限模型。例如，有学者运用四象限模型分析了房地产价格影响通货膨胀与产出的机制，得出房地产价格通过影响总需求对物价水平产生压力的结论。并在此基础上，综合运用相关性分析、协整检验、脉冲响应函数与方差分解等方法实证检验我国房地产价格与通货膨胀、产出的关系，得出在短期内房地产价格对通货膨胀与产出的影响十分有限、长期则对通货膨胀与产出产生重要的影响的结论（段忠东，2007）。

（二）重视国际市场冲击的作用

随着我国经济实力的不断增强和市场开放程度的不断提高，国际市场商品的价格波动对国内市场的影响也较以前更为明显。这一点，在国内学术界对通货膨胀成因的分析中也体现出来。通过这些分析我们可以看出，国际市场上大宗商品价格的波动将会直接影响到我国的物价总水平。因此在制定物价调控措施时，应更加密切关注国际大宗商品的价格变动情况。

部分学者从价格传导的角度分析了国际市场价格波动对我国价格总水平的影响。他们认为，全球粮食减产和粮食库存下降，导致国际市场粮食供需关系总体趋紧，并直接导致了国际农产品价格的大幅度上涨。而粮食价格上涨推动了食品价格走高，并通过饲料的传导作用推动肉类和奶类等食品价格上扬（陈彦斌，2008）。同时，国际能源价格猛涨，导致商品的生产成本增高；国际石油价格等其他能源价格和国际大宗商品价格的上涨通过进出口贸易传导到国内市场。我国较高的石油依存度必然导致国内石油类产品价格上涨，并传导到国内商品。

另有部分学者采用定量分析法，采用国际上比较权威的数据，对国际国内商品的价格联动关系做了相关性分析。比如，选用期货价格指数（CRB 指数）、居民消费价格指数、名义有效汇率指数、GDP 增长率等数据，采用 BVAR 模型对国际大宗商品价格变动与我国通货膨胀的关系进行定量分析（肖争艳等，2009）。通过分析得出以下结论：国际价格因素对国内价格影响存在滞后性，国际石油价格、国际粮食价格在短期内会对我国的 CPI 产生影响，而国际工业原材料价格在中短期内都会对我国 CPI 产生显著影响。又如，采用国际石油价格和人民币名义有效汇率数据，构建 VAR 模型，分析外部冲击对我国国内物价水平及其分类价格指数的传递效应（中国人民银行营业管理部课题组，2009）。分析结果表明，相比人民币名义有效汇率，国际石油价格冲击对我国进口价格指数、生产价格指数和消费价格指数的传递率更高，影响更大；我国消费价格指数的上扬较多的是受到上游价格链冲击、需求冲击、货币政策冲击和供给冲击的影响，人民币升值的抑制通胀效应较弱。

（三）重视资产市场对通货膨胀的影响

近几年来，由于我国资产市场发展势头良好，投资品种日益丰富，居民参与资产投资的程度不断深入，资产价格的变动对物价水平的影响也在不断增强。因此，资产价格波动是否会影响通货膨胀率就成为人们十分关心的问题。研究表明，资产价格对通货膨胀是有影响的，但不同的资产影响差异较大。学术界对此也有不同意见。

有学者认为，虽然资产价格在理论上能够影响货币政策，但由于资产价格决定因素不确定，并且我国目前缺乏相应的调控手段，所以不应将资产价格纳入货币政策目标（郭田勇，2006）。也有学者通过对股票、汇率、房地产价格以及其他影响通货膨胀的因素与居民消费价格的关系进行实证分析，认为我国的资产价格能够对将来的居民消费价格产生影响，尤其是房地产价格和汇率两个指标对通货膨胀的影响十分显著，因此我国货币当局应该关注资产价格波动，并将资产价格作为监测通货膨胀的重要指标之一（王虎等，2008；戴国强、张建华，2009）。

（四）重视对通货膨胀预期的分析

当前，不论是政府机构还是学术界，都十分提倡加强通胀预期管理。加强通胀预期管理，原则上是对经济发展有利的，能够在一定程度上有利于管理通货膨胀。但是，经济实践表明，过度的通胀预期又是导致通胀的一个重要因素。因为一旦消费者和投资者形成强烈的通胀预期，就会改变其消费和投资行为，从而加剧通胀，并可能造成通胀螺旋式上升。部分学者认为，通胀预期过度会造成一系列的负面影响，比如冲击资本市场、扰乱民心、导致“预期通胀”等等（贺铿，2010）。而管理好通胀预期应该在三个方面下工夫：一是改善收入分配结构；二是切实保护农产品价格，加大财政扶持力度；三是进一步加大社会保障力度。

（五）提出改革衡量通货膨胀指标的建议

一般来说，学术界衡量通货膨胀的重要指标有两个，分别是居民消费价格指数（CPI）和 GDP 平减指数。但是，随着经济的不断发展，用这两个指标作为衡量通货膨胀的核心指数所存在的弊端也逐步显现出来。比如：CPI 没有全面包含影响通货膨胀的各种因素，因为它只考虑了居民当期购买的商品价格变动，并没有考虑居民未来将要购买的商品价格的变动，就不能很好地反映通货膨胀的未来走势；我国的 CPI 一直是按照城镇和农村分类编制的，但是随着城镇居民之间收入差别的扩大，不同收入水平的居民群体对价格总水平的变动（主要是价格上涨）的感受是有所不同的，特别是城镇低收入居民群体对价格上涨比较敏感，因此 CPI 无法更好地反映通货膨胀对不同居民的影响。为此，近几年有学者提出改革衡量通货膨胀指标的建议。比如，对 CPI 进行一定的修正，包括利用滞后 12 个月的原材料购进价格指数和滞后 12 个月的工业品出厂价格指数作为其先行指标，使得现有的单一衡量指标扩充成含有先行指标、同步指标的指标体系；使用资产价格对核心通货膨胀指标进行修正，形成新的价格指数，并由此解决传统的 CPI 由于缺乏对未来商品价格变化的预测而产生的可靠性下降的问题（汪恒，2007；楚文慧、孙宁华，2009）。

四 防止通货膨胀的政策建议

面对可能出现通货膨胀的风险，国内学者对此提出了不少建议。部分学者认为，未来一段时期内中国应该采取“宽财政、紧货币”的政策。因为广义货币占国内生产总值的比重已高达 170%，从长远看这将对中国经济的稳定性构成巨大压力。因此，需要用货币政策工具控制贷款速度，收回银行体系过多流动性，避免出现通货膨胀。还有部分学者认为，目前的通胀风险主要受国内食品价格和国际大宗商品输入价格提升的影响，并且由于国内需求增加和粮食减产，导致 2010 年全年物价上升在 5% 左右。但他们主张政府不要加息，因为 2011 年世界经济可能再度探底；而是采取财政手段，安排好在通胀率较高时期对中低收入人口的财政补贴方案。宏观调控的主线，不应以反通胀和反过剩为主而采取紧缩方针，而是仍应以“管理好萧条预期”为主。

我们认为，目前可能导致我国通货膨胀的原因主要有以下几个方面。一是固定资产投资增长过快。虽然中央政府采取了多方面措施控制固定资产投资过快增长的势头，但是最近几年的增长速度依然保持在 20% 以上。投资的持续高速增长，拉动了能源、原材料等产品价格持续上涨，也导致了国民收入中投资和消费比例的严重失衡。二是货币供给增长，但其影响通货膨胀存在着一定的时滞。为了应对国际金融危机，我国的信贷投放量明显增加，且增速大大超过了同期的经济增长速度。这也许对价格总水平的上涨起到了决定性的作用。三是外贸顺差过大。这是我国经济内外不平衡的重要表现。2009 年在国际金融危机的影响下，进出口顺差余额增速下降，但顺差依然高达 1960.7 亿美元。净出口的快速增长，也对外汇储备增长和国内价格总水平的上涨起到了重要的作用。四是国内消费需求有较快的增长。这一方面说明消费需求对经济的拉动作用在增强，有利于缓解消费率下降的问题；但另一方面，我们也可以清楚地看到，在固定资产投资增长居高不下的情况下，消费需求的快速增长，必然会导致投资和消费的双膨胀，而这是导致通货膨胀的重要根源。

首先，控制通货膨胀的主要手段应主要是货币政策。在各种可用的货币政策手段中，最有效的当属利率调整。在价格总水平上涨幅度较大的情况下，如果不能保持实际利率为正，那就必然会鼓励企业和个人过度贷款，包括个人住房抵押贷款和汽车贷款，导致贷款规模难以控制。近年来居民个人房贷增加过快，住房需求过旺，与利率水平偏低有着比较密切的关系。提高贷款利率，增加了资金使用者的成本，可以对贷款使用者形成有效的自主约束；同时利率收缩调控应当重视提高存款利率，增加了银行的融资成本，可对银行融资扩张产生抑制效应。当然，在调整利率时，既要考虑国内市场的需要，也必须考虑国际市场的约束，审慎决策，相机出台。

其次，建立健全中央和地方两级价格调节基金制度和必要的商品物资的储备制度，增强国家对市场价格的宏观调控能力。不断完善粮食风险基金、副食品价格调节基金等经济手段，逐步建立中央价格调节基金，由中央统一管理，用来平抑各种突发性涨价。同时，加强重要商品物资的储备制度，调节供求，平抑市场价格，充分发挥价格信号在资源配置中的导向作用。

再次，改善收入分配结构，抑制资产价格泡沫。调节政府与居民的收入分配，调整投资与分配的比例关系，促进劳动力价格的合理提升，建立劳动报酬提升经济增长水平和经济效益提高而相协调的机制，特别是要严格监审垄断行业的收入水平，缩小劳动报酬分配中的差距，构建公平合理的收入分配机制。

最后，抑制房地产价格的过快增长，深入研究房地产价格在货币政策中的传导作用。房价的大幅上涨，必然会导致通货膨胀的加剧。理顺货币政策的房地产价格传导渠道、实现货币政策和房地产市场的良性互动，有利于达到保持物价稳定的目标。

参考文献

[1] 陈彦斌、唐诗磊、李杜：《货币供应量能预测中国通货膨胀吗?》，《经济理论与经济管理》2009 年第 2 期。

[2] 陈彦斌：《中国当前通货膨胀形成原因经验研究：2003～2007年》，《经济理论与经济管理》2008年第2期。

[3] 楚文慧、孙宁华：《通货膨胀衡量指标的实证研究与改进》，《全国商情（经济理论研究）》2009年第19期。

[4] 戴国强、张建华：《我国资产价格与通货膨胀的关系研究——基于ARDL的技术分析》，《国际金融研究》2009年第11期。

[5] 段忠东：《房地产价格与通货膨胀、产出的关系——理论分析与基于中国数据的实证检验》，《数量经济技术经济研究》2007年第12期。

[6] 范志勇、向弟海：《汇率和国际市场价格冲击对国内价格波动的影响》，《金融研究》2006年第2期。

[7] 范志勇：《成本推动型通货膨胀的含义、甄别和反通货膨胀政策：一个文献研究》，《世界经济》2010年第1期。

[8] 郭田勇：《资产价格、通货膨胀与中国货币政策体系完善》，《金融研究》2006年第10期。

[9] 国家统计局课题组：《我国现阶段通货膨胀可容忍区间探讨》，《统计研究》2005年第5期。

[10] 贺铿：《关于通货膨胀预期的问题》，《求是》2010年第3期。

[11] 胡昌暖：《谈谈剪刀差和价格总水平问题》，《经济研究》1979年第6期。

[12] 黄达：《试论物价的若干问题》，《中国社会科学》1980年第6期。

[13] 黄宪慧、韩海波：《中国的通货膨胀与经济增长：基于因果关系的检验》，《全国商情（经济理论研究）》2006年第1期。

[14] 李稻葵：《未来应“宽财政，紧货币”》，《商周刊》2010年第9期。

[15] 刘扬：《中国物价波动与通货膨胀研究》，中国财政经济出版社，1998。

[16] 潘建成、唐诗磊：《我国最近一轮通货膨胀原因分析》，《中国统计》2010年第4期。

[17] 汪恒：《资产价格对核心通货膨胀指数的修正》，《数量经济技术经济研究》2007年第2期。

[18] 汪祥春：《价格机制与宏观调控》，东北财经大学出版社，1998。

[19] 王虎、王宇伟、范从来：《股票价格具有货币政策指示器功能吗——来自中国1997～2006年的经验证据》，《金融研究》2008年第6期。

[20] 王积业：《新发展阶段中经济增长与通货膨胀的组合格局》，《宏观经济研究》1997年第9期。

[21] 王建：《2010年我国宏观调控中的问题和着力点》，《税务研究》2010年第1期。

[22] 王素珍：《关于货币本质及货币政策目标问题的讨论》，中国金融出版社，2000。

[23] 王智勇：《中国的经济增长与通货膨胀：1981～2003》，《山东社会科学》2008年第1期。

[24] 温桂芳：《防止结构性涨价变成明显的通货膨胀需要综合治理》，《价格理论与实践》2008年第2期。

[25] 温桂芳：《关于治理通货膨胀的几个问题》，《财贸经济》1994年第6期。

[26] 肖争艳、安德燕、易娅莉：《国际大宗商品价格会影响我国CPI吗——基于BVAR模型的分析》，《经济理论与经济管理》2009年第8期。

[27] 许涤新主编《政治经济学辞典》（上），人民出版社，1980。

[28] 许光建：《改革中的通货膨胀理论》，《中国物价》1998年第12期。

[29] 许光建：《我国近期通货膨胀的特点、成因和治理》，《中国国情国力》2008年第5期。

[30] 喻旭兰、李峰：《房地产价格与通货膨胀互动机制的实证研究》，《价格理论与实践》2010年第1期。

[31] 袁钢明、李稻葵：《过热边缘的宏观经济运行和调控》，《价格理论与实践》2006年第7期。

[32] 张卓元：《改革时期控制物价总水平研究》，《经济体制改革》1985年第6期。

[33] 中国经济增长与宏观稳定课题组：《外部冲击与中国的通货膨胀》，《经济研究》2008年第5期。

[34] 中国人民银行营业管理部课题组：《外部冲击与我国物价水平的决定——基于结构VAR模型的分析》，《财经研究》2009年第8期。

[35] 钟朋荣：《中国通货膨胀研究》，江西人民出版社，1990。

期货市场与现货市场价格关系研究

常 清*

内容摘要 在成熟的市场经济运作中，期现货市场是一个整体的市场，期货定价、现货物流，二者有机作用，但中国期货市场在发展初期由于法律法规、交易制度的不完善，经常是期货一个价格，现货一个价格，二者走势完全不同。经过20世纪90年代的治理整顿之后，2001年，我国期货市场进入了快速发展时期，期货定价功能逐步显现，期现货市场基本实现了完美结合。本文运用实证分析方法，研究不同历史阶段我国期货市场和现货市场之间的价格关系。

关键词 期货市场 现货市场 价格关系

从历史发展的逻辑来看，期货市场是由现货市场衍生而来，是市场经济发展到一定历史阶段的产物。在成熟的市场经济运作中，期现货市场是一个整体的市场，期货定价、现货物流，二者有机作用，使市场机制得以正常运行。我国期货市场是在计划经济向市场经济转轨时期由政府直接组建的，由于初期法律法规、交易制度的不完善，以及投资者的认识存在不足，使得期货市场的功能得不到很好的发挥，经常是期货一个价格，现货一个价格，二者走势完全不同。经过20世纪90年代的治理整顿之后，2001年开始，我国开始重视期货市场在国民经济发展中的作用，期货市场功能逐步发挥，期现货市场的联动性逐渐增强，一些成熟的品种已经实现了期货定价、现货物流的完美结合。本文将通过实证分析的方法，研究不

* 常清，管理学博士，中国农业大学经济管理学院教授，博士研究生导师，中国农业大学期货与金融衍生品研究中心主任。

同历史阶段我国期货市场和现货市场之间的价格关系。

一　问题的提出

制度经济学认为，期货交易作为一种特殊的交易形式，相对于现货交易、远期合约交易是制度创新的产物①。而从历史发展的逻辑来看，期货交易则是市场经济发展到一定历史阶段的产物，它的形成经历了从现货交易到远期交易，最后到期货交易的复杂的演变过程，是人们在贸易过程中不断追求交易效率、降低交易成本的结果，是市场经济的高级组织形式。在现代发达的市场经济体系中，期货市场作为重要的组成部分，与现货市场、远期市场共同构成既有分工又密切联系的多层次的有机整体。

一般来说，正常的期货市场发展轨迹，要经历“现货市场—远期合约—标准化合约”的发展过程，而对于我国来说，期货市场的产生路径则完全不同，我国期货市场是在计划经济向市场经济转轨时期，由政府直接组建的。具体而言，这种建立过程从宏观政策角度出发先形成市场，而后通过政府主体的指导，由市场创造微观的交易个体，属于一种自上而下的产生方式。这种发展方式具有明显的后发优势，可以利用历史经验或成果实现跨越式发展，但这种方式也有一些劣势甚至可以说是先天不足之处。比如在发展的早期，市场规模虽然迅速扩大，但却没有完善的交易规则和交割制度等法律法规相配套，加之不是由现货贸易自发产生，广大现货商普遍对其认识不足，套期保值参与程度不够，导致期货市场发展初期频频发生逼仓等恶性事件，期货市场和现货市场长期处于分割状态，经常是期货一个价格，现货一个价格，二者走势完全不同，期货价格完全脱离现货实际的供求状况，使得期货市场失去了其最基本的功能，沦为纯粹的投机场所。

经过20世纪90年代的治理整顿之后，自2001年起，我国已经开始重视期货市场在国民经济发展中的作用。随后，中国加入世贸组织，国际国内联系日益紧密，尤其是期货市场也迎来了飞速发展时期。近年来，期货市场交易量迅猛增加，2009年全年我国期货市场成交额高达130万亿元，已经成为世界第一大商品期货市场。另外，广大投资者和现货企业对期货市场的认识不断深入，参与套期保值的企业不断增加，而期货市场的相关法律法规也在逐渐完善，期货市场运行逐渐规范，自从2005年之后就没再

---

① 欧阳日辉：《中国期货市场发展的制度分析》，重庆出版社，2006。

发生过大的风险，广大现货企业的积极参与以及法律法规的不断完善，使得期现市场的联系越来越紧密。

从目前的情况来看，我国有色金属市场已经基本和国外接轨，即期货市场和现货市场不再是两个分割的市场，而是合二为一，成为一个整体，现货市场的报价是在期货市场上海期货盘现货月价格的基础上作价，结合当天现货市场的货源情况定升、贴水，真正实现了期货定价、现货物流二者的完美结合。而我国的农产品市场，则不同品种情况各有不同，有的品种基本上实现了期现合一，比如大豆市场，虽然现货价没有完全按照期货价加升贴水来定价，但是期货价已经是大家公认的一个基准价，在确定现货价格时，现货商均会以这个期货基准价作为参考，不会偏离太多。

总体说来，在近 20 年的发展过程中，我国期货市场的发展经历了从初期的期现市场完全分割到目前的期现市场基本实现完美结合的质的飞跃。为了对期货市场的发展轨迹作进一步分析，本文将采用实证分析的方法，研究不同历史阶段我国期货市场和现货市场之间的价格关系。

二　期现货市场价格关系回顾

（一）不同历史阶段期现货市场价格关系

根据我国期现货市场的价格关系，期货市场的发展大概可以分为两个阶段：第一阶段（1990～2000 年），这一阶段是我国期货市场的发展初期，相关的法律法规不完善，以及投资者对期货市场的认识存在偏差，导致这一时期期现货市场完全脱离，期货市场的基本功能得不到发挥，沦为纯粹的投机场所；第二阶段（2001 年至今），这一阶段是我国期货市场飞速发展时期，相关法律法规不断完善，广大现货商积极参与套期保值，投资者对期货市场的认识也有了质的飞跃，使得期货市场的价格发现功能得到了很好的发挥，期现货市场逐渐合二为一，期货定价、现货物流二者实现了完美的结合。

1. 第一阶段（1990～2000 年）

在这一阶段，由于相关的法律法规以及合约规则设计不完善，导致期现价格经常发生偏离，经常是期货一个价格，现货一个价格，二者走势完全不同。举例来说，在期货市场上，实物交割制度是促使期货价格和现货价格趋向一致的制度保证。当由于过分投机，发生期货价格严重偏离现货价格时，交易者就会在期货、现货两个市场间进行套利交易。当期货价格过高而现货价格过低时，交易者在期货市场上卖出期货合约，在现货市场上买进商品。这样，现货需求增多，现货价格上升，期货合约供给增多，期货价格下降，期现价差缩小。当期货价格过低而现货价格过高时，交易者在期货市场上买进期货合约，在现货市场卖出商品。这样，期货需求增多，期货价格上升，现货供给增多，现货价格下降，使期现价差趋于正常。因此，只有通过实物交割，期货、现货两个市场才得以实现相互联动，期货价格最终与现货价格趋于一致，使期货市场真正发挥价格晴雨表的作用。

但是，我国在期货市场发展的初期，却一度因为交易所对于实物交割的限制，导致期货价格经常大起大落，完全脱离了现货基本面的情况，有时即使到期交割，其期货合约最后的交割价与现货价也经常发生较大的误差。

案例1　大豆期货交割期现价格大幅偏离

以1995~2000年大商所大豆交割价与黑龙江粮油批发市场发布的大豆现货价比较（当时黑龙江至大连铁路运输等费用每吨为160元左右），9509合约开始的共31次交割中（其中9511合约无交割），交割价高于现货价250元以上的有8次，大商所交割价比黑龙江现货价还低的有6次，如果不考虑其他方面的偏差，仅这两项就达14次，有近一半的交割期现货价格出现了较大的偏差（见表1）。

表1　1994~2000年大豆期货合约交割结算价及黑龙江粮油批发市场大豆现货价格比较

单位：元/吨

合约名称					9509	9511
交割结算价					2985	无交割
现货价格					2300	2450
合约名称	9601	9603	9605	9607	9609	9611
交割结算价	2963	3024	3043	3305	3583	3065
现货价格	2650	2800	2850	3100	3100	3000
合约名称	9701	9703	9705	9707	9709	9711
交割结算价	2889	3031	3159	3068	3127	3139
现货价格	3100	3100	3050	3050	3200	2780

续表 1

合约名称	9801	9803	9805	9807	9809	9811
交割结算价	2658	2589	2344	2463	2750	2751
现货价格	2780	2750	2450	2300	2400	2200
合约名称	9901	9903	9905	9907	9909	9911
交割结算价	2000	5014	1936	1802	2081	1938
现货价格	1854	1830	1805	1800	1920	1840
合约名称	2001	2003	2005	2007	2009	2011
交割结算价	1947	2186	2260	2210	2492	2296
现货价格	1840	2140	2250	2100	2120	1800

资料来源：国家粮油信息中心，大连商品交易所。

案例 2　红小豆期货逼仓事件

除了大豆期货交割时期现价差过大外，历史上著名的红小豆事件，就是由于交割规则的不适当限制以及合约对应标的物选取的不合理所造成的。

第一时期：1995 年 6 月 ~1996 年 1 月苏州红期货

苏州商品交易所于 1995 年 6 月 1 日正式推出红小豆期货合约的交易，其交易标的物为二等红小豆。由于红小豆现货市场低迷，苏州红 1995 系列合约一上市就面临巨大实盘压力，仓库库存一直持续增加，致使期价连创新低，9511 曾创下 1640 元/吨的低价。期价的偏低和 1995 年红小豆减产等利多消息促使很多资金入市抄底，随着 1996 年诸合约的陆续上市，多头主力利用交易所交割条款的缺陷和持仓头寸的限制，利用利多消息的支持，蓄意在 1996 年系列合约上逼空。9602 合约期价于 10 月中旬以 3380 元/吨启动后至 11 月 9 日价格涨至 4155 元/吨的高位，随后回落整理，进入 12 月再入暴涨阶段。12 月 15 日，苏交所通知严禁陈豆、新豆掺杂交割，19 日公布库存只有 5450 吨。多头借机疯狂炒作，在近一个月的时间里价格从 3690 元/吨涨至 5325 元/吨。空头主力损失惨重，同时拉爆了很多套期者。

第二时期：1996 年 2 月 ~1997 年 10 月天津红期货

苏州红小豆事件发生后，原来囤积在苏交所交割仓库的红小豆源源不断地涌入天津市场。天联所为防范风险，规定最大交割量为 6 万吨。多头遂集中资金优势，统一调配，通过分仓以对敲、移仓、超量持仓等手段操纵市场，使得 1996 年各合约呈连续的多逼空态势，最终酿成了 9609 事件。

从上面的例子可以看出，之所以接连发生多逼空事件，究其原因，是由于当时办理仓单非常困难，且由于最大交割量的限制，很多现货商很难将红小豆现货注册成期货仓单而进入期货仓库，期现货市场失去了实物交割这一重要的纽带，期现价格背离也就不足为奇了。另外，交易标的物的设置不甚合理，也是造成多逼空的重要原因，苏州红的交易标的物偏低，而天津红小豆期货合约的交易标的物为符合日本东京谷物交易所替代要求的优质的天津红小豆。由于天津红的品质要求太高，产量也不是很大，其价格很难反映整个市场的红小豆的供需关系，特别是普通红小豆的供求关系。相当数量的普通红小豆生产加工和流通企业由于天津红合约的局限而难以进入市场保值。

总体上来说，在我国期货市场发展初期，期现货二者联系的纽带被破坏，以及法律法规的不完善，导致我国期货市场和现货市场失去了联动性，期现价格走势背离成为了一种常态，期货市场和现货市场呈一种分割状态，期现两价在当时成为了一个常态。

2. 第二阶段（2001 年至今）

经过 20 世纪 90 年代中后期的治理整顿之后，2001 年 3 月 5 日，九届全国人大四次会议在京开幕，“稳步发展期货市场”被写入“十五”计划纲要，这表明我国已经开始重视期货市场在国民经济发展中的作用。随后，中国加入世贸组织，国际国内联系日益紧密，尤其是期货市场也迎来了飞速发展时期。近年来，期货市场交易量迅猛增加，2009 年全年我国期货市场成交额高达 130 万亿元（见图 1），已经成为世界第一大商品期货市场。

近几年来，广大投资者和现货企业对期货市场的认识不断深入，参与套期保值的企业不断增加，据统计，2002 年大豆投资客户仅为 2.4 万户，2008 年已经达到 18 万户。其中，以现货企业为主的法人客户由 902 户增加到 2658 户，虽然这些法人客户所占的比例不足 1.5%，但这些客户的交易量却占了 10% ~20%，持仓量占 50% 左右。另外，根据大连商品交易所 2008 年的一项调查显示，东北大豆主产区农民关注期货市场的程度已经达到 58.24%，9% 的农民已经根据期货市场价格来选择种植品种，40% 的农民在售粮期间对期货市场价格进行不同程度的参考①。而铜期货市场则有更多的现货企业参与其中，目前全国已经有 90% 的现货企业不同程度地参

① 刘兴强：《期货市场在大豆产业发展中的作用》，2009 年 8 月 17 日第 1 版《期货日报》。

与到铜期货市场上来，利用期货市场进行风险管理已经成为有色行业的共识。而期货市场的相关法律法规也在逐渐完善，期货市场运行逐渐规范，自从2005年之后就没再发生过大的风险，广大现货企业的积极参与以及法律法规的不断完善，使得期货市场的价格发现功能得以逐步发挥，期现市场的联系越来越紧密。

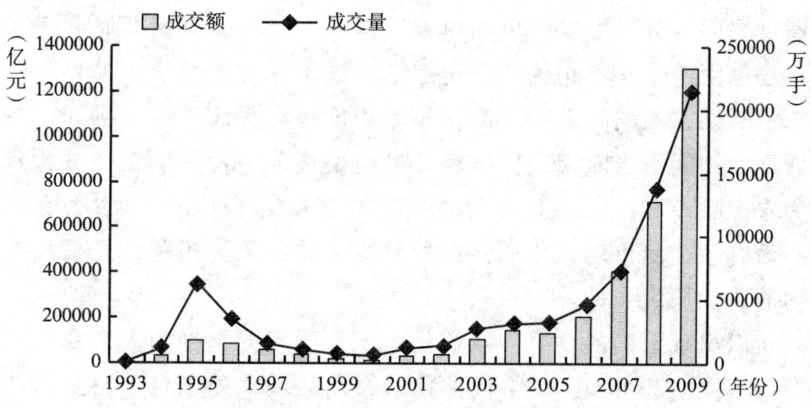

图1　1993～2009年我国期货市场年成交量与成交额

资料来源：中国期货业协会。

一般来说，因为成熟的期货市场具有集中交易、公平竞价、信息公开、有序竞争的特征，是现实生活中最为接近完全竞争市场的，其形成的价格具有权威性，更能真实地反映现在和未来商品价格的变动，能够为各方所普遍接受，所以期货交易所形成的价格变成了现货流通的基准价。现货流通只是一个物流系统，因产地、质量有别，在交易现货时双方需要谈一个对期货价的升贴水，即：交易价 = 期货价 + 升贴水。通常所说的期货市场和现货市场只是一个学术研究时区分的概念，在实际运作中，二者是一个整体的市场，期货定价、现货物流，二者有机作用，使市场机制得以正常运行①。

比如，对于大宗农产品来说，通常以美国芝加哥商品交易所各品种的期货价格作为基础价格；而大宗有色金属价格则通常以伦敦金属交易所的有色金属期货价格作为基准；在国际石油贸易中，常常利用英国国际石油交易所和伦敦商业交易所的原油期货价格作为现货市场的基准价。

① 常清：《中国期货市场发展的战略研究》，经济科学出版社，2001。

而我国的期货市场经过近年来的飞速发展，加之加入世贸组织之后，国内外联动性不断增强，期货市场逐渐变得成熟，其应有的价格发现功能也得以逐步发挥，基本实现了期货定价、现货物流，二者实现了完美的结合。

（二）不同品种间期现货市场价格关系比较

通过上面的分析可以看出，随着我国期货市场的不断发展和完善，期现货市场也由两个毫不相关的市场逐渐实现了完美的结合。另外，即使在同一历史时期，不同的品种其运作规范程度也有很大不同。例如，在期货市场发展的初期，当时期现价格经常发生偏离，期货价格频频被恶意操纵的多为农产品市场，比如上面案例中提到的大豆、红小豆，以及豆粕、籼米等。而有色金属市场，比如铜期货，则运作的较为规范，几乎没有发生过人为的恶意操纵事件。

之所以出现上面的情况，主要是由于我国不同类别的大宗商品对外依存度有所不同。20 世纪 90 年代，我国农产品基本处于自给自足状态，还有很多用于出口。比如红小豆，中国当时是世界上红小豆种植面积最大、产量最大的国家，年产量一般为 30 万 ~ 40 万吨，相当一部分出口到日本、韩国和东南亚各国。而我国大豆在 1996 年以前一直都是处于净出口状态，1996 ~ 1999 年虽然开始转变为净进口国，但是进口量占消费量的比例一直不高（见图 2），和国外市场的关联程度不大，价格基本上由国内的供求状况决定，几乎不受国外市场的影响或者影响程度较小。

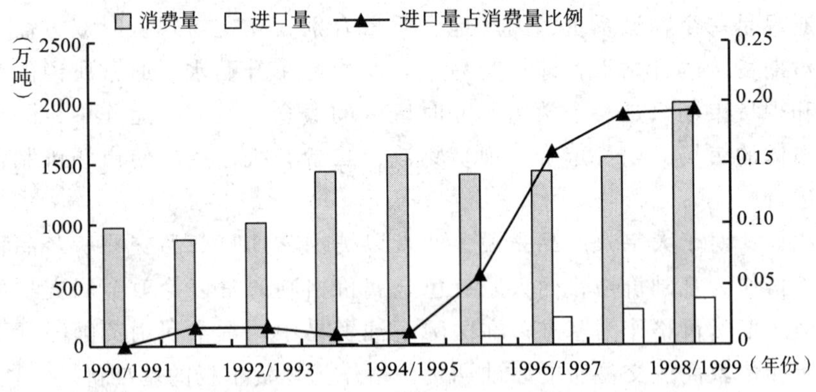

图 2　1990 ~ 1999 年我国大豆消费量与进口量

资料来源：USDA。

而当时国内农产品现货市场并不是很发达，广大农民多为分散经营，农业企业规模也并不是很大，对期货市场的了解非常少，参与套期保值的几乎没有。举例来说，若按1993～2000年8年统计，以美国芝加哥期货交易所的大豆期货作为对比，美国大豆交易量总共为9932.7万手，约13517.56百万吨，同期大豆产量为539.55百万吨，美国大豆期货交易量是其产量的25.05倍；而我国同期大商所大豆期货交易量为16592.02万手，约1659.2百万吨，大豆产量为116.26百万吨，我国大豆期货交易量仅为大豆产量的14.27倍，明显低于美国（见表2、表3）。这说明，我国相当一部分经营大豆的农民和企业并未参与到期货套期保值的业务中来。在缺乏套期保值者参与的背景下，农产品期货市场投机者过多，加之期货交易交割规则并不完善，期货与现货市场的联系十分松散，因此导致恶性逼仓等操纵事件频频发生，农产品期货市场和现货市场几乎是两个分割的市场。

表2　1993～2000年美国和中国大豆产量对比

单位：百万吨

年　份	1993	1994	1995	1996	1997	1998	1999	2000
美国	50.92	68.5	59.24	64.84	73.55	75.19	71.93	75.38
中国	15.32	16.01	13.51	13.23	14.74	13.76	14.29	15.4

资料来源：联合国粮农组织。

表3　1993～2000年CBOT和DCE大豆期货交易量对比

单位：万手

年　份	1993	1994	1995	1996	1997	1998	1999	2000
美国	1164.9	1074.9	1061.2	1423.6	1454	1243.1	1248.2	1262.8
中国	116.39	740.18	793.43	2323.53	3505.18	2679.36	3034.15	3381.8

资料来源：CBOT、DCE。

但是，相对于农产品来说，我国的有色金属市场则大不相同。由于我国经济发展是由我国的工业化进程所推动，第二产业所占的比重非常大，尤其是1993年之后重工业呈现快速增长势头，工业增长明显转向以重工业为主导的格局。而随着工业化进程的不断深入，必然要消耗大量的资源，尤其是基础能源和有色金属，1993～2000年我国铜、铅和锌的消费量年均增长率分别高达10%、12%和10%（见图3）。

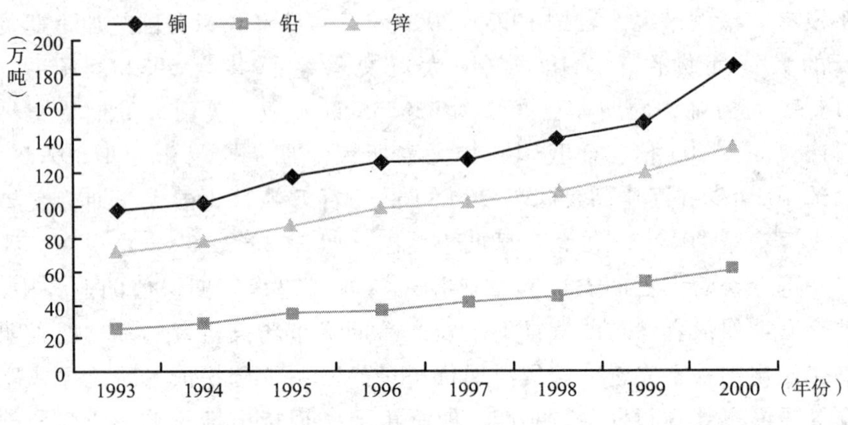

图3　1993～2000年我国铜、铅、锌消费量

资料来源：Brook Hunt。

但是，我国有色金属矿产资源的基本状况是铜资源严重不足，铅锌保证程度不高，铝资源数量不多、质量不好，钨、锡、锌资源过度开采，因此，我国约62%的铜、44%的铝、30%的铅和15%的锌是依靠进口生产的，这就导致我国有色金属市场对外依存度非常高。众所周知，我国的铜期货市场从产生之日起就一直被人们冠以“影子市场”的称号，这是因为我国的铜资源需要大量依赖进口，而定价权却一直被伦敦金属交易所掌控，我国没有丝毫的话语权，只能被动接受国外的价格。国际国内的铜价联动性非常强，国内铜价受国际价格的影响非常大，因此，国内铜期货市场的价格基本上是跟随伦敦金属交易所铜期货的价格走的，国内投机者根本无法操纵。因为伦敦金属交易所已经发展得非常成熟，是全世界有色金属现货的定价中心，所以国内的有色金属期货市场价格对现货市场价格的引导能力也大大高于其他类的大宗商品期货，期现价格的联动性相对来说也要高很多。

三　实证分析

为了对这一现象进行进一步的说明，下面我们利用实证分析的方法，对期货价格和现货价格的联动性进行对比研究。中国期货市场在十几年的发展历程中，曾经上市交易过的期货品种很多，考虑到现实的针对性以及数据的可获得性，本文的研究分别从工业品和农产品中选取了铜和大豆来作为对比分析的对象。研究的主要内容为：①通过纵向比较，分析同一品种不同时期期现价格关系的变化；②通过横向比较，分析不同品种同一时期期现价格关系的差异。

目前来看，研究期货价格和现货价格关系的主体研究方法主要涉及期现价格的三个方面，这三个方面层层深入，分别是期货价格与现货价格的相关性、期货市场的有效性以及期货价格与现货价格的相互引导性。本文也将从上述三个方面来进行实证研究，分析期货价格与现货价格的关系，研究方法则选择了相关系数法、风险溢价理论以及信息共享模型作为本文的主体分析方法。

（1）相关系数法。研究期货市场与现货市场价格之间的相关关系，与研究期货市场价格有效性之间有密切的联系，价格发现功能作为期货市场的一个主要功能，其发挥情况直接影响整个期货市场效率的高低。而研究期货价格和现货价格之间的相关关系，是研究期货市场价格发现功能发挥情况最主要的前提条件，因此，研究期货价格与现货价格的相关性是研究期货市场效率的基础。期货价格与现货价格之间的相关性可用相关系数法进行检验，相关系数反映了期货价格与现货价格之间线性联系的密切程度，相关系数越高，表明两者之间的关系越紧密，相关性越好。

（2）期货市场的有效性。期货市场的有效性是评价一个期货市场能否充分发挥其最基本的价格发现功能的重要标志，主要是检验期货价格与现货价格之间是否具有协整关系。它可以分为以下三个步骤：首先，应用单位根检验（ADF 检验）来检验期货价格和现货价格这对时间序列的平稳性；其次，利用 Johansen 协整检验来考察期现价格之间是否保持长期均衡关系；再次，建立误差修正模型，检验期现价格之间的短期均衡关系。

（3）期现价格的引导性。期货市场的价格发现功能主要体现在期货市场与现货市场价格之间的引导关系上，研究期现价格的引导关系，主要采用以下步骤：首先，检验时间序列的平稳性以及是否具有协整关系；其次，利用格兰杰因果关系检验二者之间的因果关系；再次，为了说明期货市场和现货市场在市场变化中引导作用的大小，利用方差分解法，将影响期货市场和现货市场价格变动长期作用部分的方差进行分解，分析哪个市场在价格发现功能中发挥了更为重要的作用；最后，应用脉冲响应函数来进一步分析期货市场的价格变动与现货市场的价格变动之间的相互影响。

由于每个期货合约都有一个到期日，即对于每一个期货合约，其时间跨度都是有限的，任何一份期货合约在合约到期以后，该合约将不复存在。另外，在同一交易日当中，会有若干个不同交割月份的期货合约同时进行交易，因此，同一期货品种在同一交易日中会同时存在若干个不同交割月份的期货数据。此外，期货价格具有不连续的特点，为克服期货价格不连续的缺点，必须构造一套连续的期货价格序列，以便能充分反映期货价格的走势。

具体的构造方法为：选取连续的主力和约作为代表，这样就可以获得一个连续的期货合约序列，针对日价格数据不连续的问题，选取所研究期货品种每周五的收盘价格作为分析对象，这样便得到一个连续的期货周价格序列。

相应的数据来源分别为：铜和大豆的期货价格数据选取于文华财经软件，并且选取连续的主力合约生成连续的时间序列，这既克服了期货合约的不连续性，又使得数据具有较强的代表性；与期货价格相对应，现货市场也是同样选取每周五的价格作为现货价格，获得与期货价格时间跨度一致的现货价格序列，铜的现货价格数据来源于上海有色金属网、大豆的价格则来自中华粮网，所选取的数据均为连续的周价格数据。

相应数据的时间跨度为：考虑到本文需要对不同时期期货市场和现货市场的价格关系以及同一时期不同品种的期现价格关系进行对比，所以选取的时间跨度较长，大豆为1998年1月~2010年2月，铜为2001年1月~2010年2月。在进行数据处理时，考虑到不同时期期货市场的特点，笔者将其分为三个阶段。第一阶段：1998年1月~2000年12月，这一阶段属于期货市场治理整顿阶段，期货市场和现货市场基本属于两个毫无联系的市场，期现价格基本上没有联动性。第二阶段：2001年1月~2006年12月，这一阶段属于期货市场稳步发展阶段，2001年，“稳步发展期货市场”写入“十五”计划纲要，从此期货市场开始逐步发挥其应有的功能，期现价格也越来越具有联动性。第三阶段：2007年1月~2010年2月，这一阶段属于期货市场的快速发展阶段，由于2006年是我国加入WTO的承诺实施过渡期的最后一年，从2007年开始，我国金融市场对外开放的各项措施将全面落实，国际国内联系更加紧密，我国期货市场逐步向国际成熟的期货市场看齐，很多成熟的期货品种基本上实现了期货和现货的统一，即期货定价、现货物流，二者实现了完美结合。

（一）大豆期货市场与现货市场价格关系的实证分析

选取1998年1月18日~2010年2月28日大连商品交易所大豆期货合约连续主力合约的周收盘价格，以及同期全国市场大豆现货交易周平均价格作为分析对象，共595组数据，利用统计分析软件Eviews 5.0进行大豆期货市场与现货市场价格关系的实证分析。

1. 期现价格的相关性分析

首先做出不同时期大豆期货价格与现货价格的散点关系图（见图4、图5、图6），可以直观地看到，大豆期货价格与现货价格具有一定程度的正线性相关关系，但不同时期的相关关系强弱略有不同，2000年之前期现价格散点较为分散，而2000年以后的期现价格的数据点基本上集中形成了一根棒状。

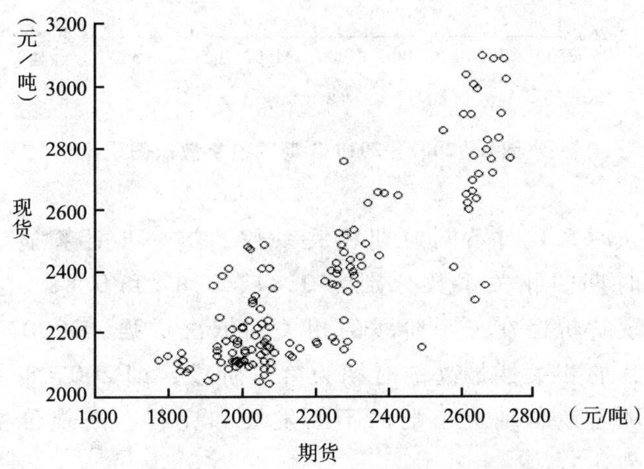

图4　1998～2000年期现价格散点图

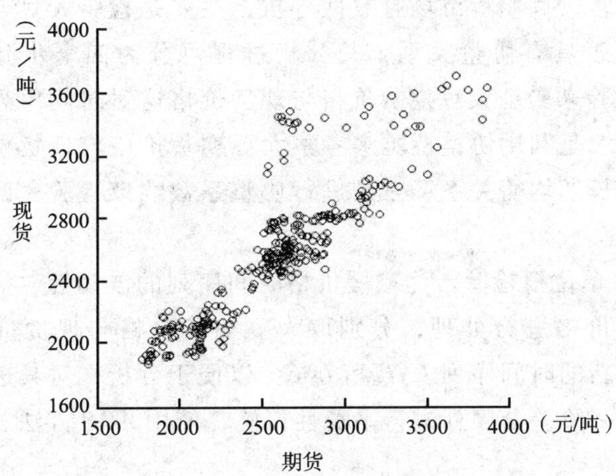

图5　2001～2006年期现价格散点图

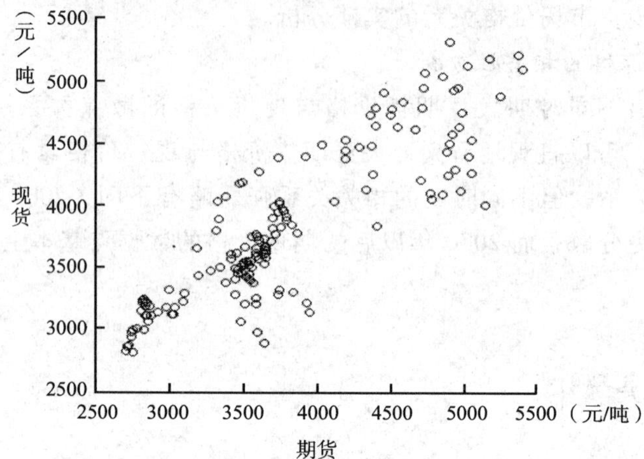

图 6　2007～2010 年期现价格散点图

利用 Eviews 5.0 对不同时期相关系数的进一步计算显示，大豆期现价格不同时期的相关系数分别为 0.84、0.87 和 0.88，这说明大豆期货价格和现货价格在三个阶段的相关性依次增强，2000 年之前的第一阶段最弱，而相关性最高的时期为第三阶段，即 2007 年～2010 年 2 月。可见，随着期、现货市场的不断发展和完善，期现价格的相关程度也越来越高。

2. 大豆期货市场价格的有效性分析

如前所述，大豆期货市场有效性分析，主要是检验大豆期货价格与现货价格之间是否具有协整关系，其分析过程可分为四个步骤：一是利用 *ADF* 单位根检验来验证大豆期货价格与现货价格这对时间序列及其一阶差分的平稳性；二是利用协整检验来考察大豆期货价格与现货价格这对时间序列是否保持长期均衡关系；三是进行协整系数约束检验；四是建立向量误差修正模型。

（1）*ADF* 单位根检验。为减缓价格时间序列的波动性，需要对大豆期货价格与现货价格进行处理，分别取大豆期货价格与现货价格的自然对数，构成两个新的时间序列 *LNF* 和 *LNS*，以便于分析，对其进行平稳性检验，然后对其一阶差分序列进行平稳性检验，使用 *ADF* 方法，检验结果见表 4。

检验结果表明，所有大豆期货价格序列和现货价格序列 *ADF* 统计量的 t 值均大于 1% 临界值，说明在 1% 显著性水平上每个价格序列均接受原假设，即每个价格序列中均存在单位根，因此，*LNF* 和 *LNS* 序列是一对非平稳的序列。在此基础上，进一步对大豆期货价格与现货价格序列的一阶差分序列（△*LNF* 和△*LNS*）进行单位根检验，结果显示，所有价格序列的一阶差分序列的 *t* 值均小于1%临界值，即在1%的水平上拒绝原假设，接受△*LNF* 和△*LNS* 序列是平稳序列的结论，因此，可以认为大豆期货价格与现货价格序列均是一阶单整序列，即为 *I*（1）过程。满足协整的前提条件，接下来对大豆期货价格与现货价格序列进行协整检验。

表 4　ADF 单位根检验结果

		原始数据			一阶差分数据		
		现货价格	期货价格	1%临界值	现货价格	期货价格	1%临界值
1998～2000 年	*ADF* 值	-2.1155	-2.0471	-3.4782	-13.4142	-11.238	-3.4782
2001～2006 年	*ADF* 值	-1.253	-1.3975	-3.4525	-10.8211	-15.9607	-3.4526
2007～2010 年 2 月	*ADF* 值	-0.8876	-1.4386	-3.4556	-20.8581	-15.7903	-3.4557

（2）Johansen 协整检验。用 Eviews 5.0 对三个阶段的 *LNF* 和 *LNS* 建立 *VAR* 模型，利用相关准则，确定最大滞后阶数应选择 3，随后采用迹统计量和最大特征统计值统计量检验大豆价格序列是否存在协整关系，检验结果见表 5。

表 5　Johansen 协整检验结果

	H_0	特征值	迹统计量		最大特征统计量	
			λ_{max}	5%临界值	λ_{max}	5%临界值
1998～2000 年	$r=0$	0.0640	12.2834	15.4947	11.2387	14.2646
	$r\leq1$	0.0061	1.0447	3.8415	1.0447	3.8415
2001～2006 年	$r=0$ **	0.0665	22.8822	15.4947	19.9588	14.2646
	$r\leq1$	0.01	2.9234	3.8415	2.9234	3.8415
2007～2010 年	$r=0$ **	0.1175	34.0606	15.4947	31.8619	14.2646
	$r\leq1$	0.0086	2.1987	3.8415	2.1987	3.8415

注：** 表示拒绝 5%显著性水平的原假设。

检验结果显示，对于大豆期货市场与现货市场的三个不同阶段来说，对于第一阶段（1998~2000年），无论是迹统计量还是最大特征统计量均接受了 $r=0$ 的假设，说明大豆的期货价格与现货价格之间不存在协整关系。即在此阶段，大豆期货价格与现货价格不存在长期均衡关系，期现市场是两个相互分离的市场。而对于第二阶段（2001~2006年）和第三阶段（2007~2010年），则拒绝了 $r=0$ 的假设，而 $r=1$ 的假设则未被拒绝，说明大豆的期货价格和现货价格之间存在一个协整关系，即大豆期货价格和现货价格在这两个时期已经形成了长期均衡关系，期现市场关系已经非常紧密。

因为存在协整关系是随后模型进一步深入的基础，而第一阶段并不存在协整关系，也即长期均衡关系，所以随后的实证分析不再涉及第一阶段。

（3）向量误差修正模型。在协整检验中，已经证明了大豆期货价格和现货价格在2001~2006年和2007~2010年2月这两个阶段存在长期的均衡关系，现在来研究当期货或者现货市场受到某种偶然因素的冲击，重新回归均衡的速度，这需要通过建立向量误差修正模型来分析。误差修正模型检验结果见表6。

表6 误差修正模型检验结果

	误差修正	期货	现货
2001~2006年	误差修正系数估计值	-0.0123	0.07717
	t 统计量	-0.4877	4.322**
2007~2010年	误差修正系数估计值	-0.0301	0.1566
	t 统计量	-0.8486	5.3326**

注：** 表示拒绝5%显著性水平的原假设。

从检验结果来看，第二阶段（2001~2006年），我国大豆期货价格误差修正系数的估计值为-0.0123，t 统计值是-0.4877，统计上不显著，误差修正项对期货价格的影响不明显，可以忽略；我国大豆现货价格误差修正系数的估计值为0.0772，t 统计值是4.322，统计上显著，误差修正项对现货价格的影响明显，误差修正项为正，说明期货价格相对于现货价格偏高，平均来说，下一期的现货价格将上升。可见期货价格对于现货价格具有一定的影响，现货价格一旦被低估会向均衡位置移动。但是，这一阶段现货价格误差修正系数估计值接近于0，表明大豆现货市场一旦受到某种偶然因素的冲击，重新回归到均衡的速度较慢，大豆期货价格与现货价格之间不存在短期协整关系。第三阶段（2007～2010年），我国大豆期货价格误差修正系数的估计值为－0.0301，t统计值是－0.8486，统计上不显著，误差修正项对期货价格的影响不明显，可以忽略；我国大豆现货价格误差修正系数的估计值为0.1566，t统计值是5.3326，统计上显著，误差修正项对现货价格的影响明显，可见期货价格对于现货价格具有一定的影响，现货价格一旦被低估会向均衡位置移动。而和第二阶段比较来看，第三阶段系数估计值较大，且远大于0，表明这一阶段大豆现货市场一旦受到某种偶然因素的冲击，重新回归到均衡的速度较快，且快于第二阶段，所以这一阶段大豆期货价格与现货价格之间不仅存在长期均衡关系，而且存在短期协整关系。

3. 大豆期货市场与现货市场价格间的引导关系分析

期货市场的有效性主要依赖于期货市场的价格发现功能，而价格发现功能又主要体现在期货市场与现货市场价格之间的引导关系上。期货价格与现货价格引导关系研究，可遵循格兰杰因果检验思想，首先，检验时间序列的平稳性以及是否具有协整关系；其次，利用格兰杰因果关系检验二者之间的因果关系；再次，为了说明期货市场和现货市场在市场变化中引导作用的大小，利用方差分解法，将影响期货市场和现货市场价格变动长期作用部分的方差进行分解，分析哪个市场在价格发现功能中发挥了更为重要的作用；最后，应用脉冲响应函数来进一步分析期货市场的价格变动与现货市场的价格变动之间的相互影响。

（1）格兰杰因果关系检验。在前述研究中，通过*ADF*检验和Johansen协整检验，已经证实我国大豆期货价格与现货价格之间存在一个协整关系，接下来就可以对序列*LNF*和*LNS*进行因果关系检验，结果见表7。

表7　格兰杰因果检验结果

	原假设	F统计量	相伴概率
2001～2006年	现货价格不是期货价格的格兰杰原因	0.6854	0.5616
	期货价格不是现货价格的原因	16.2759**	8.710^{-10}
2007～2010年	现货价格不是期货价格的格兰杰原因	1.0268	0.06412
	期货价格不是现货价格的原因	14.6725**	7.910^{-9}

注：**表示拒绝5%显著性水平的原假设。

从表7可以看出，在5%的显著水平上，两个阶段的大豆期货价格对现货价格均具有引导作用，而现货价格对期货价格均不具有引导关系。因此，可以得出如下结论，在2001～2006年以及2007～2010年2月这两个阶段内，我国大豆期货市场对现货市场具有价格单向引导关系，即期货价格引导现货价格。

（2）方差分解。为表现大豆期货市场与现货市场在价格发现功能中的作用大小，利用Hasbrouck提出的方法，将影响期货价格与现货价格变动的长期作用部分的方差进行分解，求出期货价格与现货价格波动的方差在价格发现功能中所占的比重，再求出期货市场和现货市场信息份额的平均值，以此作为期货市场与现货市场在价格发现功能中作用的大小。

我国大豆期货价格与现货价格方差分解的结果见表8，从分解结果可知，第二阶段（2001～2006年），在期货市场上，当滞后期为1时，总方差100%来自期货市场，随着滞后期的增加，期货市场的份额略呈下降趋势，最终趋于99.90%；而现货市场份额则上升至0.10%。在现货市场上，当滞后期为1时，总方差中现货市场份额占97.64%，随着滞后期的增加，现货市场份额呈明显的下降趋势，最终趋于48.64%。相反，期货市场份额则呈上升趋势，最终趋于51.36%，超过了现货市场的份额。平均来说，来自期货市场的方差为（99.9%+51.36%）/2=75.63%；来自现货市场的方差为（0.10%+48.64%）/2=24.37%。由此可以看出，在这一阶段，我国大豆市场价格受期货市场的影响远远大于现货市场，期货价格起到价格主导作用，这表明我国大豆期货市场发挥了价格发现的功能，初步实现了期货定价；而在第三阶段（2007～2010年2月），在期货市场上，当滞后期为1时，总方差100%来自期货市场，随着滞后期的增加，期货市场的份额略呈下降趋势，最终趋于96.58%；而现货市场份额则上升至3.42%。在现货市场上，当滞后期为1时，总方差中现货市场份额占94.97%，随着滞后期的增加，现货市场份额呈明显的下降趋势，最终趋于40.89%。相反，期货市场份额则呈上升趋势，最终趋于59.11%，超过了现货市场的份额。平均来说，来自期货市场的方差为（96.58%+59.11%）/2=77.845%；来自现货市场的方差为（3.42%+40.89%）/2=22.155%。由此可以看出，在这一阶段，我国大豆市场价格受期货市场的影响远远大于现货市场，期货价格也起到价格主导作用，而这一阶段期货价格的影响（77.845%）要大于第二阶段（75.63%），说明期货市场定价的功能进一步增强。

表 8　大豆期货价格和现货价格方差分解结果

单位：%

	滞后期	期货市场		现货市场	
		期货市场份额	现货市场份额	期货市场份额	现货市场份额
2001～2006 年	1	100.00	0.00	2.36	97.64
	2	99.97	0.03	6.96	93.04
	3	99.90	0.10	17.33	82.67
	4	99.89	0.11	24.30	75.70
	5	99.88	0.12	30.35	69.65
	6	99.88	0.12	35.51	64.49
	7	99.88	0.12	40.12	59.88
	8	99.89	0.11	44.24	55.76
	9	99.89	0.11	47.98	52.02
	10	99.90	0.10	51.36	48.64
2007～2010 年 2 月	1	100.00	0.00	5.03	94.97
	2	99.12	0.88	12.29	87.71
	3	97.81	2.19	19.00	81.00
	4	97.48	2.52	26.61	73.39
	5	97.15	2.85	33.72	66.28
	6	96.96	3.04	40.23	59.77
	7	96.82	3.18	45.99	54.01
	8	96.72	3.28	51.02	48.98
	9	96.64	3.36	55.36	44.64
	10	96.58	3.42	59.11	40.89

（3）脉冲响应函数。图 7 为脉冲响应函数的图形，横坐标表示滞后期，纵坐标表示价格对标准差的反应。

从图 7 可以看出，在第二阶段（2001～2006 年），在期货市场中，期货价格对其自身的一个标准差新信息的反应使得期货价格立即增长 2.8%左右，随后呈现先上升后下降的走势，但总体变化不大，长期维持在 2.9%左右，来自现货价格的新信息对期货价格的影响则不明显，无论是短期还是长期都趋近于 0；而在现货市场中，现货价格对来自期货市场的一个标准差新信息有较强反应，并且持续上升，最后增加到1.8%，而来自现货价格的标准差新信息对现货价格也有较强影响，但随后逐渐下降，最后稳定在1.2%左右。由此可以得出这样的结论：期货价格和现货价格对自身的标准差新信息立即有较强烈的反应，期货价格的新信息对现货价格的影响更大。

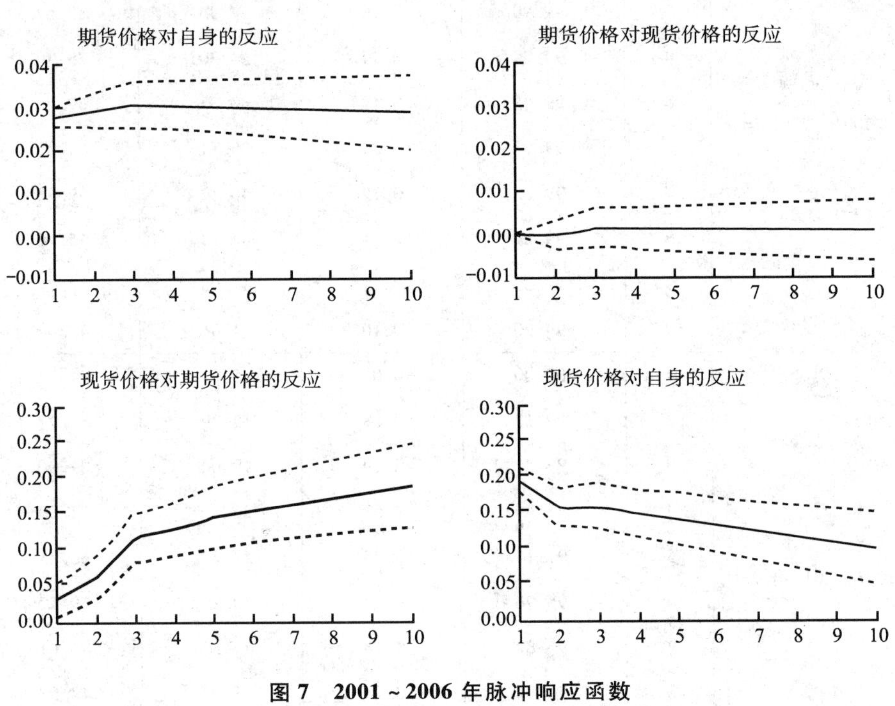

图7　2001~2006年脉冲响应函数

从图8可以看出，在第三阶段（2007~2010年2月），在期货市场中，期货价格对其自身的一个标准差新信息的反应使得期货价格立即增长3.2%左右，随后呈现先上升后下降的走势，但总体变化不大，长期维持在3%左右，来自现货价格的新信息对期货价格的影响一开始不明显，但随后逐渐上升，最终稳定于0.5%左右；而在现货市场中，现货价格对来自期货市场的一个标准差新信息有较强反应，并且持续上升，最后增加到2.4%，而来自现货价格的标准差新信息对现货价格也有较强影响，但随后逐渐下降，最后稳定在1.2%左右。由此可以得出这样的结论：期货价格和现货价格对自身的标准差新信息立刻有较强烈的反应，期货价格的新信息对现货价格的影响更大。而且在第三阶段，期货价格对现货价格的影响要大于第二阶段，说明随着期货市场的不断完善，期货市场和现货市场的联动性越来越紧密。

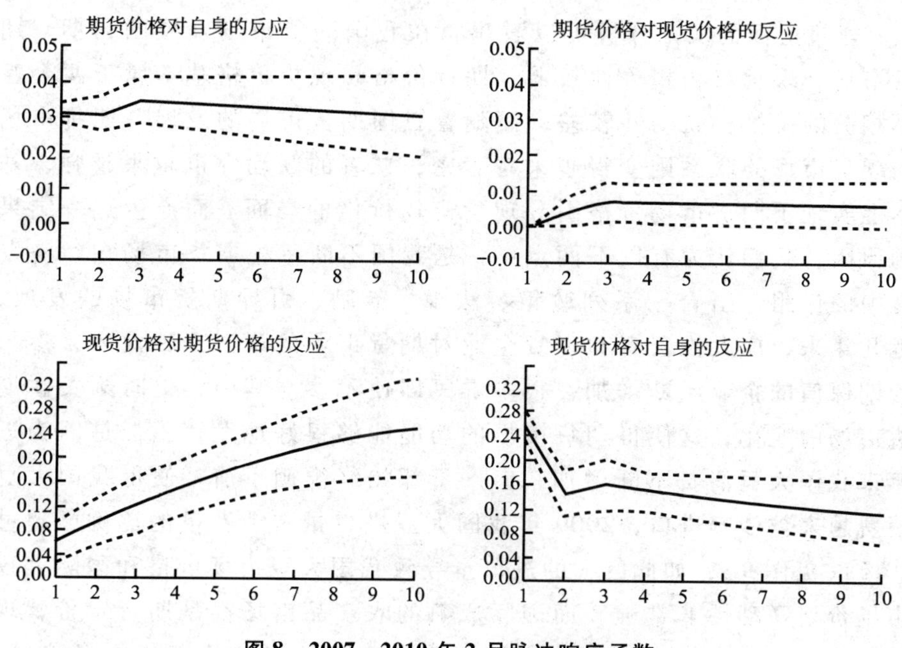

图 8　2007～2010 年 2 月脉冲响应函数

4. 大豆期货市场与现货市场价格关系分析的结论

从上面的实证分析中可以看出，在所研究的三个阶段中，即 1998～2000 年、2001～2006 年、2007～2010 年 2 月，大连商品交易所的大豆期货价格与现货价格变动趋势具有一定的一致性，并且相关性逐渐提高，三个阶段的相关系数分别为 0.84、0.87 和 0.88，表明期现货市场的联动性越来越高。

协整检验结果表明，在第一阶段，我国大豆期货价格与现货价格之间不存在长期均衡关系；而在第二阶段，仅存在长期均衡关系，短期协整关系几乎没有；在第三阶段，则同时存在长期均衡关系和短期协整关系，这也表明随着期货市场的不断完善，期现货市场的联动性越来越高，不仅长期走势逐渐趋于一致，短期走势也存在较大的联动性。

格兰杰因果关系检验表明，我国大豆期货市场与现货市场存在单向引导关系，即期货价格引导现货价格，在第二阶段，在市场价格体系中来自期货市场的影响份额占75.63%，远大于现货市场的24.37%，而在第三阶段期货市场的影响份额更是提高到了77.845%，说明期货市场在决定价格方面的作用越来越大。

通过上面的实证分析可以看出，在我国期货市场发展的初期，期货市场和现货市场相关性较弱，期货价格和现货价格基本属于两个互不相关的价格，联动性较差，而随着我国期货市场的发展，期货市场和现货市场的联系则变得越来越紧密，二者的联动性也越来越强，基本上实现了期货市场价格引导现货市场价格的局面。而产生这一结果的原因，我们认为有以下两点：一是我国不断重视期货市场在经济发展中的作用，出台一系列政策、法规，鼓励、引导期货市场的发展，近几年来，广大投资者和现货企业对期货市场的认识不断深入，参与套期保值的企业不断增加，很多农民即使不参与其中，也时刻关注期货市场的变化，这使得期货市场的功能能够很好地发挥。二是因为近年来我国大豆消费不断增加，但产量却始终徘徊不前，使得我国大豆消费越来越依赖进口，2009年我国大豆进口量占消费量的比例已超过70%（见图9），如此巨大的进口量导致我国大豆市场价格和国际大豆市场价格联动性非常强，而国际成熟的农产品市场都是期货定价，现货物流，所以国内大豆期货市场也逐渐和国际成熟的期货市场接轨，发挥其应有的定价功能。

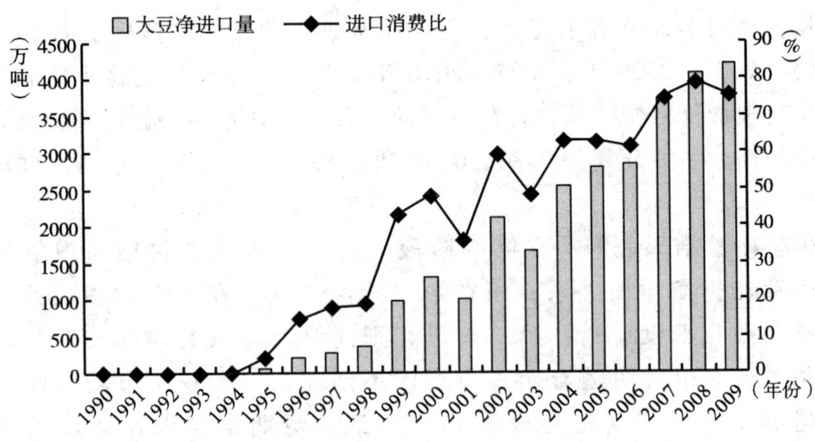

图9　我国大豆净进口量与消费比

资料来源：USDA。

为了进一步说明我国期货市场价格和现货市场价格的关系，我们再选取较为成熟的铜期货品种来进行实证分析，并通过铜期货本身的纵向比较来研究期现价格联动性的变化，通过铜和大豆的横向比较来研究不同品种间期现价格联动性的差异。2000 年之前期货市场发展初期，期现价格基本属于两个不相关的价格，期现联动性较弱，这已通过大豆期现货的实证分析证明，因此，铜期现货数据的选取自 2001 年～2010 年 2 月 28 日，主要研究我国开始规范发展期货市场之后期现价格的联动性变化，并与大豆期货相应时期进行比较。

（二）铜期货市场与现货市场价格关系的实证分析

选取 2001 年 1 月 9 日～2010 年 2 月 28 日上海期货交易所铜期货合约连续主力合约的周收盘价格，以及同期长江有色金属市场铜现货周价格作为分析对象，共 441 组数据，利用统计分析软件 Eviews 5.0 进行铜期货市场与现货市场价格关系的实证分析。将铜的数据分为两个阶段进行分析，第一阶段为 2001 年 1 月～2006 年 12 月，第二阶段为 2007 年 1 月～2010 年 2 月。

1. 期现价格的相关性分析

利用 Eviews 5.0 对不同时期相关系数的计算显示，铜期现价格不同时期的相关系数分别为 0.9958 和 0.9988，这说明铜期货价格和现货价格在两个阶段的相关性依次增强，可见，随着期、现货市场的不断发展和完善，铜期现价格的相关程度也是越来越高，另外，通过横向比较可以看出，铜期现市场两个阶段的价格相关系数均大于相同时期大豆期现市场价格的相关系数，这也印证了铜期货市场运作要比大豆更为规范和完善，期现价格关系更为紧密。

2. 铜期货市场价格的有效性分析

（1）*ADF* 单位根检验。同样对铜期货价格与现货价格进行对数处理，构成两个新的时间序列 *LNF* 和 *LNS*，以便于分析，对其进行平稳性检验，然后对其一阶差分序列进行平稳性检验，使用 *ADF* 方法，检验结果见表 9。

检验结果表明，所有铜期货价格序列和现货价格序列 *ADF* 统计量的 t 值均大于 1% 临界值，说明在 1% 显著性水平上每个价格序列均接受原假设，即每个价格序列中均存在单位根，所以 *LNF* 和 *LNS* 序列是一对非平稳的序列。在此基础上，进一步对铜期货价格与现货价格序列的一阶差分序列（$\triangle LNF$ 和 $\triangle LNS$）进行单位根检验，结果显示，所有价格序列的一阶差分序列的 t 值均小于 1% 临界值，即在 1% 的水平上拒绝原假设，接受 $\triangle LNF$ 和 $\triangle LNS$ 序列是平稳序列的结论，因此，可以认为铜期货价格与现货价格序列均是一阶单整序列，即为 I（1）过程。满足协整的前提条件，接下来对铜期货价格与现货价格序列进行协整检验。

表 9　ADF 单位根检验结果

		原始数据			一阶差分数据		
		现货价格	期货价格	1% 临界值	现货价格	期货价格	1% 临界值
2001～2006 年	*ADF* 值	0.5632	0.3320	-3.4533	-15.0556	-14.2332	-3.4533
2007～2010 年 2 月	*ADF* 值	-1.6515	-1.3837	-3.4624	-11.9829	-12.1650	-3.4626

（2）Johansen 协整检验。用 Eviews 5.0 对三个阶段的 *LNF* 和 *LNS* 建立 *VAR* 模型，利用相关准则，确定最大滞后阶数应选择 2，随后采用迹统计量和最大特征统计值统计量检验铜价格序列是否存在协整关系，检验结果见表 10。

表 10　Johansen 协整检验结果

	H_0	特征值	迹统计量		最大特征统计量	
			λ_{max}	5% 临界值	λ_{max}	5% 临界值
2001～2006 年	$r=0^{**}$	0.0546	16.0323	15.4947	15.8428	14.2646
	$r\leqq 1$	0.0007	0.1895	3.8415	0.1895	3.8415
2007～2010 年 2 月	$r=0^{**}$	0.1351	32.5516	15.4947	29.3224	14.2646
	$r\leqq 1$	0.0159	33.392	3.8415	3.2292	3.8415

注：** 表示拒绝 5% 显著性水平的原假设。

检验结果显示，对于铜期货市场与现货市场的第一阶段（2001～2006 年）和第二阶段（2007～2010 年 2 月）来说，均拒绝了 $r=0$ 的假设，而 $r=1$ 的假设则未被拒绝，说明铜的期货价格和现货价格之间存在一个协整关系，即铜期货价格和现货价格在这两个时期已经形成了长期均衡关系，期现市场关系已经非常紧密。

（3）向量误差修正模型。在协整检验中，已经证明了铜期货价格和现货价格在2001～2006年和2007～2010年2月这两个阶段存在长期的均衡关系，现在来研究当期货或者现货市场受到某种偶然因素的冲击，重新回归均衡的速度，这需要通过建立向量误差修正模型来分析。误差修正模型检验结果见表11。

表11　误差修正模型检验结果

	误差修正	期　货	现　货
2001～2006年	误差修正系数估计值	-0.0289	0.1911
	t统计量	-0.2378	2.2146**
2007～2010年2月	误差修正系数估计值	0.4319	0.6478
	t统计量	2.6612**	4.2735**

注：** 表示拒绝5%显著性水平的原假设。

从检验结果来看，第一阶段（2001～2006年），我国铜期货价格误差修正系数的估计值为-0.0289，t统计值是-0.2378，统计上不显著，误差修正项对期货价格的影响不明显，可以忽略；我国铜现货价格误差修正系数的估计值为0.1911，t统计值是2.2146，统计上显著，误差修正项对现货价格的影响明显，误差修正项为正，说明期货价格相对于现货价格偏高。平均来说，下一期的现货价格将上升，可见期货价格对于现货价格具有一定的影响，现货价格一旦被低估会向均衡位置移动，并且这一阶段现货价格误差修正系数估计值远大于0，也大于大豆市场在同一阶段的误差修正系数，表明铜现货市场一旦受到某种偶然因素的冲击，重新回归到均衡的速度快于大豆市场，铜期货价格与现货价格之间存在短期协整关系；第二阶段（2007～2010年2月），我国铜期货价格误差修正系数的估计值为0.4319，t统计值是2.6612，统计上显著，误差修正项对期货价格的影响明显；我国铜现货价格误差修正系数的估计值为0.6478，t统计值是4.2735，统计上显著，误差修正项对现货价格的影响明显，可见期货价格对于现货价格具有一定的影响，现货价格一旦被低估会向均衡位置移动。而和第二阶段比较来看，第三阶段系数估计值较大，表明这一阶段铜现货市场一旦受到某种偶然因素的冲击，重新回归到均衡的速度较快，且快于第二阶段，因此，这一阶段铜期货价格与现货价格也存在短期协整关系。

通过误差修正模型检验，纵向比较来看，铜在第二阶段期现市场在偏离均衡时，重新回归均衡的速度要快于第一阶段，表明铜期现货市场随着时间的推移确实在不断规范和完善，信息传递的速度变得越来越快，期现市场短期的联动性在逐渐变强，而通过和大豆市场的横向比较，其同一时期的误差修正系数均大于大豆市场，说明铜期现价格的联动性以及信息传递的有效性要大于大豆市场。

3. 铜期货市场与现货市场价格间的引导关系分析

（1）格兰杰因果关系检验。在前述研究中，通过 *ADF* 检验和 Johansen 协整检验，已经证实我国铜期货价格与现货价格之间存在一个协整关系，接下来就可以对序列 *LNF* 和 *LNS* 进行因果关系检验，结果见表 12。

表 12　格兰杰因果检验结果

	原 假 设	*F* 统计量	相伴概率
2001 ~ 2006 年	现货价格不是期货价格的格兰杰原因	1. 1126	0. 3301
	期货价格不是现货价格的原因	7. 0748 **	0. 0010
2007 ~ 2010 年 2 月	现货价格不是期货价格的格兰杰原因	1. 5437	0. 2162
	期货价格不是现货价格的原因	10. 1023 **	6.610^{-5}

注：** 表示拒绝 5% 显著性水平的原假设。

从表 12 可以看出，在 5% 的显著水平上，两个阶段的铜期货价格对现货价格均具有引导作用，而现货价格对期货价格均不具有引导关系，因此，可以得出如下结论，在 2001 ~ 2006 年以及 2007 ~ 2010 年 2 月这两个阶段内，我国铜期货市场对现货市场具有价格单向引导关系，即期货价格引导现货价格。

（2）方差分解。我国铜期货价格与现货价格方差分解的结果见表 13，从分解结果可知，第一阶段（2001 ~ 2006 年），在期货市场上，当滞后期为 1 时，总方差 100% 来自期货市场，随着滞后期的增加，期货市场的份额略呈下降趋势，最终趋于 98.45%；而现货市场份额则上升至 1. 55%。在现货市场上，当滞后期为 1 时，总方差中现货市场份额占 18. 75%，随着滞后期的增加，现货市场份额呈明显的下降趋势，最终趋于 9. 04%；相反，期货市场份额则呈上升趋势，最终趋于 90. 96%。平均来说，来自期货市场的方差为（98. 45% + 90. 96%）/2 = 94. 705%；来自现货市场的方差为（1.55% +9.04%）/2 =5.295%。由此可以看出，在这一阶段，我国铜市场价格受期货市场的影响远远大于现货市场，期货价格起到价格主导作用，这表明我国铜期货市场发挥了价格发现的功能，实现了期货定价。而在第二阶段（2007～2010 年 2 月），在期货市场上，当滞后期为 1 时，总方差 100% 来自期货市场，随着滞后期的增加，期货市场的份额略呈下降趋势，最终趋于 94.69%；而现货市场份额则上升至 5.31%。在现货市场上，当滞后期为 1 时，总方差中现货市场份额占 13.33%，随着滞后期的增加，现货市场份额呈明显的下降趋势，最终趋于 4.76%；相反，期货市场份额则呈上升趋势，最终趋于 95.24%，超过了现货市场的份额。平均来说，来自期货市场的方差为（94.69% + 95.24%）/2 = 94.965%；来自现货市场的方差为（5.31% +4.76%）/2 =5.035%。由此可以看出，在这一阶段，我国铜市场价格受期货市场的影响远远大于现货市场，期货价格也起到价格主导作用，而这一阶段期货价格的影响（94.965%）要大于第一阶段（94.705%），说明期货市场定价的功能进一步增强。

表 13　铜期货价格和现货价格方差分解结果

单位：%

	滞后期	期货市场		现货市场	
		期货市场份额	现货市场份额	期货市场份额	现货市场份额
2001～2006 年	1	100	0	81.25	18.75
	2	99.99	0.01	88.26	11.74
	3	99.96	0.04	89.83	10.17
	4	99.87	0.13	90.54	9.46
	5	99.71	0.29	90.85	9.15
	6	99.51	0.49	90.99	9.01
	7	99.28	0.72	91.04	8.96
	8	99.02	0.98	91.04	8.96
	9	98.74	1.26	91.01	8.99
	10	98.45	1.55	90.96	9.04

续表 13

	滞后期	期货市场		现货市场	
		期货市场份额	现货市场份额	期货市场份额	现货市场份额
2007～2010 年 2 月	1	100	0	86.67	13.33
	2	99.76	0.24	93.34	6.66
	3	99.19	0.81	95.69	4.31
	4	98.48	1.52	96.64	3.36
	5	97.73	2.27	96.89	3.11
	6	96.99	3.01	96.77	3.23
	7	96.32	3.68	96.46	3.54
	8	95.71	4.29	96.07	3.93
	9	95.17	4.83	95.65	4.35
	10	94.69	5.31	95.24	4.76

四　实证分析结论

通过上面对于铜和大豆的实证分析，通过纵向和横向比较，得出的结果如下。

（1）通过纵向比较来看，随着我国期现货市场的不断发展和完善，我国期现价格的相关性逐渐增强。在 2001 年之前，期现价格不存在长期的均衡关系，表明期现市场基本上是两个互不相关的市场。在 2001 年之后，期现价格开始具有长期的均衡关系，且短期的信息传递也在加快，说明两个市场的联动性越来越紧密；而从格兰杰因果关系检验中可以看出，期货市场对现货市场具有单向的引导关系，且在价格决定中起到主导作用，并且这种定价的功能在不断地增强。

（2）通过横向比较来看，铜期现货市场的联动性以及短期的信息传递效率要高于大豆市场，且铜期货市场的定价功能要强于大豆期货市场。这表明，铜期货市场的功能发挥要好于大豆期货市场。

从总体来说，近几年来，随着广大投资者和现货企业对期货市场的认识不断深入，参与套期保值的企业不断增加，期货市场的定价功能逐步显现，对现货市场的引导作用越来越强，工业品由于大量依靠进口，和国际联动性较强，加上生产工业化程度较高，大量的工业企业参与其中进行套期保值，发展得较为成熟，已经基本实现了期货定价 + 现货物流的形式；而我国农产品市场由于生产规模化程度远逊于工业品，大量的小规模生产的农民虽然对期货市场也非常关注，但并未参与其中，使得农产品期货市场的功能发挥要弱于工业品，但也基本实现了以期货价格为基准来确定现货价格的定价方法。

参考文献

[1] 常清：《中国期货市场发展的战略研究》，经济科学出版社，2001。

[2] 姜洋：《上海期货交易所铜期货价格发现实证研究》，《北京工商大学学报》2006 年第 4 期。

[3] 刘庆富、王海民：《期货市场与现货市场之间的价格研究》，《财经问题研究》2006 年第 4 期。

[5] 王可山、余建斌：《中国大豆期货价格与现货价格波动关系分析》，《兰州学刊》2008 年第 11 期。

[6] 易丹辉：《数据分析与 Eviews 应用》，中国人民大学出版社，2008。

我国城市公用产品管制价格模型研究

王俊豪*

内容摘要 城市公用产品属于政府定价的范围。本文首先介绍了经济发达国家城市公用产品的价格管制实践中两种典型的管制价格模型，即传统的投资回报率管制价格模型和最高限价管制价格模型。在此基础上，本文重点探讨了如何构建中国城市公用产品管制价格模型的问题。

关键词 城市公用产品 价格管制 投资回报率 最高限价 成本约束

按照《中华人民共和国价格法》，城市公用产品属于政府定价的范围。本文将讨论在经济发达国家城市公用产品的价格管制实践中，存在的两种最具典型意义、又有较大差别的管制价格模型，即传统的投资回报率管制价格模型和最高限价管制价格模型，在此基础上，重点探讨了如何构建中国城市公用产品管制价格模型的问题。

一 传统的投资回报率管制价格模型

长期以来，美国等发达国家对城市公用产品主要根据投资回报率制定管制价格，其投资回报率管制价格模型为：

$$R(p \cdot q) = C + S(RB)$$

* 王俊豪，经济学博士，浙江财经学院院长、教授，浙江工商大学博士研究生导师。主要研究领域是产业组织与政府管制理论。

在上式中，R 为企业收入函数，它决定于产品价格（p）和数量（q）；C 为成本费用（如工资、税收和折旧等）；S 为政府规定的投资回报率；RB 为投资回报率基数（Rate Base），即企业的资本投资总额。管制价格（P）等于企业总收入（R）除以总产量（Q），即：$P = R/Q$。从上面模型的右边可见，由于企业的成本费用相对容易估算，管制者对公用企业价格管制的难点是确定投资回报率水平（S）和投资回报率基数（RB）。投资回报率水平问题是要找到一个合适的 S 值，使企业能取得正常的投资回报；投资回报率基数问题则是要合理确定资本投资的范围和计量方法，它直接关系到企业在一定的 S 值下的利润总额。

对于投资回报率水平问题，通常是经过管制双方“讨价还价”解决的。被管制企业往往向管制者提供详细的财务资料，以证明按照现行的投资回报率水平制定的价格太低，强调要鼓励企业投资就应该提高投资回报率，并提出相应的投资回报率水平。而管制者往往认为企业所要求的投资报率水平太高，价格不可能上升到企业所期望的水平。经过反复论证，管制者最后确定他们认为合理的投资回报率水平（即 S 值）。假定管制者所确定的 S 值高于现行水平，则在其他因素不变的情况下，企业就可以相应提高价格。

为防止企业滥用垄断力量而进行政府管制的重点无疑是价格。传统的投资回报率管制价格模型是通过对投资回报率的直接控制而间接管制价格的。其中一个理论依据是，提供城市公用产品需要足够的投资，用投资回报率管制价格模型有利于鼓励企业投资。但这种模型也存在明显的缺陷：一是企业在一定时期内按照固定的投资回报率定价，几乎不存在政府管制对提高效率的刺激机制；二是由于投资回报率的基数是企业所用的资本，这就会刺激企业通过过度投资而取得更多的利润，所以这种管制价格模型会产生 A－J 效应①，即企业因过度投资而增加生产成本，降低生产效率；三是管制双方不仅要就投资回报率的水平（S）问题作反复的讨价还价，而且，管制者还要为正确计量投资回报率的基数（RB）大伤脑筋。

二　最高限价管制价格模型

在 20 世纪 80 年代，英国在对包括自来水和燃气在内的城市公用产品

① 对 A－J 效应的详细讨论，参见王俊豪《政府管制经济学导论——基本理论及其在政府管制实践中的应用》，商务印书馆，2001，第 87～91 页。

实行价格管制体制改革过程中，为克服传统投资回报率管制价格模型的上述缺陷，找到一个能科学地控制垄断企业价格的办法，委托当时在伯明翰大学任商学教授的李特查尔德（Littlechild）设计一个价格管制模型。李特查尔德认为，价格管制的主要目标应该是把价格和利润保持在一个既不失公平，又能刺激企业提高效率的水平上，并设计了把管制价格和零售价格指数与生产效率挂钩的最高限价管制价格模型。

最高限价管制价格模型采取 $RPI-X$ 的形式，RPI 表示零售价格指数（Retail Price Index），即通货膨胀率，X 是由管制者确定的，是在一定时期内生产效率增长的百分比。例如，如果某年通货膨胀率是5%（即 $RPI=5\%$），生产效率增长率固定为3%（即 $X=3\%$），那么，企业提价的最高幅度是2%。这个简单的价格管制模型意味着，企业在任何一年中制定的名义价格（nominal price）取决于 RPI 和 X 的相对值。如果 $RPI-X$ 是一个负数，则企业必须降价，其幅度是 $RPI-X$ 的绝对值。这样，如某企业本期的价格为 P_t，则下期的管制价格（P_{t+1}）为：$P_{t+1}=P_t(1+RPI-X)$。显然，在英国的 $RPI-X$ 模型中，政府和企业谈判的焦点是 X 值的确定问题。

由产业的技术经济特点所决定，X 值在产业之间有很大的差别，对自来水和燃气产品，甚至在地区之间也存在较大差别。从英国的价格管制实践看，X 值有不断上升的趋势，这意味着对英国的城市公用产品经营企业提高生产效率的压力将不断增加，而消费者将会在企业效率提高后得到更多的实惠。

最高限价管制价格模型的优点是，在一定时期内固定价格的上涨幅度，会刺激企业通过降低成本来取得较多的利润。因此，它能使企业获得因效率增长之利。同时，价格管制限制了企业的利润率，这促使企业对生产要素实行优化组合，但不至于出现在投资回报率价格管制下存在过度资本密集化的现象。此外，从以下几个方面看，最高限价管制价格模型也相当简便：①它不需要详细评估企业的固定资产、生产能力、技术革新、销售额等变化情况。②它不需要每年，而是以3～5年作为价格调整周期。这种中期的价格调整周期具有合理性：如果调整周期太长，企业的价格就会受许多不确定因素的影响；反之，若调整周期太短，就显得价格管制太滥，使企业缺乏对政府管制的可信性。③它不直接控制企业利润。企业在给定的最高限价下，有利润最大化的自由，企业可以通过优化劳动组合、技术创新等手段降低成本，取得更多的利润。

从理论上分析，传统投资回报率管制价格模型与最高限价管制价格模型具有根本性的差别，表现为：从利润水平管制到价格水平管制的转换，将会产生风险与利益在企业和消费者之间的转移，在投资回报率价格管制下，消费者是提高成本引起的风险的承受者与降低成本带来的利益的享受者；而在最高限价管制下，这种风险与利益都由企业来承担和享受。也就是说，在投资回报率价格管制下，消费者只能通过企业降低成本才能获得利益，但企业却没有降低成本的动力，因为企业只有通过提高投资回报率水平或扩大投资基数才能取得更多的利润；而在价格水平管制下，由于企业受到最高限价的制约，它们只有通过降低成本才能取得较多的利润。所以相比较而言，最高限价管制价格模型会对企业产生提高生产效率的更大刺激。

笔者认为，尽管最高限价管制价格模型具有较好的性能，我们不能照搬这种模型，其主要原因是：①最高限价管制价格模型实质上只是规定管制价格的上升（或下降）率，它是以有一个合理的基价为假设前提的，而基价的决定必然要以成本为基础，这就决定了中国在构建价格管制模型时不能回避成本问题。②在近期内，中国的许多产品价格还属于价格调整阶段，零售价格变动幅度较大，而且不稳定。同时，某些非价格因素会引起零售价格指数的变化，但不会导致企业成本的相应变化，这会使企业利润并不完全取决于企业的生产效率。③虽然传统投资回报率价格管制模型会产生低效率的 A－J 效应；但另一方面，最高限价管制价格模型会抑制企业投资，特别是越接近价格调整期，企业的投资动力就越小，甚至会停止投资，从而影响正常投资的连续性。④城市公用产品的价格变动既受消费价格的影响，也受生产价格的影响，而最高限价管制价格模型只考虑零售价格变动因素，对生产价格缺乏动态考虑。所以我们在借鉴发达国家的城市公用产品管制价格模型时，应充分考虑这些因素，以建立符合中国特点的城市公用产品管制价格模型。

三　中国城市公用产品管制价格模型的构建

（一）模型设计中考虑的主要因素

（1）成本。这里的成本包括费用，主要由电费、原材料费、资产折旧费、修理费、工资和销售费用、管理费用、财务费用、税金等构成。成本是城市公用产品管制价格构成中的主体部分。其中，一些成本（如水资源费、电价等）是外生成本，对企业来说具有外在客观性。但多数成本项目既有客观性，又有主观性，企业通过提高生产效率和管理水平，在不同程度上存在降低成本的潜力。

（2）消费价格指数（Consumer Price Index，简称CPI）与生产价格指数（Producer Price Index，简称PPI）。这两个价格指数构成综合性的价格变动指数，城市公用产品管制价格应和消费价格指数与生产价格指数相联系，这不仅有利于适应城市公用产品生产企业的成本变化，而且能对通货膨胀情况作出反应，有利于适应消费者（用户）的心理承受能力。

（3）质量。城市公用产品（服务）质量和成本密切相关，城市公用产品管制价格应与质量指标挂钩，促使企业自觉提高质量水平。其中，城市公用产品质量指标可以通过检测而获得，服务质量指标可以通过消费者（用户）抽样调查而获得。

（4）价格调整周期。从20世纪90年代以来，许多城市对公用产品几乎每年调价，在消费者（用户）看来显得调价十分频繁，认为价格年年上涨。而对城市公用产品生产企业来说，在很大程度上把企业的收益寄托于价格调整上，从而抑制了企业努力提高生产效率，降低成本的动力。所以正常的价格调整周期以3～5年为宜。近期内，由于需要逐渐将价格调整到正常水平，价格调整周期可以较短，随着价格调整逐步到位，价格调整周期应逐渐延长。

（5）利润。在正常情况下，城市公用产品生产企业应取得合理利润，以满足投资的需要，实现扩大再生产，但其前提条件是企业应具有较高的生产效率。

（二）模型设计的基本原则

在现行的城市公用产品价格管制实践中，由于城市公用产品生产企业在特定的城市范围内实行独家垄断或少数企业寡头垄断经营，所以主要是以企业的个别成本作为定价依据的。这样，企业成本越大价格就越高，具有类似于“实报实销”的性质，这种价格形成机制，不能刺激企业努力提高生产效率并不断降低成本。在实践中，这表现为企业的成本不断上升，每年要求政府提价。由于政府与企业之间对成本信息存在严重的不对称，政府只能在相当程度上默认企业发生的实际成本，最终允许企业提价，导致城市公用产品价格不断上涨。事实上，如何控制成本一直是政府在城市公用产品价格管制实践中的难题。

针对上述难点问题，制定中国城市公用产品管制价格模型中的一个重要原则是成本约束原则。其基本思路是：虽然政府不能观察企业成本的实际运行过程（它是一个“黑箱子”），但政府能发现成本的运行结果，通过控制成本的变化，促使企业自觉提高效率，降低成本。

（三）模型设计

根据中国的实际情况，并借鉴发达国家的管制价格模型，一种可供选择的价格管制基本模型①是：

$$P_{t+1} = C_t[1 + (CPI + PPI)/2 - X] + P_{t+1}r$$

上式等号右边第一项为单位成本项，第二项为单位利润项，经整理并考虑质量系数（Q）可得：

$$P_{t+1} = \frac{C_t[1 + (CPI + PPI)/2 - X]}{1 - r}Q$$

在上式中，P_{t+1}为下一期的管制价格；C_t 为本期的单位成本；CPI 为消费价格指数；PPI 为生产价格指数；X 为政府规定的生产效率增长率（成本下降率）；Q 为产品与服务质量系数；R 为销售利润率。

在上面的模型中，$C_t[1 + (CPI + PPI)/2 - X]$ 为成本上限控制项。在制定下一期的管制价格时，首先要考虑本期的成本情况和成本变动因素，在影响成本的众多因素中，消费价格指数（CPI）和生产价格指数（PPI）共同构成综合性价格变动因素，随着 CPI 和 PPI 的变化，企业的原材料、工资成本等也会发生相应的变化，所以在决定下一期的成本水平时，在 C_t 的情况下，加上 $C_t(CPI + PPI)/2$（在正常情况下，CPI 是一个正数，所以 $C_t(CPI + PPI)/2$ 为成本增量）。为促使企业提高生产效率，降低成本，政府为企业规定一个下一期必须达到的生产效率增长率（X 值），即成本下降率，所以 C_tX 为成本减量。如果 $(CPI + PPI)/2 - X > 0$，则在下一期的管制价格中，成本可以增加，其净增量为 $C_t[(CPI + PPI)/2 - X]$；反之，如果 $(CPI + PPI)/2 - X < 0$，则下一期的成本必须减少，其净减量为

① 为简便起见，在（1）式中（$CPI + PPI$）/2 是对消费价格指数和生产价格指数实行简单算术平均，但对特定城市公用产品来说，消费价格指数和生产价格指数对成本往往有不同程度的影响，所以可对这两个指数实行加权平均，其计算公式为：$\alpha \cdot CPI +（1 - \alpha）PPI$，$0 < \alpha < 1$。

$C_t[X-(CPI+PPI)/2]$。由于 *CPI* 和 *PPI* 是客观的，对企业来说，是一个外生变量，而 *X* 是由政府规定的，所以在销售利润率一定的情况下，企业要取得较多的利润，必须使企业实际的生产效率增长率大于政府规定的 *X* 值。这就会刺激企业自觉提高生产效率，努力降低成本。而成本降低的结果也能使消费者享受较低的价格，分享因企业提高生产效率而带来的利益，从而促进社会分配效率。

在上面模型中，实行质量系数（*Q*）与管制价格挂钩的办法，目的是促使企业在成本上限控制的情况下，符合政府规定的产品质量标准，并向消费者提供较好的服务质量。同时，在模型中，不是以投资利润率而是以销售利润率决定企业的利润水平，其主要考虑是为了避免在投资利润率下企业可能采取的过度投资行为，从而产生低效率的 A－J 效应，而且，对企业投资所形成的资产额的正确核算也是一件比较复杂的管制工作。相比之下，销售利润率比较客观，因为销售额的大小取决于销售量和销售价格，其中销售价格受政府约束，而销售量受市场约束，企业既要增加销售量又要控制成本，就必须通过适度增加投资，扩大经营范围，提高产品或服务质量等措施，以更好地满足市场需要。

从总体上说，上述模型能刺激企业自觉提高生产效率，降低成本，使消费者能享受到较低的价格。政府能使企业获得合理的销售利润，而且，只要企业实现的生产效率高于政府规定的生产效率，企业就能获得较多的利润，从而使企业具有一定的发展潜力。因此，合理使用上述价格模型能实现价格管制的三大政策目标。

（四）模型中各项要素的确定思路

1. C_t 的确定

C_t 为城市公用产品基期的成本项，在第一次使用模型时，确定初始的 C_t 特别重要。对于城市特定公用产品的有关成本，可以参照国家规定的有关技术经济指标，运用工程分析法（或技术定额法）加以确定。对于工资成本等，可根据城市公用产品的劳动生产率和相关行业的人均工资水平加以确定。对于进入成本的福利费、劳动保护费等，则可按照有关政策进行核算。

2. *CPI* 和 *PPI* 的确定

从理论上讲，消费价格指数（*CPI*）和生产价格指数（*PPI*）是由政府统计部门公布的，具有客观性，*CPI* 和 *PPI* 的增长会引起城市公用产品生产成本的增长，所以实行成本和 CPI 与 PPI 挂钩的办法。在统计实践中，CPI 是一个常用指数，而反映作为城市公用产品生产原材料价格变化的 PPI 较少使用，因此，编制 PPI 的一种可供选择的替代方法是计算特定城市公用产品主要成本变化率，即：

$$PPI = \sum W_i \frac{C_{ti}}{C_{oi}}$$

在上式中，C_{ti}为第 i 种主要投入物（如电、劳动力、原料等）在 t 期的成本价格；C_{0i}为第 i 种主要投入物在基期的成本价格；$\frac{C_{ti}}{C_{0i}}$ 即为第 i 种主要投入物的成本价格变化率；W_i 为第 i 种主要投入物成本在总成本中的权数（weight），各权数之和为 1（即 $\sum W_i = 1$，$i = 1$，2，3…n）。

3. X 值的确定

在模型中，参数 X 值的确定是一个难点。X 值的确定要考虑的主要因素是：①企业现有生产效率与城市公用产品先进生产效率的差距，如果现有生产效率较低，则挖掘生产效率的潜力越大，X 值也应较大，反之则越小。②城市公用产品生产的技术进步率。技术进步能降低成本，技术进步率应作为规定 X 值的重要因素。③管理效率。即考虑提高管理效率的潜力。X 值应综合反映根据企业的实际能力应该达到的生产效率增长率（或成本下降率），它应是企业通过努力不仅可以达到、而且能够超越的，以刺激企业努力降低成本。

4. Q 值的确定

质量系数 Q 的最大值一般为 1，如果企业生产的城市公用产品完全达到政府规定的标准，而且，通过城市公用产品消费者抽样调查，企业的服务质量水平也较高，则质量系数为 1，否则，按照实际质量水平确定 $Q < 1$。如果管制者难以客观确定 Q，也可以在价格模型中暂不考虑这一项，而根据具体情况实行经济制裁。

5. r 值的确定

模型中的 r 为销售利润率，如按照国家计委、建设部关于印发《城市供水价格管理办法》的通知，企业净资产利润率不得高于 6% ~ 8%。据此，在确定初始 r 值时，也可以参考净资产利润率和销售利润率的转换值，即：

$$利润额 = 净资产额 \times (6\% \sim 8\%) = 销售额 \times r$$

$$r = \frac{净资产额}{销售额} \times (6\% \sim 8\%)$$

r 值确定后就应相对稳定，把企业的“兴奋点”引向如何通过努力，使企业的实际生产效率增长率超过政府规定的 X 值上。

在模型中，不是以投资利润率而是以销售利润率决定企业的利润水平，其主要理由是为了避免在投资利润率下企业可能发生的过度投资，从而产生低效率的 A－J 效应。而且，对企业投资所形成的资产额的正确核算也是一件比较复杂的管制工作。相比之下，销售利润率比较客观，因为销售额的大小取决于销售量和销售价格，其中销售价格受政府约束，而销售量受市场约束，企业要增加销售量就必须通过增加投资、扩大经营范围、提高产品或服务质量等措施，以更好地满足市场需要。

从总体上说，这一管制价格模型能刺激企业自觉提高生产效率，降低成本，使消费者能享受到较低的价格。政府能使企业获得合理的销售利润，而且，只要企业实现的生产效率高于政府规定的生产效率，企业就能获得较多的利润，从而使企业具有一定的发展潜力。所以这一管制价格模型能实现促进社会分配效率、刺激企业生产效率和维持企业发展潜力这三大价格管制政策的目标。

参考文献

[1] 刘树杰主编《垄断性产业价格改革》，中国计划出版社，1999。

[2] 王俊豪等：《中国自然垄断经营产品管制价格形成机制研究》，中国经济出版社，2002。

[3] 王俊豪：《中国基础设施产业政府管制体制改革的若干思考》，《经济研究》1997 年第 10 期。

[4] 王俊豪：《A－J 效应与自然垄断产业价格管制模型》，《中国工业经济》2001 年第 10 期。

[5] 肖兴志、陈艳利：《论公用事业的有效成分定价规则》，《经济与管理研究》2004 年第 4 期。

[6] 许光建、李秋淮：《市政公用事业特许经营中的价格管制问题研究》，《价格理论与实践》2004 年第 4 期。

[7] Baumol, W. J., 1977, “On the Proper Cost Test for Natural Monopoly in a Multi-

product Industry", *American Economic Review*, 67, pp. 809 – 822.

[8] Greenwald, B. C., 1984, "Rate Base Selection and Structure of Regulation", *Rand Journal of Economics*, 15, pp. 85 – 95.

[9] Hillman, J. and Braeutigam, R., 1989, Price Level Regulation for Diversified Public Utilities, Kluwer, p. 37.

[10] Littlechild, S., 1983, *Regulation of British Telecommunications Profitability*, London: HMSO.

[11] Robinson, C. (ed.), 2002, *Utility Regulation and Competition Policy*, Glasgow: Edward Elgar Publishing Limited.

大宗商品市场的金融属性与价格运行问题研究综述

张群群*

内容摘要 基于国内研究现状，回顾并评述有关大宗商品市场的金融属性以及相关价格运行问题的研究文献。以石油、黄金、铁矿石和粮食等为例，梳理学界对大宗商品市场的金融属性或金融化趋势的研究视角，兼及中国在国际大宗商品定价过程中的地位、作用和影响等方面的研究成果。现有研究注重考察金融属性在交易主体及交易行为和交易工具方面的表现，而在大宗商品的交易机制、定价体系和交易关系的治理与规制方面的研究存在不足。定价权研究则须统筹贸易与金融，综合考虑大宗商品的定价机制、产业组织和市场体系。

关键词 大宗商品市场　金融属性　定价权　价格运行

一　引言

近年来，国际大宗商品的价格，先是经历了较长时期的大幅上涨，随后因为全球金融危机的蔓延而急剧下跌，后来又因为许多国家实施大规模的经济刺激计划，加之一些经济体出现筑底回稳和初步复苏的迹象，而再次呈现需求反弹和价格骤升的态势。随着投资经验的日积月累，根据经济

* 张群群，经济学博士，中国社会科学院财政与贸易经济研究所价格研究室主任，研究员，中国社会科学院研究生院教授、博士生导师。主要研究领域为市场与组织、产业经济学、金融市场与监管、价格理论与应用。

周期波动不同时段的具体特点，机构投资者把大宗商品作为择时投资决策中重要的投资对象和避险工具，因而大宗商品早已不再只具有单纯的商品属性。在价格大幅度剧烈波动的背后，大宗商品市场出现的这些变化，值得加以密切关注和深入研究。

作为能源和重要原材料的进口大国，中国开始努力争取大宗商品进口的国际定价权。然而，由于市场形势的剧烈变化和种种复杂因素，在一些重要矿物原料的进口谈判中，争取定价权的努力又往往表现得进退失据，坐失良机，最后一步步陷入被动处境。与此同时，国内大宗商品市场则出现了大规模囤积现货和投机炽盛的危险信号，几乎完全消解了在进口谈判上所做的努力；信贷资金有相当大的比例，没有进入实体经济的良性循环之中，反而对大宗商品的价格暴涨推波助澜，再次为一般物价水平的波动和经济复苏埋下隐患。

这些情况提醒我们，形成和获得定价权，不仅仅是靠谈判桌上的据理力争，还需要在完善大宗商品的市场体系、优化市场结构、增强相关衍生品的开发与创新能力、提高交易价格的权威性、密切金融部门与实体经济的联系以及适时适度地抑制过度投机等方面，付出巨大的努力。

为吸取金融危机的教训，欧美一些国家的市场监管部门，已开始讨论投机者对能源市场的影响，并把加强对能源等大宗商品衍生品交易的监管，作为当前的紧迫任务；中国银行监管部门也适时推出一系列措施，力图进一步加强银行业金融机构与机构客户交易金融衍生产品的风险管理。然而，综合国际和国内的市场情况来看，在券商和机构投资者大举进入商品期货市场的情况下，大宗商品市场作为一个整体可能还存在着监管上的漏洞和盲点。

为了深化国内对大宗商品市场金融属性和国际定价权的认识，本文回顾了有关大宗商品市场的金融属性以及与此密切相关的价格运行问题方面的研究文献（以国内研究文献为主），并加以简要的分析和评论，目的是为学术界和专业界的同行们今后在这一领域进一步深入开展研究工作提供一些基础资料，以利于研究者把握科学的研究视角，瞄准具有发展潜力的研究方向。

二　大宗商品市场的金融属性问题

（一）国外对大宗商品市场金融属性的基本认识

国外历来重视大宗商品价格特别是商品期货价格所传达的经济信息。

例如，美国商品研究局（Commodity Research Bureau）依据世界市场上22种基本的经济敏感商品价格，编制了国际大宗商品期货价格指数（简称为CRB指数）。该指数包括了核心商品的价格波动，因此，从总体上反映了世界主要商品价格的动态信息，较好地反映了生产者价格指数（PPI）和消费者价格指数（CPI）的变化。CRB指数与通货膨胀指数、债券收益率在同一方向上变动，是通货膨胀的早期预警指标，与经济波动具有较强的趋同性，反映着经济发展的趋势。大宗商品价格变动所传达的经济信息与投资决策活动密切相关，各类投资者一般都把CRB指数作为投资决策的重要参考指标。

把大宗商品作为投资工具是该类商品金融属性最直观的表现。无论是在理论上，还是在实践中，人们公认，黄金等贵金属和原油等在大宗商品中的金融属性和避险保值功能最强，与之接近的是有色金属类工业与矿业大宗产品。有关研究表明，投资者在商品期货市场上获得的利润要比在证券市场上获得的多。

国外机构投资者目前广泛使用的美林投资时钟模型（Greetham和Hartnett，2004）中，在美国经济过热阶段，经济增长率和通货膨胀率上升，企业生产能力增长趋缓，开始面临产能约束。此时，中央银行的货币政策开始收缩，不利于证券投资。而大宗商品这样的实体资产被认为是这一时期最佳的投资选择，会有超过大市的赢利表现。金融危机发生之前，国际大宗商品价格持续上涨，就与国际经济体系中流动性过剩，各类投资主体借助大宗商品交易，对冲通货膨胀和美元贬值的投资行为密切相关。在缓滞（reflation）阶段（即放松银根以使经济复苏的阶段），典型的例子就是最近这次席卷全球的金融危机发生之后，由于原油、天然气等大宗商品价格狂泻，此时投资于大宗商品通常是不利的。

金融危机发生之后，不少投资分析师强调，在价格迅速波动时，更应看重初级商品长期的供求基本面，因此建议利用国际大宗商品作为投资避险工具。可用作“避险”型投资品种的大宗商品包括：预期相对较稳定的黄金和铀、在资本市场上价格拐点通常比实际提前两至三个季度的金属、类似钾肥这样的农业肥料以及钻石这种利润率最高的初级矿物产品（特蕾西·赛伟乐，2009）。至于最近大宗商品市场的情况，有机构（如高盛）提出警告：金融危机已经得到缓解，而大宗商品的危机还没有过去。以大宗商品作为投资对象的交易活动和择时投资行为，充分体现了大宗商品的金融属性。

（二）国内对大宗商品市场的金融属性的研究

关于大宗商品交易和市场的金融属性问题，国内的相关研究侧重于以下几个主题。

1. 从投资功能即大宗商品成为一个投资品种来理解大宗商品交易的金融属性

中国国内机构投资者对投资时钟的应用与研究，曾得出了与最初版本的美林投资时钟模型略有不同的结论，如在衰退或缓滞后期，如果利率由于大宗商品等的价格上涨而开始呈现上升趋势时，大宗商品有可能会带来良好的投资收益（王栋贵，2009）。

国内研究者（如刘翔峰，2008a、2008b）强调，全球大宗商品价格持续上涨，由于大宗商品和利率、汇率的关系愈加密切，其金融属性日益凸显。期货市场诞生之后，相应的商品市场本身成为金融市场的一部分，石油和铜等大宗商品期货也就具有了金融产品的属性。因为商品市场回报丰厚，很多国际大型投资银行和商业银行都有专门的商品部门，专门投资于商品市场或为客户的商品投资进行管理。成为投资品种和新兴资产之后，商品价格与市场整体的资金供给具有一定关系，金融机构涉足日深，大宗商品的金融属性更加明显了。

刘翔峰（2008a、2008b）以金融产品的“实物化特征”这一相反的角度，概括和描述商品市场吸引大量新增投资流入的现象。金融与贸易的紧密结合，国际金融机构提高商品市场的资产配置比例，金融资本大量投资于商品期货成为金融资本运作的新特点。在笔者看来，从金融角度所说的金融产品的“实物化特征”，从商品角度来看，也就是大宗商品的金融化或其金融属性的增强。在此基础上，刘翔峰（2008a、2008b）进一步指出，大宗商品价格变动与国际利率和美元汇率负相关，因此，全球流动性过剩和发达经济体实施的低利率政策，在现有国际金融秩序下弱势美元政策带来的美元的持续贬值，恰恰是大宗商品价格持续暴涨及其金融属性凸显的推动因素。为积极应对这一局面，我国应增加大宗商品战略储备，实施外汇储备投资组合的多样化策略，积极发挥大宗商品的金融期货的功能，积极发展期货市场，创新金融工具，设立大宗商品基金。

2. 从市场体系和定价机制的变化来理解大宗商品市场的金融属性，综合考察具体品种大宗商品市场的金融化发展趋势

还有一些文献（如张宏民，2009；刘山恩，2000；王光伟、潘铁民，

2005；田传战、姚德良，2008）针对具体品种的商品市场如石油市场、黄金市场等的金融属性和交易方式进行了阐述。难能可贵的是，国内的研究者并不是在一般意义上理解和论述大宗商品市场的金融属性，也没有仅仅根据存在着基于大宗商品的衍生品市场，对金融属性做片面化的理解。对大宗商品定价体系演变过程的历史还原，对商品现货市场和衍生品市场、商品市场与金融市场之间复杂的相互作用关系的准确把握，无疑有助于全面理解大宗商品市场的金融属性。

（1）石油市场的金融化趋势。张宏民（2009）系统回顾了国际石油价格体系的历史演变过程，概述了国际石油衍生品市场的发展现状，在此基础上提醒我们，真正意义上的自由交易的国际石油市场只是在最近的40年里逐步形成的。国际石油市场及其价格体系的演变先后经历了采用不同定价体系的四个阶段，即早期的西方发达国家跨国公司控制石油价格的殖民定价体系；20世纪60年代石油输出国组织（OPEC）成立之后逐渐形成的OPEC官方定价体系；20世纪80年代之后出现的以市场供需为基础的多元定价体系，以及目前以期货市场为主导的石油定价体系。这几种不同的石油定价体系之所以能在特定时期形成并发挥作用，是因为特定的国际政治格局、国际经济态势、市场组织体系创造了条件。石油市场的金融化演变趋势，是在上述历史脉络中，在石油衍生品市场快速发展的背景下呈现出来的。

石油市场的金融化趋势表现为四个方面（张宏民，2009）：①银行与基金等金融机构对石油市场的参与日益加深，石油成为金融机构投资组合的重要组成部分；②在石油期货市场的发展和石油定价规则的制定方面，许多国家展开了激烈的竞争；③石油期货价格成为国际石油市场与石油贸易最重要的基准价格；④石油衍生品的创新不断走向深化，金融机构为市场提供了品种繁多的个性化的风险管理工具。石油市场金融化的这四个表现概括得较为全面。金融机构投资于石油、石油市场以期货价格作为基准价格以及石油衍生品的发展，这三个方面通常易于受到各界的重视。而从石油定价机制和定价体系的角度来认识金融化，并把国家之间围绕发展石油期货市场和制定石油定价规则的竞争纳入视野，显著深化了石油市场金融化研究的层次。

（2）黄金和黄金市场的金融属性。国内学术界对于黄金和黄金市场的金融属性的认识，随着中国黄金管理体制的改革和黄金市场的发展进程不断走向深化。刘山恩（2000）指出，黄金商品论是1993年发起的针对黄金统收专营体制改革的理论武器，然而，黄金市场化改革的深入发展逐步显示了黄金商品论的局限性。黄金市场体系包括黄金现货市场、黄金期货市场、黄金期权市场和黄金融资信贷，因此从总体上看，黄金市场是一种金融性市场，以金融衍生物的交易为主导，与货币市场、外汇市场和资本市场存在着密切的关系。

黄金市场的金融属性源于交易标的即黄金的金融性，而黄金的金融性体现在（刘山恩，2000）：①黄金非货币化弱化了黄金的货币职能，但没有使黄金完全退出金融领域，也不等于使黄金成为一般性商品。②即使在制度层面上存在着黄金非货币化运动，但同时也存在着黄金货币化的潮流（尽管并没有构成主导性潮流），这在一定程度上反映着当今经济生活的多样性。③黄金金融衍生物是黄金市场交易的主体，其交易量占交易总量的90%以上，表现为黄金价值量的不断放大和金融资本的扩张性，从而展现出强烈的金融性。④黄金交易工具的创新扩大了交易规模，也使黄金成为银行信贷融资业务的一个组成部分。⑤黄金良好的变现性和安全性，使黄金成为应付突发事件的最好的金融避险工具。因此，黄金仍具有很强的金融性，仍是国际公认的金融资产；在黄金市场中金融衍生物工具与融资工具居于主导地位，在此情况下，黄金市场应定位于金融属性主导的市场，而不是一般商品市场。

王光伟和潘秩民（2005）强调，在非黄金本位的今天，黄金仍然具有金融属性，只是这种属性更多地体现在投资与保值方面，从而使黄金市场在世界金融体系中依然具有独特的地位与作用。黄金的价格变化仍是衡量信用货币价值和追踪通货膨胀的一种工具，从而成为评价经济运行的参照物。黄金市场和外汇市场之间的套利均衡机制，使之仍然在货币定价中发挥重要作用。由于黄金、货币与外汇三者之间的便利互换关系，黄金市场得以与货币市场、资本市场和外汇市场并列成为的四大金融市场。从国际黄金市场交易情况来看，黄金投资使用的交易标的物主要是衍生品，实金交易只占3%左右。黄金金融衍生品的交易数十倍地扩大了市场的交易规模，使黄金市场成为一个金融性主导的市场。与其他金融资产的价格波动与风险特征相比，黄金的负相关性和低波动性，使之具备保值功能，在分散风险方面具有很高的效率，因而成为资产组合中的有益组成部分。

田传战和姚德良（2008）对世界黄金期货市场、工具和法规政策环境做了较为系统的比较分析。这项研究突出强调了黄金具有商品、货币和金融等多重属性，几乎可以与所有金融产品互换，具有极强的流动性。他们认为，在目前中国金融体制下，黄金期货架起了一座连通商品市场与金融市场的桥梁，为商业银行、证券公司、基金、信托等金融机构参与商品期货交易提供了渠道和工具。中国黄金期货市场的发展应针对自身的市场特征，以机构投资者为重心，积极拓展更多的机构投资者参与期货交易；同时，应以黄金期货为依托，加强与商业银行、保险公司、资产管理公司、信托、证券公司、基金等合作开发更多黄金理财产品，延长并拓展产业链，做深做强黄金期货。此文的核心是在坚持黄金期货市场金融属性的前提下，探讨如何借鉴国际经验，使中国的黄金期货市场深入发展，为日后成为国际性的黄金期货市场创造条件。

（3）铁矿石定价机制的金融化趋势。过去不存在期货交易机制的大宗商品市场是否具备金融属性？假如仅以是否具备期货交易机制或投资功能来判断大宗商品的金融属性，那么，就不容易看透这个问题背后的深意并给出准确的答案。恰好近几年我们正在经历国际市场上铁矿石定价机制的剧烈变化，铁矿石的国际贸易秩序和定价方式的变迁，为我们深刻认识这一问题提供了绝佳的例子。

在过去数十年里，铁矿石储量丰富，价格稳定。铁矿石的矿产商和钢铁生产商从20世纪60年代起实施长时间谈判和签署年度合约的制度。按照这种传统的铁矿石定价机制，在年度谈判中，只要一家矿产商和一家大型钢铁企业率先谈成了合约价格，其他企业就要接受这个价格。进入21世纪，由于发展中经济体对大宗商品需求的迅速增长，大宗商品的经济和地缘政治重要性日益上升。对钢铁的巨大需求，使铁矿石的国际贸易量激增，铁矿石海运市场的规模在10年间翻了一番。这种强劲的增长势头，在长期协议市场之外，催生了规模可观的铁矿石现货市场。而铁矿石现货市场的发展，使矿产商和钢铁生产商能够根据现货市场行情来确定合约价格，这一点在铁矿石定价机制的改革中起到了关键性的作用（哈维尔·布拉斯，2010b）。

基于年度谈判的长期协议定价体制下，并不存在铁矿石的期货市场，那么，铁矿石市场是否表现出金融属性呢？在笔者看来，铁矿石市场的金融属性是随着现货市场的发展逐步呈现出来的。哈维尔·布拉斯（2010a）指出，在过去那么多年里，矿产商之所以愿意将基准年度合同价格设定在低于现货价格的水平，是因为他们认为，如果钢铁生产商能够保证采购数量，就可以补偿较低的收入。长期稳定而价格较低的铁矿石供应渠道，对于钢铁生产商来说当然是有利的。因此，在几十年里，虽然每年度的铁矿石价格谈判始终存在不小的难度，但矿产商和钢铁生产商之间始终存在着这种默契。

然而，这种默契因席卷全球的金融危机对大宗商品市场的巨大冲击而开始瓦解。2008年末至2009年初，铁矿石现货市场价格跌破年度合同价格，世界各地的钢铁厂商纷纷违背承诺。日本、韩国和欧洲的钢铁厂商减少了购买量，而中国钢铁厂商则彻底抛开了年度合同，转向现货市场寻求较低的价格。布拉斯（2010a）的评论切中要害——在这种情况下，“矿产商们惊恐地发现，他们以为达成的是远期合同协议，实际上却是给钢铁业提供了自由买入期权——有权以固定价格买入，但没有义务非要买入”。这意味着，铁矿石的远期供货合约演变为一种买入期权，矿产商担负着履行合同的绝对义务，而买方则自由决定通过远期合同进货还是转向现货市场。在市况不佳时，矿产商的利益受到损害。而在市况较好时，矿产商又会因为较高的现货价格和较低的年度合同价格之间的巨大差异，而丧失自身利润增长应有的弹性。

笔者认为，铁矿石远期合同沦为自由买入期权的现实表明，铁矿石年度谈判的长期协议定价机制，已不适应现货市场价格的运行现状；同时，现有的纯商品定价机制，已无法有效解决长期协议价格所没有涵盖的价格风险分担与问题规避。价格风险的频繁出现和长期协议有关当事方的背信违约现象表明，在铁矿石的商品性定价机制之外，还需要有金融性的风险定价机制。究其根本，是铁矿石市场本身的金融属性，呼唤并催生了铁矿石金融衍生品的创新和交易，而不是因为以下事实——2009年4月，新加坡交易所推出全球第一个铁矿石掉期结算合同，2010年7月美国纽约商品交易所推出针对中国进口的铁矿石掉期期货交易，赋予了铁矿石市场的金融属性。

国际铁矿石市场正在经历风险分担机制的再造过程。这一刚刚起步的过程，最初包括缩短合同期限，增加议价频次，改变参考价格基准，即废除年度合同基准价格制，把年度谈判转变为季度谈判，以现货价格作为参考价格，使远期定价机制向现货价格靠拢。接下来必将包括其影响既深且巨的一系列变化，如衍生品合约的出现，先是场外的掉期合约，然后是期货合约，使消费者和生产商能够借此对冲价格波动风险。布拉斯（2010b）的评论一语中的，铁矿石定价方法的“这种变革在大宗商品市场并不新鲜，而是有例可循的。如20世纪70年代末期原油定价机制改革，20世纪80年代初期铝定价机制改革，以及21世纪初的动力煤定价机制改革等”。

中国学者同样敏锐地捕捉到了铁矿石定价走向短期化和金融化的

趋势。

刘向东（2010）指出，铁矿石供应商积极推行季度定价机制，铁矿石“短协价”逐步向现货价靠拢，在此背景下，“根据石油等成熟大宗商品定价的演进和趋势，场外定价必然逐渐过渡到现货或期货方式的场内定价，事实上铁矿石市场也正朝着这个方向演进”。由于“短协价”机制会加大铁矿石价格波动风险，可能推高钢价并压缩钢铁厂商的利润，增加上下游关联行业的波动性，作为应对策略，除了投资参股铁矿石厂商获取权益性资产补偿，与矿产商改善关系并签订更长时期的供货合同之外，可以利用金融衍生品市场，对冲铁矿石涨价波动。新加坡交易所推出的铁矿石掉期结算合约，美国纽约商品交易所推出的针对中国进口的铁矿石掉期期货交易，都可用来对冲铁矿石现货市场价格波动的风险。此类金融衍生工具的出现，也被看做铁矿石资源的金融化特征的明显表现。

刘向东（2010）建议，加快发展矿产类金融衍生品市场，围绕铁矿石产生的金融链条，重点有序地发展钢材、铁矿石等掉期交易、期货金融衍生品市场，特别是要加快促成健全钢材期货市场，建立铁矿石掉期市场，积极研发金融衍生品的交易标的——铁矿石综合指数，形成能够避险的“防火墙”体系。

安毅和常清等（2010）从战略高度分析了国际铁矿石垄断企业对于铁矿石定价机制变革的清醒认识和战略考虑，论证了在铁矿石国际定价模式发生转变的背景下，铁矿石定价指数化发展为中国带来的新机遇，以及在中国开展铁矿石指数期货交易的意义。这项研究简要地比较了目前国际大宗商品基本定价机制的异同，指出过去铁矿石领域的价格确定仍局限于传统方法，主要是供求双方根据各自信息和谈判能力协商解决，缺乏期货市场的定价指引。然而，国际铁矿石垄断企业已经清醒地认识到，随着需求结构的不断变化，铁矿石定价的指数化和金融化发展是一种必然趋势，必须抓紧时机，利用自身的垄断地位和握在手中的定价权，加快推动铁矿石交易的指数化定价改革，为争夺定价权奠定雄厚基础。这项研究一针见血地指出，抛开年度长期协议定价机制之后，现在所采取的“季度协议定价只是一种过渡或者探索模式，铁矿石垄断企业更深层次的战略目的则是：通过以周期更短且与现货市场指数挂钩短期合约取代‘年度合约’，全面推动铁矿石交易的指数化和金融化发展，以便其股东从其他途径获得巨大的金融利益”。

安毅和常清等（2010）认为，当前国际铁矿石领域的定价体系将呈现三大特征：一是协议短期化；二是定价指数化；三是交易金融化。在他们的论述中，交易的金融化是指“金融资本会因为协议价格的指数化和指数在市场上的交易，而不断介入铁矿石互换和指数期货等衍生工具领域，使铁矿石价格中不断融入更多的金融资本因素。”即铁矿石交易的金融化，是以铁矿石国际贸易协议价格的指数化和指数交易工具的存在为基础，以金融资本介入铁矿石金融衍生品市场领域为中介，以铁矿石定价机制和价格形成中金融资本因素的融入为核心属性和基本特征。也就是交易的金融化表现在交易主体、交易标的和交易工具、价格机制和价格信号的信息特征等这几个方面。为此，应对铁矿石领域定价机制变化的思路，首先就是要奠定铁矿石交易金融化的基础条件，即“加快研究制定出被国际市场认可，且具有权威性的中国铁矿石价格基准指数，让中国指数成为影响铁矿石定价谈判的基础数据”（安毅和常清等，2010）。

董方军和袁伦渠（2009）主要借鉴新制度经济学关于契约关系有效治理的分析框架，详细描述了国际铁矿石市场的契约安排频谱以及交易双方对契约安排的选择过程，这项研究为审视和阐释铁矿石及其他初级产品市场的价格机制及均衡过程，提供了一个崭新的分析视角。他们认为，国际铁矿石市场的所有契约安排可被串联成一条连续渐变的契约安排频谱，从纵向一体化过渡到现货交易，买卖双方联系的紧密程度和价格机制的刚性也由强转弱。此文虽没有论及定价的金融化趋势，但的确是一篇非常重要的、展现出广阔发展前景的研究文献，值得给予高度重视。

（4）粮食市场的金融属性。在有关粮食价格与粮食定价权的文献中，部分内容涉及粮食市场的金融属性问题。

王文涛（2010）在分析我国大豆定价权缺失的原因时指出，我国进口大豆一向以全球大豆定价中心——美国芝加哥商品交易所（CBOT）的交易价格为基准，但是，因为国内只有少数“国字头”的企业可以在期货市场上从事套期保值业务，加之中国大豆产量占世界比重不大，国内大豆压榨企业缺乏一套成熟的境外采购策略，所以，中国对 CBOT 大豆定价机制的影响力十分微弱，或者说，所造成的影响也大多是对自己不利的影响。为了扭转这一被动局面，要鼓励更多的企业在国外期货市场上做好套期保值；同时，要建设好大连期货所，发展机构投资者以完善投资者结构，把中国建设成全球真正的定价中心。这样的分析和建议并非只是从粮食现货市场来论述定价权，而是充分注意到了国内外粮食期货市场在形成交易基准价格和提供避险机制两个方面的重要作用，注意到了金融资本和机构投资者在增强期货市场活力上的作用，这些认识都暗含着对粮食市场金融属性的朴素理解。

陈晓航等（2010）指出，全球粮食的定价中枢在芝加哥商品交易所。既然定价权掌握在别人手中，当跨国粮商和国际炒家在市场上呼风唤雨时，更多的粮食出口国和进口国只能被动应对粮价波动，因为他们根本干预不了市场波动。作为确定全球粮食价格的中枢，美国芝加哥商品交易所并不是简单意义上的粮食交易场所，而是囊括了农民合作社、基金、交易商和粮食加工企业在内，把产、供、销、运、贷款融资、风险分摊和期权交易集于一身的庞大综合体。即使有的发展中国家拥有近乎同样历史悠久的粮食交易所，如阿根廷的布宜诺斯艾利斯粮食交易所和罗萨里奥粮食交易所，但在粮食定价权的问题上仍然要看美国芝加哥商品交易所。地位稳固的粮食定价中心必然要背靠本国强大的粮食种植资源，还要依托交易所开办国雄厚的金融实力。相反，丧失粮食生产自主权的国家也将丧失消费自主权，并使自身脆弱的粮食安全暴露于粮价波动的巨大风险之下。

谢昊男（2010）分析了国际金融危机下的价格波动与传导机制，在具体讨论当前开放粮食出口和放开粮食定价权的潜在风险时，明确指出了粮食的金融属性逐渐增强的趋势。从其具体的分析过程来看，粮食成为金融资本特别是国际游资的投资工具和投机炒作的对象，被当做粮食金融属性的直观表现。首先，粮食价格的金融属性体现在粮食价格形成的过程中，而金融属性的增强则表现为商品期货价格的走势对现货市场的引导性加大；其次，金融危机的发生对国际粮价的影响，主要表现为由于粮食经济下滑导致投机资金的撤离。即金融资本特别是投机资金的介入或撤离，是粮价金融性一体两面的表征。而中国当前开放粮食出口和放开粮食定价权的风险表现在我国期货市场没有定价权的条件下，国际游资对中国粮食市场可能造成冲击。由此导出的控制手段，则是要把握粮食定价权，把好粮食出口关，适度地对粮食及农产品价格实施相应的调控，以防止国际游资的投机行为。这项研究主张“建立以粮食市场为先导的统一开放、竞争有序的现代粮食市场体系，增加我国期货市场在国际粮油市场中的影响力和话语权。”从文中具体的叙述语境可以看出，研究者对于粮食的金融属性的理解大致包括三个层面：一是粮食成为投资工具和投机对象；二是国际游资介入粮食市场；三是除现货市场外，完整的粮食市场体系包括了粮食期货市场。

3. 小结：对大宗商品市场金融属性的观察视角

根据现有文献已经取得的研究成果和本文作者的理解，对大宗商品市场金融属性的考察和理解，概括起来包括以下几个不同视角。

（1）交易主体及其交易行为：谁参与大宗商品市场的交易活动？交易主体涉及：商业交易者与非商业交易者；传统交易者与金融机构参与者。而基本的交易行为则包括：套期保值与投机或投资。

（2）交易对象：交易什么？大宗商品市场交易标的的发展与变化，即从纯粹的商品发展到兼具商品与金融双重属性的商品衍生物，再通过金融创新开发出纯粹金融性的衍生工具。

（3）交易机制与定价体系：场内交易与场外交易；集中竞价与分散定价；现货价格、远期价格、期货价格与期权价格等。

（4）交易关系的治理与规制：双边治理机制与有交易所介入其中的交易关系框架；配额生产、限产保价与自由竞争；政府对大宗商品市场的介入程度与规制方式（放宽监管尺度鼓励金融创新或加强监管，特别是针对商品衍生品的场外交易市场）。

（5）交易的目的、功能与作用：商业目的与金融目的；套期保值、分散及规避风险与投资或投机；锁定成本、锁定利润、锁定风险、追求风险收益。

（6）市场体系的构成与商品市场及其衍生品市场之间的关系。

上述不同的观察视角中，现有文献在谈及大宗商品市场金融属性时，绝大多数采取的是第（1）、第（2）和第（5）视角，少数文献兼及第（6）视角；能够对交易机制和定价体系的变迁进行历史还原和长时段分析的，属于第（3）视角，此类文献的观察和评论都比较敏锐，若是专业论文则颇具深度；第（4）视角较为罕见，应是理解大宗商品市场金融属性含义较为重要的研究角度，似有待于深入开掘。限于篇幅，对于上述不同视角下大宗商品市场金融属性含义的具体差别，笔者暂不做更进一步的分析和讨论。

三　大宗商品市场的价格运行问题

大宗商品市场的价格运行问题涵盖面较广，举凡大宗商品市场的价格决定（定价）机制、交易制度、市场体系不同组成部分之间的关系、商品市场与金融市场之间的关系、商品市场价格变动趋势与宏观经济运行之间的关系等问题，大致都可归类于价格运行的研究范围之内。考虑到本文的综述内容以大宗商品市场的金融属性为主体，加之篇幅限制，笔者在此仅仅概括涉及大宗商品市场与其金融属性密切相关的价格运行问题的研究文献。以下文献回顾极其精简，所选研究篇目一定不够全面，权且当做引玉之砖，期待学术界和实业界诸位同行，今后在研究大宗商品市场的价格运行问题时，能够更为重视此类市场的金融属性以及因此属性所带来的一系列新课题。

（一）中国如何争取获得大宗商品进口的国际定价权

在金融化的大宗商品市场的定价过程中，中国是否拥有定价权？悲观者常常慨叹，今日之中国是贸易大国、金融小国，其他的贸易和金融强国是掌握定价中枢之刀俎，中国作为价格接受者，只能是注定要牺牲自身利益的、刀案之间的鱼肉。当然，在此议题上也有乐观的声音。

1. 乐观的判断：中国市场从“影响因素”到“定价力量”

在这个专题上，最乐观的判断体现在常清（2009）一文中，这项研究通过对大宗商品国际和国内期货价格变动的对比分析，得出的结论是，由于世界经济格局的改变和中国经济的发展，中国市场对国际大宗商品价格走势的影响，已经从“影响因素”转化为“定价力量”。这篇论文特别注意到，在国际金融危机爆发之后，在2008年底到2009年初的一段时间内，中国的股市和大宗商品（文中涉及燃料油、橡胶、铜、大豆等品种）出现了与国际市场走势不一致的现象。分析表明，本轮大宗商品价格大幅下跌之后，是国内商品价格首先止住下跌的步伐，并引领国际大宗商品走出了一波上涨行情。而国际价格跟随国内价格趋势的情况此前从未出现过。该文指出，该现象的深意在于，“国内商品价格已经不再单纯被动地跟随国际价格走势，而是对国际市场价格开始有了引导作用，中国在国际大宗商品价格的决定上开始有了话语权”。“……我国的期货市场，也由‘影子市场’逐渐转变为‘定价中心’。”

2. 悲观的评价：中国大宗商品国际定价权的缺失

不过，多数研究者（胡旭，2005；王万山、伍世安，2006；黄先明、孙阿妞，2006；牛玉清，2007；王文涛，2010）都没有这么乐观，他们在研究中历数中国在原油、铁矿石和稀土等方面国际定价权缺失的种种表现，指出主要原因是缺少大宗贸易商品的市场定价中心、行业整合能力不足等，并主张建立和扩大紧缺性能源和重要大宗初级产品的战略储备，继续发展期货市场，逐步建成某些大宗贸易物资的国际价格中心。

国际铁矿石价格的上涨，使研究者们注意到，虽然中国对大宗商品的需求量日益增加，在进口市场上占有重要地位，但中国并没有掌握定价权。胡旭（2005）指出，我国大宗商品对外依存度日益提高，但是尽管我国已经成为全球大宗原材料、农产品及能源的重要进口国，对全球大宗商品市场具有一定的影响力，但这种影响力仅仅体现在需求拉动方面，并没有掌握大宗商品的国际定价话语权，不得不随时承担国际市场投机涨价的风险。为此中国必须谋划大宗商品的国际战略，在转变经济增长方式、建立采购联盟、对外直接投资、发展期货市场和提高人民币汇率等方面，采取有力的应对措施。

在研究中国争取大宗进口物资国际定价权问题时，王万山和伍世安（2006）突出强调了市场机制的基础性作用和政府应扮演的适宜角色。他们认为，我国大宗进口物资国际定价权缺失的主要原因是：①缺少大宗贸易商品的市场定价中心；②国内资源产品市场垄断；③缺乏抵御外国资本炒作的风险防范机制。该文的核心思想是——“国际定价权或是国际价格中心是市场完善和扩展的结果，而不能靠政府行为或是市场投机去获取，虽然政府的完善服务和合理政策必不可少。因此，对策研究的立足点应放在市场机制和政府服务完善上。”我国要改变不利的现状，“必须在建立起包括大宗初级产品在内的战略物资进出口管理体系，改革大宗进口物资的国内价格形成模式，通过公共支持和国际贸易服务，建立市场化的、合乎国际惯例和法律的价格调控机制”。争取大宗进口物资国际定价权的基本策略包括：①积极发展期货市场，适时推出一系列大宗商品期货品种，培育自己的定价中心；②建立和扩大紧缺性的能源和原材料储备，避免受制于人；③在资源方面坚持贸易与投资并举，实现资源供应多元化；④打破国内资源市场垄断，建立谈判协同机制。

为了争取大宗商品进口的国际定价权，黄先明和孙阿妞（2006）把应当采取的措施总结为“三位一体”的模式，即政府、行业协会和企业各司其职，密切配合，形成有效的协同体系，发挥在大宗商品国际定价中的合力，从国际战略高度来获取国际定价权。其中，在政府层面应采取的措施中，包括了充分发挥国内期货市场的功能，积极培育大型基金，鼓励企业进入国际期货市场等内容。

唐衍伟等（2006）、徐斌（2007）主张，在宏观层面上，要改革国内大宗商品的定价机制，改革进口专营体系，建立国际采购协调机制；在微观层面上，大力发展金融衍生工具，规避价格风险，加强行业自律，规范竞争秩序，组建企业联盟，形成有效的“价格卡特尔”体系。徐斌（2007）认为，传统的价格理论已不能指导我国争夺大宗商品国际定价权的实践了，在不完全竞争和垄断市场上，应运用博弈理论指导价格谈判。这项研究强调，要从产业组织视角来认识大宗商品的定价机制。同时，要想争取大宗物资国际贸易定价的话语权，就必须要有自己的定价中心，也就是能在世界大宗物资贸易中起主导作用的期货市场。所以，中国必须改革大宗商品的定价机制，建立和完善期货市场，大力发展金融衍生工具，积极利用期货等现有工具规避价格风险。

3. 审慎的观察：中国影响的多面性

近年来随着国内有关国际定价权的讨论日益增多，除极少数较乐观的判断外，绝大多数对于中国对国际市场大宗商品定价的影响做出了负面或悲观的评价。白明（2006b）以能源贸易（中国进口原油与出口煤炭）为例指出，中国对于国际市场定价过程自然会具有影响力，但这些影响到底是优质定价（相对于国际市场价格来说，中国在贸易中贱买贵卖），还是劣质定价（相对于国际市场价格来说，中国在贸易中贱卖贵买），却不能一概而论。他主张，针对这一影响过程的剖析必须一分为二。

白明（2006b）这篇论文把中国大宗能源类商品对国际市场定价的影响划分为三个环节：①形成国际定价权；②使用国际定价权；③开展实际业务。在第一个环节，中国能源企业的海外投资，通过具体的能源开发项目，“可以将自身对国际市场的影响力向贸易同行或者贸易伙伴延伸，相对节约共同影响国际市场定价的交易成本，通过对能源类商品定价影响力内在化延伸促动契约化能源定价合作”。在第二个环节，建立原油的战略储备，特别是在原油价格相对较低时，可将部分外汇储备转化为石油储备。在第三个环节，首先应尽可能争取改变当前中国对国际战略原材料市场的资金参与程度远远低于在实物层面上的参与程度这一现状，采取必要措施，使两种参与程度相互匹配。其次，虽然国内期货市场的发展“并不能直接使中国大宗能源进出口贸易过程实现定价优质化，但却增加了诸多企业特别是难以直接参与国际期货交易的中小企业在避险工具上的选择，有利于间接增加自身在国际市场上议价的自由度”。

难能可贵的是，在讨论定价权的问题时，一些研究成果强调了国际大宗商品市场的突出特征。白明（2006a）指出，国际市场上资源性商品的行情走势并非完全体现出供求双方的力量对比，例如国际市场上参与原油投机的资金规模就大大超过每年世界原油贸易额。黄兴年（2006）强调，国际大宗原材料市场是典型的寡头垄断市场，而不是完全竞争市场，大资本集团才是国际商品交易市场游戏规则与价格的真正制定者，并非完全任由市场自发地发挥作用。它们人为制造短缺或过剩，发布虚实相间的信息，诱导中小资本进入，合谋进行价格控制，从而把信息优势、资本优势转化为市场优势。而期货市场为资本集团更迅速高效地调配资源创造了便利条件，国内完善的期货市场与国际定价中心并不能画等号，反而是投机资本左右大宗商品价格的能力越来越强。归根结底，资本实力才是获取国际大宗商品定价权的前提与关键。

李艺和汪寿阳（2007）较为系统地研究了大宗商品的国际定价权问题。他们极为冷静而清醒地指出，定价权的基础在于价格决定；争取定价权的目的在于形成合理的市场价格，而不是操纵市场价格；有关定价权问题的应对策略必然具有广泛性和综合性。这项研究既触及了大豆、铁矿石、石油、稀土和铜的定价权问题，也深入地探讨了中国期货市场的发展、定价中心的建设、企业参与等问题，并把大宗商品定价权与维系国家经济安全的主题紧密联系起来。

此外，还有一些学者针对具体品种的大宗商品讨论定价权问题。如针对铁矿石的研究文献有张宗成和王骏（2005）、王建军（2007）、何维达和万学军（2008）、王腊芳和赖明勇（2008）；针对粮食进口的文献有杨燕和刘渝琳（2006）等。

综合上述看似观点对立或主题各有侧重的研究文献，可以看出日后深化大宗商品国际定价权研究的几个可能路径：①从深化改革和扩大开放的高度，研究如何增强中国在国际大宗商品定价方面的积极影响；②以现有的国际经济秩序和国际市场惯例为起点，探索中国在大宗商品国际贸易和国际定价过程中维护自身利益的有效途径；③全面深入地研究大宗商品市场的金融属性在商品及其衍生品定价方面的学理机制与政策含义；④统筹商品市场、货币市场与资本市场，统筹国际贸易和国际金融，以大宗商品定价权问题为切入点，实现中国大宗商品价格制度与国际通行制度的接轨；⑤综合考虑定价机制、产业组织和市场体系，力求使中国大宗商品的生产、流通与贸易、消费体系具备稳固长久的国际竞争力。

（二）价格传导机制，特别是国际大宗商品期货价格与中国物价变动的关系

周望军等（2006）回顾了价格传导问题的研究文献并进行了量化分析，指出国际价格变动通过货币和贸易两个传导途径，仅需一两个月即可体现在国内工业品出厂价格上。张翼（2009）基于 CRB 指数的实证分析，

认为CRB对我国RPI（原材料、燃料、动力购进价格指数）、PPI（生产者价格指数）具有明显的传导关系，并发现CRB可以作为通货膨胀预警和宏观经济监测的先行指标。任泽平等（2007）基于投入产出价格模型，分析了原油价格波动对中国物价的影响和传导机制。佘升翔（2007）则站在经济社会可持续发展的角度，论证了国际油价长期被低估的属性。吴奉刚和王芙蓉（2009）、温博慧（2008）分别以中国上海和英国伦敦黄金市场为例，研究了国内外黄金市场风险传染、价格波动性及其演化问题。王文杰等（2009）分析了金融海啸下我国黄金期货市场的波动性，其经验研究表明，美元指数、原油价格与国际股市的波动都显著影响了上海黄金期货市场的波动，同时美元指数与美国国债收益率对黄金期货收益率有明显的负向影响。这些着眼于国际市场与国内市场之间价格传导机制的研究，从不同侧面揭示了大宗商品金融属性的表现及其对中国物价变动的影响。

（三）国际和国内大宗商品的价格走势

不少经济分析师预计，随着中国经济保持回升势头，大宗商品的“中国故事热”将再兴起。国外观察家认定，中国央行承诺实施的宽松的货币政策，带动了整个大宗商品市场强劲反弹。周人杰等（2009）注意到，2009年上半年有色金属进口量迅速增长，现货与期货价格急剧上升，现货市场出现了交易商和生产加工企业甚至与有色行业毫无关系的经营者大量囤货的现象。在这一现象的背后，有的利用银行融资支撑，而券商和私募基金也大规模地参与了商品期货交易。这种情况有可能超出了实体经济的承受范围，也可能导致价格的剧烈震荡，从而伤害到实体经济。

值得注意的是，关于大宗商品的金融属性，特别是机构投资者广泛介入大宗商品市场，是否导致价格上涨的问题，国内学术界有相当多的研究者认定，金融资本的全面渗透即金融投资或投机推高了大宗商品的价格，同时还往往愤怒地抨击国际金融资本炒作大宗商品给中国带来的负面影响。国外一些评论（布拉斯和钟，2008）以及OPEC（2006）的报告和美国商品期货交易委员会（CFTC，2008）的证词（还可参见张宏民，2009，第54~89页）对此有不同的判断。CFTC认为，没有证据说明价格上涨与机构投资者有关；基本面供求因素，加上正在贬值的美元，才是市场走势背后的主要原因。另外，各种大宗商品的价格全面上涨，不只是那些在成熟的期货市场中交易的原材料，还包括那些不存在大量投机性投资的大宗商品。OPEC（2006）在正式的研究报告中认为，投机不是高油价的主要原因，油价的趋势还是由基本面决定的。CFTC（2008）的研究认为，原油与农产品的价格上涨并不是投机者系统性推动的；原油与农产品市场中投机者是趋势跟随者，而不是趋势创造者。国内研究者日后在研究中应该对这些文献给予足够的重视。

综合来看，现有文献在大宗商品国际国内价格的相互影响和传导机制、期货价格与现货价格之间的关系、进口谈判与定价上存在的问题等方面，所做的研究比较深入和系统。部分文献开始重视大宗商品交易的金融属性，但讨论还不深入。个别文献开始注意到国际大宗商品市场在结构、组织和运行上的特殊性，但现有分析还不成体系。另外，对于大宗商品交易的金融属性、市场特征对价格运行的影响尚缺乏具体、细致、全面的分析和讨论。

四　总结

前文中所做的文献回顾，以大宗商品市场的金融属性以及与之密切相关的价格运行问题为主线。其中，分析大宗商品市场的金融属性问题的研究视角，以及与此相关的大宗商品国际定价权研究的可能路径，是最有价值的评论点。

（一）大宗商品市场金融属性的观察视角

绝大多数现有文献采取的是考察交易主体及其交易行为、交易对象和交易的目的、功能与作用这三个视角，其中少数文献能够兼顾市场体系的构成与商品市场及其衍生品市场之间的关系这个视角。

少量文献能够把交易机制和定价体系结合起来，对二者的变迁进行历史还原和长时段的分析，所做研究敏锐而富有深度。

已有研究者开始重视大宗商品交易关系的治理与规制这个研究视角，但为数不多。即使有的研究者注意到了大宗商品的定价与市场竞争秩序的规制问题，也很少能够有意识地考虑到大宗商品市场本身的金融属性，而更多的是从政府与市场之间的关系、打破垄断和形成市场定价机制的必要性等层面来研究其他相关问题。

（二）与金融属性密切相关的大宗商品国际定价权研究的可能路径

把中国获取国际大宗商品定价权的研究，提升到深化改革和扩大开放的高度。

获取定价权应以现有的国际经济秩序和国际市场惯例为起点，积极参与国际定价规则的制定，参与国际大宗商品市场的有序竞争。

深入研究大宗商品市场的金融属性在商品及其衍生品定价方面的学理机制与政策含义。

要获得大宗商品的国际定价权，必须统筹商品市场、货币市场与资本市场，统筹国际贸易和国际金融。

定价权研究必须综合考虑具有金融属性的大宗商品市场的定价机制、产业组织和市场体系。

（三）现有研究的不足之处

现有文献虽然开始重视大宗商品市场和大宗商品交易的金融属性，但现有的讨论还不够深入。少数文献开始注意到国际大宗商品市场在市场结构、产业组织和价格形成上的特殊性，但分析还不成体系。对于大宗商品交易的金融属性、市场特征对价格运行的影响尚缺乏具体、细致、全面的分析和讨论。

今后还需要从以下几个方面做好研究工作。

（1）从理论上深入认识和理解国际国内大宗商品交易属性的变化和新的市场特征。大宗商品的金融化虽然在金融危机发生前后较短时期内引人关注，但是，这一趋势并不是一种短期现象。随着诸多经济行为主体广泛参与从事多种多样的金融活动，商品及金融衍生品种类不断增加，产品设计走向精细复杂，特别是金融服务业所占比重不断上升，金融衍生品及相关交易活动在市场经济运行中的作用越来越突出，大宗商品的金融化倾向将长期存在。因此，这一问题值得加以深入研究。

（2）从实践上研究和评估这些变化对价格运行的影响。随着全球经济各区域发展整体水平的提高，大宗商品的供求关系会日益趋于紧张，特别是那些不可再生的化石能源和重要金属矿产资源，都属于耗竭性的资源，但经济发展对这些能源、资源的需求却越来越大。然而，短期内，清洁能源和低物质消耗的新材料的开发却难以实现突破并大幅度替代传统的能源和资源。气候的异常变化，灾害频发以及人口增长等因素，加之粮食作物的能源化，即转化为提炼生物能源的生产资料和原料，使大宗农产品的供求矛盾更加突出。在这一背景下，上述大宗商品交易的金融化和市场变化必将对其价格波动形成持续不断的影响，须加以密切关注。

（3）在对策方面，为适应我国新的市场环境，增强大宗商品谈判能力，取得应有的定价权，并完善市场监管措施，提出合理建议和应对之策。大宗商品的金融属性、市场特征的显著变化已经成为影响其价格形成与运行情况的长期存在的因素。政府对于大宗商品的衍生品开发、市场培育、组织调整、监督管理措施以及资源全球布局与国际协调等，必须有长远的应对战略。

参考文献

［1］安毅、常清、郑荟娟：《铁矿石指数期货与国际定价权研究》，《价格理论与实践》2010 年第 6 期。

［2］白明（2006a）：《从进口原油、铁矿石和铜的贸易看中国如何取得国际定价权》，《中国物价》2006 年第 3 期。

［3］白明（2006b）：《中国对国际市场大宗能源类商品定价的影响》，《中国对外贸易》2006 年第 6 期。

［4］哈维尔·布拉斯（2010a）：《分析：铁矿石价格战一触即发》，何黎译，〔英〕2010 年 2 月 12 日《金融时报》，英国金融时报中文网，http：//www. ftchinese. com/story/001031329。

［5］哈维尔·布拉斯（2010b）：《铁矿石旧制寿终正寝》，杨远译，〔英〕2010 年 3 月 31 日《金融时报》，英国金融时报中文网，http：//www. ftchinese. com/story/001032000。

［6］哈维尔·布拉斯、乔安娜·钟：《谁在推高大宗商品价格?》，何黎译，〔英〕2008 年 7 月 24 日《金融时报》，英国金融时报中文网，http：//www. ftchinese. com。

［7］常清：《从“影响因素”到“定价力量”》，《北京工商大学学报》（社会科学版）2009 年第 3 期。

［8］陈晓航、庄铭灯、陶短房、岳光、纪双城、万艳：《谁掐着世界粮价的命门》，2010 年 8 月 11 日第 7 版《环球时报》。

［9］董方军、袁伦渠：《国际铁矿石市场的契约安排频谱——审视国际铁矿石价格机制的新视角》，《上海经济研究》2009 年第 8 期。

［10］高艺铭、吴国蔚：《两拓合资对国际铁矿石价格影响的经济学分析》，《中国物价》2010 年第 4 期。

［11］郭丽岩：《大宗商品期货交易的基本属性及对价格形成的影响》，《中国物价》2010 年第 1 期。

[12] 何维达、万学军：《铁矿石国际贸易定价权与议价力的博弈分析》，《国际经贸探索》2008 年第 2 期。

[13] 胡旭：《新形势下建立我国大宗商品国际战略的思考》，《特区经济》2005 年第 6 期。

[14] 黄先明、孙阿妞：《“三位一体”争取大宗商品进口的国际定价权》，《价格理论与实践》2006 年第 6 期。

[15] 黄兴年：《资本实力是获取国际大宗商品定价权的前提与关键》，《吉林省经济管理干部学院学报》2006 年第 4 期。

[16] 积极参与我国大宗进口物资的国际定价问题研究课题组：《积极参与我国大宗进口物资的国际定价问题研究》，国家社会科学基金项目研究报告，2010 年 4 月。

[17] 李艺、汪寿阳：《大宗商品国际定价权研究》，科学出版社，2007。

[18] 刘山恩：《论黄金市场的金融性》，《中国黄金经济》2000 年第 4 期。

[19] 刘翔峰（2008a）：《国际大宗商品的金融属性日益凸显及中国的对策》，《金融理论与实践》2008 年第 9 期。

[20] 刘翔峰（2008b）：《日益凸显的国际大宗商品金融属性及对策》，《国际贸易》2008 年第 7 期。

[21] 刘向东：《铁矿石定价走向短期化和金融化》，《中国物价》2010 年第 8 期。

[22] 牛玉清：《国际定价权缺失——中国对外贸易之痛》，《三峡大学学报》（人文社会科学版）2007 年第 6 月号，第 29 卷专辑。

[23] 任泽平、潘文卿、刘起运：《原油价格波动对中国物价的影响——基于投入产出价格模型》，《统计研究》2007 年第 11 期。

[24] 特蕾西・赛伟乐：《国际大宗商品如何“避险”》，*CEOCIO* 2009 年 1 月 20 日。

[25] 佘升翔、马超群、陈彦玲、王振全：《石油价格对经济社会影响的逆向思考》，《中国能源》2007 年第 4 期。

[26] 唐衍伟、王逢宝、张晨宏：《中国大宗商品国际定价权的缺失及相关对策研究》，《中国物价》2006 年第 1 期。

[27] 田传战、姚德良：《世界黄金期货市场、工具与法规政策环境的比较分析》，《国际金融研究》2008 年第 4 期。

[28] 温博慧：《国内外黄金价格波动及其演化的实证研究——以中国上海和伦敦黄金市场为例》，《世界经济情况》2008 年第 10 期。

[29] 王栋贵：《美林投资时钟与机构投资者择时决策综述》（未刊稿），2009。

[30] 王光伟、潘轶民：《黄金的金融属性及其对我国金融市场和货币政策的影响》，《苏州大学学报》（哲学社会科学版）2005 年第 5 期。

[31] 王建军：《从国际铁矿石价格博弈看我国钢铁产业整合的紧迫性》，《商业研

究》2007 年第 11 期。

[32] 王腊芳、赖明勇：《中澳铁矿砂价格谈判对中国各产业的影响》，《国际经贸探索》2008 年第 4 期。

[33] 王万山、伍世安：《我国争取大宗进口物资国际定价权的基本策略》，《贵州财经学院学报》2006 年第 5 期。

[34] 王文杰、部慧、陆凤彬：《金融海啸下我国黄金期货市场波动性的实证分析》，《管理评论》2009 年第 2 期。

[35] 王文涛：《我国大豆定价权缺失的表现、原因及对策》，《价格理论与实践》2010 年第 6 期。

[36] 吴奉刚、王芙蓉：《国内外黄金市场风险传染的实证研究》，《山东经济》2009 年第 2 期。

[37] 谢昊男：《论国际金融危机下的价格波动与传导》，《经济体制改革》2010 年第 1 期。

[38] 徐斌：《争取大宗商品国际定价权的经济学分析》，《中国物价》2007 年第 5 期。

[39] 杨燕、刘渝琳：《中国粮食进口贸易中“大国效应”的扭曲及实证分析》，《国际商务——对外经济贸易大学学报》2006 年第 4 期。

[40] 曾海、曹羽茂、胡锡琴：《我国石油安全的经济分析及对策》，《经济体制改革》2010 年第 3 期。

[41] 张宏民：《石油市场与石油金融》，中国金融出版社，2009。

[42] 张翼：《国际大宗商品期货价格与中国物价变动的关系研究——基于 CRB 指数的实证分析》，《南京审计学院学报》2009 年第 1 期。

[43] 张宗成、王骏：《世界铁矿石的生产与贸易和我国铁矿石供需的经济学分析》，《国际贸易问题》2005 年第 9 期。

[44] 周人杰等：《热钱狂炒有色金属，价格飙升背后风险不可忽视》，《CCTV 经济半小时》，文字稿载新浪网，2009 年 8 月 5 日。

[45] 周望军、葛建营、王小宁、侯守礼：《价格传导问题综述及量化分析》，《北京交通大学学报》（社会科学版）2008 年第 4 期。

[46] CFTC（Commodity Futures Trading Commission）（2008），Written Testimony of Jeffrey Harris，Chief Economist Before the Senate Committee on Homeland Security and Governmental Affairs. United States Senate，May 20，2008.

[47] Greetham，Trevor and Michael Hartnett（2004），“The investment clock：Making money from macro”，Merrill Lynch Research Paper.

[48] OPEC（2006），The Impact of Financial Markets on the Price of Oil and Volatility，OPEC Secretariat，Research Division，Petroleum Market Analysis Department. December，2006.

20世纪国外价格理论研究的发展脉络与逻辑

王万山　周　晔　毕占天　洪　勇*

内容摘要　通过分析20世纪西方经济学价格理论发展演进的脉络与逻辑，揭示价格理论创新与经济学理论创新的关系，指出价格理论发展的两个参照系是新古典经济学和马克思主义经济学；借鉴科学哲学家拉卡托斯有关"科学研究纲领"的关键概念，研究"新古典综合"价格理论的发展及其向新兴经济学价格理论的演进过程。20世纪西方经济学关于价格理论的发展脉络是：作为发展主线的"新古典综合"价格理论，沿袭了新古典经济学有关理性经济人追求利益最大化的硬核，而不断采用正面启示法对其保护带进行修正；作为发展支线的新兴经济学价格理论，既对新古典经济学的保护带进行修正，也对其硬核进行批评、完善和发展，从而使价格理论得到了全新的发展。经济学家不断放松新古典经济学的各种假设，把既定假设所忽略的因素，如产权、制度、信息、组织以及策略等，视为内生变量加以研究，形成新的价格理论。

关键词　价格理论　新古典综合　新兴经济学　硬核　保护带

---

* 王万山，经济学博士，江西财经大学教授、博士生导师，九江学院副院长，主要研究方向为国际经济学和价格理论。周晔，江西财经大学博士研究生，华东交通大学经济管理学院讲师，主要研究方向为国际经济学和价格理论。毕占天，江西财经大学博士研究生，主要研究方向为国际经济学和价格理论。洪勇，华东交通大学经济管理学院讲师，主要研究方向为价格理论。

20世纪价格理论发展演进的主线是“新古典综合”价格理论，沿袭了新古典价格的主要硬核，并不断对其保护带进行修正，而作为发展支线的新兴经济学价格理论则是在对新古典经济学的保护带进行修正，同时也对其硬核进行批评、完善和发展。

一 20世纪价格理论发展演进的逻辑

从1776年亚当·斯密出版《国富论》标志着经济学的诞生起，经过200多年的发展，现代经济学已成为一门分支领域众多、规模庞大、内容体系严谨的社会科学，在社会科学中占有重要地位。而价格理论在经济学理论当中又处于中心和基础地位，在市场经济中往往是通过价格波动来调整经济关系中各个经济主体的决策，使消费者的购买量与厂商的产量之间保持平衡，价格机制解决了微观经济学提出的“生产什么”、“如何生产”和“为谁生产”的资源配置问题。在每一次经济学取得重大进展的时候，都能够看到在价格理论上的分析并随之产生新的突破。

按照钱颖一的总结，经济学作为一种研究经济行为和现象的分析方法或框架，有三个主要组成部分：视角（perspective）、参照系（reference）或基准点（benchmark）和分析工具（analytical tools）（钱颖一，2002）。视角指导经济学家避开细枝末节，把注意力引向关键的、核心的问题，经济学家看问题的出发点通常基于三项基本假设：经济人的偏好、生产技术和制度约束、可供使用的资源禀赋。参照系的重要性在于建立了一些让人们更好地理解现实的标尺，而不在于它们是否准确无误地描述了现实，就像无摩擦状态中的力学定理一样，尽管无摩擦假定是不现实的。分析工具则是各种图像模型和数学模型，这种工具的力量在于用较为简明的图像和数学结构帮助我们深入分析纷繁错综的经济行为和现象（钱颖一，2002）。

可以说经济学自建立以来就是循着不同的视角或者参照系，采用越来越数理化的分析工具而不断发展演进。在很多情况下，一种新的经济学理论的出现都是在经济学分析框架内对以往理论的补充、完善和升华，新旧理论之间并不是简单的替代关系，而是“新的学说补充了旧的学说，并扩大和发展了、有时还修正了旧的学说，而且因着重点的不同往往使旧的学说具有新的解释；但却很少推翻旧的学说”①，就其内容而言“分析的进

① 〔英〕马歇尔：《经济学原理》，朱志泰、陈良璧译，商务印书馆，1965，第一版序言。

步——不仅是在经济学中——其关键大部分就在于把多少世纪以来暗示的或者默认的东西明白说出来”①。

回顾20世纪价格理论的发展，明显有两个不同的参照系或基准点，一个参照系是英国经济学家、古典理论的集大成者马歇尔建立的新古典经济学②，另一个是马克思建立的马克思主义经济学。按照国内一般的观点，价格理论有狭义和广义两种含义，广义上价格理论指价格形成（决定）机制理论，价格运行机制理论和价格管理（监控）机制理论，而狭义上仅仅指价格决定理论（王万山，2004）。新古典经济学的价格理论仅仅指狭义上的价格理论，可以称为局部均衡供求价格理论，随着新经济理论的出现，价格理论中逐渐加入价格运行机制理论和价格管理（监控）机制理论内容。作为当代微观经济学的奠基人，马歇尔不再像古典经济学家那样穷究价值决定的最后原因，而是把以李嘉图为代表的古典经济学与边际主义经济学结合起来，一方面把供求看做价格的函数，另一方面又以供求的均衡来决定价格，用单个市场、两种商品的局部均衡方法，把市场价格的形成、波动和均衡的原因供求力量形成的自由竞争机制来解释。马歇尔（1890）建立了一个完全理性经济人和完全无摩擦的完美市场的价格参照系，在这个系统中，市场结构完全竞争、产品同质且为非公共品，交易者信息完全对称、没有交易成本，没有第三方外部性等，这些也是新古典经济学的价格机制理论建立的假设。

另一个参照系马克思主义经济学，从生产关系角度研究经济问题，价格理论上坚持劳动价值论，认为工人的抽象劳动形成价值，价值由生产商品的社会必要劳动时间决定，价值的货币表现即为价格，供求关系的变化使价格围绕价值上下波动。其价格理论研究价值的决定及如何转化为生产价格，剩余价值如何转化为平均利润。马歇尔和马克思显然为后来的经济学家提供了两个截然不同的研究价格理论的视角和参照系③。

马歇尔的新古典经济学建立之后，其局部均衡供求价格理论成为后来

① 〔美〕约瑟夫·熊彼特：《经济分析史》（第二卷），杨敬年译，朱泱校，商务印书馆，1994，第273页。

② 新古典经济学一词由近代制度经济学的代表人物之一凡勃伦最先使用以刻画马歇尔和马歇尔经济学的特点。凡勃伦发现，在一般功利研究和享乐主义的心理假设的基础上，马歇尔的剑桥学派与古典经济学具有连续性。参见顾海良等主编译《简明帕氏新经济学辞典》，中国经济出版社，1991，第70页。

③ 本文以下论及的20世纪价格理论发展主要以马歇尔的新古典经济学为参照系。

经济学家研究发展价格理论的主要参照系。20世纪西方经济学出现了一大批新的经济学流派，其关于价格理论的发展脉络，一般认为是沿着一条“新古典综合”经济理论的主线和以新制度经济学、公共经济学、博弈论和信息经济学等为主体的新兴经济学理论的支线不断向前发展（王万山，2004）。本文也沿用这一脉络，并更进一步从沿着主线和支线推进背后的理论体系逻辑的不同来区分，按照著名科学哲学家拉卡托斯（Imre Lakatos）“科学研究纲领”（scientific research programmes，SRPs）的标准①，作为发展主线的“新古典综合”价格理论沿袭了新古典经济学的主要硬核而不断对其保护带进行修正，而发展支线的新兴经济学价格理论则是在对新古典经济学的保护带进行修正时主要对其硬核进行批评、完善和发展。

拉卡托斯的“科学研究纲领”提出了三个关键概念——硬核（hard core）、保护带（protective belt）和正面或反面启示法（negative or positive heuristics）——作为用来划分经济学不同流派的标准。一个完整的或成熟的理论体系通常有三个特征：有一个公有的“硬核”，有一组保护硬核的“保护带”和引导理论体系不断发展完善的“启示法”。所谓硬核，是指不可证伪的理论或无法拒绝的公理，它一般由若干个最能反映这种理论体系特征的核心概念组成。这些硬核为研究者从事科学研究提供了一个基本的理论框架。拉卡托斯认为，硬核是“坚韧的”，是一个科学研究纲领的核心，因此它们不容许被改变、被反驳或被否定。如果这些硬核受到反驳或否定，整个理论体系就受到反驳或否定。放弃硬核就等于放弃建筑在这个硬核基础上的整个理论体系。所谓保护带，是指一组附属性假说或假设，这些假说或假设可以通过科学研究或经验证据来加以检验、证伪或拒绝。保护带的作用是保卫硬核不受经验事实的反驳或否定。保护带本身可以被修改、调整和替换。所谓正面启示法，是指如何改进和发展科学研究纲领中的“可反驳”部分，通过调整和完善保护带来发展科学研究纲领。所谓反面启示法，是指禁止人们把经验反驳的矛头指向硬核。当硬核遭到攻击时，要尽力把攻击的矛头由硬核转向保护带，通过修改、调整和替换保护带来保卫硬核。

关于何为新古典经济学理论硬核和保护带的内涵仍存在着分歧，埃格

① 转引自方福前《根据“硬核”和“保护带”来划分经济学流派》，《中国人民大学学报》2004年第1期。

特森把它归纳为：稳定性偏好、理性选择和相互作用的均衡结构[①]。努森把保护带定义为：主体面临特定的环境约束；主体拥有特定的关于环境的信息；研究特定的相互作用的方式[②]。方福前（2004）则把新古典经济学的硬核归纳为：理性的、具有完全信息的经济人；力图使自己的福利最大化；只讨论最低层次的情感；利他主义可以构成个人偏好的一部分，但是利他主义目标要受到理性人的成本等因素的阻碍；偏好和禀赋的分布是既定的（外生决定的）；静态分析；边际决策；主观价值论；交易关系。而其关于保护带的定义为：价格不会小于零；消费者是价格的接受者；生产要素的边际物质产品递减；劳动分工和专业化；生产要素可以自由流动并且可以相互替代；U 型短期平均成本曲线。

按照埃格特森和努森关于硬核—保护带的定义，新古典经济学的硬核—保护带，存在于所有新古典价格理论的逻辑中。具体而言，新古典价格理论可将其归结为一个中心问题——“理性经济人”在约束条件下追求效用最大化时的均衡理解，而基本约束条件至少有四个，即稳定偏好、技术（信息）给定、资源稀缺、报酬递减（负斜率需求曲线）。因为如果偏好和技术不明确或不稳定，就不可能进行任何可检验的分析；如果资源充裕，就不必进行经济分析；如果技术给定，报酬递增或不变是不可思议的。

“新古典综合”价格理论沿袭了新古典经济学的硬核，即理性经济人在一组约束条件下追求自身利益最大化，而不断采用正面启示法对其保护带进行修正，如主体面临的环境约束从完全竞争修正为不完全竞争，供需相互作用的均衡方式从弹性价格到刚性价格等，而新兴经济学价格理论则是既对新古典经济学的保护带进行修正，如以新古典的方法分析公共产品和信息产品等，也对其硬核进行批评、完善和发展，如对“理性选择”假定的批评，这些使得价格理论得到了全新的发展。

二 “新古典综合”价格理论的发展

“新古典综合”一词是萨缪尔森在《经济学》第五版（1961 年）提出

---

① 转引自刁伟涛、杨宏力《西方主流经济学的演进——新古典经济学的硬核及其保护带调整》，《山东经济》2007 年第 3 期。

② 转引自刁伟涛、杨宏力《西方主流经济学的演进——新古典经济学的硬核及其保护带调整》，《山东经济》2007 年第 3 期。

的，其实质是将马歇尔的新古典经济学与凯恩斯主义经济理论“综合”在一起，认为只要采取凯恩斯主义宏观财政和货币政策来调节经济活动，就能实现经济增长和充分就业，在这种环境中，新古典经济学的主要理论将再度适用①。

20 世纪“新古典综合”价格理论的发展具体来说，包括意大利经济学家斯拉法对新古典价格理论内在矛盾提出的初次质疑，琼·罗宾逊和张伯伦对新古典完美的完全竞争市场结构到不完全竞争市场结构的补充和拓展，舒尔茨、丁伯根和里西各自建立的蛛网模型把新古典静态和比较静态的价格理论初步动态化，凯恩斯在刚性价格假设之上建立宏观收入与价格决定理论。

（一）斯拉法对新古典价格理论存在价格论与供给曲线论的矛盾提出了初次质疑②

意大利经济学家斯拉法于 1926 年发表的论文《竞争条件下的收益法则》（常被称作斯拉法宣言）对新古典经济学价格理论的局部均衡供求价格论提出了挑战。马歇尔在其新古典体系中，用一种商品市场上的供求均衡来决定该商品的均衡产量与均衡价格，建立了局部均衡的供求均衡价格论。同时在分析商品的供给时，又谈到了由于存在内部经济（不经济）和外部经济（不经济），会引起收益随产量扩大而递增（递减），从而使供给曲线向下（上）倾斜和向下（上）平移。

斯拉法指出，马歇尔的新古典均衡价格论与他对商品供给的分析是不和谐的，均衡价格论依赖于两个假设性前提：一是完全竞争；二是假设其他条件不变，即一部门生产条件独立于其他部门的生产条件。第一个前提保证了均衡价格取决于供求均衡的交点，第二个前提保证了局部均衡方法的合理性。但是，马歇尔在分析商品供给时所提出的内部经济和外部经济，却使上述两个假设前提难以存在。他认为，内部经济使厂商的供给曲线向下倾斜，势必导致垄断，从而使均衡价格和均衡产量不再取决于供求均衡。而外部经济则意味着有关不同部门的产量之间存在着相互影响，这就破坏了局部均衡方法的合理性。所以内部经济与完全竞争不能并存，外部经济与局部均衡不能并存，这就是斯拉法对马歇尔体系的两难推理。

① 蒋自强：《当代西方经济学流派》，复旦大学出版社，2006，第 27～28 页。

② 《新帕尔格雷夫经济学大辞典（第四卷）》，经济科学出版社，1996，第 481～482 页。

斯拉法两难推理的提出，从两个方面影响了新古典价格理论后来的发展：一是在研究价格的决定时，从马歇尔以行业为基本分析对象过渡为以厂商为基本分析对象；二是从马歇尔的完全竞争分析过渡为不完全竞争分析。在斯拉法的影响和启发下做出这一发展的便是经济学家琼·罗宾逊和张伯伦。

（二）琼·罗宾逊和张伯伦的垄断竞争价格理论对新古典价格理论完全竞争假设的拓展

英国经济学家琼·罗宾逊的《不完全竞争经济学》和美国经济学家张伯伦的《垄断竞争理论》同于1933年出版，被并列为西方厂商理论的开山之作。琼·罗宾逊和张伯伦的垄断竞争理论在维持新古典经济学硬核的基础上，修改了其保护带中关于市场完全竞争的假设，代之以较接近现实的垄断竞争假设，研究的重点从市场转向厂商，得到了垄断竞争条件下的垄断竞争价格机制理论。他们都假设竞争机制不仅仅是通过价格，更重要的是通过厂商（产品）进入竞争而运行的，当然反过来，均衡价格也是厂商竞争的结果。

琼·罗宾逊系统地研究了垄断竞争的价格决定和运行机制，并在其分析中广泛运用了边际的方法，假定厂商追求利润最大化，而利润最大化的价格和产量恰好是边际收入等于边际成本的价格和产量，这无论对于垄断厂商还是竞争厂商都无例外。琼·罗宾逊还第一次深入地研究了价格歧视现象，把价格歧视称作同一个厂商生产出来的同种商品按照不同价格售于不同买主的行为。她指出，实行价格歧视需具备几个条件：①该厂商要具有一定的垄断地位，而在完全竞争条件下，即使市场分成各自分离的几个部分，任一厂商也无法实行价格歧视；②该厂商要能够为自己的同一种商品找到或人为创造出两个或更多的市场，且各市场的买者之间不可能转手倒卖；③不同市场的需求弹性必须有所不同。产量均衡的条件是总的边际收入等于边际成本，销售量分配的均衡条件是各市场上的边际收入相等。把这两个条件联系起来，便得到价格歧视下的厂商均衡条件：在两个（或多个）市场上的边际收入相等且等于其生产的边际成本时，厂商利润最大化。因两个（或多个）市场的边际收入在均衡时相等，故其平均收入（价格）不同的条件只能是需求的弹性值不一致。

张伯伦重点分析了与产品差别相联系的垄断竞争，并提出了著名的双需求曲线理论。他的模型的逻辑是：用价格弹性大的 dd 曲线表示其他竞争性企业不改变价格时的代表性企业面对的需求曲线，被称为“其他因素不变的需求曲线”（ceteris paribus demand curve）亦被称为“感觉到的需求曲线”（perceived demand curve）。用价格弹性小的 *DD* 曲线表示所有竞争性企业都采取一致的价格行动时代表性企业面对的需求曲线，即市场份额需求曲线，也被称为“已作必要调整的需求曲线”（mutatis mutandis demand curve）或“成比例的需求曲线”（proportional demand curve）。均衡价格的状态须满足两个条件：其一，*dd* 曲线的边际收益等于边际成本，该企业没有改变价格 P_E 及产量 Q_E 的动因；其二，*dd* 曲线正好与 *DD* 曲线相交于 p_E 和 Q_E，即它所“感觉到的需求量”正好等于其他企业调整价格以后的需求量①。

（三）蛛网模型用动态化方法分析了新古典的局部均衡供求价格论，并得出了均衡价格实现的条件

新古典的局部均衡供求价格论主要局限于静态均衡分析和比较静态分析（虽然马歇尔本人把这种比较静态分析看做动态分析），对于市场实现供求均衡的动态过程和必要条件，并没有展开深入分析，蛛网模型则在一定程度上弥补了这一分析的缺陷，描述了动态化的新古典均衡价格理论。美国经济学家亨利·舒尔茨和荷兰经济学家丁伯根和意大利经济学家里西，在1930 年共同提出了蛛网模型。蛛网模型是对新古典价格理论的进一步发展，具体而言，它修改了新古典价格理论的保护带，即以动态分析的方式研究供需两种市场力量在不同的相互作用的方式下能否实现稳定均衡的条件，能较好解释某些生产周期较长的商品的产量和价格的波动情况。

该模型假定：①非垄断市场，即供求双方人数众多，无人能影响价格；②市场供给对价格变动反应滞后，即 t 期供给 S_t 决定于 $t-1$ 期的价格 P_{t-1}；③市场需求对价格变动反应及时，即 t 期需求 D_t 决定于该期价格 P_t；④市场价格总是能出清市场。该模型可由下述三个方程组成：

$$D_t = D(P_t);S_t = S(P_{t-1});D_t = S_t \tag{1}$$

该模型揭示了市场能否趋于均衡的条件（假定需求供给函数都为线性的）：若 $dD/dP > dS/dP$，当市场受到干扰偏离原有的均衡状态后，实际价格和产量会围绕均衡水平上下波动，但波动幅度越来越小，最终回到原来

① 王秋石：《微观经济学》，经济科学出版社，2006，第 333 ~ 337 页。

的均衡点，即市场趋向均衡；若 $dD/dP < dS/dP$，当市场受到干扰偏离原有的均衡状态后，实际价格和产量上下波动的幅度会越来越大，偏离均衡点越来越远，即市场不会趋向均衡；若 $dD/dP = dS/dP$，当市场受到干扰偏离原有的均衡状态后，实际价格和产量会按同一幅度围绕均衡水平上下波动，既不会进一步偏离均衡点，也不会逐步趋向均衡点①。

（四）凯恩斯的刚性价格假设与宏观收入和价格决定理论发展了新古典价格理论

在新古典经济学中，一个重要的假定是竞争市场上价格可以自由灵活变动，从而使市场自动出清。新古典经济学的价格理论也就致力于解释价格背后的决定因素，包括需求与消费者偏好、供给与生产者成本。而这个重要的假定，即价格总是可以自由灵活变动从而使市场自动出清的假设传统直接来自之前的古典经济学。古典学派相信，“供给总是能够创造自己的需求”（即萨伊定律），而且市场价格机制是达到市场均衡的有效手段，具体地说，利率的可伸缩性使资本市场的供求趋于一致，工资的可伸缩性使劳动市场的供求趋于一致，价格的可伸缩性使产品市场的供求趋于一致。在这里，古典理论隐含的前提是无论是微观还是宏观经济层面，价格机制均有效。

新古典经济学继承的这种价格机制自动有效，市场可以完全出清的假设在 1929 ~ 1933 年的经济大萧条中明显不符实际，引发了经济学家对弹性价格机制的怀疑和批评。凯恩斯于 1936 年出版了《就业、利息与货币通论》（以下简称《通论》）一书，西方经济学家把《通论》的出版称作经济理论的“凯恩斯革命”，这场革命的结果是建立了以总量分析为工具的宏观经济学。凯恩斯并不认为古典经济学关于价格可以自由灵活变动的假设完全成立，认为市场自动出清只是长期来看能够实现的目标。凯恩斯引入了时间因素来分析总供给曲线（宏观经济学中的总供给曲线表示在任一价格水平上，社会上所有企业所愿意提供的产出的数量），长期分析中的总供给曲线（简称为长期总供给曲线）和短期分析中的总供给曲线（简称为短期总供给曲线）有很大的差别。长期来看所有的价格都能够自由灵活变动，使市场能够自动出清，长期总供给曲线等同于古典学派得出的垂直于产出量坐标轴（也是平行于价格坐标轴）的总供给曲线；而在短期分析

① 高鸿业：《西方经济学》，中国人民大学出版社，2000，第 69 ~ 71 页。

中，由于工资刚性、价格刚性和流动偏好陷阱的存在使市场无法自动出清，从而社会存在“非自愿失业”，短期总供给曲线为平行于产出量坐标轴的水平的总供给曲线，这时的价格和产出量水平完全取决于总需求曲线，即“需求会创造自己的供给”（凯恩斯定律），这正好和古典学派完全相反。凯恩斯“价格刚性”理论的建立从不同的视角进一步发展了价格理论，即（从古典经济学到新古典经济学）关于价格能自由灵活变动从而导致市场自动出清只不过是经济学理论诸多假设当中的一个，现实经济生活中存在着诸多的价格刚性现象，均衡价格的形成并非由需求和供给两种相反的力量发生自由变动决定的，从而打破了自亚当·斯密以来对自由竞争市场机制是完美的资源配置方式的迷信。

以价格刚性和市场不出清为假设前提的凯恩斯宏观经济学创立初期，被广泛接受的模型是IS－LM模型（IS－LM）和菲利浦斯曲线。IS－LM模型是希克斯于1937年在解释凯恩斯思想时建立的，用来表示商品市场和货币市场同时实现均衡决定的产出水平和利率水平（货币的价格），菲利浦斯曲线是通货膨胀率（代表物价水平）和失业率之间的经验关系，两者在20世纪50、60年代代表了宏观经济学家的共识。到70年代基于两个原因被打破，一个原因是实践上的，即70年代的滞胀、高通货膨胀和高失业的同时发生，这与菲利浦斯曲线关系恰恰相反；一个原因是理论上的，即宏观理论与微观理论的缺乏联系，凯恩斯本人并没有为其价格刚性假设提供一个完善的解释，宏观理论没有建立在对个人和企业行为的研究的基础上，像空中楼阁，缺乏微观基础。经济学家对这种空中楼阁感到不踏实。因此新凯恩斯主义者（Mankiw，Summers，Taylor等）吸收了新古典学派的理性预期思想，建立了基于个体最优化行为的微观基础，同时坚持了传统凯恩斯主义的基本信条价格刚性市场不完全竞争，提出了一系列解释工资和价格刚性的理论，试图为凯恩斯宏观经济学建立起相应的微观基础①。

（五）其他宏观价格理论进一步丰富了新古典价格理论

1. 弗里德曼的价格理论

弗里德曼的价格理论实际上也是通货膨胀理论。弗里德曼是在古典货币数量论的基础上提出了自己的货币数量论，并结合了自然率假说来解释

① 胡代光：《新凯恩斯主义经济学的核心命题、政策含义和对它的评析》，《经济学动态》1998年第2期。

货币与价格的关系。他认为货币供应量（M）与货币流通速度（V）之积等于价格水平（P）与实际国民收入（Y）之积（当然弗里德曼是用他所提出的现代货币数量论来论证的），他不像古典货币数量论者那样认为货币流通速度是一个固定不变的常数，而是提出货币流通速度是一个变量，但影响货币流通速度的因素比较稳定。因此，货币流通速度虽然可变，但在短期内是可以预测的，在长期中是相当稳定的。由于实际国民收入可以看做充分就业的国民收入，它也是确定的。所以，价格水平与货币供应量成正比。结合经济运行的实际情况，关于货币供应量的增加怎样影响物价水平的变动，弗里德曼的基本观点是[①]：①货币量的增长率同名义国民收入的增长率保持一致，也就是说，如果货币量增长很快，名义国民收入也会增长很快，反之亦然。②货币增长率的变动平均需要在6~9个月后才能引起名义国民收入增长率的变动。③在名义国民收入受到影响之后，平均再过6~9个月价格水平才会受到影响，因此，货币增长的变动和价格水平（通货膨胀）的变动两者间隔的总时间，即总的延时平均为12~18个月。④当产量不变时，如果货币数量突然增加，这就使人们所持有的现金及其与其他资产的比率也随之增加，但由于每个人都企图保持他所拥有的代表性的真实资产，所以持有这部分多余现金的人就会增加开支，通过购买其他资产的办法，以求扭转这种不平衡的状态，这样，价格就必然随之上涨。⑤货币的变动只在短期内影响产量，而在长期内，货币的增长率只影响价格水平。

根据以上观点，弗里德曼认为，"通货膨胀（价格水平上涨）随时随地都是一种货币现象"[②]，这就是说，通货膨胀是发生在货币量增加的速度超过产量增加的速度时，而且每单位产品所配合的货币量增加得越快，通货膨胀率就越高。如果货币量的增长不快于产量的增长，那就不可能产生通货膨胀。基于此，弗里德曼所给出的政策建议是使货币供应量每年按固定比例增长，其中固定的比例等于实际国民收入增长率加上通货膨胀率。弗里德曼主张的这一政策常被称为单一的政策规则[③]。

弗里德曼的宏观价格理论（通货膨胀理论）与实际经济运行有出入，特别是与我国的经济运行状况出入较大，这是值得我们思考的问题。

---

① 王秋石：《宏观经济学原理》，经济管理出版社，2001，第三版修订本，第480~481页。

② 王秋石：《宏观经济学原理》，经济管理出版社，2001，第三版修订本，第480~481页。

③ 王秋石：《宏观经济学原理》，经济管理出版社，2001，第三版修订本，第480~481页。

2. 价格水平决定的财政理论（FTPL 理论）

上面所介绍的通货膨胀的货币理论由于不能很好地解释现实经济，因此，一些学者如 Leeper、Woodford、Sargent、Wallace 等另辟蹊径，从财政的角度来解释价格水平的决定，从而形成了价格水平决定的财政理论。

经济学家一直希望能从政策制度上解决通货膨胀或通货紧缩的问题。对于通货膨胀的成因及治理策略，货币主义者与财政主义者各自有不同的认识①。现代货币主义者相信通货膨胀永远只是个货币现象，李嘉图等价定理认为只要中央银行自主执行积极的反通货膨胀的货币政策就可不必关心财政政策而实现价格水平的稳定，但其成立需要条件，即积极型货币政策与被动型财政政策的组合②（积极型货币政策是指名义利率对通货膨胀的反应系数超过 1，否则是被动型货币政策；积极型财政政策是指税收对债务的反应力度不足以支付实际利息成本，否则为被动型财政政策）。现代财政主义者认为通货膨胀是否货币现象取决于财政政策的性质，认为政府如果采取非李嘉图财政政策，通货膨胀主要是一种财政现象；而政府实施李嘉图财政政策，通货膨胀就完全成为一种货币现象③。由于政府可以采用非李嘉图财政政策，以稳定价格为己任的中央银行就不能无视财政政策的选择。所以 Woodford（2001）就具体探讨了非李嘉图财政政策的存在对于通货膨胀治理的三层含义④。第一层是积极的反通货膨胀的货币政策与非李嘉图财政政策的搭配，这可能导致恶性通货膨胀或通货紧缩陷阱的灾难性后果。换言之，如果政府采取的是非李嘉图财政政策，则适当的货币政策选择应是被动型货币政策而不是积极型货币政策。第二层是倾向于选择积极型货币政策与局部李嘉图财政政策组合而放弃被动型货币政策与非李嘉图财政政策组合。第三层是通过完善第二层的制度安排而将第二层含义要求的始终位于通货膨胀目标附近的局部唯一解变成全局唯一解。具体的补充性制度安排及其效果是，如果通货膨胀处在一个很高的水平，央行将采取迅速提高利率的政策，以便排除通货膨胀螺旋；如果通货膨胀处

① 方红生、朱保华：《价格水平决定的财政理论在中国的适用性检验》，《管理世界》2008 年第 3 期，第 49～56 页。

② Davig，T. and E. M. Leeper，Fluctuating Macro Policies and the Fiscal Theory，Manuscript，Indiana University，2006.

③ 方红生：《价格水平决定的财政理论：一个实证综述》，《数量经济技术经济研究》2008 年第 5 期，第 146～154 页。

④ Woodford，"Fiscal Requirements for Price Stability"，*Journal of Money*，*Credit and Banking*，2001（3）：669－728.

在一个很低的水平，财政部将继续履行盯住某个实际赤字（含公共债务利息）的政策，以便排除通货紧缩螺旋。值得注意的是，这时的财政政策具有非李嘉图政策性质。换言之，除非当通货紧缩时，政府采取以上的非李嘉图政策，否则积极型的货币政策本身并不能保持价格水平稳定。

一般可以从财政货币政策的搭配或政府预算方程说明价格水平决定的财政理论。从政策搭配角度说明价格水平决定的财政理论的代表性研究是Leeper等。Leeper[①] 认为通货膨胀永远只是货币现象的观点正确与否取决于特定条件，这个特定条件就是积极型货币政策与被动型财政政策的组合。在上述政策组合下，财政政策只是起到平衡政府现值预算约束的作用，对价格水平的决定不起任何作用。然而，被动型货币政策与积极型财政政策的政策组合使得通货膨胀成为一种主要由财政政策决定的财政现象，而货币政策以非传统理论所预期的结果在起作用，从而Leeper得到基于政策搭配定义的价格水平决定的财政理论（FTPL）[②]。此外，被动型财政政策和积极型财政政策又分别称为局部李嘉图财政政策和局部非李嘉图财政政策[③]。尽管积极型财政政策与积极型货币政策的搭配并不导致非爆炸性均衡，但通货膨胀依然主要是一种由财政政策决定的财政现象。因此，基于政策搭配的FTPL还包含积极型货币政策与积极型财政政策的组合。所以说，只要财政政策是积极的，那么通货膨胀就是财政现象[④]。值得指出的是，FTPL成立的隐含前提之一是货币政策必须具有自主性。自主的货币政策就是不直接对财政变量进行反应，而是直接对非财政变量做出反应。否则，货币政策就从属于财政政策，从而意味着通货膨胀依然是一种货币现象而不是财政现象[⑤]。

3. 汇率决定理论

汇率是本国与外国货币兑换的比价，由于其在一国经济内外均衡中的重要作用，一直是国际金融领域研究的核心。汇率本质上也是价格，但与

---

① Leeper, "Equilibria under 'Active' and 'Passive' Monetary and Fiscal Policies", *Journal of Monetary Economics*, 1991 (1): 129 - 147.

② Leeper, E. M, *Discussion on Identification and Price Determination with Taylor Rules: A Critical Review by John Cochrane*, *Manuscript*, Indiana University, 2006.

③ Leeper, "The Policy Tango: Toward a Holistic View of Monetary and Fiscal Effects", *Federal Reserve Bank of Atlanta Economic Review*, 1993 (4): 1 - 27.

④ 龚六堂、邹恒甫：《财政政策与价格水平的决定》，《经济研究》2002年第2期。

⑤ Woodford, M., "Price-Level Determinancy Without Control of a Monetary Aggregate", *Carneige-Rochester Conference Series on Public Policy*, 1995 (43): 1 - 46.

经济中的其他价格不同，汇率是货币的价格；而货币本身的双重性决定了汇率的双重性。一方面，在外汇市场中货币只是一种商品，其价格（汇率）产生于供求的均衡；另一方面，在实体经济中，货币只是一种符号，其价值取决于单位货币所能购买的商品和资产，正是这种双重性决定了汇率理论研究的两个基本思路①。前一种思路下，研究者们提出了众多汇率决定理论，如20世纪20年代的利率平价理论、60年代的蒙代尔—弗莱明模型、70年代的资产组合模型、80年代的新闻模型和理性投机泡沫模型以及90年代以来的跨时分析法和市场微观结构理论。虽然表面上各种理论差异很大，但细究其渊源，都是承接于价格形成于市场名义均衡的分析视角，只是在不同时期，随着分析方法和技术的演进以及经济背景的转变，融入了不同的元素，逐步实现了从局部均衡到一般均衡、从简单的供求分析到复杂的多元模型等一步步跨越。后一种思路下，学者们主要提出了购买力平价理论和汇率决定的货币分析法。

在众多汇率决定理论中，影响力比较大的是购买力平价理论、货币模型和资产组合平衡模型。购买力平价是西方汇率决定理论中最具影响力的理论之一。购买力平价理论有两种形式，即绝对购买力平价和相对购买力平价。前者指出两国货币的均衡汇率等于两个国家的价格比率，说明某一时点上汇率决定的基础；而后者指出汇率的变动等于两国价格指数的变动差，说明了某一段时间里汇率变动的原因。货币分析法也有两个基本的分析模型，一个是弹性价格货币模型，另一个是黏性价格货币模型。前者认为汇率水平应主要有货币市场的供求状况决定；后者认为在短期内由于不同市场存在不同的调整速度，使汇率出现超调，这便是短期内汇率容易变动的原因。资产组合平衡模型指出，投资者根据对收益性和风险性的考察，将财富分配于各种可供选择的资产，确定自己的资产组合。当资产组合达到了稳定状态时，国内外资产市场供求也就达到了均衡，均衡汇率也被相应确定②。当财富总量发生变化时，通过汇率和利率的共同调节，资产组合将达到新的平衡，因此，新的均衡汇率再次被确定下来。

三　新兴经济学对价格理论的发展

随着时间的推移，在新古典经济学的保护带不断被新的假设修正时，

① 李杰：《汇率决定理论的发展研究》，《理论探讨》2010年第1期，第78～82页。

② 李坤望：《国际经济学》，高等教育出版社，2005，第二版，第275～276页。

对其硬核的批评和修正的新经济学理论也不断出现。以硬核之一的“理性选择”为例，其成立是建立在下列前提上的：第一，个人是自身最大利益的追求者。第二，在特定情境中有不同的行为策略可供选择；第三，人们在理智上相信不同的选择会导致不同的结果；第四，人们在主观上对不同的选择结果有不同的偏好排列。理性选择可以概括为效用最大化，即理性行动者趋向于采取最优策略，以最小代价取得最大收益。但人们必须具备完全理性才能够找到实现目标的所有备选方案，预见这些方案的实施后果，通过衡量做出最优的抉择。这明显和能观察到的实际不符。

新兴经济学的出现则改变了新古典经济学存在的这些缺陷。从经济学分析框架来说，新兴经济学家不断放松新古典经济学的一些核心假设条件，如经济人的完全理性到有限理性、没有外部性到存在正的或负的外部性、非公共品到公共品、没有交易成本到正的交易成本等，从不同的视角、不同的方向把价格理论向前推进。

（一）新制度经济学对价格理论的发展

自 20 世纪 60、70 年代以来，以科斯为代表的新制度经济学派异军突起，成为新兴经济学中最富有吸引力的理论。在新制度经济学先行者的名单中，包括奈特、哈耶克、迪雷克托，但无可争议的是，科斯在 1937 年的论文成为新制度经济学诞生的标志，引起了经济学的革命。科斯的贡献在于将交易成本引入了经济分析。到 20 世纪 60 年代，随着科斯（1960）关于社会成本的论文、斯蒂格勒（1961）关于信息经济学的论文，以及阿罗（1962）关于适度报酬的论文相继发表，新制度经济学才开始破壳而出，成为解释现实世界的重要工具，并被威廉姆森（1975）正式命名为“新制度经济学”。

新制度经济学在引入信息和交易成本以及产权的约束、修正了新古典经济学的保护带的同时，也对新古典经济学理论硬核——“理性选择”提出了质疑，新古典经济学的“（完全）理性的经济人”在新制度经济学这里变成了“有限理性的制度人”，对新古典经济学的修正和发展从而带来价格理论的突破主要体现在以下几个方面。

1. 价格的决定实际包含着经济人权利契约关系的较量和争夺

新古典经济学认为人是理性地追求效用最大化的，从而其价格机制能自动、灵活、稳定地运行。而新制度经济学用“现实的人”、“实际的人”（科斯语）来代替新古典经济学的“理性的人”，科斯所说的“现实的人”、“实际的人”，可以用威廉姆森所概括的两点来描述：①人的有限理性。人总是想把事物做得最好，但是人的智力是一种有限的稀缺性资源。②人的机会主义行为倾向。新制度经济学对人的行为假设的修正有两个方面的重要意义，一是对实际人的行为分析使经济学对实际价格的形成更具有了“解释力”，即实际的价格决定中起重要作用的（在生产要素所有者之间的）契约关系不再被产量与资本、劳动与技术等抽象出来的变量间的函数关系掩盖，从而价格的决定实际包含着经济人权利契约关系的较量和争夺。二是从实际的人出发更有利于对制度问题的分析，把在新古典理论中被以需求供给曲线形式高度简化的市场制度还原回来，以前的供给、需求和价格之间的数学关系也被还原成人与人之间的市场交易关系，人们的交易行为与组织、契约及制度创新之间有着内在的联系。

2. 交易成本、产权、制度、组织等因子的引入，成为价格形成理论的内生变量，能更好地解释价格的形成和运行

新制度经济学的基本理论工具是交易费用理论和产权理论，而交易费用理论和产权理论则是新制度经济学的基本理论工具。第一，交易费用范式构成了新制度经济学的理论框架。没有交易费用就没有新制度经济学。新古典经济学假定交易成本为零，这一假定暗含着交易是不稀缺的，而一种不稀缺的事物是无法纳入新古典经济学的分析之中的。如果所有的交易成本为零，那么，不论生产和交换活动怎样安排，资源的使用都相同，也就无所谓利用价格机制来进行配置了。新制度经济学否定了这种明显脱离实际的假设，把现实交易中价格形成的各种“摩擦力”，如搜寻信息、讨价还价、签约、监督执行等花费的时间、精力和支出定义为交易成本。交易成本的引入构造了一个有“摩擦力”存在的接近现实的交易市场，能较好地解释现实中价格的形成和变动。第二，按照产权经济学的看法，经济学的核心问题不是商品买卖，而是权利买卖。最简单的商品权利与商品本身不可分，而复杂的商品（如知识、思想）没有看得见摸得着的形式，支配和享用它的权利就成为不是简单的物体买卖可以处理的事情。所谓外部性问题，都是由于人们议定契约的权利无法严格界定，而没有严格界定的这种权利，就不会有有关产品的市场，所以产生了外部性。市场的失败、价格机制失灵是产权定义不明确的结果。

综上所述，新制度经济学以“有限理性的人”代替新古典经济学的“理性的经济人”，认为交易关系实质是一种产权契约关系，均衡价格不仅是由交易双方的物物交换数量比例关系决定，更重要的是由双方在现有制度下的产权契约关系决定。

（二）公共经济学应用新古典经济学分析政府提供的公共产品，进一步发展了新古典价格理论的应用范围

自从英国经济学家庇古建立了福利经济学、凯恩斯建立宏观经济学之后，市场完美无缺的信念便开始崩溃。这在经济学界引起了一场批评市场力量局限性的运动，强调自发的市场必然会导致外部非经济效果、收入分配不均、非充分就业等问题。因此政府充当市场失灵的补救者角色开始在微观经济中越来越重要。而1959年美国著名学者理查德·马斯格雷夫出版的《财政学原理：公共经济研究》一书标志着公共经济学的形成。公共经济学把经济学的研究对象拓展到被经济学家视为外部因素而由政治学研究的领域，把人类的经济行为和政治行为作为统一的研究对象，以经济人为基本假定和前提，运用微观经济学成本—收益分析方法，分析政府这一生产公共产品的“机器”是如何组织和构成的，国防、法律等公共产品是怎样生产出来和分配的①。

公共经济学的出现拓展了新古典价格理论的研究对象，从传统的私人交易物品扩展到了政府提供的公共物品，公共选择学派进一步像在微观经济学中分析消费者行为和厂商行为那样实证地分析政府行为，即政府也符合“理性经济人”假设，也会不顾公益追求由政府成员组成的集团的自身利益，从而在公共产品的价格决定机制中包含公共选择的均衡过程。公共经济学中尤其引人注目的市场规制理论在很多强自然垄断的公共产品价格决定理论方面取得了一系列成果，主要有以下方面②：

1. 拉姆齐价格决定模型（Ramsey Pricing）

拉姆齐价格决定模型（Ramsey，1927）是一个在强自然垄断条件下的定价模型，也是在厂商收支平衡条件下实现经济福利最大化的定价模型，其一般的表达形式为：

$$\frac{P(Q_i) - MC}{P(Q_i)} = \frac{R}{\varepsilon_i} \tag{2}$$

式中，$P(Qi)$ 为第 i 种产品（市场）的逆需求函数；MC 为边际成

① 蒋自强：《当代西方经济学流派》，复旦大学出版社，2006，第234页。

② 于良春：《强自然垄断定价理论与中国电价规制制度分析》，《经济研究》2003年第9期。

本；R 为拉姆齐值；εi 为需求弹性。这种定价模式考虑了不同产品（不同市场）的需求弹性，所以对不同的用户来说产品定价是不相同的，拉姆齐定价以收支平衡为前提将经济福利最大化，因此它是一种次优的收费方式。

但在实际操作中，拉姆齐定价却缺乏可操作性。首先，规制者无法获得关于边际成本的足够信息来制定拉姆齐价格；其次，拉姆齐价格试图根据需求弹性的不同在不同用户间分摊福利损失，需求弹性小则价格高，而需求弹性大则价格低，这势必会损害需求弹性较小的那部分消费者的利益，以一种在消费者内部进行转移支付的形式造成了新的不公平。因此，拉姆齐定价的理论价值在于为强自然垄断厂商定价模型的设计提供一个参照系。

2. 完全成本分摊定价模型（Fully Distributed Cost）

由于拉姆齐定价缺乏可操作性，所以在实践中经常采用的是完全成本分摊定价（*FDC*）方式。*FDC* 是当厂商生产多产品时，从将固定费用及公正报酬（两者都被看做共同费用）公平地分摊给消费者出发所采取的收费方式。*FDC* 定价有多种不同的表述形式，其中 Breautigam（1980）的论述最具代表性。设厂商为一个多产品自然垄断厂商，其生产 n 种不同的产品，$q=(q1, K, qn)$，消费者对这些产品的需求是独立的，厂商由第 i 种产品得到的收益为 $Ri(qi)=pi(qi)qi$。假设厂商的成本函数为：

$$C(q) = \sum_{i=1}^{n}(qi) + CC \tag{3}$$

其中，$Ci(qi)$ 为厂商生产产品时可以确定的生产成本；CC 为生产 n 种产品的共同成本。*FDC* 定价方式要求厂商的每一种产品都要能生产足够的收益以弥补其生产成本，因此我们有 $Ri(qi) \geqslant fiCC + Ci(qi)$，$i=1, K, n$。其中 fi 为分摊在第 i 种产品上共同成本的权数。不同的 *FDC* 定价方式就在于对 fi 选择的不同上。

Breautigam 考察了以产量、成本以及收入为衡量指标的三种不同的确定方式。即产量法用某一产品产量占总产量的比重作为权数来分配共同成本；成本法以及收入法则分别用某一产品的成本（或毛收入）占全部成本（或毛收入）的比重来分配公共成本。虽然 *FDC* 定价方式在实践中被大量采用，但由于其对 f 的选择有很大的随意性，而且缺乏严谨的理论基础；与拉姆齐定价相比，*FDC* 定价只考虑了弥补成本，不考虑提高效率，所以会引起产量的扭曲，不能达到社会福利的最大化。而且我们可以看到*FDC*定价方式中边际成本的概念并没有出现，最优定价的理论基石在这里被忽略掉了。

3. 非线性定价（Nonlinear Pricing）

拉姆齐定价以及FDC定价都属于线性定价模式。从1980年起，斯坦福大学威尔逊（Robert Wilson）对拍卖机制设计的理论与应用的研究取得了重要成果，成为电信、交通和能源等领域拍卖与竞标机制设计的权威学者。1993年，威尔逊的价格机制研究的集大成之作《非线性定价》对费率设计和电信、交通和能源等公用事业相关主题进行了百科全书式的分析。

非线性定价则是指受规制的强自然垄断厂商根据消费者的需求，将成本结构详加分类，以设计出各种收费体系，将成本公平地分摊给消费者的定价形式，如在实践中常被采用的二部收费（Two-part tariff）。二部收费最早可以追溯到Hopkinson（1892）的电力收费模型，在模型中他在取决于产品使用的成本以及不取决于产品使用的成本之间做出了区分。二部收费由与使用量无关的按月额或年额支付的基本费与按使用量支付的从量费两部分构成，即消费者所支付的价格总额由两部分构成：一为基本费，二为按单位产品价格计算的从量费。在电力产业中曾广泛使用了递减的复合二部收费体系，即当对产品的购买量增加时，边际成本价格将会减少。在二部收费中，基本费的确定是为了弥补厂商所承担的共同成本，但基本费如果定得过高的话，将会使一部分消费者退出市场。在电力产业中由于产品的不可存储性以及出于调峰和提高设备负荷率的需要，经济学家们提出了高峰负荷收费理论，这也是经济学中边际成本价格形成理论在产业方面最充分的运用。

（三）信息经济学对价格理论的发展

新古典经济学理论的保护带之一是“主体拥有特定的关于环境的信息”，即它假定市场交易者拥有完成交易所需的全部信息。而这一假设明显有违实际，不仅得到的信息并非是无交易成本的，大部分交易所需的信息也是稀缺资源，信息经济学随之应运而生。它是在不完全信息和不对称信息的前提下，研究交易关系和契约安排的理论，是以不对称信息的特殊视角对信息、经济相关问题展开分析的理论成果。信息经济学启蒙思想最早出自1919年索尔斯坦·凡勃伦（Thorstein Veblen）的《资本的性质》

中关于“知识的增长构成财富的主要来源”的论述。1921年弗兰克·奈特（F. H. Knight）的《风险、不确定性和利润》出版，使信息经济思想得以较为完整的形式呈现在经济学的殿堂之中，为后来的信息经济学家点燃了第一支明烛。奈特发现“信息是一种主要的商品”，并对不确定性做了开拓性的研究。20世纪60年代，赫伯特·西蒙（H. A. Simon）、肯尼思·阿罗（K. Arrow）等一批欧美经济学家率先对传统经济学的“充分（完全）信息假定”提出了质疑。70年代，乔治·阿克洛夫（George Akerlof）、迈克尔·斯彭斯（Michael Spence）、威廉·维克里（Willian Vickery）、詹姆斯·莫里斯（James A. Mirrless）、杰克·赫什雷弗（J. Hirshleifer）、格罗斯曼（S. J. Grossman）、乔治·斯蒂格勒（G. J. Stigler）等学者均从现实的制度安排和经济实践中发现，行为者拥有的信息不仅是不充分的，而且其信息的分布是不均匀、不对称的，这将严重影响市场的运行效率并经常导致市场失灵（market failure）。从此出发，信息经济学逐渐形成了包括信息形式及效用、委托代理理论与激励机制设计、不利选择与道德风险、市场信号模型、团队理论、搜寻与价格离散、拍卖与投标、最优税制理论以及信息资源配置等内容在内的微观分析基础。

信息经济学对新古典经济学前提假设的质疑使信息经济学也成为一种新奇的透视角度与方法，同时在方法论上把传统经济学方法如均衡分析法、建模法、归纳法、演绎法和最新的研究方法结合起来，吸收了冯·诺依曼（J. Von Neumann）和奥斯卡·摩根斯坦（Oscar Morgenstern）创立的预期效用原理、杰拉德·德布鲁（Gerard Debreu）创立的不确定性条件下的选择理论以及博奕论（game theory）等均被作为学科重要的方法论基础。不确定条件下的选择理论不仅将人们的选择行为置于真实的不确定环境之下，而且还将信息与不确定性紧密地联系在一起。博弈分析的研究模式更是为不对称信息下的决策研究提供了有力的方法论支撑。一个形象有趣的比喻说，博弈论和信息经济学是一枚硬币的两面，只不过博弈论是方法论导向的，信息经济学是问题导向的。1994年，Eric Rasmusen 在《博奕论与信息：博奕论引论》一书中具体讨论了名誉、道德风险（moral hazard）、逆向选择（adverse selection）和信号理论，以及这些理论在谈判、行动、定价、市场进入和产业组织行为中的应用，实现了博奕论与信息经济学的精彩结合。

这些对新古典经济学的价格理论带来的影响都是革命性的。首先，在新古典价格理论中，均衡价格是市场供求两种相反的力量达到均衡的结果，即均衡时价格的确能发挥信号传递的功能，但格罗斯曼—斯蒂格利茨悖论（Grossman-Stiglitz Paradox，1980）证明，市场价格体系并非能够常常反映市场供求，尤其是在受到不利选择和道德风险影响的条件下，形成的市场价格更可能是虚假经济信号或市场信息的反映，而这必然会错误地引导市场参与者的投资和生产方向以及消费者的消费偏好。该悖论以不对称的信息结构为前提基础，从信息的角度揭示了市场参与者如何受市场价格体系的影响，又如何影响价格体系在传递信息方面的功能，从而为我们研究和观察价格体系在资源配置方面的作用提供了崭新的分析角度和理论基础。其次，信息经济学价格理论以不确定性条件下的选择理论和博奕论为研究方法决定的价格，更多的反映交易者之间的产权契约关系，是交易者之间在一定制度下产权契约关系博弈的结果，如首开信息经济学拍卖研究之先河、1996年度诺奖获得者威廉·维克里为拍卖设计的第二投标法（也称为维克里拍卖法），即只要允许标金最高（低）的中标者以第二高（低）的标金金额支付，就完全能够构造出一种可以规避信息不对称负效率的有效制度安排，因为这一安排存在着对所有局中人可能的不合作或背叛串谋的诱惑或激励①。

四 结论

在新古典价格理论中，均衡价格是供需两种力量平衡的结果，价格的变化能够灵敏地反映市场供求及技术的变化，能准确地反映资源的稀缺程度；市场均衡价格综合了所有的市场信息，且随供求变化的市场价格是传递信息最经济、最有效的机制；均衡价格是中性的，不会偏向交易的任何一方。因此，每个消费者、要素拥有者及生产者只需根据市场价格信号来做最优决策，即实现各自利益的最大化。而这些结论是建立在完全理性经济人和完美市场的假设前提上。20世纪价格理论的发展，就是经济学家不断放松这些假设，将新古典价格理论通过假设忽略的因素，如产权、制度、信息、组织以及策略等视为内生变量加以研究，形成新的价格理论。

① 窦莉梅：《关于拍卖价格理论研究的文献述评》，《上海商学院学报》2009年第2期。

参考文献

[1] 钱颖一：《理解现代经济学》，《经济社会体制比较》2002 年第 2 期。

[2] 王万山：《马歇尔后的价格机制理论的发展述评》，《经济评论》2004 年第 2 期。

[3] 王万山：《均衡价格理论演进的历史脉络》，《西安财经学院学报》2005 年第6 期。

[4] 王万山：《广义价格纲论》，《当代经济科学》2004 年第 4 期。

[5] 汪建坤：《五种价格理论及其比较分析》，《数量经济技术经济研究》2001 年第 1 期。

[6] 于占东：《反思新古典微观经济学》，《天津社会科学》2004 年第 2 期。

[7] 方福前：《根据“硬核”和“保护带”来划分经济学流派》，《中国人民大学学报》2004 年第 1 期。

[8] 刁伟涛、杨宏力：《西方主流经济学的演进——新古典经济学的硬核及其保护带调整》，《山东经济》2007 年第 3 期。

[9] 卢现祥：《西方新制度经济学的流派渊源关系及其发展趋势》，《经济评论》2004 年第 5 期。

[10] 窦莉梅：《关于拍卖价格理论研究的文献述评》，《上海商学院学报》2009 年第 2 期。

[11] 高红阳：《不对称信息经济学研究现状述评》，《当代经济研究》2005 年第 10 期。

[12] 胡代光：《新凯恩斯主义经济学的核心命题、政策含义和对它的评析》，《经济学动态》1998 年第 2 期。

[13] 胡建渊：《新凯恩斯主义理论的演变途径探析》，《当代经济研究》2005 年第 3 期。

[14] 黄方亮、孟祥仲：《价格发现机理的理论史研究》，《理论学刊》2007 年第 12 期。

[15] 王秋石：《宏观经济学原理》，第三版修订本，经济管理出版社，2001。

[16] 方红生：《价格水平决定的财政理论：一个实证综述》，《数量经济技术经济研究》2008 年第 5 期。

[17] 龚六堂、邹恒甫：《财政政策与价格水平的决定》，《经济研究》2002 年第 2 期。

[18] 李杰：《汇率决定理论的发展研究》，《理论探讨》2010 年第 1 期。

[19] 李坤望：《国际经济学》，高等教育出版社，第二版，2005。

[20] 丁美东：《广义价格理论》，《当代财经》2002 年第 10 期。

[21] 方红生、朱保华：《价格水平决定的财政理论在中国的适用性检验》，《管理世界》2008 年第 3 期。

[22] 催胜朝、张士斌：《交易中的价格理论》，《中国物价》2009 年第 5 期。

[23] 袁庆明：《新制度经济学》，中国发展出版社，2005。

[24] 覃家琦：《生产、交易、企业的存在及其性质等》，《政治经济学评论》，第一辑，中国人民大学出版社，2005。

[25]〔英〕李嘉图：《李嘉图著作和通信集》，第一卷，郭大力、王亚南译，商务印书馆，1962。

[26]〔德〕马克思：《资本论》，第一卷，人民出版社，1961。

[27]〔法〕萨伊：《政治经济学概论》，陈福生、陈振骅译，商务印书馆，1963。

[28]〔奥〕庞巴维克：《资本实证论》，陈端译，商务印书馆，1972。

[29]〔英〕马歇尔：《经济学原理》，朱志泰、陈良璧译，商务印书馆，1965。

[30]〔美〕约瑟夫·熊彼特：《经济分析史》（第二卷），杨敬年译，朱泱校，商务印书馆，1994。

[31]〔英〕斯拉法：《用商品生产商品》，巫宝三译，商务印书馆，1963。

[32]〔美〕科斯等：《财产权利与制度变迁》，上海三联书店和上海人民出版社，1994。

[33]〔美〕埃里克·弗博顿、〔德〕普道夫·芮切特：《新制度经济学——一个交易费用分析范式》，姜建强、罗长远译，上海三联书店和上海人民出版社，2006。

[34]〔德〕柯武刚、史漫飞：《制度经济学：社会秩序与公共政策》，商务印书馆，2000。

[35]〔日〕植草益：《微观规制经济学》，朱绍文等译，中国发展出版社，1992。

[36] Chamberlin, Edward H., *The Theory of Monopolistic Competition*, 5th Ed., Cambridge, MA: Harvard University Press, 1946.

[37] Davig, T. and E. M. Leeper., *Fluctuating Macro Policies and the Fiscal Theory*, Manuscript, Indiana University, 2006.

[38] Hicks, J. R., *Value and Capital: An Inquiry into Some Fundamental Principles of Economic Theory*, Oxford: Clarendon Press, 1939.

[39] Leeper, "Equilibria under 'Active' and 'Passive' Monetary and Fiscal Policies", *Journal of Monetary Economics*, 1991 (1): 129 - 147.

[40] Leeper, E. M., *Discussion on Identification and Price Determination with Taylor Rules: A Critical Review by John Cochrane*, Manuscript, Indiana University, 2006.

[41] Leeper, "The Policy Tango: Toward a Holistic View of Monetary and Fiscal Effects", *Federal Reserve Bank of Atlanta Economic Review*, 1993 (4): 1 - 27.

[42] Robinson, Joan., *The Economics of Imperfect Competition*, London: Macmillan, 1933.

[43] Woodford, M., "Price-Level Determinancy Without Control of a Monetary Aggregate", *Carneige-Rochester Conference Series on Public Policy*, 1995 (43): 1 - 46.

[44] Woodford, "Fiscal Requirements for Price Stability", *Journal of Money, Credit and Banking*, 2001 (3): 669 - 728.

国外输电电价理论溯源及其实践

黄　辉*

内容摘要　输电电价是输电企业为发电商和配电公司、大用户提供输电服务的价格，输电价格的合理制定是实现有效电力批发市场的关键。本文对国外输电电价理论的发展脉络进行了梳理，并从输电电价理论的基本框架入手，展开分析了输电电价问题的理论发展、前沿及其实践情况，具体包括：边际成本定价、固定成本定价、考虑市场不确定性的定价、价格规制等。本文最后还结合我国电力市场改革的实际，探讨了国外输电电价理论对我国的输电电价政策制定的启示，并提出了对策和建议。

关键词　输电电价　节点电价　价格规制　固定成本定价

输电电价是为电力批发市场提供输电网服务的价格，作为电力批发市场设计的关键问题，输电电价的研究一直是电力市场理论研究的热点和中心问题。从对输电价格研究的文献来看，国外的研究中具有代表性的是美国、英国等发达国家一些研究小组和学者对电力市场的研究。输电价格理论体系中一些重要的理论、模型的提出及成功的应用很多要归功于他们。国外学者对电力市场的研究水平高，有几个方面的重要原因：首先，国外电力市场改革起步早，从 20 世纪 80 年代就开始了，所以市场改革的经验丰富；其次，国外学者研究基础好，很多著名的电力市场专家都是在产业经济、电力工程两个方面有很深的造诣，如麻省理工学院、哈佛大学、剑桥大学等一些著名的产业经济学家，像 William Hogan、Paul Joskow 等是电力市场研究的领军人物。

* 黄辉，中国社会科学院经济学博士，华北电力大学讲师，主要研究方向为输电市场。

一　输电电价理论的发展

输电电价机制的研究文献很丰富，涉及的理论模型与实证的研究非常多，而在实际中应用的输电价格机制也常常随着国家和地区的不同而不同，有着各种各样的价格模型及其实现形式。尽管如此，从总体来看，其主要理论研究及应用的脉络和线索还是比较清楚的。

从最早的应用实践来看，基于成本加成的收入规制与根据邮票法确定的输电费用分摊方法的结合是简单而操作性强的输电电价方法，但平均分摊费用却不公平，也不能引导对输电网的合理使用。所以，输电电价理论研究的一个重要方向是对合理分摊固定费用的研究，分摊的依据主要是输电网设备的使用额度。由于输电网是由众多的输电线路组成的，所以，某一个输电交易对所有的输电线路都有一个使用额度问题，这就使得分摊问题变得异常复杂。从理论上讲，完全精确地计算某输电交易对输电线路的使用份额是不可能的，因此，学者们提出了各种比较精确的近似计算输电交易对输电线路的使用份额的模型，其中最著名的是 Bialek 的潮流跟踪法[①]。对于比较简单的输电网络，如区域间的联络线，采用像潮流跟踪法这样比较精确的固定费用分摊方法也未必不可行，如澳大利亚电力市场采用的基于潮流跟踪法的 CRNP（Cost Reflective Network Pricing）输电价格模型，或者是采用更简单的边际潮流模型的英国电力市场的 ICRP（Investment Cost-Related Pricing，ICRP）输电电价模型。如果将输电交易使用的输电线路或网络局限在一定的输电路径之上，分摊问题将大大简化，这种分摊方法就是美国的新英格兰电力市场采用的合约路径法[②]。潮流跟踪过于复杂，而合约路径法与实际路径偏差太远，为此 Shirmohammadi 等提出的兆瓦公里法，综合考虑了输电量和输电距离的固定费用分摊模型，是简单易操作和公平分摊两个相互冲突的输电定价目标之间权衡的结果[③]。

---

① J. Bialek, "Tracing the Flow of Electricity", *IEE Proceedings. Generation, Transmission and Distribution*, Vol. 143 (4), 1996, pp. 313 - 320.

② Marija D. Ilia, Yong T. Yoona, Assef Zobiana, Mary Ellen Paravalosb, "Toward Regional Transmission Provision and its Pricing in New England", *Utilities Policy*, Vol. 6 (3), 1997, pp. 245 - 256.

③ Shirmohammadi D. Gribik, P. R. Law, E. T. K. Malinowski, J. H. O'Donnell R. E., "Evaluation of Transmission Network Capacity Use for Wheeling Transactions", *IEEE Transactions on Power Systems*, Vol. 4 (4), 1989, 11, pp. 1405 - 1413.

输电网的市场定价、金融输电权和商业投资是输电市场理论研究的另一个重要的方向。输电价格的市场形成机制是由 Schweppe 等提出的节点电价模型，并被广泛地应用在北美电力市场[①]。在节点电价市场中输电服务市场与发电市场融合成一体，输电电价与发电电价共同组成节点电价，该价格是基于边际成本的社会最优价格。输电服务市场的另外一个主要的市场实现形式是输电权市场，所谓输电权，就是基于输电容量使用的权力。早期的输电权为物理输电权，为持有者提供输电容量物理使用权，并根据输电固定成本定价。所以，物理输电权也是固定费用分摊的一种方法，这种机制与节点电价市场机制是替代关系。物理输电权可能会导致发电商通过容量持留来套利，从而形成很强的市场势力，并且，物理输电权可能会因破坏调度机构调度权的完整性而威胁到电力系统的安全[②]。正是认识到了物理输电权的弊端，William Hogan 提出了金融输电权。金融输电权市场是节点电价市场的金融衍生市场，持有者可规避因输电阻塞带来的阻塞电价费用的风险[③]。由于节点电价的实时波动性和不确定性，很多北美的电力市场采用具有相对稳定的金融输电权市场作为节点电价市场的补充机制。Hogan 的金融输电权是基于节点输电路径的，其收益取决于两个节点的电价之差，其对应的节点间的可用输电容量依赖于电力系统整体的运行状态，具有不确定性。Hung-po Chao 提出了基于输电线路路径的输电权，并以潮流跟踪法为基础，某输电线路的输电权市场对应的输电线路容量是确定的[④]。但是，考虑到输电网络中线路众多，这种复杂的输电权实施的操作性很差。所以，在实际中应用的主要是 Hogan 提出的基于节点路径的金融输电权，下面的分析中提到的金融输电权就是指这种输电权。在金融输电权机制成为北美电力市场的典型设计中的重要组成部分以后，Hogan 希望通过金融输电权市场实现输电商业投资，在输电投资市场引入竞争，

① Schweppe F. C. , Caramanis M. C. , Tabors R. D. , et al. , "*Spot Pricing of Electricity*", Dordrecht (Netherlands): Kluwer Academic Publishers, 1988, pp. 129 – 150.

② Paul Joskow, Jean Tirole, "Transmission Rights and Market Power on Electric Power Networks", *Rand Journal of Economics*, Vol. 31 (3), 2000, pp. 450 – 487.

③ William W. Hogan, "Finanxial Transmission Right Formulations", *Harvard Electricity Policy Group Paper*, 2002, 3, pp. 26 – 28.

④ Hung-po Chao, Stephen Peck, Shmuel Oren, Robert Wilson, "Flow-Based Transmission Rights and Congestion Management", *Electricity Jouranl*, Vol. 13 (8), pp. 38 – 58.

并由市场决定输电投资量，从而实现输电市场的长期效率①。但输电商业投资的理论引起了广泛的争议和质疑。Paul Joskow 和 Jean Tirole 提出，金融输电权是基于节点电价收入的收益权，由于输电网的长期规模经济性，在最优输电容量水平上，节点电价收入不能补偿全部输电费用。另外，节点电价不能引导基于电力系统可靠性考虑的输电容量投资，因此，输电商业投资的实施存在难以克服的障碍②③。Hogan 后来也认识到了输电商业市场存在的问题，并提出应探索商业投资和规制投资相结合的输电投资混合机制，如阿根廷电网投资的公共投票机制④。

输电网的规制机制研究也是输电价格理论研究的一条主要的线索。由于输电网的自然垄断性，凭借完全的市场机制不能实现输电市场效率，需要规制机制对市场机制进行补充和完善。例如，节点电价制度是根据发电报价和用电报价确定的，对于发电价格而言，节点电价是市场机制形成。然而，对于输电市场来说，节点电价及对应的市场交易是输电市场交易剩余最大化的价格和交易量，这并不是垄断经营的输电企业利润最大化的价格和对应的交易量。所以，节点电价中的输电电价实际上也是实时规制价格。输电市场的短期效率是凭借规制机制实现的。从长期来看，输电投资效率不能通过输电权市场来实现，仍然需要规制机制来控制企业的利润，以实现对企业提高运营效率的动力，并改善输电服务质量，提高输电投资效率。实际电力市场的规制大多以成本加成模式为基础，但其存在的问题和局限性也促使学者们对输电规制机制创新的研究：Littlechild 提出了针对网络行业规制的更具有激励性和操作性的价格上限规制模型⑤；Joskow 等对输电服务质量的激励规制进行了研究⑥。另外，电力系统的可靠性是输电市场有效运行的关键，而在节点电价中不能反映输电的可靠性价值。可

---

① William W. Hogan，“Market-Based Transmission Investments and Competitive Electricity Markets”，*Harvard Electricity Policy Group Paper*，1999，8，pp. 4 – 20.

② Paul Joskow，Jean Tirole，“Merchant Transmission Investment”，*The Journal of Industrial Economics*，Vol. L3（2），2005，pp. 233 – 262.

③ Paul Joskow，“Patterns of Transmission Investment”，*Cambridge Working Papers in Economics*，2005，3，15，pp. 2 – 5.

④ William W. Hogan，“Electricity Market Structure and Infrastructure”，*Harvard Electricity Policy Group Paper*，2008，9，pp. 24 – 25.

⑤ Stephen Littlechild，“Regulation of British Telecommunications' Profitability”，*Report to the Secretary of State*，*Department of Industry*，London：Her Majesty's Stationery Office，1983.

⑥ Paul Joskow，“Incentive Regulation in Theory and Practice：Electricity Distribution and Transmission Networks”，*Harvard Electricity Policy Group Paper*，2006，1，21，pp. 30 – 35.

靠性作为输电服务质量既可以通过输电质量规制来保证，也可以通过输电可靠性定价这样的市场机制来实现，Joskow、Tirole 和 Hogan 等人对这个问题进行了研究①②。

二　固定成本定价

固定成本定价是输电价格制定的主要方法，包括邮票法、潮流跟踪法、合同路径法和邮票法等方法。

（一）平均成本法（邮票法）

平均成本法又被称为邮票法，是按照电网的平均成本进行定价的方法，是以电网的会计（历史）成本、社会平均成本（标准成本）、允许收入为基础的。平均成本法主要应用于共用网络服务的定价，包括澳大利亚、新西兰等主要电力市场都采用了这种定价方法。平均成本法按照用电量或用电功率来确定用户对电网的使用额度，简单、透明而容易操作。如果按照系统峰荷时的配电公司或大用户的用电功率进行分摊固定成本，这种方法又被称为峰荷责任法。以 PJM 为例，电网使用费主要是通过邮票法按各个地区配电公司的高峰责任进行分摊，阻塞租金是按照节点电价法的节点电价差来回收。

（二）潮流跟踪法

基于潮流跟踪的电网服务定价方法是根据各电力交易对电网潮流产生的影响进行定价。潮流是电网中某一时刻在确定线路中流动的电能，潮流跟踪是分析某电能传输交易在所有线路中产生的电能传输量，而某线路上的总电能传输量可以近似看成所有电力交易在该线路上形成的电能传输量的总和。根据潮流跟踪的结果，可以了解交易功率对输电线路潮流的边际或增量影响，这和该交易的交易路径相关，以此可以确定交易对某输电线

① Paul Joskow, Jean Tirole, "Reliability and Competitive Electricity Markets", *Rand Journal of Economics*, Vol. 38 (1), 2007, pp. 60 – 84.

② William W. Hogan, "Reliability and Scarcity Pricing: Operating Reserve Demand Curves", *Harvard Electricity Policy Group*, 2006, 3, pp. 1 – 31.

路容量的使用份额，从而作为该线路费用分摊的依据[①]。

基于潮流跟踪的一个重要的输电固定价格模型是英国电网使用服务价格采用的基于直流潮流的投资成本定价模型（Investment Cost-Related Pricing，ICRP）[②]。该模型以一种电网典型的运行方式或状态为基础，以在某个节点增加单位可供电容量导致电网的边际容量成本来计算共用电网的使用价格。与邮票法相比，投资成本定价模型包含节点或地区信号，给出的经济信号更加丰富和准确，以此确定的电网使用价格也就更加公平和有效。例如，由于英格兰是从北部向南部输送电能，所以北部的用户支付的电网使用服务价格就低于南部的用户，而发电厂的情况正好相反[③]。ICRP的节点电价制定需要考虑电网公司的管制目标收入，直接采用上面分析的边际投资成本进行定价不能回收全部目标收入，所以，不足部分还需要根据各节点的发电或用电功率分摊到节点电价中。ICRP 的目标收入中的27%由发电商支付，剩余的73%由电力用户和配电公司支付。ICRP 在实际实施中，为了方便操作，将节点电价简化为按区域定价，发电节点分为21～24个区域，用户节点分为14个区域[④]。

澳大利亚电网公司的 CRNP（Cost Reflective Network Pricing）也是一种潮流跟踪的定价方法，但它是基于交流潮流模型。CRNP 同 ICRP 一样，也是电网公司目标收入或成本在用户间分摊的一种电网服务定价方法，它们都是基于节点和区域的电能消费对电网的使用份额进行成本分摊的方法。CRNP 不同于 ICRP 的地方在于：CRNP 的实施是基于节点的，ICRP 的实施是基于区域的；CRNP 只是将目标收入分配给用户或配电公司，而 ICRP 是两者都分配；CRNP 的分配是基于各个线路的历史成本，而 ICRP 是基于电网使用的增量成本，这两者的差别表现在：当电网的某个区域存在较大的冗余容量时，CRNP 会让该区域用户分担较高的电价水平，而 ICRP 只是基

---

① J. Bialek，“Tracing The Flow of Electricity”，*IEE Proceedings. Generationv*，*Transmission and Distribution*，Vol. 143（4），1996，pp. 313－320.

② National Grid（UK），“The Statement of the Use of System Charging Methodology（1 April 2006）”，http：//www. nationalgrid. com/NR/rdonlyres/86A991E5－107D－4A8D－9D7C－1D9B752BC44B/12712/UOSCMI2R1Cond2Cond4. pdf，2008，1，pp. 11－20.

③ Joskow Paul，“Incentive Regulation in Theory and Practice：Electricity Distribution and Transmission Networks”，*Harvard Electricity Policy Group Paper*，2006，1，pp. 38－39.

④ National Grid（UK），“The Statement of the Use of System Charging Methodology（1 April 2006）”，http：//www. nationalgrid. com/NR/rdonlyres/86A991E5－107D－4A8D－9D7C－1D9B752BC44B/12712/UOSCMI2R1Cond2Cond4. pdf，2008，1，pp. 8－9.

于实际的使用量分摊，不会出现这样的问题①。

（三）兆瓦公里法（MW-KM）

对于跨区域、跨省或跨地区的远距离输电线路，如果在线路上存在多个电能输入节点或电能输出节点，对此线路进行单独定价时采用兆瓦公里法是比较合理。兆瓦公里是输电容量使用份额的单位，即交易功率和交易在该线路上的输送距离的乘积。相比较而言，邮票法只按照电量或传输功率进行平均分摊，不考虑传输距离的远近。而兆瓦公里法是按照兆瓦公里数对电力交易收费，是按照电力交易的传输距离和传输功率分摊线路的投资或使用成本，所以更加公平和科学②。兆瓦公里法是将电网固定费用按照所有交易的反映电网输送容量使用份额的兆瓦公里数进行分摊，本质上是一种平均容量使用成本法。英国的 ICRP 模型也是以兆瓦公里数计算输送容量使用份额，但定价的依据是边际容量使用成本，所以 ICRP 模型可以看成是兆瓦公里模型的改进和发展③。

（四）合同路径法

对于跨多个电网的双边或多边交易，交易者可以按照指定的传输路径支付输电费用，这个传输路径就被称为合同路径。一般情况下，合同路径的输电费用是按照路径上的多个电网资产的平均费用的叠加形成的，如美国 FERC 的《888 号法令》规定输电费用按照交易经过的地区来收费，这些叠加的费用常常被比喻为叠加起来的薄饼④⑤。

合同路径的主要不足是合同路径与电能传输的实际路径并不一致。电

---

① Australian Energy Market Commission, "Review of the Electricity Transmission Revenue And Pricing Rules", *Consultation Program*: *Transmission pricing*, 2005, 11, pp. 49 - 54.

② Shirmohammadi D. Gribik, P. R. Law, E. T. K. Malinowski, J. H. O'Donnell R. E., "Evaluation of Transmission Network Capacity Use for Wheeling Transactions ", *IEEE Transactions on Power Systems*, Vol. 4 (4), 1989, 11, pp. 1405 - 1413.

③ National Grid (UK), "The Statement of the Use of System Charging Methodology (1 April 2006)", http: //www. nationalgrid. com/NR/rdonlyres/86A991E5 - 107D - 4A8D - 9D7C - 1D9B752BC44B/12712/UOSCMI2R1Cond2Cond4. pdf, 2008, 1, pp. 11 - 20.

④ Marija D. Ili a, Yong T. Yoona, Assef Zobiana and Mary Ellen Paravalosb, "Toward Regional Transmission Provision and its Pricing in New England", *Utilities Policy*, Vol. 6 (3), 1997, pp. 245 - 256.

⑤ 〔美〕萨莉·亨特：《电力市场竞争》，易立云、杨海波、乔涛译，中信出版社，2004，第 282 ~ 285 页。

能在电网中的流动遵守电路定律，往往交易者制定的合同路径只是电能传输路径中的一部分，在合同路径以外的其他线路中也会存在由此交易引起的电能的流动，这些电能被称为环流。环流的存在说明了按合同路径进行交易将给电网使用带来负的外部性，以欧洲的跨国电力交易为例，1997 年比利时电网发生严重阻塞，原因是从法国到荷兰的跨国电力交易的合约路径的指定并未考虑对比利时电网的环流影响①。合同路径的另一个问题是前面提到的美国的输电费叠加问题，这样各个电网叠加起来的输电费一般高过合理的水平，这抑制了跨网交易的发展，也是电网公司对跨网交易的歧视造成的。这样就导致资源在网间流动的壁垒的形成，影响了市场的效率。跨网交易的歧视的原因可能产生于这样的观念，即电网资源应该本地优先。对中国具有现实意义的是，区域电网、省网或地区配电网在制定跨网交易价格，或者叫转运价格的时候，都可能存在这种倾向，这和电网形成的历史、行政边界和地方利益密切相关。

（五）输入和输出成本分配模型（Injection/Withdrawal Transmission Cost Allocation Design）

美国中西部电网（Midwest ISO）将采用的输电固定成本定价模型为输入输出输电成本分配模型，这是一种基于潮流跟踪模型和系统高峰责任模型的综合定价模型。该模型是对未来 3～5 年的输电市场（包括发电、负荷和电网投资及典型运行方式等）进行费用分摊和价格设计，并考虑了输电市场层次性因素。中西部电网从地域范围上可分为三个层次，包括价格管理区域或本地电网（pricing zone，Local）、子区域电网（Sub Region）和区域电网（Region）。

各市场主体的对某输电线路的使用份额的计算是根据该主体（发电或负荷）的发电或用电功率对特定线路上的潮流贡献确定的。具体而言，对于某价格区域的输电线路，在某一运行时刻，其潮流可以看成是由几部分组成：一部分是由本价格区域的负荷和发电引起的；一部分是由本价格区域以外的子区域的负荷和发电引起的；另外一部分是由本子区域以外的区域内其他的发电和负荷引起的，这些不同层次的主体引起的潮流就是这些主体对这条线路的使用份额，也就是分摊该线路固定成本的分摊因子。对

① Janusz W. Bialek，“Transmission Pricing of Cross-border Trades in Europe”，Invited paper for Power System Automation and Control，PSAC ” 99，Bled，Slovenia，1999，10，p. 2.

于连接不同价格区域的输电线路，其潮流是由所有区域内的发电和负荷引起，由此可计算其对该线路的使用份额；对连接不同子区域的输电线的分析也是如此。对于某发电或负荷而言，其对输电网的使用份额主要由几个方面构成：该价格区域的所有线路的份额；所在子区域内其他的输电线路份额；区域内其他输电线路的份额。

在输入和输出成本分配模型中，在某一地理层面（价格区域、子区域和区域）上，对于各市场主体使用份额的计算采用了加权平均的方法，但加权平均过程中的系数或平均使用份额是由价格区域外的所有发电或负荷功率及其功率影响因子决定。最终采用的固定成本价格，对于发电公司为发电容量价格，对于负荷（配电公司和大用户）为系统高峰负荷责任价格。在 2010 年及以后的中西部（Midwest）电网规划中的输电项目均采用此成本定价模型，由此确定的输电电价将每年重新计算，并考虑每年新的投资成本、前一年成本补偿的不足或盈余情况，而且各市场主体的成本分摊因子也将 3 ~5 年重新计算一次①。

输入和输出成本分配模型具有以下特点：首先，该定价模型充分考虑到了电力市场或电网的层次性，对我国的多层次输电网的价格设计具有借鉴意义。其次，该模型的价格动态性设计也很有新意，如价格根据未来 3 ~5 年的情景确定，费率和分摊因子定期更新，这对变化的电力市场而言是比较科学和公平的价格设计方法。最后，该模型综合了潮流跟踪法和系统高峰责任法两种模型，是对复杂性和操作性进行综合平衡后的价格设计。

三 边际成本定价

边际成本定价是输电公司变动成本定价的主要方法，在这里主要是指节点电价及其包含的输电阻塞电价。

（一）节点电价和输电阻塞电价

输电网电价按照短期边际成本定价的模型是由 F. Schwepp 提出的节点电价法（Spot Pricing），又被称为区域边际定价方法（Loactional Marginal

① Scott Harvey, Susan Pope, "Evaluation of Midwest ISO Injection/Withdrawal Transmission Cost Allocation Design", *Harvard Electricity Policy Group Paper*, 2010, 3, pp. 15 – 33.

Pricing，LMP）[①]。美国的几个主要的电力市场都是采用的这种电价，如PJM和纽约。节点电价是市场有效运行下的价格，以边际成本为基础，给出了准确的经济信号，有利于有效引导投资，实现了资源优化配置。以PJM为例，节点电价初步计算中只考虑阻塞而不考虑网损，如果没有阻塞，全网是统一出清价格；如果出现阻塞，各节点出现价差，形成了边际阻塞租金。任意两节点的节点电价之差就是输电阻塞电价，可以看成是按照输电公司的边际阻塞成本定价。

Zuyi Li 等对节点电价（LMP）和市场统一出清价格（Market Clearing Pricing，MCP）进行了研究，分析了不同的需求报价曲线和供给报价曲线下的MCP情况，特别是对一些特殊情况下的MCP的确定进行了探讨。研究表明：在特定的供求曲线下，MCP不存在或有无数个解；作者也探讨了LMP与边际发电成本的关系，并提出：在特定的条件下，某些节点的LMP可能高于最昂贵的竞价机组的报价，也可能低于最便宜的竞价机组的报价，甚至可能是零或负数[②]。

Andrew L. Ott 介绍了PJM日前市场和实时市场设计与实施的经验，并在此基础上对电力批发市场的实现模式、市场基本特征和LMP价格机制进行了分析。文献分别对日前市场和实时市场的市场目标和LMP价格信号及其激励作用进行了探讨，并指出PJM的两阶段市场模式的设计与LMP价格机制在PJM电力批发市场上实现了稳定性、灵活性和竞争性[③]。

2002年以前的加州电力市场设计被公认为是失败的，其失败的一个重要原因是其基于区域定价方法，所以，加州电力市场的重新设计采用的是基于节点的LMP法。在加州电力市场调度机构的研究报告中，对加州电力市场LMP的实现进行了模拟研究，分析LMP分布的规律及差异的原因，为加州电力市场实施基于节点的LMP做准备[④]。

---

① Schweppe F C，Caramanis M C，Tabors R D，et al.，"*Spot Pricing of Electricity*"，Dordrecht（Netherlands）：Kluwer Academic Publishers，1988，pp. 129－150.

② Zuyi Li，Hossein Daneshi，"Some Observations on Market Clearing Price and Locational Marginal Price"，*Power Engineering Society General Meeting*，*2005*，*IEEE*，Vol. 2，2005，pp. 2042－2049.

③ Andrew L. Ott，"Experience with PJM Market Operation，System Design，and Implementation"，*IEEE Transactions on Power Systems*，Vol. 18（2），2003，pp. 528－534.

④ CAISO Market Operations，"Market Design 2002：Locational Marginal Pricing（LMP）Study 3－Analysis of Market-Based Price Differentials-Period：November2002 to October 2003"，California ISO，2004，7，20，pp. 6－10.

由于电网的规模经济性、容量冗余和环流等因素的影响，由LMP确定的输电阻塞定价收入大概只占到电网固定成本的25%～40%，所以不能通过LMP基础上的输电价格回收电网公司的全部收入。另外，某个交易路径（有起始节点和终端节点确定）的输电阻塞价格可能是负的，表示在这个交易路径上的交易可以减轻电网阻塞[①]。

（二）价格信号

LMP是包含地域信号的价格，可以引导各市场主体合理使用电网及有效投资。但是，节点电价或输电阻塞电价的价格信号作用受到了很多的质疑。

James E. Price认为，从发电投资来看，LMP带来的地区信号优势微不足道，特别是与其他因素相比，如燃料价格、规制环境、社会公众的态度和市场势力等因素。同时，LMP也缺乏来自负荷（配电公司和大用户）的需求侧响应，可能的原因在于市场不够成熟，用户需要更好的信息平台、培训等。LMP在处理输电和发电调度上的复杂性上是有用的工具，但不是万能的，仍然有很多问题不能解决[②]。

Richard Green提出，节点电价主要是在智利、新西兰和美国主要的电力市场采用，而欧洲均采用了更简单的定价方法，甚至有一些电力市场价格根本就没有包括地区信号。他利用1996～1997年的英格兰和威尔士电网数据，通过一个简单的模型，对统一价格和节点电价模型的利弊进行了比较分析。研究发现，如果对电力用户采用统一价格，而对发电商采用节点电价，其实现的社会福利只比最优价格实现的福利低0.8%；如果对电力用户和发电商均采用统一价格，其实现的社会福利比最优价格实现的福利低1.5%。从政治的角度出发，统一价格容易为公众和相关主体接受，而执行有差异的价格就会遇到比较大的阻力。以英格兰和威尔士电力市场为例，在1990年，该市场准备采用考虑节点网损的区域电价方案。采用该方案将降低北部的电价，而同时提高南部的价格，这遭遇了将因为此价格而

---

① Janusz W. Bialek, "Transmission Pricing & Congestion Management in a Competitive Power Market", *International Conference on Power Market Development in India: Reflections from International Experience*, 2005, 1, pp. 19－21.

② Ezra Hausman, Robert Fagan, David White, et al., "LMP Electricity Markets: Market Operations, Market Power, and Value for Consumers", *Synapse Energy Economics*, 2007, 2, p. 55, pp. 87－88.

遭受损失的发电商和供电商强烈反对，最终没有实施[①]。

面对这些质疑，Hogan 指出，由于节点电价的复杂性，很多电力市场采用了更简单的定价方法，如区域电价法。但是，这些简单的方法在北美电力市场的实践中最终证明是失败的，曾经采用区域电价模型的电力市场，如 PJM、新英格兰、加州和德克萨斯电力市场，都最终放弃了区域定价，并转而采用节点电价。因为，区域价格与节点价格比较，不能为实际调度或运行提供准确的价格信号。在亚特兰大中部，PJM 为大约 8000 个位置或节点大约每 5 分钟就更新一次调度信息和市场价格。根据有关调查，这种复杂的价格信号大大提高了系统的运行效率，因为市场参与者服从调度的行为是激励相容的。虽然有些学者认为，在地区信息上进行简化的区域价格能够替代节点电价，而且更容易为市场主体接受，实施成本也低。但是，问题的关键是，可能找不到合适的对节点电价进行替代的简单价格机制，特别是考虑到这种价格机制必须能提供各节点和地区准确的机会成本信息和实际调度信息。所以，经过利弊权衡，节点电价市场总体上比区域价格或统一价格市场更有效[②]。

四　输电投资

输电市场的长期效率主要是由输电投资的有效性决定的，而输电投资效率是由输电投资模式决定，而且与输电价格信号有密切的关系。

（一）商业投资模式

Hogan 等提出了一种商业投资模式，通过在投资市场引入竞争来发展电网。在这种商业投资模式中，输电的投资商通过投资电网获得相应的金融输电权（Financial Transmission Right，FTR），这些 FTR 带来的收入可以成为投资商的利润。FTR 的价值取决于节点电价市场中相应的交易路径的阻塞情况，阻塞情况越严重，交易路径的节点电价差就越大，输电阻塞价格就越高，交易商对相应交易路径的 FTR 的需求就越强烈，所以，他们的出价也就越高。因此，投资商会选择目前电网阻塞最严重、最频繁发生的

① Richard Green，“Electricity Transmission Pricing：How much does it cost to get it wrong”，*Harvard Electricity Policy Group Paper*，2004，9，pp. 21－22.

② William Hogan，“Electricity Wholesale Market Design in a Low Carbon Future”，*Harvard Electricity Policy Group Paper*，2010，1，pp. 8－9.

地方进行投资，这些电网投资可以明显的改善和减轻电网阻塞，提高电力批发市场效率，因而，从这个角度来看，这种商业投资模式可能是一种有效的投资机制①。

Joskow 与 Tirole 对商业投资模式有不同的看法，他们认为，由于电力需求、电力供给和设备的短期运行状态的变化大而且具有不确定性，节点电价水平是波动与不稳定的，阻塞与节点电价之差可能不能长期保持，在这样基础上的 FTR 给投资商带来的利润具有很大的不确定性，不足以吸引投资。另外，由于节点电价受到发电商市场势力的影响较大，这种失真的价格信号将导致电网投资过度或不足。电网的投资模式应该以管制投资为主，合理的给予绩效激励的管制模式能发挥更大的作用，商业投资模式的作用有限②③。

（二）混合投资模式

目前，以管制模式为主、市场模式补充的混合投资模式是有效的市场投资模式的观点已经在输电投资的研究中达成共识。Littlechild 研究了阿根廷电网的投资规制模式，并对该电网的输电扩展投资规制模式中的公共投票机制进行了积极的评价。这种模式具体的操作过程如下：如果需要进行一些比较大的输电扩展项目的投资，一些市场主体或组织会向输电公司提出申请，而输电公司则需要分析和确定输电项目的受益者范围及受益情况。然后，由输电公司向规制机构申请，通过公示以后，在受益者范围内进行公共投票。投资项目受益者中，如果有 3.0% 以上不同意，投资项目将得不到批准。如果批准，将按照受益者的收益比例进行分摊投资成本④。

Hogan 认为，设计结合市场机制和规制机制的混合输电投资机制具有优越性，阿根廷的输电扩展规制模式就是一个成功的例子。由于输电投资的外部性，各方利益受到的影响不一致，即使是总体上理想的输电扩展项目也难以让所有人满意。所以，可以根据多数原则，通过公共投票机制，

---

① William Hogan, "Market-Based Transmission Investments and Competitive Electricity Markets", *Harvard Electricity Policy Group Paper*, 1999, 8, pp. 4 - 20.

② Paul Joskow, Jean Tirole, "Merchant Transmission Investment", *The Journal of Industrial Economics*, Vol. L3 (2), 2005, 6, pp. 233 - 262.

③ Paul Joskow, "Patterns of Transmission Investment", *Cambridge Working Papers in Economics*, 2005, 3, pp. 2 - 5.

④ Stephen Littlechild, "Regulation of Transmission Expansion in Argentina: Part-1 State Ownership, Reform and Fourth Line", *Cambridge Working Papers in Economics*, 2004, 11, pp. 28 - 30.

让电网投资的利益相关主体投票，由此决定输电扩展项目是否建设。目前，纽约电力市场已经开始采用类似阿根廷电网的公共投票机制的输电扩展规制模式[①]。

阿根廷的混合投资模式的特点有以下几个方面：首先，公共投票有利于充分调动各市场主体参与输电规划的积极性，并使得运用各市场主体的私人信息成为可能，而在统一规划中很难做到这一点，这有利于做出符合实际的投资项目价值评估；其次，基于收益的输电固定费用分摊是比较公平的，这比使用份额或其他分摊依据更合理，因为市场主体的参与激励和公平判断均来自成本收益的考虑；最后，各市场主体的受益情况不一致，有多有少，若都有同样的投票权，从功利主义的社会福利函数的角度来看，这可能会产生效率损失。例如，少数主体获益甚多，多数主体获益甚少，但方案被否决。

五　价格管制

输电电价的规制模式主要包括投资回报率模式、价格和收入上限模式、服务质量激励规制模式等。

（一）投资回报率规制

目前，在世界各国的电力市场中，应用最为广泛的价格规制模式是美国的投资回报率模式，而这种规制模式已经有悠久的历史。早在1898年，芝加哥电力公司就开始了地区垄断经营和投资回报率规制。目前，北美电力市场的输电企业和配电企业基本上都是采用回报率规制[②]。

所谓回报率规制，就是企业的规制收入等于成本与投资回报之和。而投资回报由企业的有效资产和合理投资回报率决定。按照一定的定价规则，可以将规制收入目标转化为产品的规制价格，所以，回报率规制基本上还是采用价格规制作为手段。另外，也可以将规制收入看成是规制企业的经济成本，其中，投资回报是有效资产的机会成本。

---

① William Hogan, "Electricity Wholesale Market Design in a Low Carbon Future", *Harvard Electricity Policy Group Paper*, 2010, 1, p.16.

② 〔美〕Steven Stoft：《电力系统经济——电力市场设计》，宋永华、刘俊勇、王秀丽等译，中国电力出版社，2006，第6页。

（二）价格上限和收入上限

与回报率规制相比较而言，价格上限和收入上限是激励强度更大的规制措施。价格上限也是常见的自然垄断规制模式，是由 Littlechild 提出，并应用在英国的电信业①。这个模式又被称为 RPI - X 模型，RPI 是指零售物价指数，X 是指技术进步率。价格上限的价格规制周期一般是 3 ~ 5 年，在每个价格周期结束后，重新审核 X，并根据企业的投资情况调整价格上限，开始新的价格周期。在价格周期中，每一年都会根据当年的 RPI 和 X 进行自动调整价格上限。

收入上限与价格上限的规制模式类似，只不过控制的是收入而不是价格，追求利润最大化的动机会使规制企业在设置价格时上尽可能让收入接近收入上限。企业会努力降低成本和避免过度投资，以实现尽可能多的利润。英国电网公司（National Grid Company，NGC）采用这种规制模式，但是对价格设置却没有自由。英国天然气和电力监管办公室（Office of Gas and Electricity Markets，OFGEM）根据规制收入，利用 ICRP 价格模型确定输电网各节点的输电电价。从 NGC 的经验来看，收入上限规制要求考察价格周期中的资本变化，考虑折旧和通胀因素，价格审核时要考虑已经发生的但未计入准许收入的投资、成本和将要发生的成本。

（三）回报率控制、服务质量规制和标尺规制

回报率控制也是一种传统的规制模式，并常常与其他的规制模型相结合。回报率规制是将企业的实际回报率控制在一个合理的范围之内，超过回报率上限部分的利润可以通过降价的方式让消费者分享利润，低于回报率下限部分的利润不足部分可以通过涨价的方式让消费者对企业进行补贴。成本加成可以看成是一种特殊的回报率控制模式，只不过回报率控制是在一个点上，而不是在一个区间。

在电力行业中，服务质量规制是一种比较新的激励规制模式，通过将企业的服务质量与其准许收入或规制价格挂钩，可以促进企业提高服务质量。OFGEM 对配电企业的规制模式中包含了服务质量规制，具体指标包括停电次数和停电持续时间、极端天气导致的停电事故的响应时间、电话

① Stephen Littlechild，“ Regulation of British Telecommunications' Profitability”，*Report to the Secretary of State*，*Department of Industry*，London：Her Majesty's Stationery Office，1983.

客服的质量及消费者满意度调查等。对英国国家电网公司（NGC）的规制中，将停电电量作为服务质量激励，根据停电电量偏离合理水平的差距，在允许收入水平上进行调整，作为可靠性服务质量的奖励和处罚，但处罚和奖励都有上限，目的是将停电质量控制在一定的合理范围之内①。

在电网企业的规制实践中，常常将不同的规制模式相互组合，形成混合的规制模式。这有历史的原因，也与规制理论的发展演变相关。以澳大利亚为例，澳大利亚基本采取的是成本加成的收入上限管制模式，但输电公司的最大允许收入要按照 RPI-X 进行调整，调整周期超过 5 年。澳大利亚的能源管制机构为竞争和消费者委员会（ACCC），ACCC 根据成本加成原则和效率调整原则确定输电公司的年度目标收入，然后将年度目标收入按照资产类型分摊到各种输电服务，继而将各种输电服务成本分摊到用户或用户节点，最后，将用户或用户节点分摊到的输电服务成本转换成输电电价。美国的南加州爱迪生公司作为加州的配电网运营商，采用的也是混合规制模式，具体包括：价格上限规制、投入回报率控制和服务质量规制等内容。其服务质量激励包括服务可靠性、消费者满意度、雇员健康和安全指标。服务可靠性指标包括停电持续时间和停电次数。消费者满意度则通过独立调查。雇员健康和安全指标则是通过事故和疾病的数量反映出来②。

六　可靠性定价

在电力市场化的过程中，如何通过市场机制来实现电力可靠性和服务质量问题在近几年成为电力市场研究的焦点，电力市场的可靠性定价就是这个领域的核心问题。Steven Stoft（2002）指出，短期可靠性价格就是辅助服务市场的电力备用价格，该价格可以是基于失负荷价值，也可以是通过确定调度备用需求来定价。第一种方法是按照电力市场需求定价，但存在信息不完全的问题。电力市场交易中心在确定备用价格的时候，很难了解电力用户的失负荷价值。第二种方法是基于调度机构对系统可靠性的要求制定，这具有一定的随意性，难以保证市场效率。这两种可靠性定价方

① Paul Joskow, "Incentive Regulation in Theory and Practice: Electricity Distribution and Transmission Networks", *Harvard Electricity Policy Group Paper*, 2006, 1, pp. 30 - 35.

② Tooraj Jamasb, Michael Pollitt, "Benchmarking And Regulation of Electricity Transmission And Distribution Utilities: Lessons From International Experience", *Cambridge Working Papers in Economics*, 2000, 11, P. 24.

法是通过短期的市场需求去引导投资。Steven Stoft 还提出，建立发电容量市场是保证系统容量裕度和长期可靠性的一种方法，与短期备用市场相比，发电容量市场对发电投资的激励信号是稳定的，能有效避免价格波动和市场对发电投资的不利影响①。

James Bushnell 分析了发电容量市场的功能，并提出了与 stoft 相似的观点，但他指出，缺乏地区信号的容量市场不能对处在输电约束地区的发电投资进行有效的激励②。William Hogan 从考虑不确定性的电力市场均衡模型出发，分析了基于市场均衡的最优市场价格及其对应的资源配置与基于可靠性模型的调度备用价格与对应的资源配置的联系③。Paul Joskow 与 Jean Tirole 研究了在零售市场中存在允许限电的刚性需求下的最优市场价格和资源配置，包括非正常运行状态下的最优限电安排。他们还探讨了计划停电和非计划停电的失负荷价值差异，分析了发电容量市场和调度备用对市场效率的意义④。Peter Cramton 探讨了通过远期市场实现可靠性效率的可能性，并对该市场存在的风险和市场势力问题进行了分析⑤。

这些文献的研究方向是试图找到经济模型和电力系统规划、可靠性模型之间内在的联系与一致性，将电力系统可靠性、安全性和电能质量的供求关系通过市场机制进行协调，使电力技术模型和经济分析模型在电力市场的不确定性问题的研究能实现更加紧密地结合，从而设计出更符合电力技术特点的市场机制。但仍有许多方面的工作需要进一步展开，如从可靠性出发的电网投资和运营行为与经济效率的关系，及其对应的市场机制的设计。

七　对我国输电电价改革的启示

在研究我国的输电电价形成机制时，应该借鉴国外的输电电价理论及

① 〔美〕Steven Stoft：《电力系统经济——电力市场设计》，宋永华、刘俊勇、王秀丽等译，中国电力出版社，2006，第 1 版，第 149～167、173～178 页。

② James Bushnell，“Electricity Resource Adequacy：Matching Policies and Goals”，*The Electricity Journal*，Vol. 18（8），2005，pp. 11－21.

③ William Hogan，“Reliability and Scarcity Pricing：Operating Reserve Demand Curves”，*Harvard Electricity Policy Group*，2006，3，pp. 1－31.

④ Paul Joskow，Jean Tirole，“Reliability and Competitive Electricity Markets”，*Rand Journal of Economics*，Vol. 38（1），2007，pp. 60－84.

⑤ Peter Cramton，Steven Stoft，“Forward reliability markets：Less risk，less market power，more efficiency”，*Utilities Policy*，Vol. 16（3），2008，pp. 194－201.

实践，并充分考虑我国的国情和电力市场实际，由此确定的电价制度和政策才可能是有效的。

（一）我国输电电价政策的环境特征

当运用国外输电电价理论指导中国输电电价制度设计的实践时，应该考虑到，输电电价理论主要是由一些欧美发达国家的学者根据本国的实践提出的，而这些国家的输电市场政策环境与我国的政策环境有很大的不同。我国输电市场问题具有特殊性，这需要从经济制度、政府角色、规制机制、企业制度和电网建设水平等方面进行考察。

从宏观环境来看，我国的电网行业均为国有企业独资经营。而欧美发达国家的电网企业一般为私有企业，如英国的国家电网公司和12家地方配电公司均为私有企业。另外，我国目前的经济制度是从原来的计划经济制度转轨而来，目前仍保留了很多原属于计划经济体制的机制。对于我国的电网企业而言，从人事任免、项目规划、项目投融资和电网运营维护等方面，处处都有政府这支“看得见的手”的控制与干预。由于很多国外输电电价理论是建立在私营电网企业和西方政府管理模式的假设基础上，这些理论对政府和电网企业行为的解释和分析可能不适合我国的电网企业。

我国的政府规制机制与国外的政府规制机制也存在很大的差异。国外的电网行业规制一般是由一个国家级的行业监管机构负责，如英国的电力和天然气监管办公室（OFGEM）和美国的联邦电力管制委员会（FERC），这些规制机构从价格制定、电网扩展投资和服务质量等方面对电网企业进行全方位监管。我国的电网行业规制机构主要分为两层，国家发改委对电网投资、价格制定进行规制；国家电监会主要负责服务质量、电网安全等方面的规制。国家发改委在对电力项目审批时，在审核范围、审核问题专业性等方面都可能存在问题。在投资审批方面，发改委可能不能细查其合理性，只是在与企业讨价还价的过程中进行总量的控制，这不能保证投资效率。从电力行业的情况来，电监会是独立的电力监管部门，工作人员都有相关的专业背景，对电力行业具有相应的监管能力。从这个角度来看，并参考国外的电网企业监管模式，发改委应该将价格管理、投资审批等权力下放给电监会，让电监会担当其电力行业全面的监管责任。在输电价格规制政策的设计中，应该考虑到国内外规制环境的差异性。

从企业制度来看，国内的电网企业存在所有者缺位、内部人控制、政企不分等问题，电网行业是从过去的政府机关转变而来，企业仍保留了很多政府机关的行为作风。企业投资行为往往是从追求政绩、权力、地位和福利等目标出发，在这一方面，电网公司高管的职业发展之路同政府官员类似，他们要考虑政治前途和未来晋升，并应对政绩考核。所以，制定我国输电价格政策时，必须考虑到我国输电企业在治理结构、企业目标、管理层激励等方面与国外的差异。

我国的电网建设水平与国外电网建设水平相比，有较大差异。目前我国电网建设严重滞后于发电建设，国外发达国家的电网累计投资占电力投资的比例往往在50%以上，而中国只占到3.0%。由于地方保护主义等因素的影响，电力建设历来是“重发不重送”，有电发不出去的现象很严重，区域之间、省际联络线输送能力薄弱，所以，电网建设滞后性也是我国输电电价设计需要考虑的一个重要因素。

（二）输电电价收入规制政策

在2005年国务院出台的电价改革方案中，提出要逐步实现输配业务分离，输配电价采用成本加成模式确定。根据此价格规制模式，电网公司的准许收入由准许成本和准许投资回报组成，准许成本主要由折旧和运行维护费用组成，投资回报则由合理回报率和有效资产确定。这种成本加成模式主要是基于标准成本法，而非历史成本法或会计成本法，也不是长期边际成本法。准许收入作为输电公司允许收入的上限，在准确预测需求的前提条件下，通过合理定价，输电企业可以实现准许收入。

考虑到我国电网建设滞后，而发电建设成本加成模式有利于实现电网的快速发展。但是成本加成也可能会导致电网公司过度投资，这有两个方面的原因：第一，成本加成的定价往往基于历史需求数据，若电网公司将资产配置与未来增长的需求匹配，一方面，过度投资将导致高电价水平；另一方面，未来需求增长导致平均成本下降，企业将获得超额利润。第二，国有企业的投资冲动是另外一个重要原因，由于国有企业存在着所有者缺位和内部人控制等问题，企业高层管理者不能参与剩余分配，其往往形成特殊利益集团，通过截留利润，将其打入成本，从而谋求利益集团的利益。企业的规模、资产、成本或收入越高，利益集团的获利空间越大。

有效的成本加成规制的前提条件是投资有效性，而投资则由规划、审批、管理效率决定。目前，电网投资项目是由各级电网企业和相关电力设计和咨询单位制定规划，并由国家发改委审批。由于发改委集中审批各地政府和各种行业的项目投资报告，不可能对项目报告进行细致和充分的审核，这也存在由电力技术的复杂性带来的困难。如果委托给电力设计和咨询企业进行审批，考虑到这些企业往往与电网企业存在各种利益联系，这样做也不能保证审核的独立性和客观性。可行的办法之一是委托国外相关咨询机构进行辅助项目审核，或者是让决策过程公开透明，通过一定的渠道，让公众和电力行业相关主体参与进来。例如，可以借鉴阿根廷的经验，让电力项目审批在一定范围内通过类似公共投票的形式决定。

从规制模式来看，成本加成虽然会导致投资过度，而且其效率依赖于投资规划、审批和管理效率。但是，在价格规制的初始阶段，采用成本加成可以将电网公司的价格和收入、成本调整在合理的水平上。在两个价格审核期之间，成本加成模式通过固定价格可以激励企业降低成本，通过增加质量激励规制措施，可以进一步提高服务效率，如美国的可靠性质量规制模式。在条件成熟时，可以考虑采用价格上限模式，通过每年的价格自动调整，让价格审核期之间的时间跨度更长，对企业降低成本的努力形成长期激励。但是，由于电网公司与政府关系没有理顺，它还不是一个完全独立的市场主体，还存在软预算、利润动机不强、缺乏完全的投资自主权等问题，上述激励机制的效果会大打折扣。所以，在市场机制失灵的同时，计划或管理机制在短期能发挥更大作用，通过行业监管部门，加强对电网企业人事、财务、投资、价格和服务质量等方面的管理，可能会有更好的效果。

（三）输电市场范围和价格结构

考虑到我国输电市场是跨地域的多级市场，因此界定不同级别输电市场的范围是必要的。最大的输电市场应该是省级输电市场，输电服务商为省级输电公司，若区域电网内未形成统一的电力市场，则经营省际联络线的区域输电公司分别为各条联络线建立独立的输电市场；若区域内形成统一电力市场，则整个区域形成统一的输电市场，由区域输电公司和省输电公司凭借省级联络线和省输电网提供输电服务。输电专线一般是独立的输电市场，包括点对网、网对网、多点多网结构的输电线路。在点对网输电线路的市场需求主体中，点对应的是发电公司，而网对应的是输电网公司。而对于网对网输电线路来说，该市场需求方则为电能输入的输电网公司和电能输出的输电网公司，类似的还有多点多网结构。在统一的区域电力市场中，若输配分离，则输电市场主体为发电公司、大用户和配电公司；若输配未分离，则输电市场主体为发电公司和大用户，省级市场也是如此。在未统一交易的区域电力市场中，各省之间联络线市场需求方一般为省电网公司。

在输电固定费用的制定上，可以根据网架结构、输电市场的不同，分别采用合适的制定方式。省级输电网初期可以采用峰荷责任法，也可采用具有地区信号的定价方法，如 ICRP。多点多网的联络线可以采用兆瓦公里法，这比邮票法或峰荷责任法更公平。省际联络线可根据该联络线的峰荷责任分摊固定费用，若区域形成统一交易市场，则可在区域内按照区域峰荷责任分摊固定费用，或者采用具有地区信号的输电固定费用分摊方法，如将各省看成近似节点的 ICRP 法。在输电市场比较成熟以后，可在省级或区域级输电市场采用节点电价或区域电价法，而输电电量电价按照阻塞成本定价。此时，固定费若采用了具有地区信号的输电固定费用定价法，则要转变为没有地区信号的价格，如峰荷责任法。各输电专线和省间、区域间联络线也可采用阻塞定价的方法确定电能电价，在无阻塞的情况下，输电电能电价为零。另外，考虑到国家、区域、省电力市场三级分层的特点，在国家和区域的层次内，在市场一体化程度较高的条件下，采用输入和输出成本分配的定价模型也是可以重点考虑的一种选择。

八　结论

综合上述，输电电价问题的研究可以从电价水平和电价结构的角度这两个方面进行分析。电价水平主要由价格规制政策决定，而规制价格主要考虑输电企业的合理利润、投资效率、管理努力的激励、服务质量等方面。输电电价结构由电量电价和固定电价两个部分组成。固定电价主要是对电网服务的包括投资成本和运行维护成本在内的固定费用的分摊，如邮票法、CRNP 法、ICRP 法、兆瓦公里法、合同路径法等。电量电价主要是由边际成本定价和固定费用分摊这两种方法制定，而以前者为主。边际成本定价法为节点电价法，与其近似的定价方法有区域定价法。节点电价市场的相关输电市场机制为输电权市场。输电权市场的建立，使开辟输电商业投资市场成为可能，而混合投资模式可能是未来发展的方向。电力系统的可靠性是电力市场成功的关键，需要通过强制性措施、质量激励规制或可靠性市场来保证输电市场的安全性和可靠性。目前，我国的输电电价采用成本加成规制模式，其具有合理性，也存在一定的问题。考虑到我国输电市场的层次性、网架结构和市场成熟等因素，制定不同的输电价格模型具有一定的挑战性。

参考文献

[1]〔美〕Steven Stoft：《电力系统经济——电力市场设计》，宋永华、刘俊勇、王秀丽等译，中国电力出版社，2006。

[2]〔美〕萨莉·亨特：《电力市场竞争》，易立云、杨海波、乔涛译，中信出版社，2004。

[3] Ezra Hausman, Robert Fagan, David White, et al, "LMP Electricity Markets: Market Operations, Market Power, and Value for Consumers", *Synapse Energy Economics*, 2007, 2.

[4] Hung-po Chao, Stephen Peck, Shmuel Oren, Robert Wilson, "Flow-Based Transmission Rights and Congestion Management", *Electricity Journal*, Vol. 13 (8), 2000, 10.

[5] James E. Price, "Market-Based Price Differentials in Zonal and LMP Market Designs", *IEEE TRANSACTIONS ON POWER SYSTEMS*, Vol. 22 (4), 2007, 11.

[6] J. Bialek, "Tracing The Flow of Electricity", *IEE Proceedings. Generation, Transmission and Distribution*, Vol. 143 (4), 1996.

[7] Paul Joskow, Jean Tirole, "Transmission Rights and Market Power on Electric Power Networks", *Rand Journal of Economics*, Vol. 31 (3), 2000.

[8] Paul Joskow, "Incentive Regulation in Theory and Practice: Electricity Distribution and Transmission Networks", *Harvard Electricity Policy Group Paper*, 2006, 1.

[9] Paul Joskow, Jean Tirole, "Reliability and Competitive Electricity Markets", *Rand Journal of Economics*, Vol. 38 (1), 2007.

[10] Paul Joskow, Jean Tirole, "Merchant Transmission Investment", *The Journal of Industrial Economics*, Vol. L3 (2), 2005.

[11] Paul Joskow, "Patterns of Transmission Investment", *Cambridge Working Papers in Economics*, 2005, 3.

[12] Richard Green, "Electricity Transmission Pricing: How much does it cost to get it wrong", *Harvard Electricity Policy Group Paper*, 2004, 9.

[13] Schweppe F. C., Caramanis M. C., Tabors R. D., et al., *Spot Pricing of Electricity*, Dordrecht (Netherlands): Kluwer Academic Publishers, 1988.

[14] Scott Harvey, Susan Pope, "Evaluation of Midwest ISO Injection/Withdrawal Transmission Cost Allocation Design", *Harvard Electricity Policy Group Paper*, 2010, 3.

[15] Shirmohammadi D. Gribik, P. R. Law, E. T. K. Malinowski, J. H. O'Donnell R. E., "Evaluation of Transmission Network Capacity Use for Wheeling Transactions", *IEEE Transactions on Power Systems*, Vol. 4 (4), 1989, 11.

[16] Stephen Littlechild, "Regulation of Transmission Expansion in Argentina: Part-1 State Ownership, Reform and Fourth Line", *Cambridge Working Papers in Economics*, 2004, 11.

[17] Stephen Littlechild, "Regulation of British Telecommunications' Profitability", *Report to the Secretary of State*, *Department of Industry*, London: Her Majesty's Stationery Office, 1983.

[18] William Hogan, "Market-Based Transmission Investments and Competitive Electricity Markets", *Harvard Electricity Policy Group Paper*, 1999, 8.

[19] William Hogan, "Reliability and Scarcity Pricing: Operating Reserve Demand Curves", *Harvard Electricity Policy Group*, 2006, 3.

[20] William Hogan, "Electricity Market Structure and Infrastructure", *Harvard Electricity Policy Group Paper*, 2008, 9.

[21] William Hogan, "Electricity Wholesale Market Design in a Low Carbon Future", *Harvard Electricity Policy Group Paper*, 2010, 1.

第三部分

实践篇

关于实行玉米目标价格的思考

屈校民　赵立杰　吴启刚　孙英杰*

内容摘要　本文在国内率先就玉米实行目标价格政策进行了专项系统研究。首先，在分析玉米价格放开后种植收益下降情况的基础上，从建立玉米长效价格支持机制和对目标价格的理论认识两方面，深入研究实行玉米目标价格的必要性和重要性。进而具体探讨核定玉米目标价格的定价成本和合理赢利、核定和发放玉米目标价格补贴的理论政策和方法，并运用这些方法对吉林省实行玉米目标价格政策进行具有可操作性的模拟测算分析。最后，为积极稳妥推进玉米目标价格改革，系统提出了相关配套措施和抓紧启动玉米目标价格试点工作的建议。

关键词　玉米　目标价格　政策建议

稳定发展粮食生产，保障国家粮食安全，是经济发展、社会稳定和国家自立的有力支撑，具有关系全局的重大战略意义。为促进粮食生产长期稳定发展，《国家粮食安全中长期规划纲要（2008～2020年）》把价格支持作为对粮食生产"加大支持投入力度"系列政策措施的重要组成部分，明确提出"借鉴国际经验，探索研究目标价格补贴制度，建立符合市场化要求、适合中国国情的新型粮食价格支持体系"。《全国新增1000亿斤粮食生产能力规划（2009～2020）》，进一步强调"建立粮食持续稳定发展的长效机制"，"探索建立以目标价格为核心的反周期补贴制度，充分发挥市

---

* 屈校民，吉林省价格协会会长，研究员，研究方向为宏观经济与价格。赵立杰，吉林省价格监测中心副主任，研究方向为价格监测。吴启刚，吉林省农工产品成本调查队副处级调研员，研究方向为农产品成本。孙英杰，吉林省价格研究所所长，高级经济师，研究方向为价格。

场机制作用”。因此，探索建立粮食目标价格补贴制度即对粮食实行目标价格政策，是进一步深化粮价改革、建立新型粮食价格支持体系的一项新的重要课题，正在成为价格和其他有关方面的研究热点。本文仅就玉米实行目标价格政策的一些问题做初步探讨。

一 建立玉米长效价格支持机制很有必要

农业是弱势产业，我国人多地少，粮食供给偏紧的矛盾将长期存在，建立粮食长效价格支持机制势在必行。实行最低收购价政策是我国适应社会主义市场经济要求，建立新型粮食价格支持体系迈出的重要一步。2004年，我国深化粮食流通体制和价格改革，全面放开了粮食购销和价格，形成了由市场供求关系决定粮食价格的机制。同时，国家在充分发挥市场机制作用的基础上进行调控，对重点粮食品种即直接消费（口粮）的稻谷和小麦，在主产区实行最低收购价政策，给予价格支持。当市场收购价低于最低收购价时，由中储粮总公司及其委托的部分国有粮食购销企业入市收购，促使价格回归到合理的区间；当市场收购价格高于最低收购价时，最低收购价政策则不启动，价格由市场供求关系决定。虽然在最低收购价政策的实施中还存在着一些问题，但总的来看，最低收购价政策为应对市场失灵，保护稻农、麦农收益构筑了一道屏障，为促进稻谷、小麦生产的稳定增长建立起了长效价格支持机制，成为建立新型粮食价格支持体系的重要一环。

当前，建立新型粮食价格支持体系面临的突出问题是，玉米的长效价格支持机制缺失。玉米是我国第二大粮食品种，总产量仅次于稻谷，但在2004年粮食流通体制和价格的改革中，玉米未被列入主要口粮品种，未享受对主要口粮品种实行的最低收购价政策。虽然从2007年开始，国家对东北三省一区每年都出台了一定数量的玉米临时收储计划及临储价格措施，通过托市在一定程度上起到了调控东北玉米市场、保护农民利益的良好作用。但临时收储措施覆盖范围小，除东北地区以外的玉米主产区都未享受到这一政策；临储措施往往是在新粮上市后出台，而且不知道下年是否再实施这种措施、力度有多大，是临时性的事后调节，起不到政策的先导作用。不仅如此，由于临储措施由国有粮食购销企业具体落实，还会造成国有粮企的独家经营，不利于粮食市场健康发展和国有粮企经营机制的转变；由于用于临储的财政补贴是补在国有粮企这一流通环节，给某些国有粮企采取不正当手段牟利提供了可乘之机，还会造成农民实际受益程度与财政补贴力度不匹配，不利于农民利益的保护；由于临储价是对市场价格的直接干预，还会造成市场价格信号的扭曲，不利于发挥市场调节生产、流通、消费的基础作用，既影响粮食生产资源的合理配置，又影响粮食经营的顺价销售和后续产业的发展。从保障种粮农民利益和国家粮食安全的大局考虑，在放开玉米购销和价格，实行市场调节的基础上，必须完善玉米价格支持政策，建立长效价格支持机制。

首先，建立玉米长效价格支持机制是保证玉米种植收益稳定增加的迫切要求。吉林省是全国玉米主产区之一，有70%以上的农民以种植玉米为主要收入来源，但近几年玉米种植收益下降。据物价部门农产品成本调查资料测算，2004～2008年的5年中，全省水稻在最低收购价、临储价等价格政策措施的支持下，亩均净利润年均增长10.7%，每50公斤净利润年均增长1.36%。而玉米在价格支持缺失的情况下，亩均净利润年均下降1.71%，每50公斤净利润年均下降4.11%。其中：2004～2006年的3年间，玉米价格完全由市场供求决定，尽管亩均产量增长了7.26%，但亩均净利润下降了39.78%，平均50公斤净利润下降了44.54%；2007～2008年，平均亩产量增长了5.78%，虽然国家相继出台了临储措施，尤其是2008年加大了临储力度，但2008年亩均净利润仍比5年前的2003年低10.52元，每50公斤净利润低2.62元。其原因在于这5年玉米价格上涨速度（年均8.24%）比同期成本上升速度（年均12.03%）低近4个百分点。要扭转这一局面，必须建立玉米长效价格支持机制。

其次，建立玉米长效价格支持机制是发挥玉米增产优势、保障国家粮食安全的应有选择。国家粮食安全是指国家满足粮食需求以及抵御可能出现的各种不测事件的能力；不仅仅是指口粮的安全。我国粮食安全要求在粮食生产上，保证国家粮食自给率达到95%以上；粮食消费上，保证人均达到400公斤；粮食流通上，保证粮食库存达到年度粮食消费的18%。据国家粮食安全中长期规划预测，我国人均粮食消费量在2010年将达到389公斤，2020年将达到395公斤，总产量必须相应达到5256亿公斤和5725亿公斤。也就是说在我国粮食产量2008年获得特大丰收、已达到5287亿公斤的基础上，今后12年粮食年生产能力必须增加500亿公斤。应当看到，我国粮食生产基础还不稳固，耕地面积减少的趋势不可逆转，淡水资源匮乏及污染问题日益突出，全球气候变暖，自然灾害频繁，这些都使解决粮食安全问题面临严峻挑战。要保障国家粮食安全，必须贯彻落实好《全国新增1000亿斤粮食生产能力规划（2009～2020年）》，包括经国务院批准的《吉林省增产百亿斤商品粮能力建设总体规划》，加大对粮食主要品种生产的支持力度，挖掘品种增产潜力。

统计资料显示，改革开放30年我国粮食总产量在1978年的基础上增加了22394.5万吨。稻谷、小麦、玉米三大品种对粮食总产量增长的贡献率分别为：24.55%、26.18%、49.1%，其中玉米是生产潜力最大、产量增长最快、贡献率最高的主要粮食品种。吉林省地处黄金玉米带，具有发展玉米生产的地域资源优势。1978年以来的30年中，吉林省玉米产量以平均5.13%（高于同期全国玉米平均增速2.44个百分点）的速度增长，对全国玉米产量增长的贡献率达到15.5%。显然，在今后一个时期要实现全国新增1000亿斤、吉林省新增100亿斤粮食生产能力的规划目标，加大玉米价格支持力度，发挥玉米生产优势，是从实际出发的应有选择。

最后，建立玉米长效价格支持机制是适应人民生活不断提高的需要、构建基础价格长效保障机制的必然要求。随着我国全面建设小康社会的逐步实现，人民生活水平的不断提高，在城乡居民的食品消费构成中，口粮消费量在减少，副食品消费量在增加。据统计，2000～2007年，全国农村和城镇居民家庭平均每人粮食消费量分别减少20.28%和5.72%，肉蛋奶消费量分别增加12.24%和28.36%。肉蛋奶的生产主要由饲料用粮转化。国家粮食安全中长期规划预测，全国口粮消费量占粮食消费总量的比重，将由2010年的49%下降到2020年的43%，而同期饲料用粮占粮食消费总量的比重，将由36%上升到41%。由此推算，到2020年，全国口粮消费总量将比2010年减少110亿公斤，而饲料用粮将比2010年增加480亿公斤左右。也就是说国家规划增加的1000亿斤粮食生产能力，基本上是用于饲料用粮的增长。玉米是主要的饲料用粮和淀粉、酒精等加工深加工项目的重要原料粮，是发展畜牧养殖和玉米加工等后续产业、增加肉蛋奶等基本消费品和其他食品供给的基础产品，与人民生活关系极大。建立玉米长效价格支持机制、持续激发农民生产积极性、促进玉米生产长期稳定发展，对于保障玉米供给，进而保持玉米市场价格的相对稳定，具有重要的促进作用。这是从源头上为发展玉米后续产业、促进和保障人民生活水平稳定提高，在深层次上建立起长效的基础价格支持机制。

二　实行目标价格政策是建立玉米长效价格支持机制的有效途径

对农产品实行价格支持政策，是世界各国的通行做法，其形式多种多样。美、日、欧盟等发达经济体的价格支持政策几乎覆盖了所有农产品。对粮食等主要农产品实行目标价格政策，是其价格支持政策的一种重要形式。尽管他们实行目标价格政策的具体历史条件、操作办法不尽相同，但其政策内涵大体是一致的。借鉴国际经验，我国近年来的相关研究成果已形成对粮食目标价格政策的基本共识。目标价格政策的基本内涵有三点：第一，政策目的是在坚持粮食价格由市场形成的前提下，努力减轻市场价格波动给种粮收益带来的风险，保障农民收益的合理和稳定，以促进生产长期稳定发展。第二，目标价格由政府制定并预先公布；一定时期（一年或更长时间）的目标价格，应依据这一时期产品成本和合理盈利制定，反映产品价值。第三，以目标价格为标准，当市场价格低于目标价格时，按两者的价差核定补贴额，由政府直接补贴农民；当市场价格等于或高于目标价格时，对价差的直接补贴政策则不启动。由此进一步看出，目标价格补贴政策作为体现价格支持的一项宏观调控政策，有以下几个特点。

（一）调控目标的专一性

目标价格是政府为补贴农民收益而制定的一种预期价格。它既不是市场交易的实际价格，也不同于临储价对市场进行直接价格干预的政府定价形式，而是用于核定给农民收益补贴的价格标准，突出体现了政府保护农民收益的调控意图。这符合我国立足增加生产、解决粮食供给长期偏紧矛盾的实际。政府通过预先发布目标价格，使生产者更好地了解预期合理收益，能够更充分地保护和调动农民种粮的积极性、更有效地引导生产领域资源的合理配置、促进粮食生产稳定发展。

（二）调控水平的合理性

目标价格以产品的成本和合理盈利为定价依据，体现了供求决定价格和价值决定价格的一致性。市场价格是随着供求关系变动而围绕价值上下波动的，价值是在市场价格的波动中实现的，一定时期的市场价格总额应与价值总量相等。由此推论，市场供求均衡点价格应等于或接近于价值价格。但不论供求均衡点价格还是价值价格，都是一种理论抽象，在实际经济生活中，都要求正确反映正常年景下的产品成本和合理盈利。因此，依据正常年景下产品的生产成本和合理盈利制定目标价格，体现了价值决定价格和供求决定价格的共同要求，价格形成机制是科学的。以这样的目标价格为标准调控农民收益补贴水平是合理的，既可以弥补农民收益在市场价格实现中的不足，又可以消除临储价在保护农民收益上存在的一定程度的不确定性。

（三）调控手段的经济性和调控方式的间接性

目标价格政策作为一种调控机制，其根本支撑点是补贴农民收益，调控手段具有经济性的特点。这与政府运用临储价对市场价格实施行政干预，在性质上是根本不同的。临储价是通过补贴流通环节，直接作用于市场、间接作用于生产，是对市场价格的直接行政干预。而目标价格政策通过补贴农民，直接作用于生产、间接作用于市场，是对市场价格的间接调控。显然，目标价格政策更加符合市场经济规律的要求，有利于市场充分竞争和健康运行，有利于健全市场价格形成机制，避免市场价格信号的扭曲和失真。

（四）调控效果更加突出

在上述特点的共同作用下，目标价格政策效果将更加突出。一是，直接补贴生产环节，可以避免财政补贴资金在流通领域的大量消耗，使农民得到更多实惠，增强农民稳定发展生产的积极性和能力；二是，间接调控市场，有利于充分发挥市场机制的基础作用，引导资源配置，保持供求总量和结构的平衡及市场价格的相对稳定，为畜牧养殖和粮食加工深加工等后续产业的健康发展、为控制粮食及其后续产业产品价格波动对价格总水平的推动创造有利条件，促进人民生活不断提高和社会稳定和谐；三是，目标价格不是政府对市场的干预价格，这有利于粮食购销企业转变经营机制，依据市场变化自主经营，可以避免因政府不断直接提高临储价而导致顺价销售困难的弊病，提高粮食的市场竞争力尤其是国际竞争力；四是，在目标价格的导向下，市场价格将与目标价格越来越接近，从长远看、动态看，有利于相对稳定甚至减轻财政负担。

因此，实行目标价格政策所建立的，将是以目标价格为导向和标准、以直接补贴农民收益为支撑的一种新的制度化的价格支持机制。要解决玉米长效价格支持机制缺失问题，实行玉米目标价格政策是应当选择的有效途径。

三 从实际出发核定玉米目标价格的定价成本

目标价格的制定要以生产成本和合理盈利为依据，首先必须解决好定价成本如何核定的问题。核定玉米目标价格的定价成本，要处理好以下两个关系。

（一）处理好现行成本调查制度与成本构成因素变化的关系，坚持按充分反映生产成本的原则核定目标价格的定价成本

所谓“充分反映”，一是成本构成因素要全；二是反映每个因素的成本支出要充分。

从成本构成因素看，现行成本调查制度规定了成本构成的三个大的方面，即物质与服务费用、人工成本和土地成本，能够囊括农产品成本的各种具体构成因素。但具体构成因素是变化的，随着农业现代化和农村经济社会的发展，有些因素还会增加到成本构成中来。一是农民为保护耕地资源、提高地力的投入，如中低产田改造、土壤改良、水土保持、砂化碱化荒漠化和涝区治理等投资投工；二是农民为改善生产条件，加强农业基础设施建设的投入，如水利工程和田间末系沟渠修建、节水改造、村屯内部和田间道路修建等投资投工；三是农民为发展绿色农业，在环境治理方面的投入，如水环境治理和面源污染控制、村屯和农户卫生设施更新、垃圾处理及其他环境改造等投资投工；四是农民为提高单产水平，在科技方面的投入，如采用高产优质品种选育技术、生物防治病虫害技术、测土配方施肥技术、高效栽培技术、农业资源高效利用技术等支出；五是农民为提高生产经营水平，在信息和学习方面的支出，如电信、电视、互联网、报刊、参加培训等方面的费用支出，等等。虽然这些项目可以分解到现行成本调查表中，但从目前成本调查的实际操作看，这些项目的支出并没有在成本核算中反映出来，是应该进一步完善的。

从反映每个成本构成因素的支出情况看：第一，现行成本调查表中的物质与服务费，是根据农户调查的实际数据核算的，相对来说，反映目前所列具体项目的支出比较充分。但也有不充分之处，如对农家肥投入价格

的核定往往偏低，只考虑了对作物的肥效而没有考虑对增强土地有机质、提高地力的作用。

第二，现行成本调查表中对土地成本的核定包括流转地和自营地两部分，流转地租金按市场形成的实际金额核算，自营地则参照同品种或收益相近品种中等水平的转包费或承包费净额计算，与流转地租金差别不大，可以说整个土地成本的核定也基本上反映了当前农村的实际。但与城镇地价相比，农村土地成本则明显偏低，应当随着城乡一体化的发展逐步提高土地成本。

第三，如果说现行成本调查表中的物质与服务费、土地成本这两方面的核定大体上反映了当前粮食生产实际的话，那么对人工成本的核算不充分问题比较突出。这主要表现在两方面，一方面，自用工工价偏低。现行人工成本分雇工和自用工两部分。雇工工价是按实际发生的支出核算的，而自用工工价是以当地上年农民人均纯收入和赡养系数折算的。由于核算方法不同，导致工价明显不同。从吉林省近几年工价核算的情况看，自用工工价大体相当于雇工工价的1/2。应该看到，雇工工价是在劳动力市场中形成的，在城乡一体化改革逐步深入的条件下，农村劳动力市场与城镇劳动力市场的联系日益紧密，农村劳动力市场的工价不仅能较好地反映农村劳动力的供求，也在一定程度上反映城镇劳动力的市场供求，即在一定程度上反映了农村劳动力的机会成本。因此应该用雇工工价来核定自用工工价。另一方面是没有考虑辅助用工问题。现行成本调查制度统计的用工数量是直接生产用工数量，但农业生产受自然条件变化影响较大，雨水多需要及时排涝，遇旱情需要及时采取抗旱措施，大风刮倒庄稼需要扶起，有虫害需要灭虫等等，对各种影响生产的随机性因素的处理都需要足够的人力储备，这与排除机器运行故障需要检修工、救火需要消防队一样，是整个生产过程中必备的辅助用工。绝不能因为一个月内只发生了三次机器故障、每次只用一天就修复，就只给检修工三个工作日的工资；一年只发生一次火灾、两个小时就扑灭，就只给消防人员两个小时的工资。因此，统计玉米等粮食生产用工数量不能只统计抗旱排涝的直接用工人数和天数，而应当从应对农业生产过程中可能出现的各种随机因素来考虑用工的数量。在实际操作中如何核定辅助用工数量，还需要探索；在未找到合适方法的情况下，可以暂不考虑。但在理论上应当明确，现行成本调查制度关于人工成本的核定中，没有统计辅助用工数量是一个缺陷，应当努力探索解决。

我们应当看到，农业生产资料价格已经放开，玉米生产成本中的物质与服务费用是在市场中形成的；土地成本也大体上按流转地租金统一核定，也基本上在市场中形成；如果人工成本也按雇工工价统一核定，那么整个玉米生产成本就是市场中形成的成本，这与产品价格在市场中形成建立在同一机制上。这样确定的成本有利于保证目标价格制定的合理性。因此，目标价格定价成本可用下面公式表示：

本地玉米目标价格定价成本 =（亩均物质与服务费用 + 亩均土地成本 + 按雇工工价计算的亩均全部用工费用）÷ 亩均产量

（二）处理好现行成本与预期成本的关系，坚持参照全国平均成本增长率核定目标价格的定价成本

目标价格是一种预期价格，它所依据的成本是预期成本，核定预期成本是一个难点。作用于粮食生产成本变化的因素很多，总起来说，主要受生产力水平和自然条件的影响。一般情况下，生产力水平的提高是渐进的，年度之间很难发生突变，具有明显的历史延续性。在生产力水平一定的情况下，成本变化受年景丰歉影响较大。基于这样的认识，结合吉林省实际，核定下一年目标价格所依据的预期成本，应在上一年定价成本基础上，按包括上一年在内的前 5 年全国定价成本年均增长率来计算。之所以用前“5 年”，而不是 3 年或更短时间，是因为 5 年之中大体可以包括丰、平、歉不同的年景变化，有利于贴近“正常年景”把握成本增长情况；之所以用全国而不是局部地区的平均成本增长率，是因为成本增长过快是较普遍的现象，而且各地成本增长速度差别很大，以全国的定价成本年均增长率核定预期成本，能够发挥出目标价格奖优罚劣、促进节约成本的作用。这样核定的预期成本，不仅反映了各地上年现实定价成本，而且可以在较大程度上排除年景好坏对成本的影响，使预期成本更贴近成本变化的实际；还能建立起有力的节约成本的机制，促进先进耕作技术的采用和推广，提高产量以降低成本。

通过上述探讨，核定目标价格所依据的预期成本，可以用下面公式表示：

本地下年玉米预期成本 = 本地上年定价成本（1 + 全国前 5 年定价成本年均增长率）

四 坚持收益水平基本稳定原则核定目标价格中的合理收益

在成本一定的基础上，收益的核定是制定目标价格的关键环节。收益是否合理，取决于收益与成本投入的比例关系。要确定合理的收益，应当坚持收益水平基本稳定的原则，保持单位数量玉米平均收益率的相对稳定。

从实际情况看，单位数量产品成本收益率，由于受多种因素的影响，年度之间和省际的差别都很大。据成本调查资料计算，2004～2008 年的 5 年间，全国每 50 公斤玉米成本利润率最高于 2007 年达到 44.66%，比最低的 2005 年高出 20.5 个百分点；吉林省成本利润率最高于 2005 年达到 20.82%，比最低年份 2007 年高 12.96 个百分点。按简单平均计算，全国 5 年平均成本利润率为 34.1%，而吉林省只有 15.79%，比全国平均水平低 18.31 个百分点。如果按充分反映生产成本的要求，对这 5 年成本中的人工成本统一按当年雇工工价调整（其他应调整的因素由于缺乏系统资料，故未作调整）后，计算这 5 年平均成本收益率，全国为 11.45%，吉林省则为 -0.79%。从这些情况得到两点启示，一是确定下一年成本利润率不能简单地套用上一年成本利润率，应当与成本变化率年份保持一致，用前 5 年的平均成本利润率来核定；二是各地应当参照同期全国平均成本利润率结合本地实际核定。这样既可以保持玉米种植收益水平的稳定，又可以缩小地区间单位产品利润的差距，避免单位产品补贴的过度不平衡，使目标价格发挥促进增产增收的作用。据此，核定目标价格的收益，可以用以下公式表示：

地区单位数量玉米的预期净利润 = 本地单位数量玉米的预期定价成本 × 前 5 年按定价成本计算的全国平均成本利润率

坚持基本稳定玉米生产收益水平的原则还必须处理好三个关系。一是，处理好稳定收益率与经济社会发展全局要求的关系。我国正处在建设全面小康社会的新阶段，解决“三农”问题是实现全面小康的重中之重。在确定目标价格收益水平时，必须适应新阶段对保护农民利益的要求，体现“以工补农、以城带乡”，“多予、少取、放活”的政策精神，在按前 5 年平均成本利润率核定收益水平的基础上，应进一步与国民经济计划中农民人均纯收入增长指标相衔接。二是，处理好稳定收益率与供求变化的关系。我国粮食供求由基本国情决定，从长期看是偏紧的。但在气候、国际粮食市场等诸多因素的共同作用下，粮食的时段性短期过剩情况也会发生。在确定目标价格的收益水平时，应当对时段性过剩情况下引起的市场粮价下降、农民收入减少，实施反周期调节。由此而增加的财政支出，应当视为解决供求长期偏紧问题所必须付出的成本。只有如此，才能真正避免“谷贱伤农”，保证农民收入的稳定增长，持续激发农民的生产积极性。三是，处理好稳定收益率与国家财力分配结构调整的关系。目标价格政策是以政府的财力为支撑的。按照大力解决“三农”问题的一系列政策要求，通过财力分配结构的调整，适度向农业尤其是粮食生产倾斜，逐年增加财政资金投入，这是必然趋势。但同时也应看到，我国还处于工业化的中期阶段，生产力水平还不高，财力有限。因此，对目标价格中收益水平的确定，应当与国民经济计划中财政增长的指标大体衔接。

五　按力求准确、操作简便原则核定和发放玉米目标价格补贴

（一）关于“价差”的核定

核定目标价格与市场价格的价格差额，是核定目标价格补贴额的基础。目标价格一经确定，市场价格的高低就成为价差大小的决定性因素。但要准确核定市场价格水平，难度很大。玉米是秋收作物，当年生产的玉米要跨年度销售至下年秋收之前。农民收获玉米之后，面临着还贷、生活安排尤其是新年春节生活安排，以及下年备耕生产安排，普遍有在春节前兑现补贴的愿望。这给核定目标价格与市场价格的价差带来一个矛盾。如果按跨年度销售一年的实际市场价格来核定，势必要等到下一年度的秋后才能发放补贴，显然这不利于这项惠农政策的及时落实，不符合农民的愿望，是不妥的。如果满足农民的愿望，在春节前核定发放补贴，则又无法取得产品跨年度销售的完整市场价格资料，容易造成核定的补贴偏离实际。

通过吉林省物价部门价格监测资料分析，玉米跨年度的销售周期，一般是从当年 11 月开始到下年 10 月为止，其市场价格运行呈现出前 3 个月（当年 11 月至下年 1 月）偏低，后 3 个月（下年 8 月至 10 月）偏高的状

态。前3个月和后3个月价格的平均水平与跨年销售的全年平均价格水平比较接近。从这一实际情况出发，可以考虑用当年11月新粮大量上市前8至10月的3个月的价格水平，替代跨年度销售的后3个月即下年8至10月的价格水平，这样就可以按当年8月至下年1月的6个月的市场价格进行平均计算，作为核定跨年度销售的全年市场价格水平。虽然用当年新粮大量上市前的3个月价格水平替代下年同期3个月价格水平，略有差别，但这个差别在下一年的价差计算中将得到补偿，在持续实施目标价格政策的历史过程中，农民利益没有受损。同时，这样确定的市场价格水平，也比较符合农民的现实感受，便于农民接受。采用这种办法来确定计算价差的市场价格水平，价格资料容易取得，操作也比较简便，可以保证补贴的及时核定和发放，符合农民的愿望。由此，核定单位数量玉米价差所依据的平均市场价格，可以用下面公式表示：

单位数量玉米平均市场价格 =（单位数量玉米当年新粮上市前3个月市场价格 + 新粮上市后3个月市场价格） ÷6

（二）关于补贴额的核定

补贴额是单位数量产品的价差与产品总量的乘积。但产品总量，是按生产总量还是按提供的商品总量计算，结果有很大的差别。从实际情况看，以产品生产总量计算补贴额更为合适。这有以下几个原因。

（1）实行目标价格补贴的目的，是通过对农民收益的补贴，促进生产的持续稳定增长，不论是按提供商品量还是按生产量计算补贴，都是以数量为权数，都能起到促进农民充分利用土地资源、增加生产的作用。在这一点上，二者没有区别。

（2）商品量是农民扣除自用部分后，出售剩余部分的数量。在放开粮食购销实行多渠道经营的市场条件下，农民出售粮食的渠道不只是国有粮食收储企业，还有众多的其他粮食收储企业、用粮企业、个体粮商以及集市等等，出售时间相当分散，要统计核定每个农户出售的粮食数量十分困难，按商品量计算补贴几乎没有可操作性。而且按商品量计算补贴，也不利于粮农发展家庭养殖和粮食加工等其他产业。

（3）更为重要的是，目标价格所包含的成本和利润，都是以产品产量计算的，如果补贴额仅按商品量计算，农民的收益就得不到应有的合理补偿。

以产量计算补贴，还应进一步确定是什么水平的产量。由于产量受气候等自然因素的影响，年度之间波动较大，而对当年产量的核定又需要一个过程，因此可以选择前5年平均年总产量来核定补贴总额。这样既可以反映正常年景的产量水平，使补贴总额的核定与目标价格的核定建立在同一产量基础上，保证地区农民收益总体上得到合理补偿，保护地方政府抓粮和农民种粮两个积极性，又可以从法定的统计资料中取得系统数据，保证补贴的及时核定和及时发放。由此核定补贴总额的办法，可用下面公式表示：

地区补贴总额 =（单位数量产品目标价格 − 市场平均价格）×
前5年本地平均年总产量

（三）关于目标价格补贴的发放

要把补贴的核定与补贴的发放区别开来。如前所述，补贴总额的核定，按产量计算。但补贴的发放，应按当年的种植面积实施。

之所以按种植面积而不是按每户玉米产量发放补贴，是因为一家一户的玉米产量随年景不同而变化较大，核定一家一户的玉米产量操作复杂，工作量大，运行成本高，而且由于与补贴挂钩，所核定的产量也很难做到准确，甚至有可能造成农户之间的矛盾；而农民承包地的数量比较稳定，一家一户种植结构每年虽有调整，但调整范围极为有限，每户种植多大面积的玉米，一村中农户之间彼此了解，所以核定玉米种植面积要比核定产量简便而准确。更为重要的是，吉林省从2009年开始在全省范围实行良种补贴全覆盖，省农业部门为分品种发放良种补贴，每年春播后都要自下而上、自上而下地多次反复核定并公示各品种作物的种植面积。其中核定的玉米种植面积，为按面积发放目标价格补贴提供了有利条件。

发放目标价格补贴的具体操作步骤可以按这样的思路进行：先以省为单位，按统计部门提供的全省前5年平均玉米总产量，核定出全省补贴总额；然后按省农业部门组织核定的当年玉米种植面积，将补贴总额逐层分解到各县（市）、乡（镇）；由乡（镇）按已核定的玉米分户种植面积，借助现有粮食直补或良种补贴渠道发放给农户。

按播种面积发放补贴似乎没有考虑农户之间单产的差别，而是按单位面积平均发放，无法体现公平。其实不然，影响单产的因素既有包括技术在内的生产力水平，又有自然条件的变化，同一地区玉米种植的生产力水平和气候对单产的影响，在农户之间没有明显差别，差别较大的主要是土地的优劣程度。按种植面积发放补贴，有利于保护劣等地农户的收益，使之有更多的能力改造中低产田，提高产量，成为玉米生产发展的新的增长点，这符合发展粮食生产要发挥土地增产潜力的要求。同时还应看到，种植优等地的农户除享受同样补贴外，因土地丰厚程度高而多产的玉米通过市场实现增收，其单产优势向效益优势的转变并未受损。因此，按种植面积给农户发放补贴，所取得的将是实际公平的效果。

六　对吉林省实行玉米目标价格补贴的模拟测算分析

首先，按上述测算目标价格的要求，对现行玉米成本资料数据进行调整处理。一是按充分反映玉米生产成本的要求，对2004～2008年各年现行玉米生产成本数据进行调整。调整中只对人工成本按雇工工价重新核定；其他应列入而未列入生产成本的因素，因无新的系统数据资料，一律未予考虑。故测算中使用的生产成本，仍然是“不充分”的生产成本。二是以调整后的2004～2008年生产成本计算的这5年全国年均成本增长率（5.6%）为基础，从主产区成本增长较快的实际（吉林省同期玉米生产成本增长率为12.17%）和促进成本节约的要求考虑，将年均成本增长率确定为6%。三是以调整后的2004～2008年生产成本计算的全国平均成本利润率（11.45%）为基础，参照同期吉林省农民人均纯收入年均增长10.56%的实际情况，并考虑计算利润的成本基数扩大的因素，将年均成本利润率确定为11%。

然后，根据前面研究提出的计算方法，对吉林省2009年预期目标价格及预期补贴总额进行了模拟测算。并在此基础上，对2010～2015年目标价格进行了静态的初步推算。测算结果见表1。

从表1看出：

（1）2009年吉林省预期目标价格为每50公斤79.74元，比按同样方法测算的全国预期目标价格81.99元的平均水平低2.25元，符合主产区价格水平低于非主产区的一般趋势，有利于引导市场价格的合理运行和产品的顺畅销售。

（2）2009年吉林省这一目标价格水平，比同期国家下达的每50公斤临储价格高了4.74元，扣除成本上升4.07元的因素，实际只比临储价提高0.67元，不会增加更多补贴。但目标价格的成本利润率却达到11%，比按临储价计算的利润率高6.6个百分点，较好地达到了保护农民玉米种植收益的目的。

（3）2009年吉林省每50公斤玉米目标价格包含的预期净利润为7.90元，比同期全国预期利润平均水平低0.22元，但与上年比，吉林省预期净利润增加5.51元，则比全国多增加0.19元，实际收益增加额比全国平均水平略高，符合逐渐扭转玉米主产区单位产品收益额偏低的客观要求。因此总体来看，本文三、四部分提出的目标价格测算办法具有可操作的参考价值。

表1　2009～2015年吉林省预期玉米目标价格补贴主要指标测算结果一览表

单位：元/50公斤

		预期生产成本	预期利润	预期目标价格	预期市场平均价格	预期补贴总额（亿元）
2008年	全国	69.68	—	—	—	—
	吉林	67.77	—	—	—	
2009年	全国	73.86	8.12	81.99	—	—
	吉林	71.84	7.9	79.74	73.00	25.89
2010年	全国	78.29	8.61	86.90	—	—
	吉林	76.15	8.38	84.52	—	—
2011年	全国	82.99	9.13	92.12	—	—
	吉林	80.72	8.88	89.56	—	—
2012年	全国	87.97	9.68	97.65	—	—
	吉林	85.56	9.41	94.97	—	—
2013年	全国	93.25	10.26	103.5	—	—
	吉林	90.69	9.98	100.67	—	—
2014年	全国	98.84	10.87	109.72	—	—
	吉林	96.13	10.57	106.71	—	—
2015年	全国	104.77	11.53	116.30	—	—
	吉林	101.90	11.21	113.11	—	—

按照这一预期目标价格水平计算的吉林省2009年预期玉米补贴总额为25.89亿元。这主要是由市场价格较低所致。此前连续几年的玉米丰收、对玉米出口和深加工的控制以及临储玉米逐渐投放市场，加之受国际金融

危机的影响，玉米需求受到抑制，玉米市场供求关系明显缓和，使2009年市场价格很难随着成本增长而上升。在这种情况下，按目标价格核定的玉米收益补贴数额大一些是正常的。但也应当看到，当前国际金融市场渐趋稳定，世界经济有望恢复性增长，国内经济回升向好的基础进一步巩固，市场信心增强，转变发展方式和结构调整的力度加大，国内需求扩大，玉米市场价格明显回升。2010年5月，吉林省市场玉米价格已达到每50公斤86元~88元，即使今年丰收，秋后价格水平有所回落，但市场价格平均水平有可能达到85元/50公斤左右，这与按正常年景推算的2010年目标价格84.52元/50公斤大体持平，不需要补贴。如果秋后市场价格大幅降到80元/50公斤，按2005~2009年5年平均总产量计算，目标价格补贴将由上年的预期25亿元减少到17亿元左右。这说明虽然目标价格是上升趋势，但补贴额是随着市场变化而变化的。从长期看，实行目标价格政策不会增加甚至有可能减少财政补贴的负担。

七　积极稳妥推进玉米目标价格改革

实行玉米目标价格政策，建立玉米目标价格补贴制度，是深化粮食价格改革的重要组成部分，和过去所进行的粮价改革一样，是一项复杂的系统工程，必须精心策划，统筹安排，周密组织，积极稳妥地推进。其中应特别注意增强合力，抓好配套措施的落实。

（一）落实目标价格补贴资金

目标价格补贴是国家为保障农民种粮收益，促进粮食生产稳定发展，维护国家粮食安全而运用的经济调控措施。这项补贴属于国家公共支出，补贴资金应同实行最低收购价、临储价的补贴资金一样，来源于中央财政。建立玉米目标价格补贴制度，应将这项补贴列入中央财政支出预算。

（二）控制产品成本的增长

主要是大力加强农业基础设施建设，改善农业生产条件；大力推进农业科技入户工程，强化科技支撑；着力提高对化肥等农资主要品种市场的经济调控能力，有效改进农资价格监管等等，从提高玉米生产能力和控制投入品涨价两个方面，实施“釜底抽薪”，弱化成本过快增长的压力，为建立目标价格补贴制度营造良好的成本运行环境。

（三）提高储备调控能力

在深化粮食流通体制改革、健全粮食市场体系、加强粮食物流体系建设的同时，进一步完善中央战略专项储备与调节周转储备相结合、中央储备与地方储备相结合、政府储备与企业商业最低库存相结合的储备调控体系，着力健全企业合理库存制度，发挥政府和企业两个积极性，增强整体储备调控能力，充分发挥储备在保障国家粮食安全、调节市场供求、稳定市场价格中的重要作用，为建立玉米目标价格补贴制度营造良好的市场环境。

（四）完善进出口政策

在完善玉米进出口贸易体系的同时，立足于积极利用国际市场调节国内供需，进一步完善玉米进出口政策。应当在税收等有关措施的配合下，在国内出现供大于求状况时，实行扩大产区出口、控制销区进口的政策；在国内出现供不应求时，实行控制产区出口、扩大销区进口的政策。以保护国内玉米产业的稳定发展，保障对玉米产业链的有效供给，为建立目标价格补贴制度提供有力的进出口政策支持。

（五）加强成本收益调查和市场价格监测工作建设

进一步完善玉米等主要粮食产品成本调查制度，适应成本支出的变化，调整完善成本调查项目，合理调整调查点布局。进一步强化玉米等主要粮食产品市场价格监测，实行监测预测并重、国内国外并重。在保证时点价格信息及时准确的同时，着力加强价格运行态势趋势的科学分析；在系统获取国内价格变动信息的同时，力求获取系统的国际市场价格变动信息。从而为目标价格的制定和补贴的核定，建立起有力的信息支持基础机制。

（六）逐步建立多种价格支持措施的配合机制

目标价格作为直接作用于生产、间接作用于市场的一项价格调控措施，具有对市场价格自发调节的重要补充作用。但目标价格只是政府调控市场的一种价格形式，并不排斥运用最低收购价等价格手段对市场进行直接行政干预。在市场价格跌至接近成本价格、财力难以承受过多的目标价格补贴的特定情况下，按成本价格和低于正常年景的收益水平制定实施最低收购价政策，适度保护农民利益，促进生产规模和生产结构的调整，同样发挥着对市场价格的补充作用。同时，由于目标价格制定中对生产成本和合理盈利的科学核定，也为科学制定最低收购价、准确把握最低收购价政策出台时机，提供了可靠的工作基础。因此，目标价格和最低收购价都作为市场价格的补充，二者之间也存在着互补关系。应当进一步完善最低收购价政策，必要时对玉米也实施最低收购价政策支持，逐步形成以市场价格为主、以目标价格、最低收购价格为补充的玉米“三元”价格支持体系。

（七）抓紧启动玉米目标价格试点工作

实施目标价格政策的重要性和复杂性，决定着必须先行试点，取得经验。“十一五”即将结束，应当抓住机遇，争取将实施玉米目标价格政策列入“十二五”国民经济和社会发展规划。玉米不属于现行最低收购价政策支持的品种，对玉米实行目标价格政策不涉及现行最低收购价的相关制度变动。应当抓紧制定建立目标价格补贴制度的方案，选择有代表性的玉米主产区如吉林省开展试点工作。通过试点，完善方案和实施操作办法，争取在“十二五”期间尽快正式出台。

参考文献

[1] 王永治：《深化价格改革需要着力解决的若干问题》，《价格理论与实践》2009 年第 8 期增刊。

[2] 戴冠来：《解放思想，深化价格改革的若干问题》，《价格理论与实践》2009 年第 8 期增刊。

[3] 戴冠来：《确定粮食目标价格的一些思考》，《价格理论与实践》2009 年第 10 期。

[4] 美国联邦政府农业部：“History of Agricultural Price-support and Adjustment Programs，1933 - 1984”，United States Department of Agriculture（Agriculture Information Bulletin Number 485，GOVERNMENT PRINTING OFFICE：1985 - 490 - 917：20110 - ERS）。

关于建立粮食目标价格的政策研究

文武汉　王振霞*

内容摘要　维护粮食供给稳定和持续提高农民收入是关系我国国民经济健康发展的战略性问题。我国实施的最低收购价格和农业补贴政策对稳定粮食供给、实现粮食供求平衡起到了关键的作用。现阶段，持续提高农民收入、缩小城乡差距成为我国农业发展需要着重解决的重要问题，这个问题的解决依赖粮食价格形成机制改革的深化。粮食目标价格理论为深化改革提供了新的思路，我国粮食价格支持政策改革的方向应促进以市场价格、最低收购价格、目标价格以及农业补贴组成的"三元一补"体系的建立。

关键词　目标价格　三元一补　农民增收　支持政策

我国是世界上人口最多的发展中国家，粮食安全是关系我国国计民生的重大问题，是维护社会稳定和经济发展的重要物质基础。粮食安全有两个方面的含义：一是粮食供给量和储备的稳定；二是粮食价格的稳定，这两方面不是各自独立的。粮食价格形成机制和价格波动直接关系农民的收入水平和种粮的积极性，从而影响粮食供给和储备的稳定。粮食价格水平和波动影响价格总水平，也对居民生活成本和可支配收入产生重要影响，是关键的经济指标。同时，粮食价格水平也关系到农民增收和缩小城乡收入差距等战略问题，是我国经济结构

---

* 文武汉，广东省物价局原总经济师，广东省价格协会副会长，研究员。王振霞，经济学博士，中国社会科学院财政与贸易经济研究所研究人员，主要研究领域为能源经济与能源价格。

转变的重要环节。可见，在我国建立科学合理的粮食价格形成机制具有重要的战略意义。

近年来，理论界提出将建立粮食目标价格制度作为改革我国粮食价格形成机制的手段，形成以最低收购价格、市场价格和目标价格为基础，以及在此基础上合理补贴的“三元一补”机制。粮食目标价格是农业发达的欧美国家实施的一种农业支持政策，其基本原理对我国有一定的借鉴价值。但是，由于市场成熟程度、农业发展水平、农业开放程度、基本经济制度和经济发展阶段的不同，我国建立粮食目标价格制度应充分体现我国的基本国情，形成适合我国经济发展阶段的科学合理的粮食价格政策。

一　粮食目标价格提出的背景、含义和实施的效果

粮食目标价格制度最早应用于美国、欧盟等农业发达国家。这些国家的粮食生产具有两个最主要的特点：一是随着技术的不断进步，粮食生产出现经常性的过剩；二是粮食商品的市场化程度高、对外开放程度较高，受国际市场影响较大。这两个特点决定了欧美国家的粮食价格波动性非常强，由于农业是弱势产业，粮农的价格承受力较低，为了保护农民的利益，欧美国家纷纷制定各种粮食支持政策。

美国最早的粮食支持政策可以概括为直接的资金支持和收购支持。1929 年，美国通过了农业营销法案。法案规定成立联邦农业委员会，直接掌管农业支持资金，用于对农业合作组织提供贷款和购买过剩粮食。由于这项政策没有与相关配套措施配合实施，资金支持政策进一步加剧了粮食生产的过剩，资金很快消耗一空。此后，美国政府开始将制定政策的侧重点转向在控制粮食生产过剩的条件下保证农民增收。

1933 年，美国通过了农业调整法案，规定通过限制生产的方式来提高粮食价格，实行耕作面积限额、无追索贷款等支持政策和储藏计划相结合的措施。具体做法是根据立法，由联邦政府授权农业部，每年规定小麦、玉米、高粱、大麦、稻谷、燕麦、黑麦等 7 种粮食的支持价格。支持价格公布后，全年稳定不变。如这期间市场价格高于支持价格，生产者可按市场价格出售粮食。如市场价格低于支持价格，则政府通过提供贷款、进行收购或付给补贴的办法，使农业生产者出售粮食的收益能够维持在支持价格的水平。1933 年的农业调整法案规定按照粮食售价和工业品消费价格之

间的比价确定支持价格，称为平价制计价，这种计价方法没有区分工农业发展的差别，客观上加重了财政补贴农业的负担。1973 年，美国国会通过了《农业和消费者保护法》，宣布废除平价制，将支持价格改为执行目标价格制，目标价格由粮食生产的完全成本加上合理利润组成。可见，粮食目标价格制是美国实施的一种粮食价格支持形式。

20 世纪 80 年代前后，美国的粮食目标价格的含义和内容发生了变化。20 世纪 80 年代中期以前，美国的粮食目标价格更类似于最低收购价格，其目的是维持粮食价格的稳定。当市场粮食价格低于支持价格时，自愿参与限耕政策的农民可以将粮食抵押给国家，按照支持价格水平获得贷款；如果市场粮食价格发生了较大幅度的上涨，则农民也可以将粮食赎回在市场上出售，并归还政府的贷款及利息。如果粮食抵押贷款已经到期而粮食的市场价格仍然低于支持价格，只要借款人提出要求，那么农产品信贷公司将按照支持价格收购作为抵押品的粮食。无论是抵押贷款还是政府的干预性收购，其目的都是希望农民可以按照支持价格水平获得稳定的收入。

20 世纪 80 年代中期以后，美国的农业支持政策转变为收入支持政策，所制定的支持价格更加类似于现代意义的目标价格，其核算的方法是按照完全成本加合理利润组成，并根据市场价格、最低收购价格与目标价格之间的差额对农民进行实物或者货币的补贴。当市场价格降低到最低价格时，则按照目标价格与最低价格之差进行补贴；当市场平均价格高于最低价格时，农民可以按照市场价格出售，政府按照目标价格与市场价格之间的差价进行补贴。这样，政府可以降低最低价格的标准，减少收购的资金和库存压力；对于农民而言，无论市场价格水平如何波动，都可以获得稳定的收入。这个方法的实施在保障农民稳定收入的基础上，也缓解了政府的财政压力，并减少了对市场的直接干预。

欧盟也采取以干预价格、目标价格和门槛价格为组成部分的核心价格制度，其中干预价格是粮食收购的最低下限，目标价格是粮食市场价格波动的上限，门槛价格是调节进出口的价格政策，其中目标价格与门槛价格之间的差额作为粮食进出口的补贴依据，客观上对保护农民的利益、稳定农产品供给起到了重要的作用。

实践证明，以粮食目标价格为核心的农业支持政策确实发挥了保护农民收入、稳定农产品价格的重要作用，为农业持续健康发展提供了保障，对我国具有重要的借鉴意义。但是，应该明确粮食目标价格制度在实际操作过程中存在一些问题，需要引起我国粮食价格形成机制改革的重视：一是粮食市场的供求状况、市场制度的完善程度以及粮食市场的开放程度等，都决定了实施粮食目标价格的有效性。在不完善的市场制度下，如何协调市场价格与目标价格和最低收购价格之间的关系是研究的重点问题，值得我国在实施目标价格的过程中予以充分的重视。二是粮食目标价格的计算具有很强的地域特征，并且应该是动态调整的，这使得科学、合理地计算目标价格难度较大，容易造成实施过程中的困难。三是以目标价格与市场价格或者最低价格差额为标准的补贴政策是欧盟和美国政府巨大的财政负担，并且在贸易全球化的视角下，这种补贴方式容易造成国际农产品贸易争端，合理的确定补贴的方式是实施目标价格的难点之一。四是欧美采取粮食目标价格制的主要目的是为了缓解农产品生产过剩和国际市场价格剧烈波动对农民收入的影响，我国农产品市场化、规模化和国际化程度较低，如何结合我国的具体情况、有效借鉴目标价格制、提高我国农民收入、实现增产增收，是需要认真研究的重要问题。

二　现阶段我国粮食生产方式和价格政策存在的问题

（一）当前我国粮食生产方式的格局

在改革开放初期，我国粮食生产方式实行家庭联产承包制，形成以粮农家庭为单位、耕畜和人力劳作结合的生产方式，同时不断深化粮食价格改革，合理的价格促进了粮食生产的较快发展，逐步实现了粮食由长期短缺向供求基本平衡的历史性跨越。

经过长期发展，现阶段我国的粮食生产方式已发生了很大变化。通过土地有偿使用流转等方式，粮产区和产粮大县已逐步从原来以家庭为单位分散生产经营的方式，逐步发展成规模化、集约化、机械化、市场化的生产单位和传统分散生产农户相结合的生产方式，并朝着粮食生产现代化的轨道发展。有关资料显示，到 2007 年我国 13 个粮食主产省（区）的粮食产量已占到全国总产量的 75%。

我国粮食生产方式的转变是市场经济发展的结果。随着东南沿海地区工业化、城市化的加快推进，城乡居民收入差距不断扩大，全国从 1979 年的 2:1 扩大到 2008 年的 3.2:1，客观上造成了农村劳动力纷纷离开原来承包的土地到工厂打工。有的产粮地区在乡镇、村委会的引导下，按照土地使用有偿流转的办法，逐步把土地集中到种粮能手手中，并逐渐发展成为几十亩、几百亩、几千亩不等规模的集约化、机械化、市场化粮食生产专业户，形成了粮食规模生产和传统分散生产农户并存的格局。

但是这种趋势在全国的发展并不平衡，如广大丘陵山区，由于自然条件限制耕地小块分散，农田水利基础设施建设跟不上，缺乏发展规模化生产的条件，大部分仍然停留在原来分散的承包户靠耕畜、人力劳作的粮食生产方式。这些地区粮食生产成本高、效益低，受灾害和市场两重风险冲击大，实现农民再增收的任务相当艰巨。

（二）现阶段粮食价格形成机制存在的问题

现阶段，我国实行的粮食市场价格和政府最低收购价格相结合的方式，虽然取得了一定成效，但是也存在很多问题亟待解决。

第一，我国粮食市场制度不健全，市场价格难以发挥有效的资源配置作用。市场价格是一把双刃剑，它一方面能够积极调节供求、促进经济发展，但是它也具有盲目性、滞后性和破坏性。政府既要创造条件充分发挥市场价格的积极调节作用，又要适度监管和调控，才能更好地发挥和保持市场价格的积极作用和规范运行。我国从20世纪90年代中期实现粮食价格市场化改革目标以来，由于市场机制不完善和缺乏监管、调控经验，从1995至2005长达10年间，全国GDP年均增长9.6%，CPI年均上涨1%的高增长低通胀格局中，产生了新时期的工农价格剪刀差，导致城乡居民收入差距从2:1扩大到3.2:1。这10年间工业品出厂价格年均上涨0.8%，农业生产资料年均上涨1.6%，其中小农具年均上涨2.3%，化肥年均上涨0.6%，农机用柴油年均大幅度上涨6.6%。同期农产品收购价格却年均下降了0.9%，其中小麦年均下降1.6%，玉米年均下降2.7%[①]。在国家实行粮食最低收购价政策的干预下，才逐步缓解了粮食市场价格下降的势头，但是仍然造成了农民长期收入偏低、农业发展滞后的不良后果。

第二，现行国家粮食最低收购价的政策存在缺陷。国家从2004年实行粮食最低收购价政策以来，对保护和调动粮农生产积极性，发挥了很大作

① 数据引自《中国统计年鉴》相关年版。

用，在一定程度上扭转了市场粮价多年连续下降的被动局面，但是仍然存在最低收购价普遍偏低等问题，没有起到保护粮农基本收益的作用。以广东为例，除2004和2005年最低收购价比较接近成本以外，从2006年到2008年最低收购价均大幅度低于成本和实际收购价，明显表现出最低收购价偏低的弊端。

表1　广东稻谷最低收购价与成本和实际收购价比较

年份＼价格成本		国家最低收购价	平均成本	最低收购价比成本	实际平均收购价	最低收购价比实际收购价
计算单位		元/50公斤	元/50公斤	（+・-）%	元/50公斤	（+・-）%
2004	早谷	70.00	60.73	+13.24	82.12	-17.31
	晚谷	72.00	68.80	+4.40	93.63	-23.10
2005	早谷	70.00	72.15	-3.07	81.67	-16.67
	晚谷	72.00	67.25	+6.66	84.96	-18.00
2006	早谷	70.00	75.47	-7.81	81.54	-16.49
	晚谷	72.00	77.24	-0.33	91.55	-28.54
2007	早谷	70.00	76.47	-9.24	91.02	-30.03
	晚谷	72.00	74.80	-3.89	99.18	-37.75
2008	早谷	77.00	92.77	-19.96	103.87	-34.90
	晚谷	79.00	97.31	-23.18	109.52	-38.01

资料来源：数据引自《广东省农产品成本收益资料汇编》，2009。

第三，现行汇编的粮食生产成本没有实现完全成本核算，表现在粮食成本构成项目列支不足或者被低估，导致单位成本虚低，成本利润率虚高等问题突出，特别是粮食成本收益资料中的人工成本偏低问题相当突出。

从表2可以看出，虚高的成本利润率是由于在成本中对人工工价低估造成的。一是低估了雇工的工价。例如，广东从耕种600亩至4150亩不同规模不同地区的4家专业户雇工工价均为70元，而湖南从事建筑、安装、装修等普通农民工工价在80元左右。二是低估了粮农家庭投入的工价。根据边际成本理论，粮农家庭投入工价应与雇工工价持平，如果低于雇工工价的80%，就会大大降低粮农的劳动回报，造成城乡收入差距扩大。可见，现行的家庭用工价被严重低估。

表 2　2008 年早造籼稻谷生产成本收益总汇

<table>
<tr><th colspan="3">汇总单位
项　　目</th><th>计算单位</th><th>全国平均</th><th>广东省平均</th><th>湖南怀化市
平　均</th></tr>
<tr><td colspan="3">单位成本</td><td>元/50 公斤</td><td>75.71</td><td>92.37</td><td>53.17</td></tr>
<tr><td colspan="3">其中：1. 物质和服务费用</td><td>元/50 公斤</td><td>39.50</td><td>41.12</td><td>20.64</td></tr>
<tr><td rowspan="3">2. 人工成本</td><td colspan="2">（1）人工费用</td><td>元/50 公斤</td><td>25.25</td><td>35.71</td><td>26.40</td></tr>
<tr><td colspan="2">（2）用工量</td><td>日</td><td>1.11</td><td>1.17</td><td>1.38</td></tr>
<tr><td colspan="2">（3）平均工价</td><td>元/日</td><td>22.75</td><td>30.50</td><td>19.13</td></tr>
<tr><td rowspan="6">其中：</td><td rowspan="3">家庭投入人工成本</td><td>用工费用</td><td>元/50 公斤</td><td>22.99</td><td>34.30</td><td>23.62</td></tr>
<tr><td>用 工 量</td><td>日</td><td>1.06</td><td>1.14</td><td>1.35</td></tr>
<tr><td>工　价</td><td>元/日</td><td>21.60</td><td>30.00</td><td>17.50</td></tr>
<tr><td rowspan="3">雇工费用</td><td>雇 工 费</td><td>元/50 公斤</td><td>2.26</td><td>1.40</td><td>2.93</td></tr>
<tr><td>雇 工 量</td><td>日</td><td>0.042</td><td>0.03</td><td>0.04</td></tr>
<tr><td>雇 工 价</td><td>元/日</td><td>53.38</td><td>46.61</td><td>73.34</td></tr>
<tr><td colspan="3">3. 土地成本</td><td>元/50 公斤</td><td>10.96</td><td>15.54</td><td>6.46</td></tr>
<tr><td rowspan="2">其中：</td><td colspan="2">（1）土地流转租金</td><td>元/50 公斤</td><td>1.17</td><td>2.36</td><td>0.71</td></tr>
<tr><td colspan="2">（2）自营土地折租</td><td>元/50 公斤</td><td>9.79</td><td>13.18</td><td>5.57</td></tr>
<tr><td colspan="3">实际平均收购价</td><td>元/50 公斤</td><td>96.63</td><td>103.87</td><td>77.63</td></tr>
<tr><td colspan="3">成本利润率</td><td>%</td><td>25.07</td><td>12.45</td><td>46.00</td></tr>
</table>

资料来源：数据引自全国、广东和湖南省怀化市各自汇总的《农产品成本收益资料汇编》，2009。

（三）现行生产粮食的各种补贴效果欠佳

近年来，为了解决工农发展不平衡、城乡居民收入差距扩大等矛盾，国家在取消农业税的同时，不断完善粮食生产补贴政策。2004 年以来，中央根据粮食产销形势的新变化，先后出台了对种粮农民的直接补贴、良种补贴、农机具购置补贴以及最低收购价等一系列扶持粮食生产的政策措施。2006 年，以柴油配套调价为契机，综合考虑柴油、化肥、农药、农膜等农业生产资料价格变动因素，国家又出台了对种粮农民的农业生产资料增支综合直接补贴政策①。同时，补贴的金额也逐年增加，到 2008 年补贴

① 李林茂、冷崇总、李群：《建立粮食收购“三元一补”价格机制的思考》，《价格月刊》2009 年第 11 期。

总额已达716亿元，比2006年增加了近5倍。虽然补贴的品种和幅度不断扩大和提高，但是从实践的情况看，现行的补贴办法存在不少问题需要加以完善。

第一，现行的粮食补贴缺乏科学合理的标准，补贴的主观随意性大。虽然各级政府为此付出了巨大的财政补贴，并没有解决粮价不合理的问题。其一，由于农资涨价等造成种植成本上升较快，基本抵消了粮食涨价的收益，惠农政策效果被弱化的问题突出。其二，价格不合理、补贴不到位，种粮比较收益过低的问题没有从根本上得到改变。其三，我国到目前还没有建立相应的补贴长效机制，缺乏必要的法律法规建设和以法律形式将补贴纳入财政预算等方面的保障，对于补贴的过程和效果也缺乏相应的检查监督机制，客观上造成了补贴难以发挥应有的作用。

第二，现行的补贴方式在一定程度上影响了市场作用的发挥，也导致了政府部门职能的错位。粮价偏低影响粮农收入，不利于发展粮食生产，政府价格部门应按照《价格法》的规定，积极引导粮食收购价格走向合理化，发挥价格机制的作用，保持粮食稳定增产、粮农增收。而现行的补贴制度在一定程度上限制了市场作用的发挥，将物价部门的职能分散到财政、农业、农资等部门，导致政府部门职能错位，也没有形成职能互补，并且加剧了粮食补贴过程中的交易成本，直接影响补贴的效果。

第三，现阶段粮食补贴制度缺乏对补贴具体发放方式的研究，按亩补贴或者按粮食生产量补贴的方式都存在一些弊端，客观上弱化了补贴的效果。在土地流转的条件下，按亩补贴使得原来的承包户不管是否种粮都可以得到补贴，而耕地流转到规模化生产的专业户却得不到补贴，影响了补贴对促进粮食生产的促进作用，也没有调动粮农的生产积极性、促进粮食生产增加产量。理论界提出解决这个问题的方法是应改变按亩补贴的方式，实行按粮食生产量或者商品粮数量进行补贴。但是这种补贴方式也存在弊端，一是随年景不同粮食生产量变化较大，衡量粮食产量的操作比较复杂、工作量较大、运行成本高；二是准确核定粮食生产量和商品粮数量的难度较大，如果实施生产量或者商品粮数量与补贴挂钩，可能会造成农户之间的矛盾，影响农村稳定；三是按生产量或者商品粮数量发放补贴会使得劣质土地的利用效率下降，不利于保护耕地资源。如何将按亩补贴与按生产量或者商品粮数量补贴的优势结合起来，完善现行补贴的具体方式是现阶段亟待解决的问题。

第四，现行粮食补贴的管理成本过高，补贴没有与粮食生产品种、土地丰裕情况、区域利益协调等因素结合起来，影响了补贴的效果。现行的补贴制度中存在补贴资金分散；农民对补贴的项目、标准不了解；登记项目过多、领取补贴的手续繁琐；农业、财政等多部门重复调查等问题，对调动农民生产积极性造成了不利的影响。同时，现行的补贴制度没有与粮食生产品种、土地丰裕情况、地域利益协调等因素相结合，不利于推广优质的粮食品种生产，保护劣等土地资源，提高中西部地区种粮收益等，也不利于我国长期粮食生产的健康发展。

三　我国理论界对实施粮食目标价格的讨论

从上述分析可以看出，我国粮食价格形成机制的问题可以概括为农产品市场机制不健全，农民在市场价格形成的过程中处于弱势，加之农产品流通体制还存在很多弊端，市场价格难以反映农产品的真实价值，不利于农民增收，甚至在某些阶段，按照市场规律形成的价格还会造成增产不增收的情况。现有的最低价格制度只能保障农民的基本收入，不能促进农民收益持续提高。同时，现有的粮食补贴缺乏合理的测算方法，在造成财政巨大负担的基础上，却难以缩小城乡收入差距。

为解决上述问题，推进农业持续健康发展，我国理论界提出应借鉴国外的先进经验，逐步引入粮食目标价格制度，并对粮食目标价格的含义、建立粮食目标价格的必要性和意义以及相应的政策建议进行了充分的讨论。

（一）关于实施粮食目标价格的目的

对实施粮食目标价格的目的，我国的理论界存在几种不同的意见。有的以保障粮食供给的充足和粮食安全为目的；有的把它看做提高农民收入和缩小城乡差距的重要手段；或者是发展生态农业，优化粮食产品结构的有效途径；还有的把它作为我国与国际市场接轨的重要方式；另有人认为粮食目标价格的实施应有多重目的。如伍争荣认为我国粮食宏观调控有三个目标：粮食安全、市场稳定和利益均衡[①]。其中价格手段是国家用于均衡利益水平的主要手段。国家以制定最低保护价来维护生产者的利益，以制定最高限价来保护消费者利益，以这两个限定价格波动幅度，创造良好

① 伍争荣：《粮食宏观调控的目标与经济手段的运用》，《中国商贸》1994 年第 1 期。

的市场经营环境从而维护经营者的利益。梅金平赞同这种观点，提出我国粮食实行顺价销售之后，会出现一定程度的价格波动，为了使价格波动既提高粮食生产者的生产积极性，也能维护消费者的利益，我国应制定粮食目标价格，以保持粮食销售价格相对稳定①。湖北省物价局课题组分析了近年来我国粮食种植成本持续上升抵消粮食涨价收益、农资涨价弱化惠农政策效果，种粮的收益也低于从事非农产业和种植经济作物的问题②。该课题组认为解决这个问题较可行的方法是建立粮食目标价格，以其为基本依据对农民种粮实施反周期补贴，这样既让农民种粮有合理回报，又保证了市场粮价在绝大多数消费者可承受范围之内。

本文认为，粮食目标价格的实施是我国粮食价格形成机制改革的深化，是针对现阶段农业发展中出现的新问题、新趋势而提出的有针对性的改革建议。我国现阶段实施的最低收购价格、农业直接补贴的粮食价格支持政策，这项政策在缓解粮食供应不足等问题上发挥了重要的作用。但是，近年来我国已经基本实现粮食供需平衡，实现了粮食市场的对外开放，并且城市收入水平提高速度快于农村，城市居民已经具有了一定的粮食价格承受能力，现阶段亟须解决的问题是提高农民收入、发展现代生态农业、优化粮食产品结构、提高我国农业竞争力、促进城乡协调发展等，这些问题的解决有赖于粮食价格形成机制改革的深化。有人提出衡量当代中国农业政策成败主要有三个标准：一是农民收入，二是粮食安全，三是农业环境可持续发展③。本文赞同这个观点，认为我国粮食目标价格制度实施的短期目标应是提高农民收入，协调城乡发展；长期目标应是促进我国生态农业发展，促进农业可持续健康发展，并增强我国农业的国际竞争力。

（二）关于粮食目标价格的含义和内容

对实施粮食目标价格目的的不同理解决定了对于粮食目标价格含义和内容也存在争论。有的从发挥价格信号作用，调节市场供求和保护消费者的角度出发，认为目标价格是一个最高限价，即政府所允许的粮食市场价

---

① 梅金平：《粮食顺价销售与粮食流通体制改革》，《华中农业大学学报》（社会科学版）1999年第1期。

② 湖北省物价局课题组：《完善粮食价格支持政策促进农民增产增收》，《价格理论与实践》2009年第6期。

③ 见黄季焜等《21世纪的中国农业与农村发展》，中国农业出版社，2006，第3~5页。

格波动的上限。如果市场价格超过目标价格，政府就要通过动用储备等措施平抑价格[①]。有的从保护农民利益的角度分析，认为目标价格是提供农业补贴的标准。何盛明提出所谓目标价格是指政府为补贴农民种植某些农作物（如小麦、饲料作物、棉花、大米等）所设定的主观价格[②]。黄汉江认为目标价格是指生产成本加适当利润补贴。具体讲，就是在农产品收获后的5个月里，市场平均价格如果低于目标价格，那么参加该项目的农场主所出售的农产品可得到政府的差额补贴，其数额等于目标价格与市场价格或政府定价两者之差[③]。黄微分也赞同目标价格是一种支持价格，即以粮食的生产成本加合理的收益来制定粮食的收购价格。实施粮食目标价格以后，在粮食供不应求或者供过于求的条件下，粮食均按照目标价格承担，粮食价格的市场风险则由农民和国家共同承担[④]。有的则认为粮食目标价格除了保护消费者和农民的利益以外，还应包含更多的含义。李伟克指出目标价格亦称“决策价格”[⑤]。它是根据国家的资源政策、分配政策，在“基础价格”的基础上，并参照“供求价格”测算的。这个价格是衡量实际价格是否合理的标准，是制定价格计划的目标。决策价格应成为社会主义国家促进生产和流通、指导消费、合理利用资源、调节国家、企业、集体、个人各方面利益，防止物价上涨而失控的手段。李林茂等认为，粮食目标价格既不能以不低于国际市场价格为标准，也不能与富有强制性的最高限价混淆，而应定义为：政府在一定时期内，根据保障粮食安全、维持种粮农民正常收入，充分考虑影响粮食价格形成的多种因素而测定的理想价格，它是政府对种粮农民进行价外补贴的重要依据[⑥]。

本文认为目标价格应包含更多的含义，粮食目标价格是由完全成本加合理利润确定，并作为政府补贴农民的依据和标准。其中，完全成本应包含生产成本、合理的人工成本、土地成本、环境成本，并形成合理的粮食产品比价关系，从而提高农民收入、促进生态农业的发展和优化粮食产品结构。在形成合理的目标价格基础上，当市场价格低于最低收购价格时，

---

① 农业部：《欧盟确保粮食安全的主要做法》，2004。

② 何盛明主编《财经大辞典》（上卷），中国财政经济出版社，1990，第671～672页。

③ 黄汉江主编《建筑经济大辞典》，上海社会科学院，1990，第142页。

④ 黄微分：《解决粮价问题须“两条腿”走路》，《经贸导刊》1997年第8期。

⑤ 李伟克：《美国农业补贴政策是如何实施的》，《世界农业》1994年第8期，第8页。

⑥ 李林茂、冷崇总、李群：《建立粮食收购“三元一补”价格机制的思考》，《价格月刊》2009年第11期。

按照最低收购价格予以收购，并按照最低价格与目标价格之间的差距对农民予以补贴；当市场价格高于最低收购价格时，按照市场价格进行销售，并按照目标价格与市场价格的差额进行补贴。

（三）关于粮食目标价格与市场价格和最低收购价格之间的关系

关于粮食目标价格与市场价格和最低收购价格的关系，戴冠来从明确目标价格的性质和职能入手，提出目标价格是我国粮食三元价格形成机制中的价格形式之一，不是要取代市场价和最低收购价①。市场价的职能是调节粮食供求关系，最低收购价的职能是保护粮食储备安全、防止谷贱伤农，而目标价是国家公布的高于前两个价格的反映粮食完全成本和合理利润、反映资源环境成本、保证持续提高农民种粮收入、缩小城乡收入差距的目标价位，不是实际收购价格。李林茂等认为目前我国收购粮食的市场价格和最低收购价格，不能有效激发农民种粮的积极性，也没有体现政府保障粮食安全的意图②。需要探索建立以市场形成价格为主体、政府规定的最低收购价格为底线、政府测定的目标价格为补贴上限的粮食收购“三元一补”价格机制。将市场调节与政府调控有机结合起来，有利于促进粮食生产，有利于种粮农民增收，有利于粮价形成机制的国际接轨，将极大地提高政府粮食调控水平，最终实现国家调控市场、市场形成价格、价格引导生产、流通和消费的良性循环。

本文认为，我国粮食目标价格与市场价格、最低收购价格之间是相互协调、互为补充的系统，缺一不可。粮食市场价格是反映真实市场供求信息，规范粮食生产和引导集约消费的主要手段。但是我国的粮食市场制度不健全，粮食流通体制也存在很多弊端，市场形成的价格存在滞后、波动频繁、易于被操控等问题，单纯依靠市场价格会损害农民和消费者的利益；最低收购价格是粮食价格形成市场化以后，国家实施的宏观调控手段，其职能是保护农民基本收益、促进农民资金回笼，也是国家建立粮食储备体系，保障粮食安全的手段，但不是促进农民收入持续提高、促进农业健康持续发展的有效途径。而粮食目标价格制度则是弥补现有体制不足，深化农业价格形成机制改革的重要补充，目标价格体制的建立既不具

① 戴冠来：《确定粮食目标价格的一些思考》，《价格理论与实践》2009年第10期。

② 李林茂、冷崇总、李群：《建立粮食收购“三元一补”价格机制的思考》，《价格月刊》2009年第11期。

有扭曲市场价格的信号作用，不影响国家粮食储备政策，也不会造成巨大的财政负担，是促进国家和农民利益共享、风险共担的有效方式。

（四）关于实施粮食目标价格的政策建议

在建立粮食目标价格的具体政策建议的讨论中，戴冠来给出了粮食目标价格制定的最终目标和测算标准，认为目标价补贴不宜与粮食产销量挂钩，但必要时也可以挂钩；确定目标价的价位要与其他惠农政策结合起来，做到统筹兼顾①。此外，也有观点提出应尽快改变现行按原计税亩发放补贴的办法，建议按提供的商品粮数量补贴，并强调要简化补贴的审核兑付程序，确保补贴款真正发到种粮农民手上；将增加补贴的重点放在增加生产性专项补贴上，加快改善农业生产条件、提高粮食综合生产能力；建立农资综合补贴与农资价格的联动机制，避免农资涨价弱化惠农政策效果；粮食补贴要与粮食种植结构调整相挂钩，区分品种、严格质量，拉开等级差距；将补贴制度改为基金制度，用于支持农田水利基础设施建设；高度重视比价关系；以粮食储备来影响市场价格；建立粮食消费税；加大涉农收费监管力度；加强粮食市场价格监测，为测算补贴标准提供依据；加强粮食流通综合信息平台建设；引导发展农民专业合作社，提高农民议价能力；实行种粮收益保险制度，为农民增收提供坚强后盾；完善进出口政策等等。还有观点认为我国因各地区土地占有量、肥沃度和粮食生产差异较大，建议分区域、分阶段实施粮食目标价格制度。

（五）小结

通过分析我国对粮食目标价格的讨论，可以得出三个基本的结论：第一，我国理论界对粮食目标价格的含义和特点，以及具体的制定标准和方法等还存在一些争论，本文比较赞同实施目标价格的目的是实现提高农民收入、发展生态农业、优化粮食产品结构等综合目标，这也决定了目标价格是包含完全成本和合理利润水平的标准价格，并以此作为农业补贴的依据。第二，实施粮食目标价格政策的前提，一方面是协调好目标价格与市场价格和最低收购价格之间的关系；另一方面建立科学的粮食目标价格测算方法是顺利实施粮食目标价格制的关键。第三，美国和欧盟在实施粮食目标价格的出发点在于应对生产过剩和国际市场波动，其目标价格的执行

---

① 戴冠来：《确定粮食目标价格的一些思考》，《价格理论与实践》2009 年第 10 期。

还须配合相关的农业抵押贷款、政府收购等相关措施。我国与欧美国家的基本情况不同，我国实施的粮食目标价格有何特殊性，应当配合哪些相应的配套措施等，这些问题的讨论比较少，需要进行深入的研究。

四 实施粮食目标价格必须制定科学的测算方法

制定科学的测算方法是实施粮食目标价格的重要前提，测算方法是否科学、合理，测算结果是否准确，直接关系到补偿粮食生产的完全成本能否得到实现。粮农的合理收益能否得到真正的提高。以及粮食供给的稳定和国家粮食的安全。目标价格的制定应以年度为期限，以稻谷、小麦、玉米、大豆四大粮食品种为对象，合理运用成本法和收入法相结合，测算收购目标价格。

（一）关于目标价格的测算方法

对于粮食目标价格的具体测算方法上，存在两种不同的观点[①]：一是按成本法测算；二是按收入法测算。成本法的基本思想是完全成本加上合理利润形成目标价格。李林茂等认为，测定粮食目标价格至少应包括以下几个主要因素：一是生产成本；二是平均利润率；三是环境成本；四是市场供求信息；五是货币价值；六是国际市场价格[②]。湖北省物价局课题组指出在制定粮食目标价格的过程中应考虑以下几点：一是确定粮食种植的人工成本要以城市职工日均工资水平为基本依据，把缩小工农差别、城乡差别的要求体现在粮价之中；二是要按照农民收入增幅高于城市居民的原则确定种粮收益，把“工业反哺农业、城市支持农村”的要求体现在粮价之中；三是要考虑农业农村生态环境保护成本，把健全农业生态环境补偿制度、形成有利于保护耕地等自然资源和农业物种资源的激励机制的要求体现在粮价之中[③]。同时，需要相关措施共同配合，如建立健全竞争性的粮食体系；完善粮食产品的流通环节；改善农业补贴的具体措施；发展农

① 中国价格协会课题组：《建立粮食目标价格政策研究报告》，湖南粮食目标价格研讨会报告，2009 年 10 月。

② 李林茂、冷崇总、李群：《建立粮食收购“三元一补”价格机制的思考》，《价格月刊》2009 年第 11 期。

③ 湖北省物价局课题组：《完善粮食价格支持政策促进农民增产增收》，《价格理论与实践》2009 年第 6 期。

民专业合作社；实行粮食收益保险制度。

运用收入法确定目标价格更直接着眼于提高农民收入，缩小工农收入差距。具体来说，是按照农村居民收入增长幅度每年比城市提高快的要求，先把城乡居民收入提高速度和差额定下来，然后从农村收入增速中扣除其他政策因素、市场因素和自然因素对当年农民收入提高的影响，剩余部分的农民收入增长总额靠粮食目标价和市场价的差价即单位目标补贴解决。

本文认为这两种方法各具特色，成本法更加易于操作，收入法目的性更明确，在实践中应将这两种方法有效结合起来。测算粮食收购目标价格的数据基础，应以国家发改委价格司编辑的《全国农产品成本收益资料汇编》中与粮食品种相对应的成本收益表数据为依据，换算成每 50 公斤的基础价格，再根据对各地基本情况的调研，掌握成本项目构成和各项目真实合理的水平以及合理的利润水平，对基础价格中的成本、利润进行逐项合理调整，形成执行期的粮食收购目标价格。

（二）关于目标价格的成本构成

关于完全成本的内容，有的观点认为应重点分析物质费用、人工费用、机械及租赁作业费用和土地流转费；有的观点认为确定粮食种植的人工成本要以城市职工日均工资水平为基本依据，把缩小工农差别、城乡差别的要求体现在粮价中；有的观点认为土地成本计算偏低、粮食生产的外部成本如化肥农药对生态环境的破坏，水资源浪费对社会的影响应计入成本，同时应在成本中体现粮食产品结构调整的需要；还有的观点认为农民为保护耕地资源、提高地力的投入、为改善生产条件增加农业基础设施建设的投入、为发展绿色农业在环境治理方面的投入、为提高单产水平在科技方面的投入、为提高生产经营水平在信息方面的投入等因素，也应计入成本构成中①。

本文认为完全成本核算的重点是重新计算农资和服务成本、人力成本、土地成本，合理计算环境成本，对不同的粮食产品形成合理比价，促进绿色农业的发展。据专家调查②，2005 年我国农村劳动力市场化程度仅

① 中国价格协会课题组：《建立粮食目标价格政策研究报告》，湖南粮食目标价格研讨会报告，2009 年 10 月。

② 北京师范大学经济与资源管理研究所：《2005 中国市场经济发展报告》，中国商务出版社，2005，第 52 页。

为86.6%，土地市场化程度仅为48%，资金市场化程度仅为50%，所以成本调整的重点是人力、土地成本的重新核算。具体分析，一是对物质与服务费用的调整。根据柴油、化肥、农膜等综合农资价格和服务费用的变化趋势，动态调整粮食定价成本，形成与农资价格的合理联动。二是对人工成本的调整。根据实际调查，现行粮食成本中的人工费用过低，主要是把家庭投入工价压得过低，同时雇工工价也低于市场工价。由于对家庭投入用工估价过低，不能维持农村劳动力的简单再生产，这是导致长期城乡居民收入增长差距扩大的一个重要原因。研究表明，家庭用工工价达不到雇工价的80%，违背等价交换原则，不利于解决“三农”问题，应该按照城市雇工标准和经济作物雇工标准上调粮食生产家庭用工工价。三是对土地成本的调整。据实地调查，土地成本不足市场地租的一半，如果按耕地的完全成本计算，耕地租金比现行成本调查的土地使用费会高得多。所以，应重新核算目标价格中的土地成本。

此外，还应将粮食生产外部成本纳入核算范围，例如化肥农药等对生态环境破坏、水资源浪费等费用，如果不计入目标价格的成本，不利于建设农业的可持续发展。

（三）关于目标价格的利润核算

在完全成本核算的基础上，利用收入法的基本思想，在目标价格中体现合理利润。2009年，我国粮食成本利润率高达27.63%，这是因为基础价格成本中的人工费用被压得过低，土地费用也大大低于市场租金，导致成本虚低而成本利润率虚高。如果按调整后的成本计算，实际每50公斤亏损23.85元，成本利润率实际是-19.8%。利润水平是粮食目标价格的核心内容，合理的利润水平是调动农民积极性和提高农业收入的根本途径。粮食目标价格中利润水平的合理性，要形成合理的工农比价关系，特别粮食与农产品内部种、养业各品种形成合理的比价关系，以实现粮农的收入与种植经济作物果蔬和养猪、养鱼的收入相接近为原则，调整比价关系。同时根据城乡收入差距，按照农村收入增长率快于城市的原则，调整利润水平。

五　建立科学的“三元一补”体系，完善农业补贴政策

建立粮食目标价格核算标准后，我国粮食价格将基本形成目标价格、

市场价格、最低收购价格和在此基础上补贴的“三元一补”机制。目标价格的建立不是取代市场价和最低收购价格。我国粮食价格政策是为了促进粮食稳定发展，保障粮食安全，调节粮食供求，防止粮食市场异动，合理提高粮农收入，发展生态农业，提高农业竞争力。这就要充分发挥“三元”价格职能的相互依存、相互促进，为实现粮食价格政策目标而各负其责。

第一，发挥好粮食市场价格的职能作用。市场价格是市场经济条件下，由市场供求形成的价格。市场价格具有灵敏、迅速、有效地反映供求变化和资源的稀缺程度，引导生产和消费，对资源的配置起着基础性的作用。但市场价格对资源的配置属于事后调节，具有盲目性有时甚至有严重的破坏作用。从我国的情况看，农产品市场体系和运行规则都很不健全，分散生产的农民难以成为有话语权的市场主体，农产品流通体制也存在很多弊端，这使得由市场形成的价格难以反映农产品的真实价值。为此，要实现粮食价格政策目标，就必须在充分发挥市场价格机制作用的同时，合理运用法律的、经济的和必要的行政手段对粮食市场价格进行适度监管和调控。当粮食价格波动过大时，要合理制定、调整收购保护价格水平；当市场价格低于最低收购价格时，国家储备粮机构要按最低收购价格收购，防止“谷贱伤农”的现象发生。并且要培育农民市场主体，并制定相应的法律和制度加以保障，还要深化农产品流通体制改革，完善市场制度建设，促进形成科学的农产品市场价格。

第二，完善粮食最低收购价格，更好地发挥其职能作用。粮食最低收购价格，是国家为了保障粮食市场供求、保证粮食储备安全，防止“谷贱伤农”，保护粮农基本利益，而由政府制定实施的一种粮食支持价格政策。实行这种价格政策，是在放开粮食价格和流通的情况下，继续发挥政府监管作用的宏观调控政策。政府要发挥这种价格的职能作用，制定最低收购价格水平要合理，要在粮食生产完全成本的基础上，考虑其他相关因素制定。在已经建立粮食目标价格政策的条件下，最低收购价格的成本要以目标价格的成本为基础，才能真正实现保证粮食储备安全、保护粮农基本利益的目标。

第三，把粮食目标价格政策的职能落到实处。粮食目标价格是反映粮食生产完全成本和合理收益的标准价格，是引导粮食价格体系逐步合理化，实现《全国新增 1000 亿斤粮食生产能力规划（2009 ~ 2020 年）》目标，保障粮食长期稳定发展和国家粮食安全，调动粮农生产积极性，不断提高粮农收入，缩小城乡收入差距，把落实科学发展观落到实处的重大举措。

实施粮食目标价格的职能作用，是将粮食市场价格调节与政府调控有机结合。实施粮食目标价格政策，既能继续发挥市场价格机制的优势，又可以引导促进生产和消费，所以完善粮食价格机制仅有市场价格和最低收购价格还不够，还应有政府测定合理的目标价格，作为粮食价格合理化的标准，引导市场价格和最低收购价格逐步向其靠拢，并合理确定给粮农的补贴。

把市场价格与目标价格的差价补贴与粮食收购量挂钩，补贴给粮农，这是国家调控粮食生产的好办法。一是抓住了增加粮农收入，进一步解决“三农”问题的重点。这种补贴制度，保障了粮农生产粮食能够获得一个可预期的、稳定的基本收益，使粮农有一个长期稳定的利益保障制度，而成为促进粮农生产积极性的持续高涨，保持粮食长期稳定发展，实现国家粮食安全的机制。二是补贴与粮农交售的商品粮数量挂钩，可以克服现行直补以及各种名目繁多、“撒胡椒面”、效益分散、弄虚作假、种粮专业户不一定拿到全部补贴、管理成本大、政府部门职能错位而存在“国家花了钱进行了补贴，不一定能增加粮食生产多收购粮食”的种种弊端；才能有利于促进粮食现代生产力的发展，把粮食生产经营推向市场化、机械化、集约化的发展轨道。三是有利于保持物价总水平的稳定。实行目标价格政策的补贴，是对粮农的一种价外明补，它不构成粮食市场价格的波动，而是粮食市场收购价格的上限，当市场价格超过目标价格时，国家就在停止补贴的同时动用粮食储备吞吐市场供求，使市场价格回落到正常的价位，保持粮食市场价格在社会可承受的范围内波动，确保市场价格总水平的基本稳定。

第四，在实施补贴上，建议分两步进行。一是以市场价格与目标价格的差价乘以粮食生产量的积作为补贴总额；二是在具体发放时按亩补贴给粮农。这是国家调控粮食生产和促进农民增收的好办法，其好处是，既可以保障补贴金额的充足，调动农民种粮的积极性；又抓住了增加粮农收入，进一步解决“三农”问题的重点。这种补贴制度，使农民生产粮食能够获得一个可预期的、稳定的基本收益，形成一个长期稳定的利益保障制度；还有利于保持物价总水平的稳定。实行目标价格政策的补贴，是对粮农的一种价外明补，它不构成粮食市场价格的波动，而是粮食市场收购价格的上限，当市场价格超过目标价格时，国家就在停止补贴的同时动用粮食储备吞吐市场供求，使市场价格回落到正常的价位，保持粮食市场价格在社会可承受的范围内波动，确保市场价格总水平的基本稳定。

六　现阶段实施粮食目标价格政策的政策建议

实施粮食目标价格政策，是一项复杂的系统工程，要有一整套措施体系作保证。

（一）建立粮食目标价格调整制度

第一，粮食目标价格中成本的确定要与农业生产资料的价格变动挂钩，实行人力成本的完全核算，并且实现目标价格成本构成的动态调整。粮食目标价格中化肥、柴油、种子、农膜、农药、农具等农业生产资料的价格变动是成本变动的主要因素，这些产品基本上已经实现市场化定价，其价格的波动构成农产品生产的主要成本变动，在制定农产品目标价格时必须根据这些成本变动动态调整目标价格水平，保障农民收入。此外，目标价格的建立必须反映农民人力资本的真实价值，特别是农民家庭投入用工应与市场雇工价格挂钩。土地成本中的地租价格也应规定以不低于市场土地流转租金80%的标准进行调整。目标价格实行动态调整的期限以1~2年为宜，既能反映成本变化的情况，也能减少价格频繁调整带来的成本。此外，应注重农业生产中的环境保护问题。环境问题已在一定程度上影响到食品安全，改善农村生态环境，促进发展生态农业，除国家加大投资外，还必须在粮食等农产品价格中反映农业生态环境补偿和农村环境治理成本。

第二，对粮食目标价格中利润水平的调整，要在每次对目标价格的调整中，根据执行期粮农的真实收益情况和工农比价关系，特别是农产品内部以及种植业与养殖业之间的比价关系相结合，按照确实缩小城乡收入差距，加快解决“三农”问题的原则，在财政资源许可的前提下，进行合理调整。

第三，明确规定每年年初粮食生产播种前，国家价格主管部门，要在进行合理调整和已经确定来年实施目标价格的粮食品种目标价格公布到粮农，充分发挥粮食目标价格的信号引导作用，切实提高农民收入水平。

（二）实行粮食目标价格差价补贴的操作办法

在实行粮食目标价格政策的年度内，按照稻谷、小麦、玉米、大豆四大品种的目标价格与市场平均价格对比，求出每50公斤的单位差价补贴，再与各种粮食商品生产量挂钩计算出补贴总金额，作为财政发放当年粮食差价补贴的依据。同时要明文规定，所有从事粮食储备、经营的机构必须严格执行统一规定的“粮食收购三联发票”制度，在收购粮食时如实填写收购的粮食品种、等级、单价金额和数量，将发票联交给粮农作为领取差价补贴的凭证，第二联作为粮食运输随货同行。收购机构要保留存根联备查。每年通过国家发放粮食差价补贴通知，逐级下达到乡镇、村委会，在乡镇政府的组织领导下，村委会以收购粮食发票联为根据集中造册、核实，粮农签章领取补贴。

（三）提高原有各种补贴资金的利用效率

在实行粮食目标价格政策，贯彻差价补贴制度后，据初步匡算稻谷、小麦、玉米三种粮食的差价补贴总金额将超过现行各种补贴总额716亿元的一倍以上，达到1500亿元左右。这样就应把原来名目繁多、管理成本大、补贴效果欠佳的各种补贴，改变成为扶农发展基金，集中财力用于重点农田水利基础设施建设，加快农业现代化发展。提高补贴资金利用效率，以补贴制度改进促进农业生产力水平的提高。

（四）合理解决粮农生产经营的资金问题

面对粮食生产经营市场化中的专业户，长期得不到银行贷款而存在资金困难的难题。建议在实行粮食目标价格政策后，从两个渠道解决这个难题。一是通过立法进一步发展和规范农村信用社的职能作用，在不断扩大资金来源的基础上，尽力解决发展粮食生产和解决“三农”问题的贷款支持。二是参照美国的做法，在完善国家储备粮收购制度中，设立国家专项基金，由储备机构与粮农在播种前签订收购合同，以国家规定的最低收购价格作为抵押贷款价格预付给粮农，解决资金问题。在收购时按市场价格与贷款价格的差价进行结算，多退少补。

（五）建立健全粮食生产保障制度

粮食生产是一个特殊产业，它的生产经营活动承受着自然和市场的双重风险，生产销售不稳定。要保护粮农收入稳定增长，既要合理发挥粮食价格政策的作用，又要从保险机制上给予支持。为此，要通过立法规范、强化粮食生产经营的保险制度。规定一定规模以上的粮食生产经营专业户必须参加保险，保险费的开支，可以参照日本的做法，粮农在支付的保险费中由国家按一定比例给予补贴。

（六）进一步健全粮食储备调控力度

增强粮食储备调控能力，是实现国家粮食安全，保护粮农利益的重要措施。要在深化粮食流通体制改革、健全粮食市场体系、加强粮食物流体系建设的同时，进一步完善中央战略专项粮食储备与调节周转储备相结合、中央储备与地方储备相结合、政府储备与企业商业最低库存相结合的储备体系，着力健全企业合理的库存制度，发挥政府和企业在储备职能上的积极性，增强整体储备调控能力，充分发挥储备制度在保障国家粮食安全、调节市场供求、稳定市场粮价中的重要作用，为发挥粮食价格政策职能作用，提供良好的市场环境。

（七）完善粮食的进出口调控制度

我国应在世贸组织的原则和框架下，立足于充分发挥粮食目标价格的作用，以价格手段积极整合国际、国内两个市场、两种资源，在做好市场供求调控的同时，进一步完善粮食进出口调控政策，充分发挥关税等措施的配合作用，当国内出现供大于求时，实行扩大出口、控制销区进口的办法；当国内出现供不应求时，对产区要严控出口，扩大销区进口，以保障国内粮食有效供给和保持市场价格稳定。

参考文献

［1］伍争荣：《粮食宏观调控的目标与经济手段的运用》，《中国商贸》1994 年第 1 期。

［2］黄微分：《解决粮价问题须“两条腿”走路》，《经贸导刊》1997 年第 8 期。

［3］梅金平：《粮食顺价销售与粮食流通体制改革》，《华中农业大学学报（社会科学版）》1999 年第 1 期。

［4］戴冠来：《确定粮食目标价格的一些思考》，《价格理论与实践》2009 年第

10 期。

[5] 李林茂、冷崇总、李群：《建立粮食收购“三元一补”价格机制的思考》，《价格月刊》2009 年第 11 期。

[6] 湖北省物价局课题组：《完善粮食价格支持政策促进农民增产增收》，《价格理论与实践》2009 年第 6 期。

[7] 广东省价格协会课题组：《建立广东稻谷目标价格政策研究》，《市场经济与价格》2010 年第 1 期。

[8] 刘中蔚：《欧盟粮食政策的回顾与展望》，《世界农业》1999 年第 12 期。

[9] 柯炳生：《欧盟粮食政策的发展变化及对我国的启示》，《南京经济学院学报》2000 年第 4 期。

[10] 柯炳生：《美国的粮食政策》，《农业经济问题》1994 年第 5 期。

[11] 朱丕荣等：《国外粮食政策的趋向》，《世界农业》1988 年第 4 期。

[12] 中国社科院财贸所“粮价改革课题组”：《国外粮食价格政策及其简要分析》，《经济研究参考》1994 年第 3 期。

[13] 王超升：《30 年代以来美国粮食政策回顾（上）》，《世界农业》1999 年第 3 期。

[14] 王超升：《30 年代以来美国粮食政策回顾（下）》，《世界农业》1999 年第 4 期。

国际大宗商品价格波动趋势及对策研究

盛 逖*

内容摘要 本文从经济总量、市场供求矛盾、国际贸易、投机和金融市场五方面探讨了影响国际大宗商品市场价格波动的主要因素，接着在深入研究 2010 年美元指数走势的基础上对 2010 年国际大宗商品市场整体走势进行了分析预测；最后从完善国际市场大宗商品监测预警系统、促使美元被动升值加重国际大宗商品价格下跌趋势、建立国际大宗商品进出口稳定渠道（包括“走出去”）、健全国际大宗商品进口价格形成机制、调整高档消费品进口管理满足国内需求五个方面，提出了针对性强的对策建议。

关键词 国际大宗商品 价格波动 美元汇率 监测预警系统 进出口稳定渠道

一 影响国际大宗商品市场价格波动的主要因素

（一）经济总量因素

2008 年下半年以来，全球金融危机正向实体经济进一步加深扩散，主要发达国家经济已陷入严重的经济衰退（见图 1），失业人数大量增加，金融机构出现更多的坏账，新兴市场和发展中国家经济增速也明显减慢，而

* 盛逖，经济学博士，中国社会科学院财政与贸易经济研究所助理研究员，主要研究方向是大宗商品价格波动及其经济福利效应、能源资源价格改革。感谢戴弋飞协助收集部分英文文献。

各国前期的救市举措对价格趋势仅能起到减缓的作用，世界经济增长继续放缓甚至出现负增长。

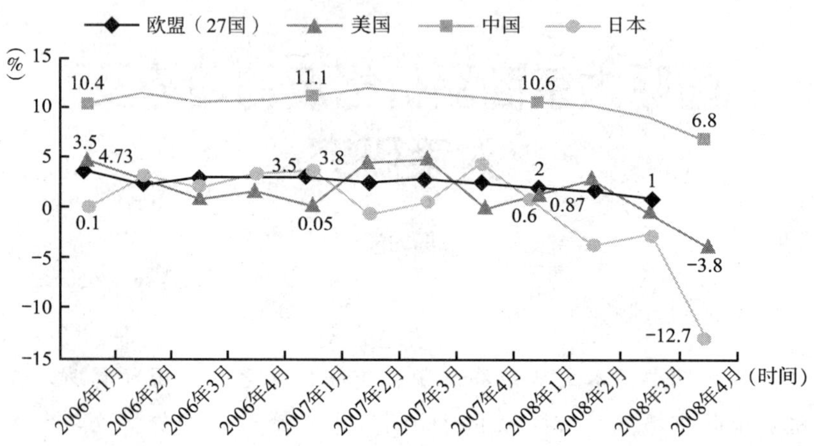

图1　2006～2008年欧、美、中、日季度GDP走势对比

发达国家实际GDP在2008年第四季度经历了前所未有的7%的下降，并且产出在2009年前三季度仍以较快的速度下滑。尽管美国经济可能受金融压力加剧和住房部门继续下跌的影响最大，西欧和亚洲则受到全球贸易崩溃及其自身金融问题增加和一些国家房市调整的沉重打击。损害是通过金融和贸易渠道造成的，严重依赖制造业出口的东亚国家和依靠资本大量流入推动经济增长的新兴欧洲和独联体经济体受到的损害尤其大。在全球活动迅速降温的同时，通货膨胀压力迅速消退。商品价格从年中的高水平急剧下跌，使中东和独联体经济体以及拉丁美洲和非洲的许多其他商品出口国的收入遭受极大损失。

美国2009年一季度GDP下降6.1%，略好于第四季度6.3%的降幅。其中，私营企业投资下降了51.8%，为1975年以来的最大降幅；企业固定资产以及非住宅投资下降了37.9%，为历史最大降幅；进口以及出口双双急剧下降，但进口降幅大于出口，进口下降了34.1%，为1975年以来最大跌幅；出口下降30.0%，为1969年以来最大降幅。而2009年前三季度，美国经济增长率分别为－3.3%、－3.8%、－3.6%。

从英国经济看，2009年前三季度，英国经济增长率分别下降3.3%、5.8%和5.1%，创下连续6个季度下跌的最长历史纪录。为1979年第三季度下降2.4%以来的最大降幅[①]。

从日本经济看，与其他发达国家相比，2009年日本经济呈现跌幅较大和通货紧缩的特征。第一、二、三季度日本实际GDP分别较上年同比下跌8.9%、5.8%和5.1%。而且，由于消费物价指数持续下跌，2009年11月，日本政府宣布，日本经济陷入通货紧缩。

由于全球经济不景气对德国出口造成严重打击，2009年德国经济创纪录地萎缩5%，远低于此前经济学家预期下降2.25%的比例，为“二战”以来的最大降幅，这也是近6年来，德国实际国内生产总值首次呈现下滑势态。

2010年，先后爆发的迪拜债务危机和欧洲希腊等国的主权债务危机充分反映了全球经济复苏的基础并不牢固，尤其是欧元区经济复苏的步伐将大大放缓。同时欧元区内的葡萄牙、西班牙、意大利和爱尔兰等国家也像希腊一样债务沉重，如果这些国家都面临债务危机可能使整个欧洲金融体系出现混乱。虽然中国经济受到希腊债务危机冲击的影响较小，但因为欧元区是中国最大的出口市场，所以中国对欧出口会受间接影响。因此，现阶段世界经济再次探底的可能性不断增大，全球市场信心仍非常脆弱，世界经济的增速不容乐观。

受全球经济增速大幅放缓影响，全球汽车、住宅、家用电器等终端产品消费能力将进一步减弱。这将导致未来一段时间石油、金属和粮食等国际大宗商品需求大幅度下降，给未来3~5年国内外大宗商品行情带来沉重压力，短期内难以走出低谷。

（二）市场供求矛盾因素

供需基本面的变化是影响生产资料市场走势的根本因素，也是长期影响因素。全球经济发展带来商品需求量扩大，供应能力的增长速度能否赶上需求的增长速度是生产资料价格的根本决定因素。这就需要我们在把握2008年国际大宗商品供求关系的基础上，认真分析2009年石油、铜、铁、粮食等大宗商品供求矛盾出现的新变化和新趋向，从而较为准确地判断今年国际大宗商品供求关系，为预测大宗商品价格走势打下坚实的基础。

从需求方面来看，欧洲、亚洲制造业的收缩和美国消费需求的快速下滑将导致全球能源、金属、粮食等大宗商品需求继续大幅下降。特别是由

① http：//www. cet. com. cn/20100119/k2. html.

于销售急剧下降，美国三大汽车巨头通用、福特和克莱斯勒陷入破产困境，日本汽车业12家大公司在2009年财政年度内削减汽车产量190万辆，减产规模约占计划产量的8%，经济发达国家汽车业衰退对于世界金属、橡胶、石油等大宗商品消费来说，无疑是雪上加霜。

从供给方面来看，需要把握三点变化。第一，2004年国际矿产价格大涨以来，全球矿产投资并购与重组大潮持续高涨；2007年全球采矿业并购数量和金额分别达到1456个和1620亿美元，分别是2001年的2.4倍和3.5倍；2008年前7个月，尽管受次贷危机和证券市场调整影响，全球采矿业并购数量仍然达到786个，并购金额达2242亿美元。伴随矿业并购总额的增加，并购的平均规模也不断提高，其平均额从2001年的7646万美元提高到2008年前7个月的2.85亿美元，这也间接说明矿业集中度不断提高，并购从大小企业间扩展到大企业和大企业之间。现在三四年过去了，这些新项目都面临投产，2008年下半年和2009年上半年正是这些产能释放的高峰期，从而使今后一段时期大宗商品出现全球性产能过剩的情况，市场价格仍将暂时在谷底运行，甚至有可能进一步跌落。

第二，大宗商品价格已经跌至生产成本附近，未来继续下跌空间较为有限。经过2008年下半年以后连续多次暴跌，许多大宗商品价格跌幅普遍超过50%，有些品种甚至更多。比如，国际市场石油价格已从最高价位147美元/桶，一度跌破33美元/桶。从发展趋势来看，在大宗商品的成本要素中，除人员工资水平有可能暂时下降外，其他动力、燃油、运费、矿石、肥料等价格已基本到达或接近底部，一些产品价格已止跌回升。如2008年铜冶炼材料之一硫酸价格较最高位暴跌将近90%，其价格继续下跌的空间已经极度萎缩。2009年，中方铜加工费增加七成左右，使得冶炼企业的成本增加因素与合理利润获得承认。上述情况表明，大宗商品成本的支撑点位已出现上移，从而也夯实了大宗商品行情的稳定基础，并推动价格上升。2008年第四季度期间，国际大宗商品行情大体完成了震荡筑底，反弹回升态势初步形成，截至2009年5月初，石油、铜、铝市场价格分别比前期最低点回升了接近四成。

第三，面对消费需求困境，全球矿业企业不约而同地采取减产措施，减少供给。世界矿业三巨头之一的巴西淡水河谷公司决定每年减少铁矿石产量3000万吨，减产量相当于2007年总产量的10%。淡水河谷公司同时宣布将削减2010年的投资支出，其中位于卡拉加斯附近的大型SERRASUL矿的完工将会被推迟5~6年。随后两巨头各控股50%的巴西萨马科公司决定从2008年11月底开始关停旗下3家球团矿工厂中的两家，此次减产意味着年总产能为2160万吨的萨马科公司将减少2/3的球团矿产。力拓将其2008年铁矿石发货量由原计划的1.9亿吨降至1.7~1.75亿吨，削减的是位于西澳皮尔巴拉地区的铁矿石产量。锡产量占全球近1/4的印度尼西亚炼锡企业已经停产。全球最大的铬铁合金生产商Merafe Resources Lindiwe Montshiwagae称将在南非关闭6处冶炼炉。美国铝业（AlcoaInc.）迄今已将年产能下调了15%。中国铝业发布公告称，减少电解铝产能约72万吨/年，约占公司总产能的18%；闲置氧化铝产能411万吨/年，约占公司总产能的38%。而赞比亚、刚果（金）、利比里亚、几内亚等国家的矿业项目投资总额也面临大规模缩减，其中非洲开发银行在利比里亚的铜矿项目以及几内亚的铁矿项目的投资总额都较原计划减少一半以上。全球矿产资源供给的减少无疑将给资源价格带来支撑，避免其进一步滑落。

（三）国际贸易因素

2009年，国际金融危机给全球贸易带来灾难性后果。2009年世界贸易总额下滑12%，创1945年以来最大跌幅并超出世贸组织此前预测的10%的下滑幅度。危机导致发达国家对实体经济投资骤减，对未来世界贸易构成不利影响；贸易保护主义抬头，贸易摩擦加剧，使世界贸易环境雪上加霜。其中发达国家将是这次全球贸易衰退的重灾区，2009年，美国外贸下降13.9%，欧盟下降14.8%，日本下降24.9%，都高于世界贸易12.2%的平均降幅。国际金融危机对中国冲击最大、影响最深的是对外出口，因外需萎缩，2009年中国外贸进出口总额同比下降13.9%，出口下降16%，导致外需主导型经济整体下滑。与此同时，受国际金融危机影响，国际贸易的融资额度也在缩水。国际金融危机导致贸易资本缩减，贸易衰退已无法避免，从而将导致国际大宗商品贸易数量和金额较大幅度下降。

波罗的海干散货指数（Baltic Dry Index，BDI）是研究航运股未来业绩和投资价值的重要指数，也是国际贸易和国际经济的领先指标之一，它集中反映了全球对矿产、粮食、煤炭、水泥等初级商品的需求。这个指数是由波罗的海航交所发布的，该指数是由若干条传统的干散货船航线的运价，按照各自在航运市场上的重要程度和所占比重所构成的综合性指数。该指数是反映国际间贸易情况的领先指数，如果该指数出现显著上扬，说明各国经济情况良好，国际间的贸易火热。同理，如果该指数下跌，说明国际贸易萎缩，经济衰退。

从 BDI 来看，2008 年国际干散货运输市场形势可谓“冰火二重天”（见图 2）。上半年，BDI 从 1 月 2 日开市后的 8891 点高位起步，于 1 月 29 日下探至 5615 点，其后在诸多因素推动下，于 5 月 20 日冲高至 11793 点，达到历史最高点。进入下半年后，受全球金融海啸影响，BDI 遭遇惨跌，12 月 4 日曾跌破 700 点至 666 点最低。BDI 的下降直接反映的就是商品需求的下降，说明了全球市场对于原材料需求的减弱，经济增长也将逐渐走向衰退。而截至 2009 年 5 月 7 日，BDI 已回升至 2197 点，较最低点大幅反弹 230%。从这个角度观察，世界经济在经历了一轮大的下滑之后，贸易方面开始慢慢恢复，大宗商品市场初步探底成功。

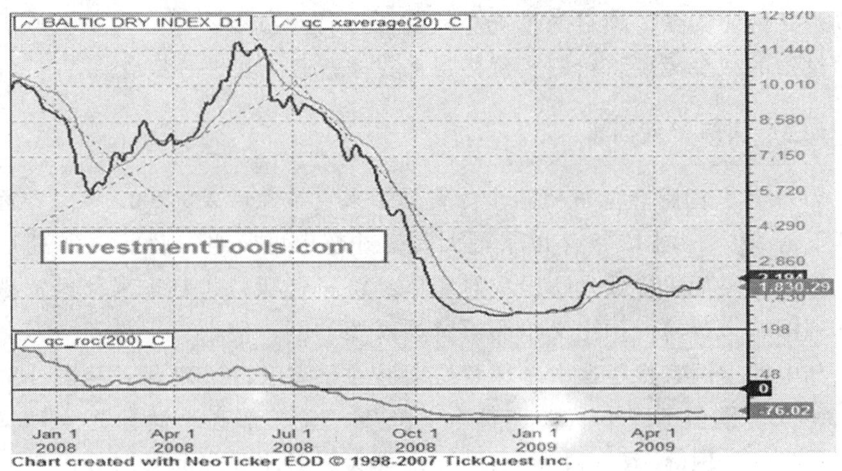

图 2　2008 年 1 月以来波罗的海干散货运价指数走势

（四）投机因素

随着期货市场的发展，能源、金属等主要生产资料也日益具备普通商品和金融商品的双重属性，成为过剩的流动性的重要流向。能源、金属等生产资料成为投机基金选定的长期投资项目。据美林公司估计，20 世纪 90 年代，在商品市场进行交易的对冲基金有 300 多个，2000 年增至 2000 多个，2006 年已超过 9000 个，掌握的资金在 14000 亿到 16000 亿美元之间。基金的流向对生产资料市场走势起着越来越大的作用，从而放大其价格波动的幅度。

联合国贸发组织（UNCTAD）最新发布的报告指出，近年来主要大宗商品价格的持续增长，很大程度上与金融投机者的期货交易行为有关，而这种投机乃至价格操纵行为在相当长时间内处于监管真空地带。以美国为例，虽然美国商品期货交易协会（CFTC）名义上拥有对外交易市场（OTC）的部分监管权，但事实是，OTC 市场长期游离于 CFTC 监管之外。由于 OTC 交易商们并不需要保存交易记录和向 CFTC 提交大交易商报告，近年来商品指数基金和对冲基金等投机者纷纷借道 OTC 市场的互换交易进入期货市场，以规避场内交易监管。2002～2008 年，全球范围商品期货交易合约数增长了 5 倍，其中 OTC 的交易总额增长了 20 倍。国际清算银行估计，2008 年全球 OTC 市场商品衍生产品交易规模的名义量高达 13 万亿美元。

2008 年下半年以来，由于金融危机严重冲击造成流动性紧缺，加之市场预期全球经济放缓、需求下降，各国投机性资金持续大规模撤离国际原油、金属和农产品期货市场。投机资金的撤离意味着大宗商品价格将主要由供求基本面来决定，这改变了近年来大宗商品价格由投机因素决定的市场格局。英国巴克莱资本公司在月度报告中指出，2008 年第三季度约有 600 亿美元资金流出全球商品市场，市场总交易规模由 2700 亿美元滑落至 2100 亿美元，为 2003 年以来的首次下滑。

虽然 2008 年国际投机基金遭受重创，但并没有消失，只是暂时撤离大宗商品市场，一旦条件具备就会卷土重来。首先，大宗商品价格的持续暴跌凸显了投资价值，如代表大宗商品价格的 CRB 指数从 2008 年 7 月份的 614.61 点下降到 12 月的 322.53 点，跌幅高达 47.5%；原油价格从最高价 147 美元暴跌至 33.2 美元，跌幅高达 77.4%；伦敦期货市场铜价与去年最高点相比下降 68.5%，铝下降 62.2%，锌、镍、锡价均下降超过 60%。

其次，为了避免陷入经济“大萧条”，世界各国在连续降低金融机构利息的同时，几近“疯狂”地向市场大量注入资金，欧美等西方发达国家陆续宣布的“救市资金”已经达到数万亿美元，特别是在布什政府注资 7000 亿美元后，奥巴马新政府再次提出 8000 亿美元的经济刺激方案；英国将投入 2 万亿美元救助其金融机构。国内流动性增加也很迅速，2008 年 12 月末，M2 同比增幅在连续 6 个月回落之后出现强劲反弹，比 11 月末高出 3 个百分点。2009 年一季度 M2 余额为 53.06 万亿元，同比增长 25.51%；M1 同比增长 17.04%；人民币贷款增加 4.58 万亿元，同比多增 3.25 万亿元。美国、欧元区和日本的货币供应量得以持续快速增长，使得全球范围内流动性过剩的状况日益严重。全球货币供应大大超过实体经济中的实际货币需求，建立在巨额财政赤字基础上的巨量资金的陆续投放达到一个临界点后，大量过剩的货币必然要重新回到虚拟经济尤其是金融衍生品市场中寻找出口。

最后，美元长期贬值预期可能得到进一步强化。前一段时期，多种因素影响美元汇率出现阶段性反弹升值，这一因素也成为影响国际市场大宗商品价格走低的重要因素。但由于主要是美国政府巨额赤字，越来越多的举债，以及迫不得已的超量印钞，导致今后一段时期内美元币值缩水将成为主调，美元将呈现长期的贬值趋势。这样，以美元为计价单位的国际市场大宗商品价格势必相应上涨，从而推高国内商品市场行情。2008 年下半年，美联储已经向金融体系注入了约 8000 亿美元的资金；而根据新的计划，未来几个月内，美联储可能会再向金融体系注入 1 万亿美元，甚至更多。

因此，现在全世界是流动性“干柴遍布”，只不过在金融海啸之下，被投资和消费恐惧暂时所掩盖了。一旦条件具备，消费需求回到正常状况，在这个“钱比货多”的大环境下，随时都有可能出现大宗商品的“井喷”行情：大量处于观望状态的国内外投机资金还将会卷土重来，再次推波助澜，将相关产品价格推向高位，导致严重结构性通货膨胀重现。

（五）金融市场因素

21 世纪以来，商品市场与金融市场的联系越来越紧密，黄金、石油、有色金属和农产品等商品期货具有了越来越强的金融属性，成为重要的保值避险和投机获利工具。金融市场的波动必然加剧商品价格的震荡。为避免金融市场出现系统性风险，2008 年底，美、欧、日等全球主要经济体纷纷采取了新的空前的各种类型的刺激措施和出台救市方案，投入巨资，为市场注入流动性，以对抗 2008 年第四季度冲击全球的金融危机造成的后果（见图 3）。

2009 年以来许多国家对这些政策计划进行了激进的扩充。日本银行、英格兰银行和美联储都扩大了他们在信用和债券市场上的资金直接注入，包括政府债券。美联储将其总的买入计划扩大了 3 倍，从 6000 亿美元扩大至 1.75 万亿美元，这暗示美联储预期会承担 2009 年 MBS 市场一半的总发行量，在国债市场上接近 15%。增加的买入预期会提高美联储的资产达到美国 GDP 的 29%，其中一年前为 7%。英格兰银行购买的资产高达 1500 亿英镑，约占英国 GDP 的 10%，这将使英格兰银行的资产达到 GDP 的

23%。英国资产保护计划将给高达5850亿英镑的银行资产保险，公共私营投资计划（PPIP）将买入5000亿～10000亿英镑有价证券和贷款。

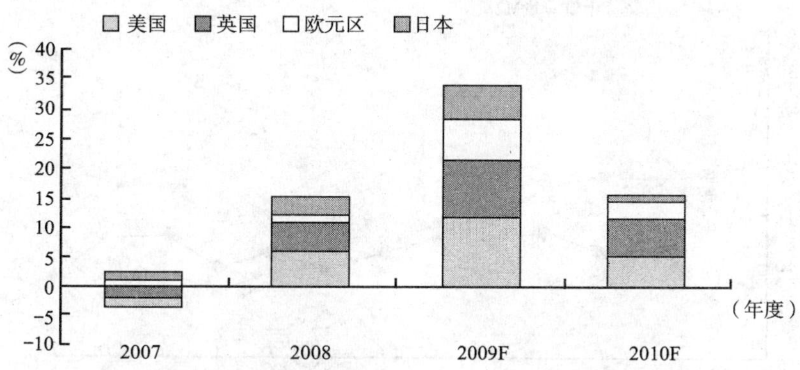

图3　G4国家的债务巨幅上升

注：2009F和2010F表示这两个年度为预测值。

资料来源：DataStream，Bardays Capital。

表1　2009年以来最激进的减息

单位：%

国　家	2008年初	2008年末	2009年一季度	降　幅
智　利	6.00	8.25	2.25	6.00
土耳其	15.75	15.00	10.50	4.50
巴　西	11.25	13.75	11.25	2.50
南　非	11.00	11.50	9.50	2.00
英　国	5.50	2.00	0.50	1.50
印　度	7.75	6.50	5.00	1.50
墨西哥	7.50	8.25	6.75	1.50
泰　国	3.25	2.75	1.25	1.50
波　兰	5.00	5.00	3.75	1.25
瑞　典	4.00	2.00	1.00	1.00
韩　国	5.00	3.00	2.00	1.00

资料来源：Haver Analytics，Bardays Capital。

在利率政策方面，发达国家央行采取的行动是有限的，同时大多数国家的利率已经接近零区域，新兴国家的央行2009年第一季度明显增加了减息的规模，表 1 显示出 2009 年新兴市场最为激进的利率变化。

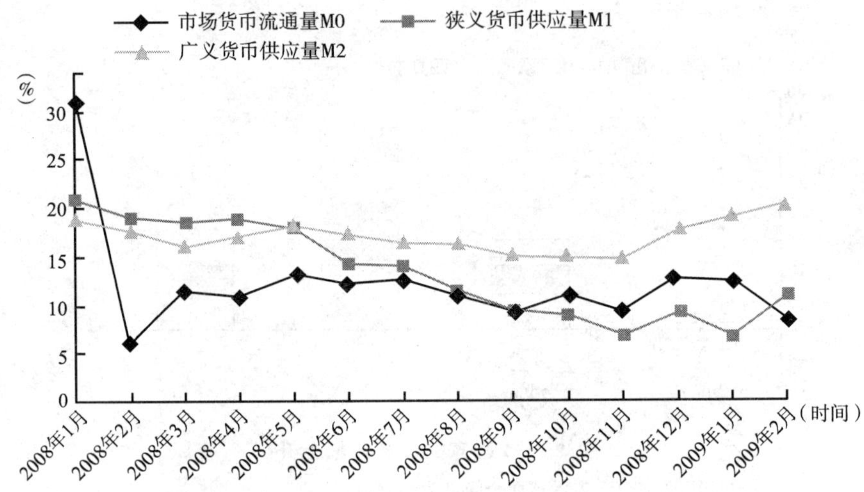

图 4　2008 年以来央行货币供应量增长状况（月度）

与此同时，国内新增大量"流动性"投放市场（见图 4）。2009 年第一季度，中国人民银行实行适度宽松的货币政策，采取灵活、有力的措施，积极应对国际金融危机的冲击，加大金融支持经济发展的力度。第一季度货币供应量增幅快速回升，金融机构贷款增长明显加快、存款增加较多，较好地满足了经济发展对货币信贷的需求。另外，2005 ~ 2009 年，我国本外币存款余额从 28.7 万亿元增加至 61.2 万亿元，增幅 113%，年均增速 28.25%；本外币贷款余额从 19.5 万亿元增加到 40.0 万亿元，增幅 105%，年均增速 26.25%；同期 GDP 的年平均增速仅为 10.6%（见表 2）。

表 2　2005 ~ 2009 年货币供给增长情况

年份	本外币存款余额（万亿元）	M1 增速（%）	GDP 增速（%）	人民币贷款余额（万亿元）
2005	28.7	11.8	10.6	19.5
2006	33.5	17.5	12.0	22.5
2007	38.9	21.1	12.7	26.2
2008	46.6	9.1	9.0	30.3
2009	61.2	32.4	8.7	40.0

资料来源：2005 ~ 2009 年中国统计公报。

另外，国际货币基金组织投入巨资以挽救新兴市场。新兴市场随着全球商品价格下跌和出口剧烈下降而受到巨大的冲击。国际货币基金组织IMF动用的资源增加了3倍达到7500亿美元，发行了2500亿美元特别汇率（国际货币基金组织汇率）的授权。G20同样宣布了2500亿美元的方案支持贸易，虽然这其中只有500亿美元新的资金。总之，这些变化受到了新兴市场的欢迎，因为它有助于减少流通性升水和风险传染。显著增加的融资使国际货币基金组织增加了贷款能力，放松受到制约的借款形势。危机开始以来国际货币基金组织已经确认了600亿美元的贷款（最高的三笔分别为给乌克兰的164亿美元，给匈牙利的157亿美元和给罗马尼亚的130亿美元）。

随着世界各国巨量救市资金的陆续投放和刺激需求措施效应开始显现，一方面有利于现阶段的固定资产投资和终端消费需求加速启动；另一方面，也会起到刺激商品市场需求的效果，从而刺激供应偏紧的资源性产品价格上涨。在各种利多因素的综合影响之下，尽管近期国际大宗商品价格行情依然弱势运行，但2009年下半年有可能开始复苏，即使悲观一些，也会在2010年出现好转迹象，避免出现L形局面。

二　国际大宗商品市场整体波动趋势分析

（一）美元指数波动趋势分析

美元汇率主要通过金融资产再配置和标价货币两项机制来影响大宗商品价格走势。一是通过金融资产的再配置。美元作为金融投资品，和大宗商品在资产配置中具有一定的替代性。如果美元贬值，出于保值增值的目的，会有更多的资金流向商品，推动商品价格上涨；反之，资金会从商品流向美元，导致商品价格下跌。二是通过标价货币的机制。由于国际大宗商品基本均以美元标价，美元汇率变化将直接引起商品价格变化。为了保证以本币标价的营业收入不变，美元贬值时，大宗商品价格会上涨；而当美元升值时，大宗商品价格会下降。从历史走势看，国际市场上各大宗商品的价格与美元币值具有很强的相关性，以美元计价的所有商品与美元币值的涨跌相悖，存在很强的负相关关系。因此，预测“十二五”期间国际大宗商品市场价格走势，必须考虑分析此区间美元指数的发展趋势，特别是美元升贬值趋势对大宗商品价格走势影响的重要程度已经超过经济发展导致的供求基本面的变化状况。

高于预期的美国经济表现以及不断增强的加息预期将推动美元升值；而从战略上讲，美国要重振经济，需要较低价的美元，从而抑制美元的过于强势。因此，总体而言，虽然美元长期贬值预期不断强化，但是2010年的美元指数走势将在底部超跌企稳后，存在强势反弹的可能性，并维持区间震荡格局，全年呈现W形走势。“十二五”期间，在没有重大全球性经济冲击的影响下，在人民币没有大幅升值的条件下，美元指数将不会跌破前期的最低点70.68，也不会涨过2009年3月份的最高点89.62，波动趋势将呈现多W走势。原因有以下五点。

第一，经济相对表现有利于美元。美国次贷危机引起的金融海啸席卷全球，冲击欧洲、日本等经济体，其自我恢复能力与美国差距较大，美国经济恢复增长的前景相对乐观，美元走强也有一定的经济基础。宽松货币政策和大量财政刺激重新发动了美国经济成长的引擎，经济成长预计将赶超其他发达国家，如美国2009年第三季度劳动生产率增长了4%，而同期德国和英国该数据都有所下降。美国以外的经济体经济形势恶化加深，使得美元以外的世界其他主要货币走软，侧面推动美元走强。例如，欧元现在兑美元的汇率是1.42左右，与对欧元/美元的内在汇率预测1.25还有距离，所以美元上涨在价格上还有空间。

第二，资金风险偏好的改变，有利于美元走强。迪拜债务危机、欧洲主权信用的问题，使得机构开始担心违约风险问题，这使得资金回流的可能性增加，这也将使对美元的需求增加。

第三，从2009年6月起，美国10年期国债利率与2年期国债利率之利差逐步扩大，至2010年4月2日已扩大至2.83%，创2003年7月至10月以来的高峰。上次美国升息循环周期开始于2004年7月，大约是在2003年7月至10月短中期国债利差高峰后约3个季度至1年的时间。若根据上次升息循环的例子预测，目前美国10年期国债利率3.94%可能反映出2011年第二季度左右美元升息的预期。对于美联储加息的预期进一步增强，将对美元形成进一步的支撑。而且从美元指数看，2009年6月美元指数均价为79左右，在11月底下跌6%至74.18后强势反弹，至2010年5月18日已上涨16%达到86.5。

第四，在美国打开印钞机的同时，欧盟、日本和英国等也纷纷增发货币。日本央行2009年3月决定将购买国债额度罕见地一次性提高29%，每月购买的数额由1.4万亿日元上升到1.8万亿日元；英格兰银行则迈出了实施总规模750亿英镑资产收购计划的第一步；2009年5月欧洲央行出台非传统融资措施即定量宽松货币政策，并做好再次降息的准备。受欧洲央行启动印钞机影响，4月17日外汇交易市场上欧元对美元大跌，从开盘1.3190，跌至收盘1.3038；20日，欧元跌破1.3050的重要关口至1.2956，连续数日在低位徘徊。

第五，现阶段人民币对美元和欧元的快速升值趋势不可持续。人民币兑美元汇率从2009年4月初的6.837升到5月初的6.8201，年升值率达3%。而根据英国《经济学家》杂志的测算，从2008年7月到2009年4月，不到一年时间，按照贸易加权计算的实际汇率，欧元对人民币已经贬值接近30%。人民币连续升值将给中国出口造成严重打击，因而不可持续。

（二）国际大宗商品市场整体波动趋势分析

本轮以美国为首的全球性经济周期调整中，美国经济衰退的时间预计将超过二战以来的任何一次。在百年不遇的金融危机形势下，期货市场投资将面临前所未有的机遇与挑战。经济活动周期性的繁荣与衰退对社会总产出、总需求和总收入将产生较大的周期性影响，商品价格的涨跌趋势与经济周期的转换密切相关。2010年在全球宏观经济前景预期再次探底、迪拜债务危机和欧洲希腊等国的主权债务危机程度加深、市场信心脆弱、经济增长趋势仍不明朗的背景下，大宗商品的需求下降的可能性增大，各品种将逐步呈现出供大于求的状况，其中有的品种过剩严重，有的品种则相对缓和。而伴随着价格的再次向下调整，以原油为代表的大宗商品将逐步脱去金融属性的外衣，开始逐步恢复其商品属性。

从国际大宗商品市场整体走势来看，随着全球经济探底回升，国际能源资源价格出现了大幅度上涨。代表全球商品期货价格走势的CRB指数从322.53点反弹至2010年1月的504.75点，涨幅高达56.5%。而截至2010年4月底，原油价格从最低的33.2美元/桶上涨到87.15美元/桶，涨幅高达163%；铜、铝、锌、黄金、棉花、橡胶的最高涨幅分别为185%、95%、164%、83%、123%、239%。

据联合国2009年12月2日预测，美国经济将在2009年负增长2.5%以后，2010年恢复增长2.1%；欧盟和日本的经济分别增长0.6%和0.9%；新兴和发展中经济体将成为2010年世界经济增长的主要动力，预计中国和印度经济将分别增长8.8%和6.5%。而国际货币基金组织2010

年4月预测显示，2010年世界经济增速为4.1%，其中美国、欧盟、德国的预期增长率分别为3%、0.8%、1.2%。

虽然IMF上调了经济增速，但有三个问题不容忽视：一是发达国家的经济增长主要由政府经济刺激政策拉动，而由居民消费和企业投资带动的自主复苏能力较弱。二是无就业的经济复苏影响回升力度。全球金融危机给世界造成了严重的产能过剩，并由此带来了投资率下降和失业率上升。2009年二季度，美国等发达国家和部分发展中国家经济开始复苏，但直到10月，美国的失业率仍高达10.2%，为26年来历史最高；而2009年11月，欧元区失业率达到10%，创下11年来历史新高；2009年7月，日本失业率达到5.7%，为15年来历史最高[①]。经济回升如果没有带动就业增长，将会制约消费需求的增长，对未来经济复苏起到很大的抑制作用。三是各国财政赤字和公共债务规模扩大，不断放大潜在的通货膨胀风险。自2009年应对金融危机以来，欧元区以及美国等发达经济体的政府赤字都远超GDP 3%的参考“警戒线”。相关数据显示，希腊2009年政府赤字占GDP的比例超过12%，爱尔兰2009年比例约为10.75%，西班牙2009年比重也超过10%，位居欧元区赤字前三位。目前，三国赤字危机似乎有向整个欧元区蔓延之势。此外，法国2010年预算赤字将占GDP的8.2%；德国2010年预算赤字将占GDP的5.5%，2010年欧元区总体赤字可能会超过GDP的7%，欧盟27个成员国中有20国出现赤字超标问题[②]；2009日本财政赤字比重也高达9.8%。这么高的财政赤字和公共债务使得2010年扩大财政支出、减税等刺激经济增长的措施面临财力不足的硬性约束，进一步提高财政支出力度的余地很小。

由上分析，2010年，在美元修复向上阶段，大宗商品价格涨势可能会受到抑制；而伴随着美元的再次回落，大宗商品价格有望重回涨势。作为全球商品期货价格走势代表的CRB指数预计一年内将大致维持高位震荡逐步下滑走势。今后几年，仍将会在美元修复向上阶段，大宗商品价格涨势受到抑制；当美元回落时，大宗商品价格则重回涨势；经济增长前景的不明朗将对大宗商品的需求影响较大。CRB指数可能将跌至420点附近。相应的，国际油价可能从87美元/桶下跌至60美元/桶左右。

---

① http：//www. cet. com. cn/20100119/k2. html.

② http：//finance. eastmoney. com/100207，1301021. html.

三 对策建议

从世界范围看，发展仍然是当前世界的主流，特别是包括中国在内的人口众多的发展中国家，工业化、城市化进程不会停止。2007 年我国最终消费率下降为 48.8%，比世界平均消费率 77% 约低 28.2 个百分点。即使与钱纳里等的标准结构中工业化中期阶段的消费率 65% 相比，我国目前消费率也要低 16.2 个百分点。如果未来 10 年内，我国最终消费率达到 65% 的工业化中期消费标准，则意味着每年最终消费数量比现在剧增 33%，需要的各种能源资源数量极其巨大。中国亟缺的矿产资源对外依存度铬矿为 90%、锰矿为 56%、镍矿为 75%、高品位铁矿为 55%，而且还有不断上升的趋势，预计到 2020 年将分别上升 5 个百分点。我国正处于工业化中期，是矿产资源消费总量最快、消费积蓄量最大的阶段。到 2020 年实现人均 GDP 再翻两番的目标，矿产资源产量和消费总量还要再翻一番多。

因此，尽管矿产品的价格还会有所波动，对矿产品的需求增长幅度会有所变化，但是我国经济对矿产品的依赖不会变化。我们必须采取积极的策略来更加有效地应对世界资源领域形势的新变化；抓住机遇，利用现在资源价格总体下行的机会，更有力度地进行跨国并购，吸纳境外优质能源资源和基础金属矿产资源，广泛开拓资源投资渠道，为国家进行资源全球化布局打下良好基础。

（一）完善国际市场大宗商品监测预警系统

建立和完善对大宗商品市场价格监测预警系统。我国经济的持续快速增长使对能源、铁矿石、农产品等商品的进口需求急剧增加，而近两年国际商品市场价格飞涨，大部分商品价格屡创历史新高，诸多因素仍强劲支撑商品价格上行。这极大地增加了我国进口成本和国民经济运行风险，对我国工业化进程造成严重不利的影响。在僵持不下的国际铁矿石价格谈判中，我国进出口谈判话语权的尴尬处境已经引起有关各方的警觉。这反映出我们在保障大宗原材料和能源持续供应的同时，需要积极应对和有效地规避国际市场价格风险，建立和完善大宗商品价格监测预警系统，增强我国企业参与大宗商品交易的博弈能力，在相关商品的国际价格形成过程中发挥较大的影响力。有针对性地加大对重点大宗商品的进出口情况的专题分析，加强对重点市场的跟踪监测，及时反映国外市场需求的变化，及时向公众发布海关数据和监测预警信息，为企业经营决策提供信息服务，帮助企业提高应对市场变化的能力。

（二）健全国际大宗商品进口价格形成机制

鉴于市场供求关系对商品价格形成具有重要作用的特性，我国应充分发挥资源需求大国的优势，争取国际谈判中的主动权。国际市场竞争中主动权的获得，绝不仅仅是没有资源就没有发言权。世界上任何一个国家都不可能完全拥有充足的资源。例如日本不生产任何能源，石油需要100%的进口，但是日本却能利用消费大国的优势控制亚洲能源交易价格，尤其是对石油价格的参与权重比我国高得多。

我国应深入研究日本的经验，并应认真总结过去我国在国际采购中散兵游勇、分头并进、竞相抬价所造成的高进低出的教训。国家应加快建立有效的国际采购协调机制，协调好国内各大进口商的关系，形成利益共同体，以中国大客户的统一身份，通过联手采购影响和压低国际价格，以使我国获得与进口需求相匹配的国际价格的参与权重。最近，宝钢、攀钢等十余家中国钢铁企业所组成的采购联盟，与国外铁矿石供应商共同谈判，就是我国参与国际价格对话的良好开端。同时，我国还应建立“风险采购”机制。国家每年可从进口商品总量中划出一定的比例，由专门在国际市场上从事风险运作的大型国际贸易公司，通过到国际期货市场上“高抛低吸”，以及与国际垄断资本建立多角度的战略联盟等风险投机运作的方式进口商品，以规避国际投机者操纵价格的风险。相关对策建议如下。

第一，统一规划、制定和实施重要资源进口战略，并将其与国家政治、经济、外交、军事和金融等政策有机结合，以发挥进口大国优势、提高议价能力。积极鼓励生产商和贸易商之间的各种形式的联盟、合作乃至横向和纵向的合并，使得在大宗初级产品进出口中，我国作为一个整体来参与国际市场的竞价，提高谈判定价的话语权。此外，要积极拓宽贸易渠道，进行全球产业布局，并加强战略储备工作。

第二，通过制度设计和政策措施规范产业和外贸发展，健全进出口管理体系，特别是出口促进政策体系，杜绝不规范竞争，提升议价能力和出口竞争力。商会和行业协会也应充分发挥作用，引导和规范行业及外贸竞争秩序。

第三，加快产业结构调整升级，发展自有品牌，推动自主创新，构建自主性国际营销网络和售后服务体系，以优化出口商品结构、转变贸易增长方式。此外，完善产业链，使低端产品的价格损失可通过高端产品出口弥补。

第四，加快我国期货市场建设，以有效规避风险，并使我们的大买家优势真正得以发挥。建议特别关注立法体系建设，在加强监管的同时，鼓励市场创新活动和对外开放。

第五，理性应对贸易摩擦。贸易摩擦的解决，一方面可通过政府磋商，以政治途径改善外贸环境；另一方面，要鼓励企业通过自身努力规避贸易保护主义。此外，应与国外产业营造双赢的发展模式，加强与当地市场的融合。

（三）促使美元被动升值，加重国际大宗商品价格下跌趋势

影响国际大宗商品价格波动的因素可以分为经济总量因素、供求矛盾因素、金融市场投机因素、贸易情况因素等方面，在全球经济复苏前景仍不明朗的情况下，金融市场投机因素对现阶段大宗商品价格的变化有着重要的影响和作用。由于原油等国际大宗商品均以美元计价，全球经济体系中流通的美元数量对大宗商品价格波动有着很大影响。

提高美国国债的减持规模，可以回笼增持美元，减少参与金融投机的美元流动性，降低美元供给，促使美元被动升值，拉升美元指数。而美元指数与大宗商品价格之间存在明显的负相关，即此消彼长的关系。也就是说，当美元处于连续贬值区间时，国际大宗商品价格不断上涨，连续突破历史新高；而当美元处于明显升值区间时，国际大宗商品价格在触及历史高点后大幅回落，暴跌不止。例如，从 2005 年 1 月到 2008 年 7 月，美元处于明显的贬值区间，在这期间内，原油、黄金、铜、粮食等主要国际大宗商品价格连续飙升创出历史新高，如纽约原油价格一度上涨至 147.25 美元/桶。而 2008 年 8 月至 2009 年 3 月，美元强势反弹，对应的国际大宗商品价格则出现了历史上最剧烈的暴跌走势，如原油从每桶 130 美元暴跌至 33.2 美元，跌幅达到令人吃惊的 74%。

当前，我国粗放式经济增长方式仍未得到有效改变，科技对经济增长的贡献率尚未明显提升。在这种情况下，可以说国际大宗商品资源能源的价格波动对我国保持经济平稳较快增长和增进国民福利水平有着极为重大的影响。由于目前国际大宗商品均以美元计价，提高美国国债的减持规模就意味着美元被动升值，从而将导致原油、黄金、铜、粮食等国际大宗商品价格下跌，为中国经济较快增长和低价购买各种急需的国际能源资源创

造出大约3～5年的黄金缓冲期，这也是中国在大国崛起过程中面临的千载难逢的历史机遇。

（四）建立国际大宗商品进出口的稳定渠道

随着金融泡沫的破灭，全球矿业企业将面临新一轮的行业大洗牌。面对新的经济环境，行业内的整合和重组给优质矿产资源储备不足而外汇储备相当丰富的中国，以及致力于矿产资源开发的国有资源型企业集团带来千载难逢的机遇。我们应抓住机遇，在全球经济低迷的时期，大胆出击，利用资本市场这一重要平台，通过重组和并购等手段积极推进中国矿业企业的国际化进程。通过较低的成本，从长远眼光打造中国的矿产资源安全。具体建议如下。

1. 建立国家开发海外矿产资源的战略支持机制

20世纪90年代，由于国产矿石满足不了需求，国家提出了要利用国内外两种资源；但当时只是买国外的铁矿石，并没有考虑掌控矿石资源，缺乏战略考虑。而日本政府为了保证铁矿石等重要资源的稳定供应，通过出资或提供融资等方式支援企业到海外开发矿藏及获取权益，资助金额高达1万亿日元。因此中国政府有必要考虑建立开发海外矿产资源的战略支持机制。

2. 设立海外能源资源开发基金

国家拿出部分美元，择优选拔10～20家有资源背景的中央企业，给每家央企注入美元资金，作为企业的专项资金，专门用于海外资源能源领域的勘探、开发、建设、生产和管理；长远看这种投资远比美国国债收益大。

3. 建立矿产资源储备制度

建议国家有关部门研究考虑，将国家部分外汇储备转变成矿产资源储备，特别要加强对外依存度较高的铬矿、锰矿、镍矿以及高品位铁矿的矿产资源储备。这可通过有实力的矿产资源开发为主业的中央企业来实现，这种储备应列入国家矿产资源储备规划。

4. 大幅增加相关企业注册资本金

建议大幅度增加已经实质性拥有海外矿产资源的中央企业的国家注册资本金，使其有能力抓住当前金融危机造成矿产资源价格下滑的机会，低价并购海外矿产资源企业或兼并优质矿产资源项目。

5. 建立基金与大型国企战略联盟

建议中投、中非基金及其他主权基金和中央企业建立战略联盟，加强具体项目合作，通过中央企业加大对境外资源能源领域的投资力度。建议国家开发银行等政策性银行适当降息或贴息，并考虑提供一定额度的软贷款，鼓励有实力有条件的中央企业进行海外资源能源投资，最大可能地获取更多的战略资源储备。

6. 在政策上着力打造大型跨国矿产资源企业

中国经济发展对外矿产资源依存度越来越高，至今还没有一家中国企业能够与必合必拓、力拓、淡水河谷等国际矿业巨头同台竞争。因此，国家应该鼓励有条件、有实力、有经验、有信誉的中央企业在国际矿产资源领域加快发展，通过国家的政策支持和资金扶持，打造中国的世界级的矿产资源型企业集团公司。

（五）调整高档消费品进口管理满足国内需求

2009以来，国际金融危机不断发展，世界经济增速明显放缓，按照党中央、国务院扩大内需的战略方针，开拓国内市场、扩大消费需求的任务更加繁重和紧迫。应当继续充分利用“两个市场两种资源”的作用，积极发挥进口保障国内市场的功能，根据国内外形势变化，增加国内需求大、市场供应偏紧、对外依存度高的生活必需品、日用品及部分轿车、名牌家电、服饰、工艺品高档消费品进口，满足不同群体、不同层次的多样性消费需求。

（六）加强对国内外大宗商品期货市场的研究

期货市场是现货市场发展的最高阶段，期货市场对价格的发现作用起了关键的作用。一个国家发达的现货市场只有和发达的期货市场（表现在上市种类齐全且不断创新、信誉高、市场监督独立规范、能吸引该商品的全球交易者）相结合，才有可能获得相应的国际定价权。

中国今天已成为仅次于美国的全球第二大商品期货市场，与此同时，中国商品期货市场与国际市场的价格联动也在加强。由于大宗商品定价权基本为国外市场所掌控，国外的风吹草动不可避免地会影响国内期货市场的价格稳定。加强国际大宗商品期货市场的研究，保持国际监管的合作与协调，有助于监控国外短期投机资本在国内商品期货市场的异常进出，以保持国内金融期货市场的健康运行。

当前，中国期货市场应当从以下几个方面加强研究：一是如何提高我国期货市场的创新能力，不断开发有广大潜在套期保值需求的新合约，包括石油、大米、钢铁、塑料、黄金和煤炭等品种。二是我国期货公司加速发展问题。一方面立法机关应意识到目前已有许多期货私募基金，不少期货公司也参与其中，法律对期货公司的限制其实已失去效用。允许期货公司自营，合法化后反而利于监管；另一方面期货公司也应加强自身监控，杜绝发生类似卷走客户保证金事件的发生。三是如何有序地开放期货市场，以有效控制市场风险。和相对独立的证券市场不同，大宗商品期货市场所交易的商品在全球各地都有生产者、消费者，发达的国际贸易已将各地大宗商品联系到一起，期货市场提供的是全球总量信息，因而要求比股票市场更高的开放程度。可行的方式是选择性地打开双向流通渠道，允许一些资质好、风险控制能力强的国内期货公司代理外盘交易，也允许信誉高的国外投资资金进入国内期货市场。四是如何加快鼓励机构投资者发展，尤其是鼓励专业从事大宗初级产品的国际期货基金发展问题。

参考文献

[1] 张小瑜：《国际大宗商品市场发展趋势及中国的应对》，《国际贸易》2010 年第 5 期。

[2] 蔡纯：《本次经济危机主要大宗商品期货价格波动性研究》，《金融理论与实践》2010 年第 2 期。

[3] 陈玉财、李姝：《我国大宗商品定价权的现实思考与策略选择》，《价格理论与实践》2009 年第 4 期。

[4] 卢锋、李远芳、刘鎏：《国际商品价格波动与中国因素——我国开放经济成长面临新问题》，《金融研究》2009 年第 10 期。

[5] 常清、赵晓辉：《金融危机与大宗商品价格走势》，《价格理论与实践》2008 年第 10 期。

[6] 董方军、王军：《大宗商品国际定价权缺失的原因及对策》，《中国经贸导刊》2008 年第 4 期。

[7] Bidarkota, P., Crucinim J., Commodity Prices and the Terms of Trade, *Review of International Economics*, 2000, 8, pp. 647 – 666.

[8] Fung, H., Leungw K., Information Flows Between the U. S. and China Commodity Futures Trading, *Review of Quantitative Finance and Accounting*, 2003, 21, pp. 267 – 285.

交通运输价格研究热点追踪

李文兴* 郝 艺

内容摘要 近年来随着我国国民经济和交通运输业的蓬勃发展，在交通运输价格领域涌现出很多热点问题。本文分别对铁路、公路、民航、水运以及城市公共交通等不同运输市场的价格热点进行了梳理和总结，主要涉及运价水平制定、运价结构调整、运价管理制度及政策等内容。

关键词 交通运输价格 运价形成机制 运价结构 规制

交通运输价格，指交通运输劳务的销售价格，是运输劳务价值的货币表现。交通运输行业是国民经济的基础产业，交通运输价格是国民经济价格体系的一个重要组成部分。作为调节运输资源的杠杆，运价对交通运输行业的发展以及整个国民经济的运行，发挥着重要的影响和作用。近年来，我国学术界对于交通运输价格的研究逐渐增多，研究的深度和广度得到极大的拓展。由于铁路、公路、民航、水运以及城市公共交通等不同运输方式具有不同的技术经济特性，各自面临着不同的市场环境和发展条件，因此形成了不同的研究热点。

一 铁路运输价格研究热点

铁路运输业存在一定的自然垄断性质。由于历史原因，我国铁路长期

* 李文兴，北京交通大学中国交通运输价格研究中心主任，教授，博士研究生导师。研究方向为运价理论与运价政策。郝艺，北京交通大学经济管理学院硕士研究生，研究方向为产业价格与理论。

承担了大量政策性的运输任务，铁路运输价格始终受到政府的严格管制。近年来，随着民航、公路等其他运输方式运价的市场化改革，铁路运输受到了严重冲击。出于市场竞争的压力，铁路运输价格体制的改革逐步展开。

目前，我国铁路运价初步形成了在统一运价基础上的多元化格局。从运价水平上看，经过多次运价调整，我国客运、货运票价率都有很大提高。另外，通过征收铁路建设基金和实施“新路新价”等政策，我国运价水平得到一定的提高。从运价结构上看，我国在客运领域推出优质优价、阶段运价以及浮动票价等措施，在货运方面多次调整货物运价号设置、运价品名分类目录以及分类运输水平，改善了不同运输方式服务间的比价关系。另外，我国铁路运价管理体制的灵活性增加，如合资企业可采取不同定价机制，股份制铁路运输企业实行地方定价等；运价管理的科学化和规范化也得到增强，《中华人民共和国价格法》明确了铁路运价的形成机制；《中华人民共和国铁路法》则明确了铁路运价的分级管理职责，这两部法律是铁路运输价格管理的基本法律依据。

铁路运价的市场化改革虽然取得了一定的成绩，但是目前仍存在诸多问题，制约了铁路运输的发展和市场竞争。对此，侯文赞（2009）、邓瑞龙（2009）、郑翔（2008）、欧国立（2006）、李传翔（2005）等大量的学者进行了深入的研究，指出当前我国铁路运价存在的问题并提出了众多的改革建议。其中，武建红、马明通过对美国、欧洲以及俄罗斯等铁路运价同中国铁路的比较，明确指出，我国铁路与国际铁路运价水平相比，仍处于较低的水平；而我国铁路货物品类比价的最高运价和最低运价之间的差距远低于世界平均水平，运价结构存在很大的调整空间；我国的铁路运价管理采用完全管制的方法，仍比较严格。武剑红建议，我国铁路运价管理应突破统一框架，根据不同货物对铁路运输的依存程度实行分类价格管理；在客运方面，尝试试行区域运价，适应不同地区不同消费群体的支付能力差异。同时，需要建立相应的信息系统为铁路运价改革提供坚实的技术基础[①]，比如“铁路分类成本和运价的统计分析和计算系统”、“铁路运输市场竞争情况分析系统”等等。

① 武剑红、马明、吴晓明：《从国际比较探讨中国铁路运价改革的方向》，2008 中国交通运输价格高层论坛。

王培良指出[①]，我国铁路运价的构成不能反映成本，造成运价的失真。目前的铁路成本没有真实反映铁路运输生产的实际消耗，只核算成本项目总额，不确认支出的实际去向，无法进行分线和分车次成本核算。因此他认为铁路客运价格应该在政府指导价为主的状态下，按照车型、座别、速度等多种因素推出更加灵活的多级票价。

王勇认为，我国现行铁路运价形成机制缺乏市场适应性，主要体现为两点：一是国家调价周期长，缺乏机动性，使得铁路运输在同其他运输方式的竞争中处于被动挨打局面，市场份额下降；二是全国统一运价，难以充分体现各铁路运输企业之间的成本差异，造成不同地区运输企业间的不公平。在此基础上，王勇提出应尽快完善我国铁路运价制定的法律法规，对铁路运价制定的程序和权限提出具体意见，并针对国有铁路、专业铁路运输公司以及合作铁路等不同属性的铁路设计了具体运价制定办法[②]。另外，程谦、牛惠民根据经济学的需求弹性理论，提出了运输价格调整过程中调价方向、调价幅度的确定方法，并给出了具体算例。邓瑞龙、路红英等根据网格技术以及目前铁路货运信息系统结构的研究，设计出了基于网格的铁路运价测算的实现方法。戴玲玲针对我国铁路运输成本核算中存在的统计资料不细致、核算范围界定不清楚不合理性等问题，提出要完善铁路运价机制，“应加强铁路运输成本的评估工作，在准确测定铁路运营成本的基础上，确定铁路部门合理的利润率，为指导性运价浮动范围的制定和调整提供科学依据。”[③]

高速铁路作为铁路运输新产品，其运输组织、成本构成和旅客结构与传统铁路存在很大的差异，如何合理确定高速铁路的运价在业界和学术界都存在很大的争议。由于高速铁路投资规模巨大，固定成本在线路运输成本中所占比例较高，而其运输量又处于培育时期，虽快速增长却又极不稳定，所以很难通过实际运量测算运输成本进而核定运价。目前我国学术界对于高速铁路运价的制定，也进行了较多的探索和研究，但尚无统一结论。郝艺（2010）利用效能价格比模型，将高速铁路与高速公路、民航的效能价格进行的比较，提出在综合考量运输方式竞争互补关系的背景下如何对高速铁路进行合理定价。杨洋（2008）在借鉴国外高铁运价机制的基

① 王培良：《改革 30 年我国交通运输价格改革及其发展趋势》，《综合运输》2008 年第 12 期。

② 王勇：《铁路运输价格制定方法研究》，北京交通大学硕士学位论文，2008。

③ 戴玲玲：《铁路运输价格水平研究》，2008 中国交通运输价格高层论坛。

础上，分析了影响高铁客运专线票价的影响因素，提出了比较完备的客运专线票价决定策略体系。张超（2008）基于消费者异质性，阐释了如何利用非线性定价理论对城际客运专线进行定价。生璇（2007）基于LOGIT模型对我国客运专线的票价制定进行了实证分析。段建强（2007）利用系统动力学方法建立了石太高铁的运价测算模型。刘晓佳和李友好（2006）将有效性原理应用到京沪高铁的票价制定中。翟强（2004）在对我国铁路客运专线所面临的市场竞争环境进行深入分析的基础上提出客运专线的发展战略。王彤（2000）、刘万明（2001）、任民（2001）、李传翔（2003）、郭雪（2003）以及唐科（2008）、杨伟风和张志军（2009）等都先后利用不同算法，对多运输方式竞争条件下的高速铁路的票价制定问题提出建议。

此外，铁路运输价格的价格听证制度引起了学者的关注。1998年施行的《价格法》把听证制度引入价格决策过程之中。2001年8月生效的《政府价格决策听证暂行办法》弥补了价格听证程序操作上的缺陷，它不仅确立了贯穿价格听证程序的公开、公正、客观原则，而且对听证会代表的构成、听证的组织、听证的具体程序以及法律责任均作了详尽的规定。2001年11月，国家计委公布了《国家计委价格听证目录》，将铁路、民航客运价格列入其中。

在交通运输价格决策中引入价格听证制度，可以使运价决策更加科学有效。价格听证会中暴露出的问题及其解决，将推动交通运输价格决策朝着科学化、民主化、法制化的方向进一步发展。但目前我国价格听证的实践存在听证会代表产生的办法不规范以及最终方案的形成不透明、不科学的问题。因此，应尽快建立健全运输行业的价格听证制度。在重大的运输价格政策出台前，应由物价部门、交通主管部门组织运输单位、社会各界代表就运输价格进行商讨，听取各方意见，并对新运价政策展开探讨。建立健全的运输行业价格听证制度能够维护运输经营者和旅客等多方面的利益，加强社会、群众、经营者对执法单位的监督，使运输价格做到合情合理，真正被社会接受①。

二　公路运输价格研究热点

我国公路运价机制的市场化改革进行较早，指令性价格在运价改

① 王培良：《我国交通运输行业价格走势分析》，《综合运输》2006年第11期。

革进程中逐渐减少，市场形成价格已经成为普遍方式。目前我国公路旅客运输市场的经营主体已呈现多元化趋势，类似于完全竞争市场格局，市场竞争激烈，价格形式多样。在价格策略上，公路运输凭借本身所具有的“门到门”的便捷、灵活等特点，在中、短途客运市场上占据着较大份额。当前我国公路旅客运输的费率集中分布在0.15～0.5元/（人·公里）之间。

2009年9月修订完毕并正式实施的《汽车运价规则》和《道路运输价格管理规定》，以市场决定价格为改革目标，给予道路运输企业更多的自主权。如在客运运价组成中，取消了以基本运价为基础、各类客运车辆加成定价的计算方法，代之以运输成本、合理利润和税金组成的客运运价构成；对农村道路客运实行低票价政策，执行与城市公共交通相同的相关税费优惠和政府补贴；明确了运价与成品油价格联动机制条款，与国家燃油税费改革政策接轨等。

相对于铁路运价，公路运价形成机制较为成熟。目前对公路运价的研究热点主要集中在以下几个方面：一是在铁路不断提速和高速铁路快速修建的背景下，公路运输价格遭受严重冲击，道路运输价格亟须进一步完善以增强市场竞争力；二是在道路运输市场内部，运行秩序混乱，恶性竞争等行为严重破坏了公路运价的公平性、公正性，亟须相应的法律规范和行业管理，确保道路运输价格能够正常发挥对道路资源的调节作用。

近年来，我国铁路运输先后经历了几次大提速，同时客运专线、城际轨道的开通，使得同一运输通道内存在多种高速交通方式可供出行者选择，道路运输市场原有客流量被分流。事实表明，高速铁路凭借速度和价格优势，吸引了大量的道路客运高端客户群体。比如福厦高铁尚未开通，其公布的票价已经对福州至厦门的客运产生了影响，客运企业已经着手采取减少客车班次和降低客运票价的措施来应对高铁对客源的分流。面对强劲的竞争，道路运输企业通过调整车型、优化班次、提升便利性等多种措施积极应对，但票价是最有力的竞争手段。徐丽明以辽宁的道路运输和铁路运输价格的相关数据为基础进行分析，指出“按照当前道路客运价格政策，即使采取公铁并行线路在同类型客车运价的基础上减成30%的最低运价，公路客运的票价仍高于同等运行时间的火车票价1～2倍”。因此，在公铁竞争中，为了道路与客运业的持续发展，客运企业迫切需要强有力的政策支持。徐丽明建议“保留政府指导价的上限，取消最低减成30%的下限，在政府指导价的最高限价以内由企业决定票价，报政府备案并公示”[①]。

任乐指出，道路客运市场普遍存在运力大于运量的矛盾，经营业主相互降价竞争以吸引客源，导致公路客运价格普遍执行不到位。高中级客车的单位运价高，降价幅度大；普通客车的单位运价低，降价幅度相对较小，这样使得高、中、普通级客车的实际票价差价不大[②]。而在道路货运市场上，在过度竞争中相互杀价、压价和货车超载超限现象形成恶性循环，严重影响了道路货运业的健康持续发展[③]。此外，由于相关规范制度的不健全，道路运输领域存在各种形式的价格欺诈、牟取暴利的行为；一些不法的运输经营者利用不正当的价格行为手段，侵害其他经营者和消费者的合法权益等。李晓峰认为[④]，造成这种现象的原因在于缺乏必要的公路客运价格监测和信息系统，政府不能够根据市场情况，随时调整指导价格并对不合理价格进行及时管理。

针对道路运输市场秩序的混乱以及由此产生的不良影响，很多学者提出了诸多建议。任乐认为，当务之急是加快推进公路运输价格的法规建设。他指出“道路运输价格管理规定的相关内容应包括：适用范围、价格形式、管理权限、运价行为规范、法律责任等。同时，应规范、界定涉及运价主体违规的各种行为。规范政府相关定价行为的内容包括按照价值规律、公正报酬确定价格、反垄断、价格决策听证制度等。此外，应制定必要的、配套的、可操作的运价规则和措施，包括不正当价格行为的认定、具体罚款数量等”。吕东昌提出应建立道路货运市场指导价，由运输经营者和货主在指导价基础上进行议价交易，上不封顶下有保底，并以陕西省道路货运状况为背景，论证了实行货运市场指导价管理的必要性和利弊优劣。

此外，很多学者对建立燃油运价联动机制做了大量研究工作。燃料在运输成本构成中占有约30%的比重，近年来随着国际市场石油价格的持续上涨，国内成品油价格多次上调，对道路运输行业造成较大的冲击。目前公路运输价格与成品油价格联动机制已经在全国各省区陆续建立，但在实际工作中，仍存在一定的不平衡性。如福建、辽宁等省的燃油附加费征收

---

① 徐丽明：《关于公路运价问题的思考》，2008 中国交通运输价格高层论坛论文集。

② 任乐：《公路客运交通价格的制定与管理》，《价格理论与实践》2007 年第 5 期。

③ 吕东昌、高红：《试论建立道路货物运输价格新机制——试行道路货运市场指导价》，2008 中国交通运输价格高层论坛论文集。

④ 李晓峰：《道路货运市场运输价格水平研究》，《交通科技与经济》2008 年第 12 期。

额度是依据国家成品油价格变动幅度及时调整的，而山东、江西等省在燃油价格涨幅累计10%以内不联动，这种联动工作的不平衡，造成跨省公路企业在运营过程中存在往返程运价差距较大。因此，国家应出台相应的规章文件，明确价格联动机制的审批权限、管理模式、测算标准等重要内容，在国家层面提出全面协调的要求；各省区应因地制宜完善价格联动机制的配套设施，各级交通部门要维护正常的市场秩序，各级物价部门加强对成品油供应、价格情况的监督检查，各级运输管理机构规范收费等①。

建立道路运价监测和信息网络是公路运价体制改革中的另一个呼声。黄静兰（2005）、曾天文（2006）、杨帅华（2006）、李玉良（2006）和贾弋（2007）等都曾对此进行过有益的探索。运价相关部门应借助于现代化的计算机和网络信息技术，建立灵活发达的运价信息系统，价格主管部门、交通主管部门能够通过发布道路运价水平及运价变化情况的信息，实行宏观调控。建立现代化的交通运输市场价格监测网络，及时全面了解运价的市场情况，及时掌握各种因素对运价市场的影响，为建立合理有效的运价形成机制提供正确的原则和比较完备的依据。

三　民航运输价格研究热点

我国现行民航运输价格管理，主要是依据2004年开始实施的《民航国内航空运输价格改革方案》，实行的是在政府指导价基准上，企业自主有限浮动的国内航空运输价格机制，其中的政府指导基准价是民航总局根据各航空公司上报的成本数据进行加权平均所得。具体规定如下：“国内航空旅客运输，将以现行航空运输企业在境内销售执行的国内各航线票价水平（不含燃油加价）作为基准价，允许航空运输企业在上浮幅度不超过基准价的25%、下浮幅度不超过基准价的45%的范围内，自行制定具体票价种类、水平、适用条件，提前报民航总局、国家发展改革委备案，并向社会公布后执行。

在日趋激烈的客运市场竞争中，民航运输企业面临着来自高速铁路、高速公路以及民航运输公司之间等多方面竞争的压力。在此背景下，如何科学选择价格策略，制定有竞争力的价格水平，同时实现运输成本的降低

① 梁峰：《公路客运价格与成品油价格联动机制研究》，2008中国交通运输价格高层论坛论文集。

是各大航空公司需要解决的重要问题。另一方面，民航运输的发展离不开政府对民航价格的管理和指导，因此有关民航价格规制的绩效评价及改革方向也引起学术界的广泛关注。

在民航运价策略的选择和制定方面，闵宗淘和杨秀云（2003）、孙华成和周蓓（2004）、陈立（2008）、王利和郝宇欣（2008）等学者都做过相关的研究。其中，陈林通过构建经济数学模型，指导航空公司如何制定多等级票价体系，对制定多等级票价体系的误区和前提条件进行了初步分析。他指出只有在政府对航空运价放松管制的前提下，航空公司才有可能根据市场中旅客和竞争对手的状况，制定和调整不同舱位等级的票价；而为了有效实施多等机票集体体系，航空公司应具备配套的硬件设施，如：订座系统、离港系统和结算系统，决策支持系统以及监督和控制系统①。邹丹在分析了航空运输市场的需求价格弹性基础上，探讨了细分市场实施差别价格策略的合理性和可行性；借鉴美国航空业的经验，许多和苗亚斌指出航空运输具体定价策略可以实行空运服务的差异化、购买限制的差异化和价格体系的差异化等，而这些价格策略的实施是以价格形成机制更加市场化为前提的。

随着经济环境的不断变化，尤其是金融危机以后，我国民航业在供给增加的情况下，需求持续疲软，经营形势艰难。各大航空公司之间的打折战日趋激烈，但是航油费、机建费等航空运输成本的居高不下使得航空公司的利润空间被挤压，生存压力巨大。航油费用一般占到国内航空公司运营总成本的25% ~30%，但是中国航油受到民航总局的严格管制，中航油是中国民航系统的独家航油进口商。航油供应的垄断体制使得我国国内航油价格与国际市场油价并不完全接轨，航空公司难以转嫁油价成本，我国航油价格高出国际市场50% ~100%。此外，在航空运输产业中处于垄断的上游优势地位的机场，对航空公司征收机场建设费拥有更大的议价能力，加剧了航空公司的负担。另外，飞机日利用率低，客座率低及管理成本过高是中国航空公司普遍存在的现象。倪晓蕾②提出通过打破航油航材的垄断供应和提高航空公司内部运营效率来降低民航运输成本。她建议建立航油财团联合批量采购、储存和销售模式，引入竞争机制，降低航油价格；同时利用互换、远期和期权等套期保值方法锁定航油成本。航空公司

① 陈林：《航空公司多等级票价体系研究》，2008 中国交通运输价格高层论坛论文集。

② 倪晓蕾：《我国民航票价的现状、成因及对策分析》，《经营管理者》2009 年第 10 期。

可以采用单一机型减少维护和维系成本，降低飞行人员、维修人员的培训成本，建立严格的合约制度等，以建立起高效的运营体系。

民航业的自然垄断产业特性和寡头垄断市场的市场结构特征，以及关系到国民生计与国家安全的重要作用，使得民航客运价格必然受到不同程度的政府规制。作为政府调控和管理价格的基本手段，价格规制体系直接影响着航空运输各参与方的利益关系，并影响整个航空运输产业的发展。周蓓指出目前我国民航客运价格规制制度存在的问题有：①定价机制不合理，缺乏科学依据；②价格规制方法单一，价格调控功能未能有效发挥；③价格规制存在规制俘获风险；④价格规制管理制度设计不完善。他主张使航空运输企业成为定价主体，建立激励性而非约束性的客运价格规制制度，完善政府对民航市场秩序和航空运输企业价格行为的规制体系。具体包括以下几个方面：①激励性规制合同设计。可以考虑针对不同航空企业分别签署规制合同，即企业申报成本最低者将完全获得信息租金的制度设计，这一制度安排将有效引导企业真实申报成本并积极改进服务效率。②强化政府价格规制承诺能力，形成一个比较确定的市场判断预期，从而促使企业做出理性经营决策。③逐步建立以价格上限为主的规制模式。价格上限规制模式与前述激励性规制合同的结合，将促使企业不断降低经营成本，提高企业利润水平，从而推动全行业的经营效率提升①。晏曦基于运输市场价格监管的作用机理，提出构建形成我国民航运输业客运价格监管的三位一体机制，包括政府部门的制度监管、民航运输企业的住址监管和消费者的民主监管，三者共同形成民航客运价格综合监管平台体系②。

除了上述研究，关于民航价格与其他运输方式价格的比价关系也有一些初步的探索。比如李晓津等③对国内民航票价与铁路票价之间的关系进行了深入研究。国际经验表明，经济越发达，民航国内票价与铁路票价总体上越接近。他对我国国内民航铁路票价的现状进行了分析，得出中国民航业与中国铁路之间的竞争关系日趋显著，两者之间的可替代性增强。面对中国民航存在的“低价不够低，高价不够高”的窘境，李晓津认为，“我国政府应该在发展铁路业尤其是高速铁路的同时，兼顾民航发展现状

① 周蓓：《我国民航客运价格规制的绩效评价与改革思路探讨》，《特区经济》2010 年第 1 期。

② 晏曦：《构建民航客运价格监管的三位一体机制》，2008 中国交通运输价格高层论坛论文集。

③ 李晓津、赵树龙：《中国民航票价与铁路票价的关系研究》，人民网。

增加对民航的政府投入，并促进运输体系内价格的协调和管控能力，形成有利于中国民航业可持续发展的成长环境”。

四　水路运输价格热点研究

我国水路运输价格的管理模式随着市场经济的发展以及经济全球化的进程逐步改变，目前我国建立的是以市场调节为主、政府监管为辅的价格机制，除涉及军事、救灾应急等重点物资的运输实行政府定价外，其他水运价格全面放开，水路运输市场处于类似完全竞争的局面。

我国水运市场开放较早，与此相比，水运市场法律法规建设相对滞后，造成水运市场管理方面存在很多漏洞和欠缺，尤其是在涉及国际航运的业务中，规范性的缺失一定程度上制约了我国航运企业的发展①。由于缺乏相应的调控措施，在部分地区出现市场价格混乱现象，船舶超载严重，不仅影响了水上运输的安全性，也不利于水路运输的长远健康发展。另外，水运市场退出机制的不健全，导致一些船运公司为争抢货源，不惜采取杀价竞争手段，造成水运价格下跌、企业经营亏损，严重扰乱了市场价格秩序。

在水运价格管理的改革方向和内容方面，徐萍指出，我国水运管理体制的改革将在内外因素共同作用下不断深入，其中费改税政策的实施势在必行，届时价格管理将以市场机制为主；另外，在全球化日益广泛和深入的过程中，我国水运价格及管理将呈现国际化趋势，在节能环保的要求逐渐高涨的背景中，国际航运将承担更多的排放费用②。国家发改委价格司的相关研究认为，今后我国水运价格管理的力度将会增强，政府将综合运用经济、技术、法律和必要的行政手段加强管理调控，比如优化船舶市场准入和退出制度以及建立船舶更新改造专项补贴基金等。同时水运发展相关的法律法规将进一步完善，促进统一开放、竞争有序的水运市场形成，提高我国水运业的国际竞争力及其在综合运输体系中的地位与作用。

随着物流业的迅猛发展，交通运输业作为物流服务的核心环节，物流服务理念在交通运输货物服务领域尤其是水运和港口领域得以广泛的渗

① 张冬生：《水路运输价格情况调查与分析——垄断行业价格管理探索之六》，《价格理论与实践》2004 年第 10 期。

② 徐萍：《我国水路运输价格管理概况》，2008 中国交通运输价格高层论坛论文集。

透。港口物流企业的价格竞争以及由此引发的价格规制问题引发一些学者的讨论。国际贸易蓬勃发展带动国际物流规模飞速增长，地方政府纷纷加大港口投资力度，港口竞争增强，特别是2005年实行港口内贸装卸价格市场定价后，港口物流企业对交叉腹地的货源竞争激烈，在局部地区出现了严重的过度价格竞争，装卸费率严重偏低不但导致企业效益下降，也影响了港口的可持续发展。李南①指出，造成这种局面的经济原因在于：港口企业拥有巨大的固定成本和很低的边际成本，增加运量是降低平均成本的最直接的途径；另外，投资主体的软约束和港口的地域经济特性使得港口市场进入相对容易，而大量沉没成本的存在和资产专用性较强的特征使市场缺乏对存量自由调整的能力，强化了市场结构的刚性。

相关研究表明，港口企业形成物流联盟后不仅能提高价格，更能增加利润，港口间独自决策的效率步入通过协商合作后的联盟体的效率更高②。因此港口物流企业可以通过信息互通和严格的契约联盟来保证成员共同利益，实现帕累托改善；同时走差异化发展道路，通过提高装卸效率、提高集疏运条件等非价格因素来塑造自身核心竞争力。针对港口物流联盟建立后可能形成的区域垄断，需要政府规制政策的跟进。李南建议政府应制定相应的规范，由规制机构酌情确定严格的价格上限，对费率构成进行约束等。赵秋玉③认为，航运业的放松管制与新的制度供给需要并行推进，以保证竞争的公平性和合理性。运价报备制度需要在适当的范围和区域内加强推广，作为市场经济条件下对运价宏观调控和适度干预的手段，运价报备可以维护传动和货主的合法权益。另外，水运价格指数的编制与发布，应更加公开和透明，应作为实施宏观调控的依据和载体。

五　城市公共交通价格研究热点

随着国民经济的发展和城市化进程的加快，包括公共汽车、轨道交通等在内的城市公共交通，在城市发展和经济运行中发挥着越来越重要的作用。城市交通价格形成及管制、城市交通价格补贴及投融资模式，以及不

① 李南：《港口物流企业过度价格竞争的状态解析与规制取向》，2008中国交通运输价格高层论坛论文集。

② 封学军、严以新：《港口物流企业在价格战中的策略选择》，《交通运输工程学报》2005年第2期。

③ 赵秋玉、许源：《我国水运定价的放松规制与市场化》，《综合运输》2004年第11期。

同城市交通方式之间的票价比价博弈等问题日渐成为学术界的研究热点。

目前我国城市轨道交通的规划、建设、投资、运营、开发等已进入一个快速发展期，社会资本通过 BOT、BT、TOT 等 PPP（Public-Private Partnership）模式进入城市轨道交通的各个业务环节。与此同时，城市轨道交通的价格受到政府严格管制，城市轨道交通主管部门分别从价格水平与结构、财政补贴、票制、票种、运营商等各个方面进行了严格管制。目前，轨道交通票价存在以下问题：一是票价调整机制缺乏可预见性，在时间点的选择、票价调整的幅度、票价调整与客流数量变化上缺乏理性的预测；二是价格体系不够合理，导致经营行为的扭曲后不必要的城市财政负担①。

城市轨道交通具有明显的网络经济性②，同时它还具有准公共物品性和可经营性、可销售性等特征，这就决定了价格管制对运营成本的依赖性和财政补贴的必要性，决定了政府管制城市轨道交通价格的必要性③。李红昌主张，城市轨道交通价格管制模式应采取一种综合性的管制模式，既要体现成本补偿导向，又要体现市场激励特征。具体来讲，“就是尊重历史发生的综合成本，对特定生产要素采用价格上限，适度引入标准成本比较法，把不同城市或不同运营商的经营成本进行对比，综合考虑财政补贴、电力成本、工资成本、折旧成本、运量、标准成本等因素”。

近年来，全国各大城市加大了财政投入，大力推行和倡导“公交优先”战略，发展轨道交通和快速公交。那么如何建立科学合理的后补偿机制，促进运营企业加强管理降低成本的积极性，提高补贴效率，是城市交通尤其是轨道交通亟待研究解决的问题④。王灏提出采用 PPP 模式⑤，并按照政府补偿的不同时期和阶段划分为前补偿模式和后补偿模式。“前补偿模式即在建设阶段对地铁进行补偿，建设运营后的风险由企业承担；后补偿模式则是在运营阶段建立科学合理的运营补偿制度，保证项目的良好运

---

① 王梅琳：《北京市轨道交通票价调整初探》，2008 中国交通运输价格高层论坛论文集。

② 荣朝和：《关于运输业规模经济和范围经济问题的探讨》，《中国铁道科学》2001 年第 4 期。

③ 李红昌、荣朝和：《城市轨道交通特性及价格管制模式研究》，《铁道运输与经济》2009 年第 1 期。

④ 郝记秀、周伟、黄浩丰等：《城市公共交通财政补贴测算模型研究》，《交通运输系统工程与信息》2009 年第 2 期。

⑤ 王灏：《城市轨道交通投融资问题研究：政府民间合作（PPP）模式的创新与实践》，中国金融出版社，2006。

转。”毛保华、四兵锋[①]等人则指出，我国一个城市往往只有一个运营商，难以建立有效的竞争机制，且运营成本难以确定，限制了后补偿模式的运作。

对于城市轨道交通而言，如何有效分离政策性亏损和经营性亏损是提高补贴效率的关键。常见的做法是对地铁线路运营核定合理成本，在此基础上加上企业合理利润，形成合理收入，以此确定基准票价和基准客流，这样可以直接将政策性亏损核定出来。如果当年企业实际的票价和客流低于基准，则政府给予补贴，反之则企业上缴。这种方法看似简单易行，但实际上被规制企业拥有比规制者更多的信息，并且存在谎报信息的行为[②]。对于城市公交企业的补贴，也存在补贴依据不明确而导致补贴金额难以计算的问题，另外补贴后考核困难、补贴受到地域性限制也制约了公交补贴的效果。

田振清通过对西方发达国家公用事业规制经验的分析，提出了基于价格上限模型的菜单式补贴方法，该方法对地铁企业建立一定的激励机制，同时降低了财政补贴额度，改善了经营效率[③]。对于公交补贴，很多学者如吴小莉（2007）、张韬（2008）、姚本轮和柏海舰（2008）、张奎福（2008）等提议建立公交运营成本监测体系，合理界定补贴标准，完善考核制度；同时增加政策、规划等方面的支持，通过非金钱补贴改善公交企业运营环境，鼓励公交企业通过改善自身服务质量来提升市场竞争力。比如政府负责交通路网规划，由各交通企业提出自己的运营计划竞标，采取“最低补贴法”把路线经营权优先给予能够达到服务质量标准、补贴少的企业。

参考文献

[1] 武剑红、马明、吴晓明：《从国际比较探讨中国铁路运价改革的方向》，2008 中国交通运输价格高层论坛。

① 毛保华、四兵锋、刘智丽：《城市轨道交通网络管理及收入分配理论与方法》，科学出版社，2007。

② 北京交通大学课题组：《北京城市轨道交通网络化运营管理模式研究》，2008。

③ 田振清：《城市轨道交通运营部贴膜时及参数研究》，《交通运输系统工程与信息》2010 年 2 月。

[2] 王培良:《改革 30 年——我国交通运输价格改革及其发展趋势》,《综合运输》2008 年第 12 期。

[3] 王勇:《铁路运输价格制定方法研究》,北京交通大学硕士学位论文,2008

[4] 戴玲玲:《铁路运输价格水平研究》,2008 中国交通运输价格高层论坛论文集。

[5] 王培良:《我国交通运输行业价格走势分析》,《综合运输》2006 年第 11 期。

[6] 徐丽明:《关于公路运价问题的思考》,2008 中国交通运输价格高层论坛论文集。

[7] 任乐:《公路客运交通价格的制定与管理》,《价格理论与实践》2007 年第 5 期。

[8] 吕东昌、高红:《试论建立道路货物运输价格新机制——试行道路货运市场指导价》,2008 中国交通运输价格高层论坛论文集。

[9] 李晓峰:《道路货运市场运输价格水平研究》,《交通科技与经济》2008 年第 12 期。

[10] 梁峰:《公路客运价格与成品油价格联动机制研究》,2008 中国交通运输价格高层论坛论文集。

[11] 陈林:《航空公司多等级票价体系研究》,2008 中国交通运输价格高层论坛论文集。

[12] 倪晓蕾:《我国民航票价的现状、成因及对策分析》,《经营管理者》2009 年第 10 期。

[13] 周蓓:《我国民航客运价格规制的绩效评价与改革思路探讨》,《特区经济》2010 年第 1 期。

[14] 晏曦:《构建民航客运价格监管的三位一体机制》,2008 中国交通运输价格高层论坛论文集。

[15] 李晓津、赵树龙:《中国民航票价与铁路票价的关系研究》,人民网。

[16] 张冬生:《水路运输价格情况调查与分析——垄断行业将价格管理探索之六》,《价格理论与实践》2004 年第 10 期。

[17] 徐萍:《我国水路运输价格管理概况》,2008 中国交通运输价格高层论坛论文集。

[18] 李南:《港口物流企业过度价格竞争的状态解析与规制取向》,2008 中国交通运输价格高层论坛论文集。

[19] 封学军、严以新:《港口物流企业在价格战中的策略选择》,《交通运输工程学报》2005 年第 2 期。

[20] 赵秋玉、许源:《我国水运定价的放松规制与市场化》,《综合运输》2004 年第 11 期。

[21] 王梅琳:《北京市轨道交通票价调整初探》,2008 中国交通运输价格高层论

坛论文集。

［22］荣朝和：《关于运输业规模经济和范围经济问题的探讨》，《中国铁道科学》2001 年第 4 期。

［23］李红昌、荣朝和：《城市轨道交通特性及价格管制模式研究》，《铁道运输与经济》2009 年第 1 期。

［24］郝记秀、周伟、黄浩丰等：《城市公共交通财政补贴测算模型研究》，《交通运输系统工程与信息》2009 年第 2 期。

［25］王灏：《城市轨道交通投融资问题研究：政府民间合作（PPP）模式的创新与实践》，中国金融出版社，2006。

［26］毛保华、四兵锋、刘智丽：《城市轨道交通网络管理及收入分配理论与方法》，科学出版社，2007。

［27］北京交通大学课题组：《北京城市轨道交通网络化运营管理模式研究》，2008。

［28］田振清：《城市轨道交通运营部贴膜时及参数研究》，《交通运输系统工程与信息》2010 年第 2 期。

公用事业价格形成机制的优化与完善

王雅龄　季栋伟*

内容摘要　垄断市场可以通过两种价格达到经济效率，即完全歧视性价格和完全免费，阶梯价格介于二者之间。公用事业区别定价从来不是为了“劫富济贫”的公平目标，而是为了调整人们的消费习惯、提高资源可持续利用的效率目标，因此在无法保障消费者福利时，阶梯价格不宜普遍推广，分类定价不宜过细。二部定价和公开成本可以作为公用事业定价的基本原则，鼓励竞争和提高效率应作为长期目标，市政规划应更加重视财务成本；当务之急是完善消费者意愿的表达渠道。

关键词　公用事业　公共定价　地方性公共物品

一　引言

本文所谓公用事业（Public Utilities），指的是给排水、管道燃气、供电、供热、公共交通、环境卫生等涉及公众普遍利益和社会公共资源配置，与社会生产、公众生活紧密相关，且具有自然垄断特征的行业。因其设施的网络化特点和规模经济的存在，一般由政府部门直接组织生产，或由公共部门提供市政基础设施并对相关经营机构实施严密的质量监管和价格规制。市政基础设施属于典型的地方性公共物品，而用户终端可以计量

---

* 王雅龄，经济学博士，副研究员，青岛大学经济学院财政系主任，主要研究领域为公债市场与管理、财政学、财政管理学、金融理论与政策、公债和证券市场、公用事业定价等。季栋伟，青岛大学经济学院硕士研究生。

的消费活动往往具有一定的排他性，因此技术上具备了引入竞争机制的可行性，包括纵向的阶段性竞争和横向的子系统间的竞争。

随着我国城市化进程的不断加快，专业化的公用事业企业不断发展壮大，已经出现了本土化的公用事业上市公司；同时，各级各地政府部门在管理和发展公用事业的过程中，也积累了很多经验。但是，公用事业价格的形成机制仍然不尽合理。因为公用事业的规模经济和垄断特征很强，单个消费者很难通过讨价还价的方式表达自己的偏好和选择。又因为我国正处于城市化进程当中，相当多的城市社区本身还不成熟，邻里之间沟通和协调能力较差，“用手投票”还不习惯；而传统的户籍管理制度短期内仍然不能彻底改造，公用事业消费者“用脚投票”的可操作性也比较差。于是，近年在一些听证会上用“瓶子”、“牌子”投票的消费者代表出现了。与大大小小的垄断生产者相比，消费者显然还没有找到更好的表达渠道，完善和优化公用事业价格形成机制成为我国目前社会生活中一个日益重要的公共课题。

二 公共定价理论：争论和发展

国外学者对于公用事业定价问题的研究起步很早。早在1844年，法国工程师杜普伊（Dupuit，1844）就在题为《关于公共工程效用的度量》的文章中，论述了只有当企业价格等于其边际成本时才能达到帕累托最优状态，最早提出了以边际成本定价的方法。其后，霍特林（Hotelling，1938）发展了杜普伊的边际成本定价理论，认为边际成本定价是公共物品定价的最佳选择，边际成本定价是达到帕累托最优状态的必要条件，主张通过所得税、遗产税、地价税等税收来支付企业的固定成本。但是，由于这种方法可能会给企业带来不适当的成本管理激励，而且征税也可能会导致资源的不合理配置，所以边际成本定价法受到了科斯、阿莱等人的批评。不过，在边际成本定价理论基础上，斯特纳（Steiner，1957）提出了高峰负荷定价法，之后由威廉姆森（Williamson，1966）进行了扩展与完善，20世纪80年代这一理论得到了极大的发展，成为公共定价理论的三大支柱之一。

与边际成本定价理论同时发展的另一种公共定价理论是平均成本定价法。1919年瑞典经济学家林达尔（Lindahl，1919）在《公平税收》中运用了全新的定价方法，构建了一个区别于私人物品均衡的公共物品均衡模型，后被称为“林达尔均衡”。该理论认为公共物品的定价应该取决于消费者的需求弹性，即以每个消费者对于公共物品的评价，来分别确定公共物品的不同价格。但萨缪尔森（Samulsen，1965）认为按照林达尔均衡求解所生产的公共物品的供给水平将远远低于社会最优水平。拉姆齐（Ramsey，1927）在关于最优税制的经典论文《对税收理论的一点贡献》中，利用弹性分析建立了拉姆齐定价模型，这一模型在资源配置效率损失最小的条件下，求解使得厂商达到盈亏平衡的均衡价格，从而取得社会福利最大化的结果。与边际成本定价法相比，拉姆齐定价是一种次优定价，结论是应按平均成本定价。之后布瓦特（Boiteux，1956）将这一定价问题做了更加理论化的扩展，发展成为拉姆齐—布瓦特定价模型。平均成本定价法成为公共定价的基本指导思想。

二部定价法由美国著名经济学家克拉克（Clarke，1971）在其《公共物品的多部定价》一文中首次提出。按照二部定价法，可以让消费者支付固定费用和可变费用两部分成本，引导消费者显示其真实偏好，避免了“搭便车”行为。20 世纪 80 年代，为了满足英国政府制定科学的公用事业垄断价格的需要，伯明翰大学教授李特查尔德（Littlechild，1983）针对当时英国的电信业制定了一个价格管制模型，即最高限价模型（RPI - X 模型），该模型将公用事业价格与通货膨胀以及企业的生产效率联系起来，既保证了公平，也达到了促进企业提高效率的目的。诺曼（Norman，2004）针对排他性准公共物品的有效供给问题展开了更广泛的研究，主张采用收取定额准入费的机制，并且证明在特定条件下，采取三级歧视价格和平均成本定价方法均有一定的合理性。

理论上，二部定价可以看做固定成本平均定价和可变成本边际定价的结合。在现实中，二部定价和阶梯价格经常被混淆在一起，但阶梯价格实质上属于区别定价、歧视定价。歧视定价是具有垄断特征的生产者常用的定价策略，具有垄断特征的需求曲线向下倾斜，歧视定价策略是扩大生产的必然选择。可见，公共定价三种方法的共同缺陷是以厂商成本为基础，定价模型本身不包含消费者福利方面的约束条件。所以，按照国际惯例，凡涉及公共定价，听证会等程序设计成为必不可少的配套措施。

与国外相比，虽然国内关于公用事业定价问题的研究起步较晚，但却涌现出了一大批专家学者，产生了大量有影响的研究文献，这是我国公用事业领域得以快速发展、繁荣的理论基础。较有影响者如温桂芳认为“公共物品的提供，名为国家实为国家委托具体企业提供，从而使得国家与企业之间形成了一种委托—代理关系”。因此，对于公用事业的价格管制必须要规范其价格的构成，建立起对企业的成本约束机制。王俊豪在对美国的投资回报率价格管制模型和英国的最高限价管制模型分析的基础上，构建了我国的公用事业价格管制模型；在考虑到对企业成本上限控制的基础上，同时还探讨了质量系数与管制价格相挂钩的办法。但是，廖成林、王璐（2005）从管制经济学的角度出发，对我国政府在公用事业管制中的有效性进行了深入分析，试图从理论上解释我国现阶段政府管制的无效率以及政府在公用事业领域过度投资、重复建设等问题。

无论从理论上还是在实际监管中，国外对于公用事业的定价研究都要更加深入，因此有学者专门从国外的经验出发，总结国外的研究成果，为我国的公用事业定价提供借鉴。顾海兵、徐忠海（2002）从宏观和微观两个方面入手，介绍了美国、法国以及日本的公用事业价格管理体制以及政府对于价格总水平的调控，认为部分公用事业应该适当引入竞争机制，放开对它们的价格管理。张落成、张伟新（2003）从我国公用事业长期存在的低价格、高补贴的问题出发，通过对法国、美国以及日本公用事业融资、定价模式的分析，认为在对现行公用事业定价机制进行改革的时候，要充分考虑到社会的承受能力以及社会公众的反应。范合君、柳学信、王家（2007）介绍了英国、德国等西方发达国家市政公用事业监管的经验，认为“我国公用事业的价格制定缺乏科学的依据，多数定价方案是头痛医头、脚痛医脚的应急监管策略，未形成长效的监管机制，价格的应急监管取代了长效监管”，因此应该采取“激励性价格监管方法”，促进企业效率的提高。郭蕾（2007）比较分析了美国对于城市公用事业价格管制所采取的投资回报率的价格规制模型、英国的最高限价规制模型以及日本对于公用事业采取的总成本原则定价方法，认为我国城市公用事业的价格构成不仅应该包括企业成本以及合理利润，还应该考虑对于物价水平和劳动生产率提高的调整，并以此为基础，分别确定了具体的定价方法。阳东辉（2009）从英美两国对公用事业价格管制的四种方法谈起，即成本基准定价法、有效成分定价法、投资回报率定价法和最高限价法，在与我国的公用事业定价方法进行对比时发现，我国对公用事业的价格管制存在诸多问题，从而提出了相应的措施。陕西省公用事业价格改革课题组（2008）于2007 年对加拿大不列颠哥伦比亚、阿尔伯塔、安大略三省的公用事业价格改革与监管进行了考察，发现加拿大政府对公用事业定价的调控主要基于“服务成本”或“回报率”，同时他们的听证制度比较完善，最大限度地保护消费者的利益。课题组认为在我国公用事业的价格形成中，应从项目规划开始控制成本，避免刚性成本倒逼价格现象，同时还应完善我国的价格听证会制度。

目前，我国公用事业价格的制定和调整采用的是成本加成定价法，这一方法实行起来比较简单，侧重于让生产企业在收回生产成本的同时，保持一定的利润水平，但存在着明显的弊端。黄燕芬（2003）指出“我国准公共物品价格领域的矛盾非常突出，学术界对准公共物品价格的研究很不充分”，从政府提供部分准公共物品的角度出发，指出了政府有三种方法可以对公用事业进行价格管制，分别是边际成本定价、投资回报率法和最高限价法，认为应该针对不同的准公共物品的类型，选择不同的定价方法。孙钰（2003）、张国兴（2005）提出了社会边际成本定价的方法，认为社会边际成本应该包括边际成本与社会成本之和，这种方法试图兼顾消费者、投资者以及政府等各方面的利益，通过价格函数的设计，制定合理的定价水平，以达到促进整体社会福利的改进，减少社会效率损失的目的。杨华（2007）主要从公共管理的视角出发，认为我国的公用事业定价机制改革应该分“两步走”，一方面，应在一定期间内维持现行的“成本加成定价”原则；而另一方面，从长远来看参考英国最高限价模式，由成本监管过渡到价格监管。王雅龄（2008）用缴税、收费、投资、消费的权重来分析消费者福利最大化及其可持续发展问题，提出当前必须由政府部门事先测算量化的中位选民承受力①，以大多数消费者的可持续发展作为公共定价的上限和约束条件，政府定价不能仅着眼于公用事业的企业成本。李怀、赵万里（2009）则认为我国当前政府的定价行为已经被产业俘获，政府定价应该采取价格上限管制的方法，并且构建了单个的和一揽子商品的定价模型。

三　我国公用事业价格：现状及问题

我国公用事业的快速发展起步于改革开放之后。在改革开放以前的很长时间里，为了配合“积极推进工业化、相对抑制城市化”的方针政策，公用事业等基础设施只是起着配套工业化的作用。市政公用事业被内部

① 王雅龄：《公共产品消费理论：WANG 模型》，《中国财经热点辨析》，中国社会科学出版社，2008。

化，成为工业企业单位福利。在计划经济体制下，公用事业产品价格一直被控制在极低的水平，一直以来采取的都是“低价格、高补贴”的定价模式，当然用于投资建设公用事业的相关配套资金也比较缺乏，成为制约各地经济发展的瓶颈。之后，随着改革开放以及市场经济的不断深入发展，国家对公用事业的价格监管逐步放松，只是对于一部分直接涉及普通居民日常生活的领域，国家仍然保留着一定的政府定价与管制权力，但总体上来看，随着社会经济的不断发展，BOT、PPP 等基础设施特许经营项目稳步推进，公用事业逐步由垄断走向了竞争，总体价格水平相应提高，诸如电力、供水、公共交通等公用事业领域的价格普遍呈现出了一种“低补贴、高价格”的发展趋势。

（一）公共定价现状

随着公用事业领域的不断放开，公用事业得到了快速发展，公用事业价格的形成机制也逐步向法制化、科学化与民主化方向转变。1998 年 5 月，《中华人民共和国价格法》的正式颁布实施，标志着我国对于公用事业的价格监管迈上了法制化的进程，该法为政府部门对公用事业价格加强监管提供了法律上的依据。2002 年颁布实施的《政府价格决策听证办法》以及国家发展和改革委员会于 2008 年出台的《政府制定价格听证办法》，规定在政府的决策过程中引入民主化的程序，这就保证了政府决策的科学性，对于公用事业价格制定的公开、公正和公平起到了非常重要的作用。同时，政府还对不同行业实行不同的价格监管形式，这些措施也都体现了政府对公用事业的价格监管手段更加多样、更加灵活，公用事业的价格形成机制更加合理、更加科学。

目前我国公用事业价格形成的基本流程大致为：

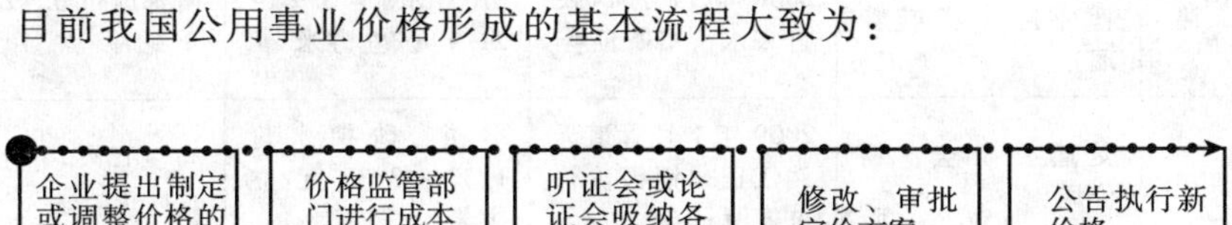

企业提出制定或调整价格的建议方案 → 价格监管部门进行成本核算 → 听证会或论证会吸纳各方意见 → 修改、审批定价方案 → 公告执行新价格

传统上，我国公用事业价格监管与市场价格检查主要由专职的物价机构负责，鉴于各种公用事业的专业性，交通委、市政管理局甚至市容环卫管理部门均有可能参与公用事业价格的制定过程。另外，近年来地方国资委作为出资人也可以间接干预公用事业企业定价活动，部分地区的市政基础设施资产没有和经营性国有资产一起划归地方国资委（如天津市），因

而保留了更多的公用事业公益倾向和专业化特征，理论上看这样的制度安排更合理，值得进一步深入研究。但市政基础设施是否由国资委管辖、是否有利润增长指标等问题对公共定价的影响，一时间难以获得有意义的数据。

表1是我们研究的样本城市关于监管机构、水价、电价及听证会记录的部分资料统计。由表1可以看出，我国目前公用事业价格水平总体并不算高，正处于上涨过程中。以自来水为例，各地基本已经实现了（三类或仍保持四类）分类价格，居民饮用水价格区间在1.3元/立方米到5.2元/立方米不等，水价与制水成本和送水成本微弱相关，与居民人均可支配收入弱相关，与当地社会福利水平负相关。部分城市对居民饮用水也实行了阶梯定价，但限定供给量一般比较大，如超过每月20立方米，虽然对宣传节水知识有益处但实质意义不大。

表1　样本城市机构设置和水价、电价及听证情况

城　市	监管机构	最近听证	水　费	电　费
重　庆	市交委、发改委	2009年11月召开自来水价价格听证会	分类水价2.8~4.1元/立方米	阶梯电价0.463元/千瓦时
北　京	发改委、市政市容管理委员会、交通委	2009年12月自来水价格调整听证会	分类水价4~81.68元/立方米	阶梯电价0.4883元/千瓦时
成　都	成都交通委员会、发改委	2009年12月非居民生活用水价格听证会	分类水价1.35~5.5元/立方米	阶梯电价0.4724元/千瓦时
天　津	发改委、市政交通管理局（资产管理）	2008年11月居民自来水价格听证会	分类水价3.9~21.9元/立方米	阶梯电价0.49元/千瓦时
广　州	交通委员会、物价局	2009年1月管道天然气正式销售价格方案听证会	分类、阶梯水价1.32~3.38元/立方米	34~108.74分/千瓦时
哈尔滨	交通运输局、发改委	2009年12月召开哈尔滨水价听证会	居民生活用水3.2元/立方米	城乡居民生活用电0.51元/千瓦时
武　汉	交通运输管理委员会、物价局	2009年11月出租车营运价格听证	居民生活用水1.1元/吨（不含污水处理费、水价附加等）	居民供电平均0.57元/千瓦时

续表 1

城市	监管机构	最近听证	水费	电费
深圳	交通运输委员会、市场监督管理局、发改委	2008年10月管道天然气正式销售价格听证会	分类、阶梯水价1.9～7.5元/立方米	城乡居民生活用电0.68元/千瓦时
西安	市政公用局、交通运输局、物价局	2009年10月调整非居民用热价格听证会	分类水价2.9～17元/立方米	0.4983元/千瓦时
杭州	发改委能源和环境资源处、公共资源交易管委会办公室	2009年6月社区化准物业管理服务收费	分类水价1.85～6.3元/立方米	0.54元/千瓦时
青岛	交通委、物价局、市政公用局	2008年10月青岛供热价格听证会	分类、阶梯水价2.5～6.55元/立方米	阶梯电价0.5469元/千瓦时
南京	发改委财政金融处、市政公用局、物价局	2007年6月出租车油价运价联动方案听证会	分类水价2.8～4.6元/立方米，生活用水实行阶梯水价	阶梯电价0.5283元/千瓦时
郑州	发改委交通能源处和城市发展处、物价局、公用事业局、交通局	2008年11月天然气价格听证会	居民用水1.75元/立方米	0.56元/千瓦时
宁波	交通局、发改委	2009年7月居民生活用自来水销售价格和污水处理费调整听证会	分类，阶梯水价2.4～11元/立方米，从2009年12月1日开始分步实行价格	分类、阶梯电价0.508～0.638元/千瓦时
福州	福州市物价局、交通局	2009年12月自来水价格调整听证会	分类水价1.2～2元/立方米	分档累进加价0.4463元/千瓦时
济南	交通局、物价局	2009年12月城市居民生活用水价格（污水处理费）听证会	分类水价3.15～16.20元/立方米	居民生活用电阶梯电价0.5469元/千瓦时；其他0.6147～0.7489元/千瓦时
长沙	物价局、公用事业局	2008年12月的士计价结构调整听证会	分类水价1.88～5.5元/吨	包含基金及附加，阶梯价格0.588元/千瓦时
苏州	市容市政管理局、交通运输局、物价局、发改委	2009年12月举行居民生活用自来水价格调整听证会	分类2.7～4.77元/立方米	阶梯电价，0.5283元/千瓦时
昆明	市政公用局、交通局、发改委、城市管理局	2009年5月调整污水处理价格听证	分类水价3.45～15.35元/立方米	居民用电阶梯电价0.483元/千瓦时
大连	交通局、发改委价格管理处及价格调控处	2010年4月15日将召开供暖价格调整听证会	分类2.3～20元/立方米	阶梯电价0.5元/千瓦时

理论上说，地方性公共物品的供给和地方税的征缴在本质上只要求效率原则和横向公平原则，不要求纵向公平原则，“等分即公平”是最朴素最普遍的社会原则。例如部分城市阶梯水价方案在征求民意的过程中，发现公众普遍不认同歧视定价。可见即使在水、电领域，阶梯价格不宜强行普遍推广。阶梯价格实质上就是差别定价，是垄断市场常见的定价原则；完全的差别定价是有效率的，可以通过完全差别定价实现垄断均衡产量，即垄断市场的最大产量，但此时全部消费者剩余转变为生产者剩余。厂商的超额利润在我们现在的市场环境下很难转化为社会福利，即使厂商完全是公有公营，因为委托代理关系仍然存在。笼统地说，公共物品一旦供给，所有消费者获得同样数量同样质量的效用，差别仅在于个人的主观评价不同。因此我们认为阶梯价格宣传意义大于经济意义，且目前不宜在我国公用事业领域普遍推广。

现实地看，政府推行阶梯价格形式，目的是促进公共资源的节约使用。但在实践中仍有不少问题需要解决。一是像水、电、气之类的公用事业产品，经过近几年调价，价格对促进节约的作用已经得到很好的发挥，再利用已经没有多少潜力了，尤其是把调控目标放在普通居民身上，我们认为是一种操作中的错位。因为现在浪费资源较多的不是普通居民，而是某些缺乏预算约束的机关事业单位。节约资源的潜在空间在这些单位，恐怕用价格是没有多少效果的。而普通居民基本的日常生活对于公用事业产品或服务的消费是随着生活水平或收入水平的提高而不断提高的。在这个基本消费量之内，无论价格如何调整，他们都难以改变使用量。二是对于那些高收入居民来说，虽有节约资源的潜力可挖，但要测算出一个足以促使“富人”节约的恰当数量和特别高价才能奏效。怎么计算呢？按户计，房多者受益；按人头计，富人家里可以雇佣工人。以自来水为例，真正富有的人可能没有节水以便节省日常开支的意识，但他们更有可能选择出去泡温泉或在家洗牛奶浴、喝冰川水，因而更少消费自来水这种低档消费品。另一方面，还存在一个实施阶梯价格的投入与节约收益的比较问题，设在千家万户室内的消费端口，真要算细账，需要多少抄表员？其结果很有可能是得不偿失。因此，实施阶梯价格，似应主要面对工商企业等“大户”。三是促进节约不能仅限于价格手段，从长远看可能更多的要用技术手段和产业政策，比如雨水、中水的利用等，需要各级政府的统一规划和财政支持。

与饮用水价格相比，污水处理费的收费标准在各地差异较大，往往与市级政府福利政策和环保政策相关。其他公用事业如管道燃气、集中供热、供电和公交等，价格相对趋同，但各地企业亏损和补贴程度有差异。

由于篇幅所限，我们在表中没有显示集中供热的价格问题。但恰巧是在供热项目中我们有一例因定价过高而导致“合谋盗热”的案例。某黄河南岸城市传统上没有集中供热习惯，近年新建的高档商品住宅小区普遍安装了高标准暖气，但供热单位遭受了意想不到的损失，即合谋盗热。相当多的住户不交暖气费，但气温极低的时候会私自盗用暖气，检查员入户发现之后“不忍处罚”，收取三五百元的贿赂即“心安理得、相安无事”，这种行为成为该小区的“潜规则”。不难想象，当水、电、气等收费标准过高时，盗取者将大行其道。

近年随着我国公用事业领域的不断开放，公用事业投资准入的门槛不断降低，越来越多的外资企业投资于中国的公用事业领域。表2显示，项目数峰值出现在2004年，实际利用外资的峰值在1999年。2009年投资额

表2　电力、煤气及水务FDI统计

年　份	项目数（项）	合同利用外商直接投资额（万美元）	实际利用外商直接投资额（万美元）
1996	181	519158	153285
1997	156	365583	207191
1998	142	196812	310279
1999	116	163519	370274
2000	107	122686	224212
2001	136	213422	227276
2002	185	147495	137508
2003	333	207321	129538
2004	455	396049	113624
2005	390	350216	139437
2006	375	332632	128136
2007	352	—	107255
2008	320	—	169602
2009	238	—	211155

资料来源：1996～2008年的数据来源于各年的《中国统计年鉴》，2009年数据根据《中华人民共和国2009年国民经济和社会发展统计公告》相关数据计算所得。

达到了21.1亿美元，较2008年增长了24.5%。外商直接投资于公用事业领域，一方面有利于弥补我国公用事业资金的需求缺口，改善供给结构，促进公用事业的跳跃式发展；另一方面通过引进国际资本，可以增强公用事业领域的竞争机制，使国内企业更快地学习国外企业的先进技术与管理经验，从而提高自身的管理水平，提升公用事业产品的服务质量，更好地满足人们的生产、生活需要。

外资的进入对公用事业价格形成机制的影响主要体现在两个方面，一是成本刚性，二是规划刚性。他们在推高终端价格的同时也强化了价格形成过程的法制化。

（二）价格形成过程中的主要问题

我国公用事业价格面临的难题是，如何在普遍提价的大背景下，既不伤害消费者利益又能尽快找到合理价格区间，减轻财政的不合理负担，同时保证公用事业为本地区消费者提供质量和数量都合理的产品和服务。中短期内，我们认为以下几个方面的问题较为突出。

1. 价格制定方法缺乏客观依据

我国公用事业价格的制定和调整采用成本加成定价法，即政府依据企业上报的成本，在此基础上加上一定的利润，成为产品或服务的价格。但是“合理利润”没有参照系。在资本市场上，投资回报的合理利润取决于投资项目所承担的风险，合理的平均利润是竞争的动态结果，因时而变，所以兼具公平与效率特性。成本加成法的加成既无参照，同时其成本更属于个别企业成本，绝非社会平均成本。这种价格的形成在一定程度上取决于企业与政府的讨价还价能力。按照成本加成定价法，企业提供的资料是政府部门制定价格的基本依据，无论事后审计还是事中调查，政府部门和企业之间总会存在着信息不对称问题，再加上利益集团之间的博弈，政府很难及时掌握企业的真实成本信息。可见由企业和政府关起门来讨价还价很容易导致决策失误，不仅会损害社会公众的利益，而且在一定程度上也会导致企业丧失改善经营管理、降低生产成本的动力，一味寄希望于通过给政府部门施压来不断提高终端价格。

2. 缺乏具体的、细化的价格监管法律法规

虽然国家在以《价格法》为主的法律法规建设方面，相继制定了一系列与之相配套的法规、规章，而且地方性的法规和规章也出台了不少，但是就我国目前的情况来看，对公用事业的价格监管还没有一部专门的法律或法规。《价格法》及其相关的配套法律法规在对公用事业的价格监管方面的指导性、针对性和可操作性不强。具体而言，主要体现在两个方面：一是《价格法》对自然垄断行业、公用事业和公益事业等界限划分不清，将它们所提供的产品和服务合并在一起，笼统限定，没有进行必要的区别；针对公用事业各种服务的定价成本监审办法的制定和完善的工作滞后，各地还有许多操作指引和具体办法亟待制定，使公用事业服务收费真正做到有法可依和科学合理。二是在制定和调整公用事业价格时，没有明确界定公众利益、企业利益和国家财力这三者之间的关系，因而造成了一些寻租机会，不利于合理的公用事业价格的形成。

3. 消费者意愿表达不充分

《价格法》第23条明确规定，制定关系群众切身利益的公用事业价格、自然垄断经营的商品价格等政府指导价，应当建立听证会制度，由政府价格主管部门主持，征求消费者、经营者和有关方面的意见，论证其必要性、可行性。原国家计委也于2002年颁布了《政府价格决策听证办法》，之后，国家发展与改革委员会于2008年10月正式发布了《政府制定价格听证办法》，同时废止了《政府价格决策听证办法》。各省价格主管部门也出台了有关价格听证的实施细则。价格听证经过多年的实践与努力，积累了不少经验，但总体而言仍然处于摸索阶段，价格听证制度还不是很完善，听证效果非常有限。主要表现在，第一，参与听证人员专业性、代表性不强。参加听证会的消费者代表很多属于非专业人员，受限于自身的专业结构和知识储备等原因，他们大多从表面上，感性片面地认识问题，再加上听证准备时间不足，准备资料不充分等原因，难以提出有针对性的建议，其作用很难发挥。第二，听证和定价流程有待改造。目前，价格听证会制度只是将各方意见汇总一下，还没有足够的力量影响价格的决定，因此，给人一种错觉就是价格听证会就是在“走过场”，没有真正从公众的利益出发。而且听证会之后的信息公开步骤缺失，使价格听证会很容易流于形式。

4. 监管主体越位导致行政垄断

传统上我国的公用事业单位具有政企合一的特征。目前虽然由不同政府部门分别行使出资人和监管人职权，但在对这些行业的监管中，地方政府领导已经习惯了身兼数职，既是各种行政法规、监管政策的制定者、实施者、监督者，又是企业价格的制定者，而且监管部门还拥有一定程度的解释权，还是企业经营业绩的密切相关者。这就导致了企业利用自身的市场优势地位，虚列成本，甚至乱收费，服务意识差，经营效率低，严重损害了消费者的利益。如南方某市自来水公司的巨额业务招待费一项，公布出来令人咋舌，它显然与消费者无关。更令人担心的是，当价格监管机构当事人被“招待”、被“俘虏”后，就不得不批准已经成为既定事实的公用事业价格，颠倒了价格监管的主客体关系。

5. 投资补偿保障机制不完善

与“招待”问题恰好相反，投资保障也存在一些问题。因为公共定价，公用事业具有了社会公益性特征，公益性决定了这些企业不同于其他企业，不能直接以追求利润最大化为自身的目标，所以由于公益性而使得企业投资人利益遭受损失的部分应该通过财政补贴方式进行弥补。但是，由于合理利润的确定是个非常复杂的财务问题，加上有些地方政府自身财力的限制，政府拿不出足额的财政资金，于是导致非强势企业投资人的投入得不到预期的回报和补偿，这就是常见的“政府请客，企业买单”现象。“政绩”成本最终只能寄希望于提高公用事业的价格来消化，导致消费者被迫“超额”消费、超前消费。

四　结论、建议和对策

按照经济学原理，完全竞争市场的价格有效反映市场的供求关系，促使其达到均衡；自然垄断市场则有特别价格机制可以达到经济效率，通过针对不同消费者制定不同价格，即完全歧视性价格，当然这种情况下消费者剩余会完全变成生产者剩余；或者完全免费，由公共财政补偿市场成本。差别定价与消费者对消费品的主观评价相关，其主观评价或多或少会受到其可支配收入的影响；但是，依据不同人群的收入而制定的歧视性价格，既不符合效率原则（根据蒂布特模型推得），也不符合公平原则（有悖公平交易原则）。

迄今，我国公用事业价格仍然较低，并没有因为公用事业价格造成特定人群的经济状况恶化。城市贫困人群的贫困原因主要是病患和失业，即使公用事业价格再低一些，对他们也并无帮助；当然公用事业价格提高的同时必须等额提高最低生活保障和失业救济金。阶梯价格从来不是为了“劫富济贫”的公平目标，而是为了调整人们的消费习惯、节约能源可持续利用的效率目标。公用事业价格的调整必须考虑大多数消费者的利益，不能仅仅考虑最贫困的那一小部分消费者，贫困人群的承受力是一项指标但不是全部指标；当然更不能仅仅从公用事业企业利益的角度出发去考虑问题，除了考虑到企业经营者的可持续发展外，更要从社会公众的承受能力去考虑这一问题，要考虑到价格的调整对整个社会经济生活所造成的影响。事实上，这一领域有很多可资借鉴的国际经验，如设立分行业消费者协会、制定价格上限等。具体而言，我们的对策和建议如下。

（一）强化价格调整听证会制度，提高公众参与密度

公用事业是与公众生产、生活关系最为密切的一个领域，必须进一步完善价格听证制度。在我国，听证制度还没有能够完全发挥作用，公众对其作用仍然存在疑惑，有些消费者代表的确不能真正代表消费者利益。针对这些不尽人意的事情，我们应积极完善价格听证制度，规范价格听证程序，保证价格决策的程序公正，使公众的意志能够得到充分体现。

首先，要完善听证代表的选拔制度，体现代表的广泛性与专业性。一方面，尽量让社会上更多的利益相关主体参与到价格听证这一民主决策中来，倾听各方面的意见和建议，使价格听证会能尽可能地体现不同阶层、不同消费水平人群的多方面利益诉求。另一方面，在对专家代表的选择上也需谨慎，尽可能选择那些在公用事业定价领域研究比较透彻的专家学者，增加一定数量的经济学界、法律学界的专家，参与价格听证。其次，增强听证程序的透明度，在进行价格听证之前，应该将听证的所有材料以及听证代表情况公布于众，接受公众的监督，同时在价格听证会结束以后，应该将听证结果及时公布出来，方便公众的监督。最后，强化听证过程的社会认同度，加大媒体的介入力度。要让社会公众认识到不是政府的审批程序而是各方参与的听证会在公共定价中起着决定作用。

（二）设立分行业消费者协会，建立消费者意愿的多重表达渠道

公用事业当然有其共性，但具体到不同的水、电、气，又分别是相当专业的行业，各有各的问题；我国幅员辽阔，东西南北差异很大，公用事业在不同地区遇到的问题差别很大。我们可以学习国外的经验，设立分地区、分行业消费者协会，建立经常性的信息交流平台。同时，成本调查队也可以同时调查代表性用户对涨价的承受力。比如，用抽样的办法或中位数选民等方法，详细调查大多数人的可支配收入及其对公用事业价格波动的适应能力和调整空间。值得注意的是，国外的统计数据或平均数字不能简单照搬进来，因为各国社会保障程度和居民储蓄原因的具体情况相差太

大，很难简单类比。比如，一个简单的水价与平均工资的比例不能说明任何问题，德国、加拿大等国的这一比值绝对不可能适用于中国的任何一个城市。在体制上没有建立起合理保护消费者福利的情况下，分类定价不宜过细，差别定价不宜在公用事业领域普及推广，尤其要杜绝服务商自由裁量的区别定价或打折让利。

（三）强化成本约束机制，提高公用事业成本透明度

实行成本加成定价法，计算成本因素非常关键，必须保证其合理性与真实性，成本公开是一项有力措施。因此，一方面应该严格成本监审，包括调价监审和定期监审。继续规范计入定价成本的项目，健全包括工资奖金、管理费用在内的垄断行业成本控制机制。定期监审就是要求政府的价格监管部门要定期了解公用事业服务商的成本变化、技术改进等方面的情况，还要结合上游企业的成本变动情况。政府价格监管部门还应该要求企业不断提高成本透明度，如建立完全公开的企业价格成本台账。企业的价格成本台账是监管部门对公用事业实施定价的主要依据，因此必须要求其真实可靠，监管部门应该认真核实企业上交的成本资料，同时利用互联网等现代信息工程提供的便利，发挥消费者或消费者代表的监督作用，避免企业虚增成本。

（四）继续引入竞争主体，重视规划财务成本

发展中国家利用 BOT 模式引进外资主要是因为国内储蓄不足资金短缺，但从发达国家的经验可以看出，一定程度上将竞争机制引入公用事业领域，逐步放开公用事业的价格，可以充分发挥市场的调节功能，促进资源的配置效率。因此在我国的公用事业改革进程中，引入竞争包括国际化竞争仍是十分必要的，但是，市场机制的调节作用有其自身固有的缺陷，需要政府的干预。所以协调两者的关系，政府价格监管部门也需明确自身的角色，正确定位，从而促进资源配置向着更加有效率的方向发展。对于那些能够划分出来的非自然垄断市场，政府应该放开对它们的价格管制，充分引入市场竞争机制，积极发挥市场在资源配置上的基础性作用，让企业拥有完全的自主生产决定权，利用市场供需关系，促进合理价格的形成。政府部门应该加大监管力度，一方面，价格监管部门在对公用事业价格监管的过程中，应该首先保证社会公众的利益；另一方面，在尊重企业自主权的基础上，在对价格的调整过程中，价格监管部门也需充分考虑企

业的实际经营状况，价格的调整应该在保证企业投资能够得到合理回报的基础上，充分考虑投资人的利润率诉求，满足企业的可持续发展要求。因此，地方政府在规划和组织城市发展项目时，应充分考虑项目的经济可行性，妥善安排资金来源和财务成本问题。

（五）妥善安排财政补贴资金来源，细化地方政府责任

公用事业产品属于地方性公共物品范畴，地方政府负有保障供给和维护市场发展的责任。但与维护竞争性市场的公平目标不同的是，在公用事业价格形成过程中，地方政府的责任主要服务于效率目标。比如在消费者偏好显示不充分时，利用地方统计机构或价格调查机构宏观地测算消费者福利变量等，提供信息支持；再比如对于难以征收使用费的非排他性设施提供财政支持。公用事业领域因为市场不完善、竞争不充分等原因，总会有一些环节需要公共财政给予财政补贴，这与地方税的定义相契合。地方税就是为了保障地方性公共物品的有效供给而收取的非定向资金。只要安排好补贴资金的稳定来源，持续的财政补贴并不说明公共定价不可持续。当前我国正处于城市化进程中，很多新建项目按照“百年大计”设计施工，短期内达不到设计负荷产出而出现财务亏损是必然的，如果没有必要的财政补贴，仅靠对既有用户超额收费，想达到规模经济效益所需要的规模，无异于缘木求鱼。

总之，无论是否划归地方国资委管辖，公用事业相关基础设施等资产都不能以利润最大化为经营目标；同理，水务、电力、燃气、环卫、公交、通信等营利性服务商的利润，必须与其技术、管理等方面的竞争优势相关，不得以任何形式从消费者手里攫取垄断利润。这是完善和优化公用事业价格形成机制的首要条件。

参考文献

［1］杨君昌：《关于公共物品定价的若干理论问题》，《财经论丛》2002 年第 2 期。

［2］许洁：《论政府价格规制中的公众参与》，《财贸研究》2006 年第 3 期。

［3］阳东辉：《我国公用事业价格管制：缺陷与完善》，《理论探索》2009 年第 4 期。

［4］张粒子：《我国居民阶梯式递增电价制度的探讨》，《价格理论与实践》2010

年第 2 期。

［5］温桂芳、骆珊：《公共物品定价理论》，载郭冬乐、宋则主编《中国商业理论前沿Ⅱ》，社会科学文献出版社，2001，第 338 ~ 385 页。

［6］刘戒骄：《我国公用事业运营和监管改革研究》，《中国工业经济》2006 年第 9 期。

［7］王俊豪：《A - J 效应与自然垄断产业的价格管制模型》，《中国工业经济》2001 年第 10 期。

［8］Dupuit，Arsène Jules，De la mesure de l'utilité des travaux publics，*Annales des ponts et cbaussées*. S. II，VIII（1844），pp. 332 - 375，republished in De Bernardi M.（ed.），*De l'utilité et de sa mesure*，Torino，La Riforma Sociale，1933，pp. 29 - 65；English translation，On the measurement of the utility of public works，*International Economic Papers*，2(1952)，pp. 83 - 110.

［9］Hotelling，Harold，The General Welfare in Relation to Problems of Taxation and of Railway and Utility Rates Source，*Econometrica*，Vol. 6，No. 3，（July 1938），pp. 242 - 269，published by the Econometric Society.

［10］Steiner，Peter O.，Peak Loads and Efficient Pricing，*The Quarterly Journal of Economics*，Volume 71，Issue 4（Nov.，1957），pp. 585 - 610.

［11］Williamson，Oliver E.，Peak-load Pricing and Optimal Capacity Under Indivisibility Constraints，*The American Economic Review*，56（4），1966，pp. 810 - 827.

［12］Lindahl，E.（1919），Just taxation positive solution，republished in R. Musgrave and A. Peacock（eds.），*Classics in the Theory of Public Finance*，Macmillan，London，United Kingdom，1958.

［13］Samuelson，Paul A.，The Pure Theory of Public Expenditure，*The Review of Economics and Statistics*，Vol. 36，No. 4（November，1954）.

［14］Ramsey，F. P.，A Contribution to the Theory of Taxation，*The Economic Journal*，Vol. 37，No. 145，（1927），pp. 47 - 61.

［15］Boiteux，M.，Sur la gestion des Monopoles Publics astreints，A l'equilibre budgetaire，*Econometrica*，Vol. 24，No. 1，（Jan.，1956），pp. 22 - 40.

［16］Clarke，Edward H.，Multipart Pricing of Public Goods，*Public Choice*，Volume 11，Number 1，（1971），pp. 17 - 33.

［17］Littlechild，S. C.，*Regulation of British Telecommunications' Profitability*，*London：Department of Industry*，HMSO，1983.

［18］Norman，Peter，Efficient Mechanisms for Public Goods with Use Exclusions，*Review of Economic Studies*，Vol. 71，Issue 249（October 2004）.

我国可耗竭能源定价机制研究

王振霞*

内容摘要 能源是重要的社会生产和生活资料，是生产函数中特殊的资本形式，以石油、煤炭和天然气为代表的可耗竭化石能源是世界主导能源。近年来，能源安全对经济增长的重要作用日益明显，能源安全不仅是指能源供给量充足和供给渠道安全，建立健康的能源价格形成机制和维护能源价格稳定已经成为能源安全重要的新内容。现阶段，能源价格形成机制和价格管理面临很多新问题和新趋势，理论界对深化可耗竭能源价格形成机制改革的原则和方向也存在很多争论。明确我国可耗竭能源价格形成机制存在的问题，制定差别化的政策建议，是我国制定能源战略的重要内容。

关键词 可耗竭能源 价格形成机制 政策建议

一 能源价格形成机制在经济增长中的重要作用

能源是经济增长中的重要投入要素，能源供给和价格波动不仅影响经济长期增长的稳定性，也影响经济短期波动的趋势和幅度。随着世界经济增长趋势的加强，作为主导能源的煤炭、石油和天然气等化石能源的供给压力不断显现。同时，由化石能源消耗所产生的环境压力也日益明显。能源作为一种独特的资本形式，在经济增长中的特殊作用受到世界各国的广泛重视。

能源与经济增长的关系可以概括为三个方面：一是从实体经济角度，

* 王振霞，经济学博士，中国社会科学院财政与贸易经济研究所研究人员，主要研究领域为能源经济与能源价格。

能源的投入是维护经济增长的物质基础；二是从资源禀赋的角度，能源储备和能源结构在一定程度上决定了国家的经济发展方式、技术水平、经济安全以及经济发展与环境的协调关系；三是从要素属性角度，能源是重要的战略资源，能源政策的制定和执行会直接或者间接影响国内财政、货币等宏观政策和产业政策的制定，并影响国家在国际市场的利益诉求。可见，国家制定能源战略的原则在于维护稳定的能源供给；实现能源在不同代际的公平分配；利用本国能源比较优势，维护经济安全；促进经济发展和环境保护的协调；在国际能源博弈中占据有利的地位；制定科学合理的能源政策，以科学的能源政策促进经济发展方式不断改进；增加国家宏观调控手段的有效性。

实现上述目标的关键在于建立科学合理的价格形成机制，主要的原因有三个方面：一是价格形成机制直接决定能源价格水平，能源价格水平是提高能源使用效率最有效的手段，决定了能源生产者的利润水平和消费者的使用成本，是促进能源集约使用和维护代际公平开采的重要方式，是实行经济可持续增长的重要手段；二是科学的能源比价关系是保证经济安全和优化能源结构的重要手段，建立科学的比价关系一方面可以在经济发展的初级阶段鼓励优势能源的消费，促进经济发展和维护经济安全；另一方面从中长期可以促进替代能源的发展，优化能源结构，协调经济增长与环境保护的关系；三是能源价格形成机制直接影响国家的价格总水平、就业、利率、汇率以及可支配收入等基本经济指标，从而影响财政、货币和产业等政策，健康的能源价格形成机制可以提高宏观调控的有效性。

可见，能源价格形成机制是国家制定能源政策和能源战略的核心机制。能源价格形成机制包含的内容非常广泛，现阶段能源价格形成机制存在的问题和改革的方向比较复杂，在讨论能源价格形成机制改革的过程中不能仅就价格谈价格，应该认识到价格形成机制改革是一种制度改进，关系到经济发展方式的调整、经济结构优化、市场制度健全、企业制度的改革、法律制度完善等多个方面；应在相应的理论指导下，分析能源价格形成机制改革面临的新问题，并结合我国经济发展的基本特征和未来发展战略，提出改革的政策建议。

二　能源价格形成机制改革的经济学分析

根据上述分析，可以看出能源价格形成机制改革关系经济发展方式转变、经济与环境协调发展、市场制度完善等各个方面，客观上需要在改革的过程中充分借鉴相关的理论，在理论的指导下有序的进行。化石能源价格形成机制改革，一方面要重视耗竭性能源自身的特性；另一方面也要和我国的基本国情和经济发展特征相结合，既要体现相应经济学理论的指导作用，也要具备现实的可操作性。

第一，化石能源最主要的特性是耗竭性，耗竭性能源价格形成机制改革的目的之一是合理规划能源的开采和消费，保障不同代际能源消费的公平性。一般而言，影响化石能源耗竭性的因素主要包括技术进步、替代能源开发、生产和生活方式的转变以及制度演化等，这些因素通过影响能源的耗竭速度和预期，从而影响化石能源价格形成机制改革的进程。对化石能源耗竭速度的不同判断直接决定了其价格改革的方向。所以，在化石能源价格形成机制改革的过程中应借助耗竭性理论的相关研究成果和方法，明确判断能源耗竭的真实过程，合理引导生产者和消费者对能源耗竭性的预期。在此基础上，改革化石能源价格形成机制，既保护能源的合理开采、促进经济增长，也兼顾代际公平、维护未来的发展权。

第二，耗竭性能源价格形成机制改革的另一个重要目标是实现能源消耗外部成本的内生化，即解决化石能源消费产生的环境破坏等负外部性问题。经济学为解决外部性问题提出了两种不同的方案，一是征收庇古税；二是有效地界定产权。税收和产权改革各自具有不同的作用，税收是政府宏观调控的有效手段，资源税、环境税已经成为世界各国解决环境外部性问题的有效手段。同时，建立科学的排放权交易市场，通过界定污染权的方式解决外部性问题也引起了世界各国的广泛重视和实践。在化石能源价格形成机制的改革中如何有效协调征税与产权改革的关系是需要认真研究的重要问题。

第三，耗竭性能源价格形成机制改革不仅是完善价格的资源配置作用，从深层含义上讲，要素价格形成机制还应促进国家、市场和企业的制度完善。地租理论将价格赋予了更加深刻的含义，因为地租是产权所有者经济决策的优化目标，而价格只反映了决策和行为的结果。一般而言，理论经济学家较侧重于研究地租的变化过程，应用工作者则研究价格变动，但在很多条件下，租与价格可以合在一起讨论①。地租理论给予我国可耗竭能源定价机制改革的指导意义，一方面要强调价格对化石能源的配置作

① 汪丁丁：《资源的开采、定价和租》，《管理世界》1991 年第 3 期，第 168 ~ 172 页。

用；另一方面也必须看到价格背后的深刻含义和相关的制度基础，必须将价格改革与体制改革、经济增长方式的调整、经济结构优化和产业发展、企业制度改革相结合，以价格改革带动能源产业发展，同时也要兼顾社会分配公平和竞争市场环境的建设。

第四，耗竭性能源价格形成机制改革需要将市场调节与政府调控有效结合。市场化是化石能源价格形成机制改革的方向，但是必要的管制是价格改革的必然要求，有效协调市场与管制的关系是价格形成机制改革成败的关键。能源行业是关系国计民生的重要产业，世界各国都存在对能源行业实施不同程度的管制，但是管制目的和方式的不同使得管制的效果也不尽相同。在能源产业发展的初期，由于初始规模大、投资回报慢，采取对能源行业的进入和价格管制是保护国有资源和扶植企业发展的重要手段。随着能源行业的发展壮大和对国民经济和消费影响作用的深入，很多国家对能源行业的管制逐渐转向了保护消费者的利益，维护经济发展的能源安全。这个趋势从客观上要求管制的前提是不阻碍竞争市场的形成，政府管制的重点应由对价格的直接管制逐渐转向对法律制度的完善和发展，以及对市场有效性的监管。

第五，化石能源价格形成机制改革要兼顾经济增长数量和质量的关系。价格水平直接反映能源的稀缺价值，决定了能源供给和能源效率，从而影响经济增长的数量。从经济发展的质量来看，可耗竭能源市场机制的完善程度、能源价格是否包含环境成本等信息，是维护经济健康发展和环境保护的重要影响因素。如何兼顾经济稳定增长和提高经济增长质量是需要认真研究的问题。长期来看，能源价格是影响国内产业结构优化、转变经济发展方式、参与国际能源定价的战略制定的关键因素。全球化的发展促进了国际贸易繁荣，从全球贸易和国际产业转移的趋势分析，技术水平相对落后的发展中国家承接能源资源密集型产业，并向发达国家出口能源密集型产品，这种形式一方面促进发达国家消费繁荣和发展中国家经济增长；另一方面也扩大了发展中国家能源的消费量和恶化了发展中国家的环境。如何在全球化的视角下维护经济增长，并逐渐转变经济增长方式，实现经济与环境协调发展，是我国未来可耗竭能源定价研究的重要内容。

综上所述，能源价格形成机制的改革应放在整个经济发展的框架下，配合相关政策措施，实行综合改革，不能仅就价格水平改革定价制度，而要将价格改革与经济增长方式转变、经济结构优化、体现经济增长过程中的环境约束、企业制度改革、市场制度完善等各项基本政策目标相结合，实现全面的改革。

三　能源价格形成机制改革面临的新问题和新趋势

现阶段，可耗竭的化石能源价格形成机制面临着六个方面的新问题和新趋势，这些问题的存在必将影响我国能源价格形成机制改革的深化。

第一，世界主要国家对能源与经济增长之间关系的关注发生了重要变化，这种趋势加深了化石能源价格形成机制和价格管理的复杂性。

长期以来，世界主要国家对能源的关注主要集中在能源对经济持续增长的支撑作用上，特别是石油危机以后，保证能源的可获得性是各国能源战略的核心。能源可获得性的含义不仅是指能源供应量和供应渠道的安全，同时还包括能源价格的稳定。在经济发展的初期，以较低廉的价格获得能源是维持经济增长的必要条件。现阶段，世界主要国家对能源与经济增长关系的认识发生了变化。这种变化表现在发展中国家依然关注能源的可获得性、能源效率提高对经济增长的保障作用，而发达国家已开始关注能源结构优化和替代能源发展对经济持续健康增长的作用。发达国家关于能源与经济增长之间关系认识的转变有两个方面的原因：一是化石能源的耗竭性和使用对环境的破坏作用确实阻碍了经济可持续健康发展，这些国家已经经历了过度关注物质生产的粗放增长阶段，对清洁环境的需求使得其更加关注可再生能源的使用和化石能源的清洁化。二是发展先进的替代能源，优化能源结构符合发达国家寻求新的经济增长途径、建立新的能源国际贸易秩序和国际标准的要求。以环境问题为手段，通过对能源价格和能源结构的控制主导世界经济发展，这符合发达国家的自身利益。化石能源国际贸易和国际合作的基础是建立在对能源的掌握和对贸易渠道的控制上，而新能源国际合作的基础是技术合作和标准的制定。国际能源市场日益重视发展新能源的趋势，势必会影响我国国内化石能源价格形成机制改革的方向和对价格波动的管理。

第二，低碳发展机制和能源金融等新因素将对化石能源价格形成机制改革产生日益明显的影响。

低碳发展机制从以下几个方面影响化石能源价格形成机制和价格水平：一是低碳发展机制倡导的碳排放权交易和碳关税直接影响化石的价格形成方式，提高了初级制造产品出口国使用化石能源的成本；二是低碳经济发展机制影响化石能源的供求关系，增加了对化石能源未来需求的不确定性，从而影响其价格水平；三是低碳经济发展机制促进对化石能源替代技术的开发和推广，客观上改变了能源比价关系和能源结构，从而影响化石能源价格。

需要特别指出，低碳发展机制对深化我国可耗竭化石能源价格形成机制具有特殊的影响，这与我国能源结构高度相关。我国的能源结构呈现出以煤炭为主，以石油、天然气为重要补充，清洁的新能源发展较快、但比重一直较低的特点。新中国成立以来，煤炭就在我国的一次能源中占据绝对主导的地位，20 世纪 50 年代至 60 年代，煤炭消费占我国一次能源消费比重的 90%以上。虽然随着石油、天然气以及可再生新能源的发展，煤炭消费比重逐渐下降，但是依然长期占据 70%以上的比重。据统计[①]，2007 年我国煤炭消费量占一次能源消费总量的 69.5%（见表 1），比世界平均水平高 42 个百分点。

表 1　我国能源消费总量以及构成

年　份	能源消费总量（万吨标准煤）	占能源消费总量的比重（%）			
		煤炭	石油	天然气	水电、核电、风电
1970	29291	80.9	14.7	0.9	3.5
1975	45425	71.9	21.1	2.5	4.6
1980	60275	72.2	20.7	3.1	4.0
1985	76682	75.8	17.1	2.2	4.9
1990	98703	76.2	16.6	2.1	5.1
1995	131176	74.6	17.5	1.8	6.1
2000	138553	67.8	23.2	2.4	6.7
2005	224682	69.1	21.0	2.8	7.1
2006	246270	69.4	20.4	3.0	7.2
2007	265583	69.5	19.7	3.5	7.3
2008	285000	68.7	18.7	3.8	8.9

资料来源：国家统计局经济综合司编《新中国六十年统计资料汇编》，中国统计出版社，2010。

从表 2 可以看出，与石油和天然气消费相比，煤炭消费是二氧化碳等温室气体排放的主要来源，其开采和消费产生大量的温室气体，煤炭在一

① 数据来源：BP《世界能源统计年鉴 2009》，《中国统计年鉴 2009》。

次能源中的比重过高不利于低碳发展机制的建设。我国的能源结构决定了煤炭在较长时期内依然是主导一次能源，如何协调经济持续增长和环境保护的关系成为了化石能源价格改革的重点和难点，如何通过化石能源价格形成机制改革，形成合理的能源比价关系，促进减排目标的实现成为深化化石能源价格形成机制改革的新问题。

表 2　1980～2006 年我国消费和燃烧化石能源排放的二氧化碳量

单位：百万吨

年　份	消费天然气排碳量	消费石油排碳量	消费煤炭排碳量
1980	30.84	255.87	1173.49
1981	27.48	246.91	1177.24
1982	23.27	240.15	1256.08
1983	26.32	249.33	1328.24
1984	26.75	252.16	1460.19
1985	27.91	273.98	1571.64
1986	29.56	294.26	1663.65
1987	30.19	312.61	1777.76
1988	30.74	328.27	1900.36
1989	30.84	346.90	1916.66
1990	30.19	334.56	1928.64
1991	31.22	363.82	2006.31
1992	31.56	374.66	2069.04
1993	33.03	426.37	2181.34
1994	34.81	444.17	2376.80
1995	35.85	475.67	2391.86
1996	39.83	481.55	2415.59
1997	42.99	539.13	2551.01
1998	44.68	536.12	2448.39
1999	48.23	572.06	2371.83
2000	50.03	643.11	2273.37
2001	54.02	657.90	2396.08
2002	58.84	692.69	2689.07
2003	63.40	716.91	3281.33
2004	74.87	850.17	3922.29
2005	91.73	888.58	4448.99
2006	110.53	960.18	4946.98

资料来源：Energy Information Administration，*International Energy Annual 2006*。

除此之外，能源金融的发展也复杂化了化石能源价格形成机制的改革。能源金融发展的初衷是为能源生产和贸易提供融资、金融信息服务和规避风险的工具。随着能源金融衍生品的不断发展，能源金融产品成为国际投资和投机资本竞相追逐的领域，也成了虚拟经济增长的核心内容。近年来，能源金融对能源产品的定价能力越来越强，很多实证研究成果证明，能源现货贸易价格在很大程度上源于期货市场成交价格的影响。能源金融定价能力的增强，使得化石能源价格形成的主体和形式都将发生变化，加大了能源价格波动的幅度和频率，给政府价格监管带来难度，也增加了能源金融不发达国家参与能源定价的难度。

第三，能源价格水平和价格波动对国内基本经济指标的影响途径和程度决定了能源价格改革配套措施的制定。

能源价格波动对经济增长的冲击作用是通过影响生产成本、可支配收入水平、物价总水平、货币政策以及就业等基本经济指标，从而影响经济增长的水平和质量。能源价格对不同经济指标的真实影响程度，不仅决定了能源价格改革政策的制定，也决定了能源价格改革配套措施的制定。现阶段，以石油为代表的化石能源价格外生化的特征明显，这使得准确预测能源价格的难度不断加大，如何通过财政、货币以及产业政策的制定，配合能源价格政策的执行，将能源价格波动对经济增长的冲击作用减小到最低，是化石能源价格形成机制改革要考虑的新内容。

第四，现阶段，能源价格形成和波动对调整经济结构的作用成为研究的重点，客观上使得化石能源价格形成机制改革也呈现结构性的特征。

能源价格与经济结构之间的关系比较复杂，存在双向的影响关系。在某些国家或者一个国家的某些发展阶段，能源价格形成和水平是经济结构形成的原因之一，低廉的能源价格客观上造成了高耗能产业的产生和壮大；在某些国家或者一个国家的某些经济发展阶段，则表现为经济结构的特征决定了能源价格形成机制和价格波动的特点。经济结构包含的内容很多，不仅包含需求结构、产业结构、要素结构等，也包含国际收支结构、国民收入分配结构、城乡结构以及区域结构等各个方面。我国在改革开放以后的很长一段时间内，能源价格形成机制和价格水平是形成我国经济结构的主要原因。由于价格水平较低，并且由政府主导价格形成，造成了我国高耗能产业规模的扩大，并且形成了以出口能源、资源密集型产品拉动经济增长的需求结构，也造成了我国中西部省份经济发展的落后和区域经济发展不协调。现阶段，经济发展结构的特征加剧了能源价格形成机制改革的迫切性，改革能源价格形成机制一方面是转变经济结构的必然要求；另一方面也面临着国内各种利益之间的协调和经济结构转型带来的震荡，客观上增加了能源价格形成机制改革的难度。

第五，能源价格形成机制的改革与能源企业制度改革以及分配制度改革的关系日益紧密。

我国的能源生产企业大多是国有企业，其价格形成机制也是以政府或者部门定价为主。在我国，除了煤炭价格已经放开由市场形成以外，石油和天然气的生产和销售均由少数垄断的国有企业掌握。这种定价方式在经济发展的初级阶段可以保护重要的国有资源，保证经济发展所必需的能源安全。但是长期维持这样的价格形成机制不利于我国能源生产企业提高经营效率和增加市场竞争力，也会造成由于分配制度不合理而产生收入差距过大和社会不稳定等问题。现阶段，在我国实施化石能源价格形成机制改革必须与能源生产企业的制度改革结合起来，通过引入市场竞争的秩序来配合价格形成机制的改革，这是化石能源价格形成机制改革的新影响因素。

第六，化石能源价格形成机制存在共同的问题，也存在各自差别化的问题。

现阶段，我国石油、煤炭和天然气的价格形成机制存在各种问题亟待解决，这些问题的存在不仅制约我国能源产业的发展，也不利于我国转变经济发展方式、实现经济和环境协调发展。针对存在的问题，提出有效的解决方案，以深化化石能源定价机制改革为手段带动经济增长方式转变，在国际能源市场上发挥重要作用，成为我国能源价格改革的根本目的。深化我国可耗竭的化石能源价格改革需要从两个方面着手，一是明确我国煤炭、石油和天然气价格形成机制各自存在的问题，差别化地制定改革措施；二是在全球化的视角下，我国应以深化价格改革促进化石能源结构的优化、协调国内市场和国际市场的关系，参与国际能源合作，促进经济持续发展。

四　化石能源价格形成机制改革存在的基本观点和争论

针对化石能源价格形成机制改革面临的新问题和新趋势，我国理论界也提出了很多的观点和看法，对于深化化石能源价格形成机制也存在一些争论。

第一，在能源价格与经济增长关系问题的讨论上，理论界的基本共识是化石能源对经济增长具有不可替代的重要作用，以能源价格改革促进能源效率的提高和能源结构的优化是我国维持经济健康增长的重要手段。有的观点[①]认为，从长期来看，我国的能源消费与经济增长之间存在着长期稳定的均衡关系，并且是从能源消费到经济增长的单向因果关系。在能源消费持续增长、能源供给不足的现实条件下，进一步优化能源结构和提高能源效率是经济发展的必然选择。在此基础上，崔巍[②]进一步提出能源对经济增长的制约主要源于两个方面的约束：能源供给（储量）和能源价格。能源供给的危机来源于能源供给渠道的安全，而由于耗竭性的存在，未来的能源价格走势会持续走高，如果不改变现有的低价能源政策，我国未来的经济增长会面临巨大的制约。

对于现阶段能源价格对提高能源效率和优化能源结构是否具有重要作用的研究存在很大争论。王蕾[③]通过实证分析指出，在现有条件下，能源在经济发展中具有刚性需求的特点，尤其在政府掌握能源、环境治理成本等因素不被计入生产成本的条件下，能源价格对能源供求结构升级的调节作用不明显。杨洋、王非、李国平[④]也认同我国能源价格对能源效率的影响作用小于技术进步的影响作用。与之不同的观点[⑤]认为在“十一五”期间，我国能源价格的变动在短期和长期均显著降低了中国的能源强度。

第二，在能源价格与经济结构的关系方面，争论主要集中在能源价格对产业结构调整的影响上。林伯强、牟敦国[⑥]认为，我国能源价格的波动对产业结构的调整产生了重要的影响作用，并且提出我国以煤炭为主的能源结构特征决定了煤炭价格波动对产业结构的调整作用高于石油和天然

---

① 汪旭晖、刘勇：《中国能源消费与经济增长：基于协整分析和 Granger 因果检验》，《资源科学》2007 年第 9 期，第 57～62 页。

② 崔巍：《经济增长、资源功能与中国配制绩效及策略》，《能源与环境》2008 年第 2 期，第 5～11 页。

③ 王蕾：《以能源价格改革带动能源消费结构优化》，《中国国情国力》2008 年第 12 期。

④ 杨洋、王非、李国平：《能源价格、产业结构、技术进步与我国能源强度的实证检验》，《统计与决策》2008 年第 11 期。

⑤ 胡宗义、蔡文彬、陈浩：《能源价格对能源强度和经济增长影响的 CGE 研究》，《财经理论与实践（双月刊）》2008 年第 3 期，第 91～95 页。

⑥ 林伯强、牟敦国：《能源价格对宏观经济的影响——基于可计算一般均衡（CGE）的分析》，《经济研究》2008 年第 11 期。

气。胡宗义、蔡文彬、陈浩[1]也赞同我国能源价格的提高从整体上优化了产业结构，第二产业尤其是重工业在GDP中所占比重下降，减少了总体的能源消费。持相反观点的人则认为，仅仅依靠能源价格的提高难以转变经济发展方式和经济结构。艾慧[2]指出，能源价格上升意味着成本增加，厂商面临三种选择：成本转嫁、成本内部化或两种方法同时使用。竞争越激烈、产品需求价格弹性越大，厂商更多地采用成本内部化，反之则采用成本转嫁。成本内部化的厂商最先选择的策略是减少生产要素采购的应急措施，而成本转嫁策略不但不利于节能降耗而且助长通胀，所以经济增长方式转变和结构调整有赖于一揽子措施，仅靠能源价格变动不能完全解决问题。

可见，我国对能源价格与经济结构调整关系的研究主要是从产业结构的调整出发，也有人从能源价格波动对我国进出口等需求产生重要影响入手，研究影响经济增长的能源需求结构。但是对能源价格与区域结构、收入结构以及城乡结构调整关系的研究还比较缺乏，这将成为未来进一步研究的重要方面。

第三，关于能源价格形成机制和能源市场改革之间关系的研究成果中，普遍认为我国的能源价格形成机制改革应伴随能源市场的改革，积极推进价格的市场化改革。从总体上分析，我国的能源企业存在市场垄断的特征，使得价格形成难以反映真实价值。李小月、卢锟[3]指出，我国能源行业行政干预和市场垄断并存，价格长期管制，价格水平不反映真实价值，能源价格改革异步性使得价格形成倒挂，能源比价关系不合理造成能源结构的不合理。陈守海[4]也赞同这种观点，并通过分析煤价、电价和油价管理制度的演变过程，指出我国政府早已意识到能源价格市场化的必要性，并进行了勇敢的尝试。但是市场化进行得并不彻底，而是在很大范围内保留了政府的干预权或定价权，根本原因在于国有企业在能源行业的主导地位。同时，也有的观点提出能源价格形成的市场化改革应针对不同的能源形式进行差别化的讨论。对于我国煤炭市场，其竞争程度较高，市场

① 胡宗义、蔡文彬、陈浩：《能源价格对能源强度和经济增长影响的CGE研究》，《财经理论与实践》（双月刊）2008年第3期，第91~95页。

② 艾慧：《能源价格改革的效应维度分析》，《当代经济研究》2009年第1期。

③ 李小月、卢锟：《国际能源价格变动对我国能源价格机制形成的影响——兼论我国能源价格管理体制》，《中国矿业》2008年第1期。

④ 陈守海：《能源价格市场化研究》，《消费导刊》2008年第1期。

定价的特征也比较明显，但是市场化形成的煤炭价格波动具有后发性、来势猛、复苏慢的特点[①]，进一步对煤炭市场引入竞争可能会危害行业健康发展。与煤炭相比，石油和天然气市场垄断特征明显，其价格市场化的程度较低，价格没有充分发挥其资源有效配置的作用，应逐步引入竞争机制，以市场制度改革推动价格形成机制改革。

第四，对能源金融发展和低碳等新因素对定价影响的问题研究。我国的研究主要集中在利用金融手段进行金融定价的能力方面。李小月、卢锟（2008）认为能源金融不发达，使得我国缺乏能源金融定价权，也缺乏金融的避险能力。王喜爱[②]提出我国在缺乏能源金融定价权的条件下，与国际石油价格的简单接轨会掩盖国内生产企业经营效率低下的问题，也会造成国家利益受损。

此外，从全球化的视角来看，能源资源集中、使用范围分散的特点决定了能源国际贸易和国际合作的重要性，我国能源资源结构决定了我国积极参与国际能源合作的必要性和急迫性。其中，拥有对国际主导能源定价的影响力是赢得国际能源市场博弈的重要手段。从长期看，我国化石能源价格形成机制改革的方向是，逐渐参与国际市场的能源定价，在国际市场体现我国的影响力，并实现与国际能源价格在形成机制上的接轨，有效利用国内和国外两个市场。实现这个目标的前提是明确影响国际能源定价权的因素，并在此基础上制定我国能源价格战略。

近年来，低碳发展机制的提出对国际能源价格形成机制的演变产生了重要的影响，深化我国的能源价格形成机制改革不能忽视这一重要的发展趋势。但是，也有的观点认为低碳经济的提出是发达国家新型贸易和发展壁垒的形式，是限制发展中国家获得平等发展权的手段。我国是世界上最大的发展中国家，应正确理解低碳经济的含义，即在经济发展基础上逐渐减少碳排放，而不能放弃发展权。在低碳发展机制下，我国化石能源价格形成机制改革必须首先考虑维护本国经济发展和促进就业等，实现这个目标，在发达国家技术转移和资金支持前提下，逐步通过价格改革促进环境保护与经济发展的协调。

综上所述，我国能源价格形成机制改革的研究已经达成了一些共识，即我国的能源供给和能源价格稳定对经济增长具有重要的作用；我国目前

① 岳福斌、邵懿博：《创新煤炭管理体制》，《中国能源》2006 年第 5 期，第 24 ~ 27 页。

② 王喜爱：《从石油的金融属性看我国石油价格与国际接轨》，《经济经纬》2009 年第 2 期。

的能源价格形成机制改革的市场化趋势是主要方向；目前我国尚缺乏能源金融的发展和影响国际能源市场的能力。同时，我国能源价格形成机制的改革也存在很多争论，体现在：一是关于我国的能源价格形成机制和价格水平对经济结构的调整是否能起到重要的作用；二是我国如何通过能源价格改革协调维护经济增长和发展低碳经济之间的关系；三是在煤炭、石油和天然气的价格形成机制市场化改革存在怎样的差异化，在能源价格市场化改革过程中如何协调市场与政府之间的关系；四是伴随能源价格形成机制改革而进行的能源企业制度改革过程中，如何兼顾能源行业的健康发展和能源企业的发展特点，促进能源企业发展和提高经营效率、增强竞争力以及维护社会收入分配公平。

五　我国煤炭、石油、天然气定价机制存在的问题和改革的原则

深化能源价格形成机制改革，应根据我国能源结构、能源储备和经济发展阶段等特点，差别化地讨论具体的改革措施。我国能源结构是以煤炭为主，以石油、天然气为补充，可再生能源发展较快但比重较小，并且我国处于工业化、城市化的上升阶段，能源需求强度较大。不同的能源形式对我国经济增长、结构调整和环境保护的作用是不同的，我国可耗竭能源价格形成机制改革应在总体战略的指导下有差别的进行。从短期来看，能源价格改革的目标应理顺价格改革的关系，明确存在的问题，以价格改革带动能源产业的发展、形成完善的能源市场和提高能源使用的效率。从中期来看，应以价格改革带动我国能源结构的优化，促进我国的能源企业积极参与国际能源合作。从长期来看，应以能源价格改革带动经济发展方式的转变，实现经济与环境协调发展，在国际能源市场上充分发挥我国的影响作用，维护长期的经济发展和能源安全。

（一）关于煤炭价格形成机制改革

煤炭是我国的主导能源，长期占据我国一次能源消费比重的70%以上。煤炭价格形成机制存在的问题，在于没有实现定价的完全成本核算，没有协调好煤炭与电力、铁路等相关产业之间的关系，没有兼顾我国区域经济的协调发展的要求。深化煤炭价格形成机制改革的方向，在于实现包括环境成本等在内的完全成本核算，进一步探讨电煤价格形成机制改革的

方向和步骤，以煤炭价格改革带动中西部资源省份和东部制造业省份之间的协调发展。

煤炭价格形成机制改革的核心问题是完全成本核算的问题，这是解决当前煤炭价格形成机制改革的关键。煤炭的完全成本的含义是指在煤炭价格形成的过程中能够将煤炭生产、运输、消费、对社会环境造成的影响、未来的发展补偿等成本完全反映出来。现阶段我国煤炭资源的完全成本的含义包括五个部分的内容：一是煤炭生产成本的补偿；二是煤炭的产权价值补偿和代际公平成本补偿；三是煤炭的环境成本补偿；四是风险以及不确定性成本的补偿；五是对过度核算的成本进行核减。在完全成本核算基础上形成煤炭基准价格，能够反映煤炭的真实价格，有利于实现煤炭资源的合理配置，这个基准价格也是制定电煤合同契约的基础。

电煤价格形成机制改革应该在政府的有效监管下由市场手段完成，并伴随电力企业市场化改革。电煤价格应该满足两个基本特征：一是价格可以随着环境的变化自动调整，不仅能反映短期的供求信息，也能反映长期的价值变动趋势；二是价格对煤炭和电力双方都具有公信力，符合双方行业特点和经营理念，充分考虑煤炭和电力双方市场谈判力量、垄断程度、资产专用型以及宏观经济周期波动、需求波动、资源耗竭性、环境保护、国家的替代能源政策等因素，在充分考虑行业特点的基础上发挥市场和政府定价相结合的优势，明确电煤价格水平和价格调整机制。

煤炭价格对我国区域经济协调发展的作用在于，在煤炭完全成本核算基础上形成的基准价格应带动东部地区经济发展方式的转变和中、西部地区的经济起飞。从未来的发展趋势上看，具有耗竭性并且实行完全成本核算的煤炭价格将呈现逐渐上升的趋势，客观上有利于推动东部地区转变经济增长方式，实现集约化的经营，减少资源密集型产业的比重。对中西部省份而言，煤炭价格上升是否可以促进资源省份的经济起飞还取决于煤炭收益的用途和利用效率，只有当煤炭价格上升带来的利益被真正用于发展可持续发展的产业，改善居民教育水平、提高技术进步效率等用途时，才能真正促进经济的持续发展。

（二）关于石油价格形成机制改革

近年来，石油在我国一次能源消费中的比例不断提高，但是我国的石油储备并不丰富，由经济增长带来的石油需求不断上升造成了我国石油的对外依存度不断提高。对外依存度的上升决定了国际市场石油价格对我国石油价格形成机制将产生重大的影响。我国在石油价格改革过程中一直在寻求与国际市场的有效接轨，但是接轨的方式只是停留在价格水平的接轨上。深化石油价格形成机制改革应使价格反映我国真实的石油供求状况，以价格手段引导石油资源的有效配置，并在此基础上实现与国际市场在价格形成机制上的接轨，促进我国积极参与国际石油市场的合作，寻求价格话语权。

在深化石油定价机制改革的过程中，应区分原油价格形成机制改革和成品油定价机制改革，在改革中促进石油生产市场结构的优化，鼓励石油生产企业提高经营效率，降低生产成本，积极参与国际能源合作，保证长期经济发展所必需的石油供给。现阶段，国际石油价格外生化趋势明显，国际市场价格形成过程日益复杂，准确预测和判断国际石油价格水平的难度越来越大。在这种情况下，我国石油价格形成机制改革应注重与财政、货币、就业以及产业政策等协调配合，避免国际石油价格不规律的波动对我国经济发展造成的冲击，这是深化石油价格形成机制改革的新内容。

（三）关于天然气价格形成机制改革

天然气是化石能源中最为清洁的能源，鼓励天然气的使用是优化能源结构的重要手段。我国的天然气产业发展较慢，天然气在一次能源中的比重长期偏低，这与天然气价格形成机制不合理，没有和石油、煤炭形成合理比价关系高度相关。与石油和煤炭不同，天然气产业具有独特的特点，天然气的运输环节具有天然的垄断性。深化天然气价格改革的重要内容在于将价格改革与逐步引入竞争机制有效结合。在政府有效监管的基础上，根据引入竞争的顺序有步骤地改革天然气进口价格、管道运输价格和最终售价的形成机制。

我国天然气市场竞争机制的引入主要有四个步骤：一是实现管道运输与最终配气环节分离。为了限制凭借垄断管网获得超额利润，国家应该禁止管道公司进入下游零售业务。对于近年来中石油、中石化进入下游配气业务等行为政府应出台政策予以限制，一旦真正实行上中下游一体化，那么政府的价格主管部门就更难发现各个环节的真实成本信息，更难抑制超额利润的存在。同时，对配气环节的燃气公司等加强成本监管，促进经营效率的提高。二是逐渐将管道运输业务与上游开采业务分离。可以首先将现有的上下游一体化企业分离，建立独立核算、自主经营的企业，而后引入多元化资本进入管道运输企业，既可以增加管网建设的资金支持，又可以增加管道公司的经营独立性，最终实现管道公司对所有用户无歧视开放的“第三方准入”。三是在天然气行业已经发展到一定程度以后，开放天然气开采和进口的垄断，引入多元化资本从事天然气开采和进口业务，扩大气源的规模，在生产环节引入竞争机制。同时，通过竞标等方式在终端配气环节引入竞争，降低配气成本，提高经营效率。对于无需配气的大用户而言，天然气批发市场的形成和竞争可以保证其天然气的有效供给。对于需要配气的城市燃气等小用户，政府应逐步引入城市燃气公司的竞争，对于新建项目实行招标制度，引入城市配气设施建设的多元化资本投入，逐渐允许一定规模的小用户直接向源头购买天然气，实现充分竞争的零售市场。四是建立天然气经纪公司等代理机构，代表用户与天然气生产企业进行谈判。在此基础上发展我国天然气现货贸易和期货贸易，完善我国天然气市场化定价机制的建立。

对于国内天然气与进口天然气价格接轨的问题，在深化改革的过程中以下几方面值得关注：第一，我国现阶段处于天然气产业发展的初级阶段，在国际天然气价格上升时，我国应根据国际天然气价格适度调整国内天然气价格，将价格上调的部分用于天然气基础设施的建设和维护，扩大天然气产业的资本积累，对居民用户等价格承受能力较差的用户实施政府补贴。在国际天然气价格下滑时，扩大与天然气丰富地区的贸易谈判，加大天然气进口的力度。第二，在我国天然气产业实现一定的发展后，逐步缩短天然气贸易合同的期限，由签订长期合同逐步转变为签订短期合同，根据国际天然气贸易价格的变化灵活调整国内价格，促进两个市场形成有效的竞争。第三，积极发展天然气储备和天然气金融。利用价格手段促进天然气储备制度的建立，鼓励天然气金融的发展，加强与亚洲及世界范围内天然气金融大国的合作，参与建立亚洲地区的天然气金融交易市场，以金融手段完善天然气价格形成机制。

参考文献

[1] 汪丁丁：《资源的开采、定价和租》，《管理世界》1991 年第 3 期。

[2] 汪旭晖、刘勇：《中国能源消费与经济增长：基于协整分析和 Granger 因果检验》，《资源科学》2007 年第 9 期。

[3] 崔巍：《经济增长、资源功能与中国配制绩效及策略》，《能源与环境》2008

年第 2 期，第 5 ~ 11 页。

[4] 王蕾：《以能源价格改革带动能源消费结构优化》，《中国国情国力》2008 年第 12 期。

[5] 杨洋、王非、李国平：《能源价格、产业结构、技术进步与我国能源强度的实证检验》，《统计与决策》2008 年第 11 期。

[6] 胡宗义、蔡文彬、陈浩：《能源价格对能源强度和经济增长影响的 CGE 研究》，《财经理论与实践（双月刊）》2008 年第 3 期。

[7] 林伯强、牟敦国：《能源价格对宏观经济的影响——基于可计算一般均衡（CGE）的分析》，《经济研究》2008 年第 11 期。

[8] 艾慧：《能源价格改革的效应维度分析》，《当代经济研究》2009 年第 1 期。

[9] 李小月、卢锟：《国际能源价格变动对我国能源价格机制形成的影响——兼论我国能源价格管理体制》，《中国矿业》2008 年第 1 期。

[10] 陈守海：《能源价格市场化研究》，《消费导刊》2008 年第 1 期。

[11] 岳福斌、邵懿博：《创新煤炭管理体制》，《中国能源》2006 年第 5 期。

[12] 王喜爱：《从石油的金融属性看我国石油价格与国际接轨》，《经济经纬》2009 年第 2 期。

[13] 鲍健强、苗阳、陈锋：《低碳经济：人类经济发展方式的新变革》，《中国工业经济》2008 年第 4 期。

[14] 林伯强、魏巍贤、李丕东：《中国长期煤炭需求：影响与政策选择》，《经济研究》2007 年第 2 期。

[15] 林永生：《能源价格对经济主体的影响及其传导机制——理论和中国的经验》，《北京师范大学学报（社会科学版）》2008 年第 1 期。

[16] Adelman, M. A., "Scarcity and World Oil prices", *Review of Economics and Statistics*, Vol. 68, No. 3 (Aug. 1986), pp. 387 - 397.

[17] Gogineni, S., "The Stock Market Reaction to Oil Price Changes", Working Paper, University of Oklahoma, 2007.

[18] Hamilton, J. D., "What Is An Oil Shock?", *Journal of Econometrics*, Vol. 113 (2000), pp. 363 - 398.

[19] Hélyette Geman, Steve Ohana, "Forward Curves, Scarcity and Price Volatility in Oil and Natural Gas Markets", *Energy Economics*, Vol. 31 (2009), pp. 576 - 585.

[20] Kilian, L., "A Comparison of the Effects of Exogenous Oil Supply Shocks on Output and Inflation in the G7 Countries", *Journal of the European Economic Association*, Vol. 6, No. 1 (2008), pp. 78 - 121.

2000～2010年中国房地产价格研究综述

张清勇*

内容摘要　本文就发表于国内主要刊物上的论文作综述，按房地产价格泡沫、房地产价格波动、税收与房价、公共投入与房价、房价研究的空间和区域视角等几类文献，概括2000年以后国内学者就房地产价格问题开展研究时采用的方法、数据以及得出的结论和政策建议，发现已有研究在讨论话题的覆盖面、掌握国际文献以及理论模型和数据处理等方面已有长足的进步，进一步的研究可多注意数据问题，还可基于中国的实践尝试提出自己的理论假说和模型。

关键词　房地产　价格　住房　综述

一　引言

20世纪90年代中后期住房体制改革以来，尤其是2003年、2004年以来，中国住房价格以较快的速度上升，引发了居民住房支付能力不足的问题，使得有关房地产价格的课题成为各界关注的焦点，也成为学术研究的热点。已有的研究进展如何，取得了什么样的成果，以及存在什么样的不足，是值得回顾与总结的。本文主要就发表于《中国社会科学》、《经济研究》、《管理世界》、《世界经济》、《财贸经济》、《统计研究》、《数量经济技术经济研究》、《世界经济文汇》、《经济评论》、《中国土地科学》、《经

* 张清勇，管理学博士，中国社会科学院财政与贸易经济研究所助理研究员，主要研究方向为土地经济与住房问题。

济地理》、《财经研究》、《南方经济》、《城市发展研究》、《地理科学进展》、《地理学报》、《经济问题探索》等刊物上的论文作综述，概括2000年以后国内学者就房地产价格问题开展研究时采用的方法、数据以及得出的结论和政策建议。第二部分利用统计数据描述20世纪90年代以来的房地产价格波动，讨论房价和住房支付能力问题，第三部分对文献进行分类综述，最后一部分是评论和展望。

二　房地产价格高不高

根据《中国统计年鉴》、《中国统计月报》提供的销售面积和销售额数据，笔者计算得出了1991~2009年中国商品住宅和非住宅商品房的平均销售价格（见图1），可以看出，商品住宅和非住宅商品房的平均销售价格都呈现较快上涨的趋势——商品住宅的平均销售价格从1991年的756元/平方米上升到了2009年的4474元/平方米，年均上涨10.8%，其中1991~2003年年均上涨9.75%，2004~2009年年均上涨12.92%；非住宅商品房的平均销售价格从1991年的1780元/平方米上升到了2009年的6934元/平方米，年均上涨13.6%。

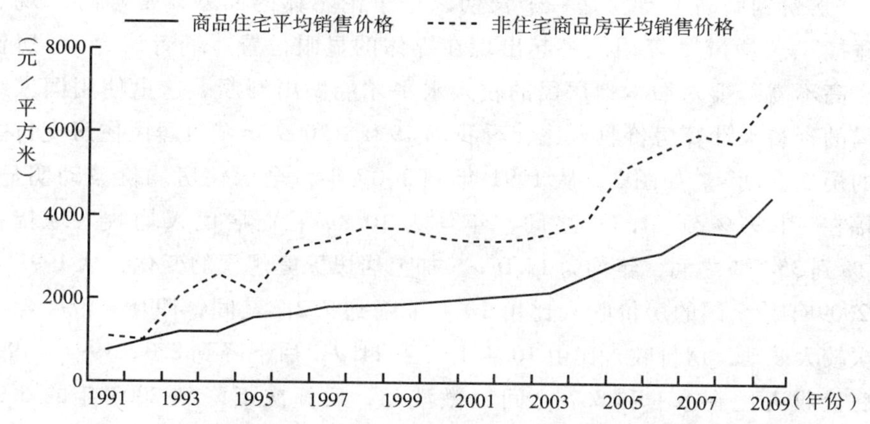

图1　1991~2009年中国商品住宅和非住宅商品房的平均销售价格

资料来源：《中国统计年鉴（2009）》和《中国统计月报》（2010年1月）。

如图2，根据中经网统计数据库提供的季度价格指数（上年=100），笔者计算了1998年第一季度到2009年第四季度中国商品住宅和非住宅商品房的价格指数，可以看出，除了季节波动，两个价格指数都呈向上态势——1998 年第一季度的商品住宅价格指数为 97.2，2009 年第四季度为 174.8；1998 年第一季度的非住宅商品房价格指数为 100，2009 年第四季度为 137.3。

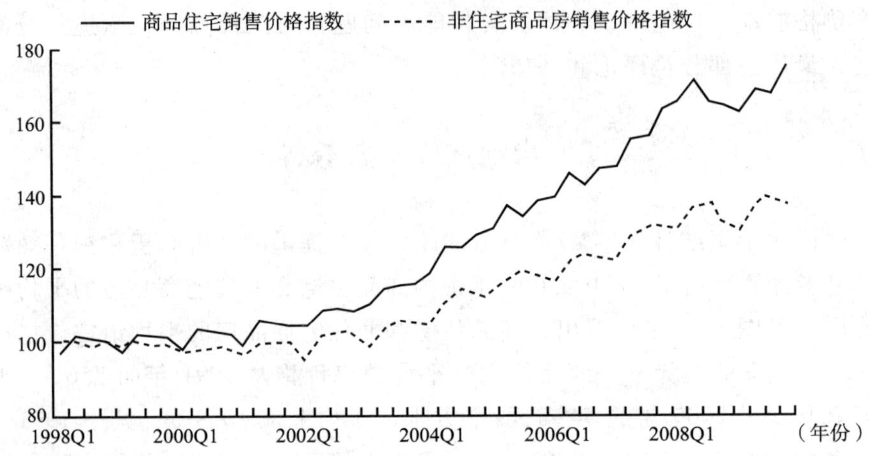

图 2　1998～2009 年中国商品住宅和非住宅商品房的价格指数

资料来源：中经网统计数据库。

“房价到底高不高”是一个长期以来争论不休的问题，常常与“观点大碰撞”、“激辩”等词汇一起出现在媒体的显眼位置。笔者认为，“房价到底高不高”要对照本地居民的收入水平才能做出判断。这里使用国家统计局的资料来计算房价收入比，看我国 1991～2009 年城镇居民住房支付能力的历史变动①。如图 3，从 1991 年到 2009 年，全国住房均价波动明显，涨幅在 -1.91% 到 31.7% 之间，年均为 10.8%；而居民人均收入增幅在 5.1% 到 35.6% 之间，年均为 14.0%。加上居民家庭规模的变化，从 1991 年到 2009 年，全国的房价收入比由 10.4 下降到 7.2。其间，1991～1994 年有一次较大波动，房价收入比由 10.4 上升到 11.7，后下降到 8.3；1994～1999 年房价收入比在 8.1 和 8.7 之间轻微波动，后渐次下降到 2003 年的 6.9；2004 年房价收入比回升至 7.4，到 2005 年进一步升到 7.6，到 2006 年、2007 年稍微下降到 7.2 和 7.3。由于统计数字上 2008 年住房均价下降了 1.91%、城镇居民人均可支配收入增加了 14.5%，算出的房价收入比为

① 计算方法参见张清勇（2007）。

6.2，为1991年以来的最低值。到2009年，住房均价上升了25.1%，而城镇居民人均可支配收入只增加8.8%，房价收入比又上升到了7.2。

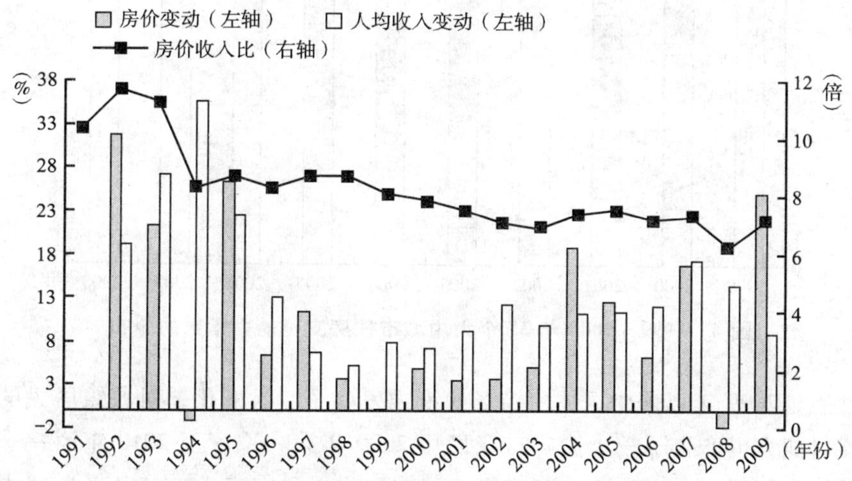

图3　1991~2009年的房价收入比

资料来源：《中国统计年鉴》，《中国统计月报》。

笔者还测算了1999~2008年我国35个大中城市的住房支付能力指数（见图4），发现支付能力很弱的城市数，呈现先略有下降后迅速增加的态势——1999年有9个城市，到2003年、2004年下降到4个；之后逐年攀升，到2007年达到了20个，占57%；2008年支付能力很弱的城市数有所下降，但仍有16个城市。除了2001年，住房支付能力较弱的城市数长期维持在十来个，所占比例在25%到50%之间①。

2008年以来，受美国次贷危机效应的扩散影响，全球经济陷入了自20世纪30年代以来最严重的衰退。中国国内经济形势也出现了一定程度的波动，失业率上升、收入下降的预期增加，居民消费意愿趋弱，住房市场观望情绪浓烈。对此，中国政府采取了一系列保增长、扩内需、调结构的措施予以应对。2008年12月17日，国务院总理温家宝主持召开了国务院常务会议，研究部署促进房地产市场健康发展的政策措施。而住房抵押贷款下限利率从2008年9月16日之前的6.66%起连续多次下降，2008年11月27日降到4.28%，2008年12月23日起进一步降到4.16%。在政策的

① 计算方法和数据来源参见张清勇（2009）。

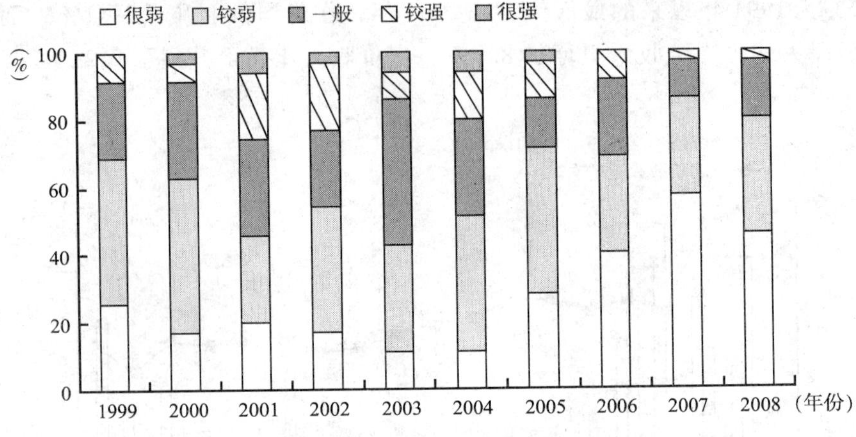

图 4　1999～2008 年 35 个大中城市住房支付能力指数的分布

干预下，2009 年以来中国住房市场短期内发生了巨大变化，对城镇居民的住房支付能力也产生了较大影响。我们用 2009 年第一季度至 2010 年第一季度的数据来刻画这一变化。住房价格、可支配收入和家庭人口信息来自《中国统计月报》，利率数据取自中国人民银行货币政策分析小组发布的《中国货币政策执行报告》，2009 年第一至第四季度的个人住房贷款加权平均利率为 4.45%、4.34%、4.38% 和 4.42%，2010 年第一季度提高到 4.63%。如图 5，与 2009 年第 1 季度相比，2010 年第一季度全国 35 个大中城市中住房支付能力指数下降的城市有 33 个，只有石家庄和昆明的住房支付能力略有上升。其中，住房支付能力最弱的城市依次是北京、深圳、海口、上海和杭州。

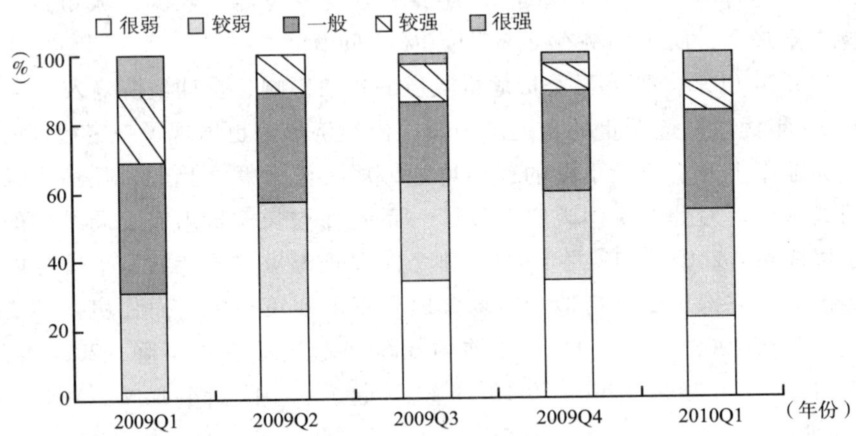

图 5　35 个大中城市 2009Q1～2010Q1 住房支付能力指数的分布

另外，中国人民银行从1999年起在全国50个大、中、小城市进行城镇储户问卷调查，从2009年第二季度起在问卷调查中增设居民对房价判断的相关问题。如表1所示，2009年调查储户中认为当前房价“过高，难以接受”的居民比例在60%以上，而进入2010年后，认为当前房价“过高，难以接受”的居民比例都超过了70%，在2010年第二季度达到了72.5%的新高。

表1 认为当前房价“过高，难以接受”的居民比例

时期	2009年第二季度	2009年第三季度	2009年第四季度	2010年第一季度	2010年第二季度
比例	超过60%	65.2%	67.2%	70%以上	72.5%

资料来源：中国人民银行季度《全国城镇储户问卷调查综述》。

三 研究进展

（一）房地产价格泡沫

袁志刚、樊潇彦（2003）构造了一个房地产市场的局部均衡模型，得出地产均衡价格中理性泡沫产生和存在的条件以及导致泡沫破灭的相应条件。在此基础上，他们得出两个推论，第一，中国具备产生泡沫的基本前提条件，适当的确定性泡沫可降低资本的过度积累，对整体福利是一种改进，因此一定程度的理性地产泡沫有可取的一面；第二，过度的储蓄资金为了更高回报而流向股票和地产市场，形成泡沫。因此，从长远看政府应通过各项配套改革提高资本（尤其是民间资本而不仅是国有资本）的回报率，以消除泡沫产生和膨胀的基础性诱因。姜春海（2005）在袁志刚、樊潇彦（2003）的基础上，将金融中介引入前、一般竞争均衡状态下的房地产价格定义为“房地产基本价值”，重新定义房地产基本价值、投机泡沫和泡沫度，得出了中国房地产泡沫已经产生且比较严重的结论，解释了产生的主要原因，指出地方政府对中央有关政策能否“上令下达，不打埋伏”是挤泡沫的关键。

杨帆等（2005）提出了一系列关于房地产泡沫的标准，对中国房地产现状进行衡量，得出中国房地产泡沫已经产生并以极快速度发展的结论，并从国内外经验教训中提出了若干治理措施。洪涛等（2007）利用35个大中城市 2000～2005 年的面板数据测度房地产价格中的泡沫成分，构建泡沫自回归模型并对其残差进行跨区域依赖性检验，发现不同城市间泡沫的演化过程相互影响，认为消费者的适应性预期是其中重要的传导机制之一。梁云芳等（2006）研究宏观经济变动对房地产价格的影响，发现全国商品房销售平均价格一直处于上升过程，北京的价格平稳中略有下降、房地产价格也日益趋于合理，但上海存在房地产泡沫，认为我国房地产价格的偏离只受部分地区的影响，即存在“局部泡沫”，政府应采取区别对待的政策，保证房地产市场的和谐发展。况伟大（2008）构建了消费者—开发商模型和投机者—投机者模型，说明住房泡沫大小以及泡沫破灭的条件，并利用 1996～2006 年 31 个省份的数据，采用系统 GMM 对其理论模型进行检验，表明东部存在较严重的泡沫，中西部没有明显的泡沫；认为降低东部房价主要靠降低预期、抑制投机，中西部要降低预期和开发成本并用。

胡健颖等（2006）采用 Levin and Wright 的基本框架，将房地产价格分解成由经济或市场基本因素驱动的基本价格和投机行为驱动的非基本价格，指出中国房地产价格的主要驱动力是市场基本因素，投机成分确实在房地产市场存在但对房地产价格的贡献并不大。许承明、王安兴（2006）构建了房地产投资者的经济行为模型，分析了各种融资条件下投资者可能存在的违约以及风险转移行为，给出了投资者以按揭贷款方式进行投资时理论上的均衡价格和价格泡沫，通过数据模拟分析利率政策、按揭比例、风险转移和交易成本等因素对房地产均衡价格以及价格泡沫的影响程度，提出银行控制按揭比例和信贷总量、地方政府提高交易成本、扩大经济适用房的供给来平抑价格等抑制房地产价格泡沫和银行危机的政策建议。周京奎（2005）认为，在信念和反馈效应的作用下，银行、开发商和置业者之间的互动行为将导致房地产价格不断上升和形成泡沫。他建立不完全信息动态博弈模型来揭示信念、反馈效应对泡沫形成的影响。其模型在信息不对称框架下分析市场繁荣和非理性繁荣时期开发商和置业者的战略选择，认为在信念和反馈效应的作用下，开发商和置业者的互动行为将导致房地产价格不断变化。只有在置业者认为市场处于非理性繁荣时，市场中才不会出现跟风和正反馈行为，抑止泡沫的产生。在其他情况下，策略信念的临界值都由对方的信念和收益决定。在反馈效应的作用下，他们的行动将导致市场投机行为迅速蔓延，最终形成泡沫。

王艺明（2008）发现国内学者有关房地产投机泡沫的经验研究存在巨

大分歧，认为分歧部分源于研究方法的局限性。例如，他指出杨帆等（2005）将国内部分大城市的房价、抵押贷款增长率等作为衡量泡沫的指标，与发达国家进行简单类比，很难支持其“全国房地产价格已经高估20%～30%”的结论，因为与发达国家不同，国内房地产市场处于从无到有的发展初期，较高增长或许是合理的；胡健颖等（2006）以人均收入、贷款利率等经济基本因素来估计房地产基础价格，但其基础价格的决定并无理论依据，只能主观地采用模型拟合，而可能产生模型误设。他还讨论了中国房地产市场数据系统开发较晚对泡沫经验研究的影响。在此基础上，他将房地产视为会产生一系列租金收益的投资，所有租金现金流的贴现值决定了房地产的基础价格，而如果市场价格偏离了基础价格，就说明存在泡沫，偏离幅度可视为泡沫大小。利用21世纪不动产提供的数据，他发现北京和上海两地存在显著的房地产投机泡沫，而广州则相对不显著。

邹至庄、牛霖琳（2010）从耐用消费品需求与供给的标准理论出发，利用1987～2006年全国城镇总体水平年度数据，在联立方程框架下估计城镇住房的需求与供给方程，得出需求的收入与价格弹性及供给的价格弹性的估计值，发现城镇住房价格的快速上涨主要可由需求与供给的作用解释，即人均收入和建筑成本的变化决定了房价的整体趋势，认为截至2006年的样本区间中国没有发生全国性的房价泡沫，不排除房价泡沫在个别城市、地区出现。

（二）房地产价格波动

梁云芳、高铁梅（2006）通过对不同地区不同用途商品房价格变动的比较，指出商业用房和办公用房的价格波动比较稳定，市场的不稳定主要由住宅价格波动引起。她们分析了影响住宅价格的需求、供给、资本可获得性等因素，发现土地交易价格的变动对住宅价格的变动有较大的同向影响，政府可调控“地根”以调控房价；上一期住宅价格波动有较强的滞后影响；利率变动对住宅价格有较大影响；多变量时间序列方差分量分析模型发现资本可获得性和需求的变化对住宅价格波动有较强影响，而供给因素对住宅价格波动的影响较弱。梁云芳、高铁梅（2007）定性比较了各地房价的波动，发现波动具有明显的地区不平衡性。基于误差修正模型的面板模型，她们发现无论是房价的长期趋势还是短期波动，信贷规模对东、西部影响都比较大，中部较小，表明信贷政策对调控东、西部房价是有效的；实际利率对各区域影响较小且差异不大；人均GDP对中部地区房价的长短期影响都比较大，表明中部房地产市场的发展更多地依赖于经济发展状况；房价的预期变量对东部房价的短期波动有较大影响。

屠佳华、张洁（2005）采用单位根检验、EG 两步法和 VAR 模型分析上海房地产市场 2000 年 7 月到 2004 年 3 月的月度数据，发现影响中房上海综合指数变动的主要因素有房地产投资占固定资产投资的比重、人均可支配收入、空置面积的变化率，上房指数滞后一期对其自身走势也有很大影响，而人均 GDP、人均消费支出等对房价的影响不显著；“取消购房契税补贴”和“暂停购房抵扣个人所得税”对房价攀升有抑制作用，贷款利率下调的影响不明显，世博会申办成功对上海房市有明显的推动。陈建等（2009）研究了所有权成本、投资者预期对北京、上海、广州、深圳住宅价格波动的影响程度。对季度非平衡面板数据的分析表明，广州与深圳住宅所有权成本可能不是导致近年这两大城市房价膨胀的主要因素，北京、上海的住宅基本面价值对住宅价格波动影响相对大一些；投资者基于历史住宅价格增长率的未来价格增长预期与货币幻觉导致北京、上海与深圳房价过度膨胀；广州投资者的历史真实房价增长预期显著推动了当地房价上涨，但货币幻觉影响的可能性需进一步确认；认为四大城市住宅市场可能存在泡沫。

（三）税收、公共投入与房价

况伟大（2009）指出，中国真正意义上的物业税包括城市房地产税和房地产税。他构建了消费者—开发商模型和投资者—开发商模型，认为在其他条件不变时，开征物业税将导致房价下降。对 1996～2006 年 30 个省份面板数据的检验表明，全国和东部开征物业税能有效抑制房价上涨，但对中西部效果不明显，且利率政策效果要大于物业税，指出政策制定者应因地制宜地运用物业税和利率政策。杜雪君等（2009）用 1998～2006 年 31 个省份的面板数据，分析了房地产价格、地方公共支出与房地产税负之间的关系，发现房价、地方公共支出与房地产税负两两之间存在反馈关系，房地产税负会抑制房价，地方公共支出会明显促进房价；地方公共支出与房地产税负对房价的影响存在动态差异性。在此基础上，他们认为房地产税收政策和地方公共支出预算相互配合的政策组合能有效调控房地产市场，应改革现行房地产税收制度，减少房地产流通环节的税种和税负，开征物业税等。

梁若冰、汤韵（2008）考察了 Tiebout 模型在中国 35 个大中城市的有效性，对这些城市2000~2005年的动态面板回归分析发现，地方公共品变量对商品房价格存在显著的正面影响，在一定程度上显示出地方公共服务资本化的现象。周京奎（2008）用特征价格模型和2006年天津市内六区214个住宅小区、3521个住宅单元的调查数据，讨论公共资本品规模对住宅价格的影响效应，表明地铁对部分地区住宅价格有显著影响，公共汽车线路的影响不显著；人文和生态公共资本品变量对住宅价格影响较小；公共投资的社会溢出效应较低，居民的住宅需求仍以基本需求为主。周京奎、吴晓燕（2009）用30个省市的面板数据检验了公共投资对房地产市场的价格溢出效应，发现土地价格受公共投资的影响最大，其次是住宅、办公楼和商业用房，生态环境投资对土地和住宅的溢价值较高，公共交通投资对经营性房地产的溢价值较高，教育、城市基础设施投资对各类房地产的溢价值较为稳定，认为公共投资是提高城市经济活力的有效方法之一，重新设计房地产税种和税率是房地产税改的必然选择。

王松涛等（2007）用北京公共服务设施地理空间信息和814例新建楼盘交易数据分析了商品住房对6大类公共服务设施的空间可达性，通过特征价格模型分析可达性对商品住房价格的影响，发现：①按照“最短距离”可达性比较，住房对绿地公园、医院和健身场所可达性最好，对大型商场、文化设施、体育场馆的可达性较差；②按照住房的区位和价格比较，城市四环以内和高价住房组别对公共服务设施的可达性明显优于其他组别；③重点高中、球类场馆、文化设施和绿地公园等的可达性越好，住房价格越高，即公共服务设施规划布局在一定程度上被资本化入房价。郑思齐等（2008）讨论了劳动力城市间流动性增强、居民在城市间重新分布引起的房价重估问题。她们对35个大中城市的实证研究表明，城市价值已经显著地资本化到了房价当中。郑思齐等（2010）利用1999~2006年北京市地铁13号线周边的住宅楼盘数据库，发现郊区轨道交通站点周边1公里内的住宅价格比1公里外高出近20%，这一效应在中心区不显著，验证了轨道交通对郊区住宅价格的影响大于城市中心区的理论。

（四）房价研究的空间、区域视角

况伟大（2006）构建了住房市场空间竞争模型，分别就Cournot竞争和价格合谋情形探讨了开发商的位置、交通费用、容积率如何影响均衡开发量、房价和社会福利，得出的结论是开发商之间进行的是位置固定的空间竞争，房价与市中心距离、单位距离交通费用以及容积率成反比，价格合谋是房价刚性的根本原因，认为要将刚性房价降下来，政府应尽可能将住房项目放在城市边缘，适当提高容积率，对价格合谋进行规制。邹琳华（2009）指出管制和垄断使实际房地产开发成本远高于有效率的成本，造成社会福利损失。他用 2004～2006 年 30 个城市的房地产开发面板数据，构建了随机前沿法模型，发现管制与垄断显著增加了房地产开发成本，且这种作用逐年增大。

于璐等（2008）基于单中心城市假设，利用特征价格模型对北京市住房价格空间梯度进行了实证研究，发现传统单中心假设与实际偏离较大，模型解释能力不强。纳入方向区域变量后，修正模型解释能力显著提高，住房价格梯度在各空间区域表现出显著差异，这种空间互异性主要受交通基础设施与城市空间结构的影响，与北京的实际情况吻合。周京奎（2009）构建了城市舒适性与住宅价格、工资理论关系模型，用 1999～2006 年城市面板数据进行分析，发现城市舒适性对住宅价格和工资的影响具有明显的区域差异，东部的影响高于西部，且由于住宅价格和工资之间不因城市舒适性的差异而相互进行补偿，表明我国住宅市场和劳动力市场的溢价发现与调整机制还不健全，认为政府在制定经济发展政策和城市发展政策时应充分考虑这种差异性。张娟锋、刘洪玉（2010）建立了住宅与土地市场的联立方程模型以解释住宅、土地价格的城市间差异。他们收集了 35 个大中城市的 105 个样本数据，利用 OLS 和 2SLS 估计住宅与土地价格方程，发现住宅与土地市场是互动影响的关联资产市场，住宅与土地价格存在联立性，人口数量、财富水平、建筑成本、住宅预期收益和土地市场化程度是造成城市间住宅、土地价格差异的决定因素，而平均工资与城市宜人性的影响并不显著。

（五）利率、汇率、货币与房价

乔海曙、陈志强（2009）指出房地产业属于利率敏感型行业，负利率会使利率对房地产市场的成本约束失效，刺激市场扩张。他们发现负利率对于房地产市场需求和价格表现出正向扩张效应，对供给的扩张效应不显著。段忠东（2007）分析了房地产价格影响通货膨胀与产出的机制，指出房地产价格通过影响总需求对物价产生压力，其中房价对储蓄的边际影响十分重要。运用相关性分析、协整检验、脉冲响应函数与方差分解，他发现短期内房地产价格对通货膨胀与产出的影响十分有限，长期则有重要影响，且房价与通货膨胀、产出之间存在正反馈作用。杜敏杰、刘霞辉

(2007) 建立了房地产价格变动与汇率变动的模型，指出汇率的小幅变动可通过久期杠杆使房地产价格大幅度变化，依据资产定价无套利规则，房地产价格的上涨需要同等幅度的地租上涨来支撑，如果上述关系不能满足，就会产生泡沫。

丁晨、屠梅曾 (2007) 用向量误差修正模型检验房价在货币政策传导机制中的作用，发现房价的作用较为显著，房价渠道的总体传导效率较高，进而认为房地产市场已成为货币政策传导的重要途径。王松涛、刘洪玉 (2009) 提出以住房市场为载体的货币政策传导机制理论框架，构建了结构向量自回归模型，发现利率1标准方差正向结构冲击 (0.25%) 引发私人消费下降1.09%，经济总产出和价格总水平也相应降低，房价则下降0.47%；房价1标准方差正向结构冲击 (1.17%) 引发私人消费上升1.24%，经济总产出和价格总水平也相应提高。段忠东、曾令华 (2008) 证明在一个包含房价的两市场动态化系统中存在焦点均衡的稳态，房价对市场均衡利率的最终影响取决于房价对货币供给与货币需求之边际影响的对比，发现随着房价的高涨 (萧条)，房地产市场将起到扩张性货币政策效力放大器 (衰减器) 与紧缩性货币政策效力衰减器 (放大器) 的作用。他们的经验研究显示，中国房价的外生冲击在改变货币需求稳定性的同时，也增强了货币供给的内生性；长期内房价对市场利率有显著的反向因果影响，表明房价高涨成为创造市场流动性的一个重要来源。最后，他们总结出，房价波动降低了货币量作为中介目标的可控性，还可能对央行的货币政策效力产生影响，认为应充分考虑房地产市场对货币政策效力的冲击，采取相应措施抵消其消极影响。

(六) 政策、行为与房价

项卫星、李宏瑾 (2007) 借鉴货币交易方程建立了分析房价和供求关系变化的理论分析框架，指出供给增速远远小于需求增速导致了房价的过快上涨，并用2001~2006年3月份的数据进行广义差分回归、协整检验和误差修正模型验证了上述判断。他们梳理了2003年以来的各项政策，发现政策基本上都是从控制供给的角度进行的，对需求的抑制效果非常有限，指出这样不仅不能平稳房价，反而加剧了市场的供求矛盾，使房价迅速上涨，认为今后应更加重视市场供求情况，加强动态决策管理能力，充分发挥市场机制的作用。

刘旦 (2008) 指出房地产市场是非常复杂的市场，其价格决定除受一般经济学规律影响外，购房者心理因素的影响也非常大。通过对长三角购房者的360份有效问卷调查，他发现心理因素对购房决策的影响是巨大的——人们的购房决策受情境因素和认知判断偏差的影响显著。高波、洪涛（2008）利用1999～2005年间31个省（市、区）的面板数据对中国住宅市场中的羊群行为进行实证检验，发现在住宅市场繁荣的地区，住宅交易量增长与价格上涨相互促进，存在显著的扩张性羊群行为特征，而在住宅市场发育程度较低、住宅消费水平相对较低的地区，羊群行为的特征不明显；真实贷款利率的上调和其他宏观调控政策措施已对扩张性羊群行为产生了一定的抑制作用；认为把宏观调控政策的基点放在稳定住宅价格和调整供应结构上是一种正确的选择。黄静、屠梅曾（2009）利用2000年、2004年和2006年"中国健康与营养调查"中的城镇家庭调查数据，发现房地产财富对居民消费有显著的促进作用；房价上涨并没有使房地产财富效应增强，反而有所减弱；住房来源于"自己的"家庭的财富效应高于住房来源于"单位的"和"国家的"家庭；房地产财富效应在自有产权和租私人住房家庭间没有差异；户主越年轻，收入越高，经济越发达，房地产财富效应越大。

任荣荣等（2008）引入住房所有权成本概念分析了预期对房价的作用机制，建立了预期对房价影响的模型，利用35个大中城市1999～2005年的数据进行分析，发现预期在房价变化中发挥着重要作用，且这种作用在房价较高的城市表现最为突出，认为"未来价格会继续高涨"的预期会使居民对住房的需求过度膨胀，导致房价的非理性增长。建议政府关注调控政策可能带来的对市场参与者预期的影响，加强市场信息的透明度，引导市场参与者的预期。

四　评论和展望

原亚洲房地产学会会长邹广荣在1997年亚洲房地产学会年会上指出，中国大陆20世纪90年代的房地产研究多关注政策问题，大多是描述性的，很少使用经验数据进行分析（Chau，2000）。清华大学刘洪玉教授在总结2000年在京召开的第五届亚洲房地产学会年会时也指出"我国房地产业的研究和实践属于粗放型"（刘洪玉，2000）。时过境迁，可能是与美国房地产学术史上第一代研究者多为"兼差"而第二代研究者全心全力投入此领域学术研究（Jaffe，1996）的状况类似，虽然仍有诸如"房地产已经成为情绪化影响很大、学术研究水平很低、政策手段很矛盾、调控效果很不确定的产业”的批评（金碚，2007），从总体上看，有关中国房地产价格的研究在一定程度上已经走出了初步、粗放的状态，正走向精细化。从前述文献来看，已有研究无论是在所讨论话题的覆盖面上，在掌握国际文献数量上，还是在理论模型、数据处理技术上，都已有长足的进步。进一步的研究或可多注意以下问题。

首先是要关注数据的质量问题。总体上，房地产研究缺少有效、透明的统计信息，统计局与房地产、土地主管部门发布的价格数据常有大的出入（张清勇，2008）。杨慎在2006年中国社会科学院举办的《房地产蓝皮书》发布会上指出，“房地产数据的混乱、差错是相当严重的”，导致的科研机构在研究时容易出现问题①。有关房地产的数据如此混乱，以致学术界、媒体有“忽悠”、“糊涂账”等说法，以及“由于缺乏科学和权威的统计数据，中国的房地产市场正陷入一团统计迷雾，围绕它所进行的争论也只能是雾里看花，不知所云”②、“数据混乱乃至失真，任何人研究房地产问题都如沙滩盖楼，终将无功而返”等③。而且，令人大跌眼镜的是，针对大众对数据质量的质疑，各机关不是就事论事地探索更好的统计口径和计算办法，而是采取掩耳盗铃式的“统一公布”，规定由统计部门专门对外发布数据。

其次，数据处理应坚持实事求是的原则，数据量不够多、数据质量不够好时不要勉强。例如，近年有关房价和地价因果关系的讨论由于数据、方法等原因，结论各异。徐滇庆（2006）在认为“房价决定地价是一个早已被亚当·斯密、李嘉图和马克思等阐明了的经济学常识。……在目前中国房地产市场上是房价决定地价，而不是地价决定房价。某些房地产商将房价暴涨的原因归结于地价上涨是颠倒了因果”的同时，指出“在统计学中我们可以检验两组数据之间的因果关系。由于中国开放房地产市场的时间还不长，要检验房价和地价之间的因果关系尚且缺乏数据支持”。张清勇（2008）基于文献的探讨发现，国外学者就房价和地价关系进行经验研究时所用数据的跨度都在10年以上，而国内已有的不少有关房价和地价因果关系的讨论，大多依据10多个、20多个季度的时间序列数据，样本自

---

① 田新元：《房地产数据混乱相当严重》，2006年4月26日第2版《中国改革报》。

② 王永康：《房地产市场遭遇统计迷雾》，2006年5月12日第4版《市场报》。

③ 姜炜：《数据混乱，地产研究如沙滩建楼》，2006年12月18日第26版《中国房地产报》。

由度在采用带多个滞后项的复杂估计模型之后进一步缩水，降低了结论的可靠性。

另外，数据处理应坚持“让数据说话”，避免“让数据屈打成招”。前述文献除了很小一部分采用微观调查数据外，大多采用国家统计局发布的商品房平均销售价格数据，部分使用国家统计局的房地产销售价格指数，少数使用中国指数研究院发布的中房指数以及戴德梁行、21 世纪不动产等中介机构的数据。面对各种数据，如何取舍、到底哪种更好，仁者见仁，也可能出现先有结论后找“合适”数据的削足适履现象。沈悦、刘洪玉（2004）利用 1995 ~ 2002 年 14 个城市的中房住宅价格指数与经济基本面数据，发现经济基本面的当前或历史信息都可以部分解释住宅价格水平或者变化率，但 1998 年后经济基本面对住宅价格的解释能力发生了显著的变化，且这种变化在 2001 ~ 2002 年间尤其明显，指出近年来住宅价格的增长已无法很好地用经济基本面和住宅价格的历史信息来解释，必须引起政府和行业的足够重视。但是，他们的另一项研究针对全国 1986 ~ 2002 年的年度新建住宅均价进行研究，却得出住宅价格与市场基本面之间存在长期均衡关系的结论，认为是经济基本面推高了住宅价格，而不是泡沫，进而得出“因为经济基本面能够解释中国的住宅价格，政策制定者应继续减少政策干预，干预应仅限于稳定住宅产业，应只在有充分证据表明住宅价格泡沫对总体经济状况造成了不利影响的时候才控制房价泡沫”的政策建议（Liu and Shen，2005）。

最后，中国是发展中的大国，而且由于历史的原因，中国房地产市场发展的轨迹异于发达市场经济国家，中国学者或许有机会基于中国的实践提出自己的理论假说和模型。例如，传统的住宅存量—流量模型是根据欧美住宅市场提出的，假设条件是短期内市场上的住宅供给量固定，新建住宅和存量相比数量极少，继而认为新建住宅对整个市场的影响无足轻重，“新建住宅的价格本质上由二手房市场所决定”。但是，中国年度住宅投资和施工面积都极大，住宅市场基本上以新建住宅为主。张清勇、郑环环（2009）以北京、上海、广州和深圳为例的经验研究发现，中国一、二手住宅价格间的关系与传统模型不完全一致——在新建住宅交易占绝对优势的北京，流量价格领先于存量；在新建和存量住宅交易量相差无多的上海，新建和存量住宅的价格互为因果；广州和深圳的一、二手住宅价格间不存在显著的领先—滞后关系。为了同时解释中国和欧美住宅市场上的存量和流量价格关系，他们尝试提出了一个在不同市场状况下住宅存量和流量价格关系的一般性假说，即存量和流量住宅市场的份额大小将决定存量和流量价格之间的领先—滞后关系。

参考文献

[1] 陈建、陈英楠、刘仁和：《所有权成本、投资者预期与住宅价格波动》，《世界经济》2009 年第 10 期。

[2] 丁晨、屠梅曾：《论房价在货币政策传导机制中的作用》，《数量经济技术经济研究》2007 年第 11 期。

[3] 杜敏杰、刘霞辉：《人民币升值预期与房地产价格变动》，《世界经济》2007 年第 1 期。

[4] 杜雪君、黄忠华、吴次芳：《房地产价格、地方公共支出与房地产税赋关系研究》，《数量经济技术经济研究》2009 年第 1 期。

[5] 段忠东、曾令华：《房价冲击、利率波动与货币供求》，《世界经济》2008 年第 12 期。

[6] 段忠东：《房地产价格与通货膨胀、产出的关系》，《数量经济技术经济研究》2007 年第 12 期。

[7] 高波、洪涛：《中国住宅市场羊群行为研究》，《管理世界》2008 年第 2 期。

[8] 谷一桢、郑思齐：《轨道交通对住宅价格和土地开发强度的影响》，《地理学报》2010 年第 2 期。

[9] 洪涛、西宝、高波：《房地产价格区域间联动与泡沫的空间扩散》，《统计研究》2007 年第 8 期。

[10] 胡健颖、苏良军、金赛男、姜万军：《中国房地产价格有几成泡沫》，《统计研究》2006 年第 1 期。

[11] 黄静、屠梅曾：《房地产财富与消费》，《管理世界》2009 年第 7 期。

[12] 姜春海：《中国房地产市场投机泡沫实证分析》，《管理世界》2005 年第 12 期。

[13] 金碚：《房地产政策须有科学的认识基础》，2007 年 3 月 4 日《中国经营报》。

[14] 况伟大，《住房特性、物业税与房价》，《经济研究》2009 年第 4 期。

[15] 况伟大：《空间竞争、价格合谋与房价》，《世界经济》2006 年第 1 期。

[16] 况伟大：《中国住房市场存在泡沫吗》，《世界经济》2008 年第 12 期。

[17] 梁若冰、汤韵：《地方公共品供给中的 Tiebout 模型》，《世界经济》2008 年第 10 期。

[18] 梁云芳、高铁梅、贺书平：《房地产市场与国民经济协调发展的实证分析》，《中国社会科学》2006 年第 3 期。

[19] 梁云芳、高铁梅：《我国商品住宅销售价格波动成因的实证分析》，《管理世界》2006 年第 8 期。

[20] 梁云芳、高铁梅：《中国房地产价格波动区域差异的实证分析》，《经济研究》2007 年第 8 期。

[21] 刘旦：《我国高房价成因》，《统计研究》2008 年第 2 期。

[22] 刘洪玉：《第五届亚洲房地产学会年会及其启示》，《城市开发》2000 年第 9 期。

[23] 乔海曙、陈志强：《负利率对房地产市场扩张效应研究》，《统计研究》2009 年第 1 期。

[24] 任荣荣、郑思齐、龙奋杰：《预期对房价的作用机制》，《经济问题探索》2008 年第 1 期。

[25] 沈悦、刘洪玉：《住宅价格与经济基本面》，《经济研究》2004 年第 6 期。

[26] 屠佳华、张洁：《什么推动了房价的上涨?》，《世界经济》2005 年第 5 期。

[27] 王松涛、刘洪玉：《以住房市场为载体的货币政策传导机制研究》，《数量经济技术经济研究》2009 年第 10 期。

[28] 王松涛、郑思齐、冯杰：《公共服务设施可达性及其对新建住房价格的影响》，《地理科学进展》2007 年第 6 期。

[29] 王艺明：《房租资本化、模型误设与房地产投机泡沫》，《世界经济》2008 年第 6 期。

[30] 项卫星、李宏瑾：《市场供求与房地产市场宏观调控效应》，《经济评论》2007 年第 3 期。

[31] 许承明、王安兴：《风险转移规制与房地产价格泡沫的控制》，《世界经济》2006 年第 9 期。

[32] 杨帆、李宏谨、李勇：《泡沫经济理论与中国房地产市场》，《管理世界》2005 年第 6 期。

[33] 于璐、郑思齐、刘洪玉：《住房价格梯度的空间互异性及影响因素》，《经济地理》2008 年第 3 期。

[34] 袁志刚、樊潇彦：《房地产市场理性泡沫分析》，《经济研究》2003 年第 3 期。

[35] 张娟锋、刘洪玉：《住宅价格与土地价格的城市差异及其决定因素》，《统计研究》2010 年第 3 期。

[36] 张清勇、郑环环：《住宅存量与流量价格的领先—滞后关系》，《财贸经济》2009 年第 5 期。

[37] 张清勇：《房价和地价的因果关系》，《中国土地科学》2008 年第 12 期。

[38] 张清勇：《却顾所来径：改革开放三十年中国房地产业的回顾》，《中国房地产研究》2008 年第 3 辑。

[39] 张清勇：《中国城镇居民的住房支付能力：1991～2005》，《财贸经济》2007 年第 4 期。

[40] 张清勇：《住房需求主体》，倪鹏飞主编《中国住房发展报告：2009～2010》，社会科学文献出版社，2009，第 181～212 页。

[41] 郑思齐、曹洋、刘洪玉：《城市价值在住房价格中的显性化及其政策含义》，《城市发展研究》2008 年第 1 期。

[42] 周京奎、吴晓燕：《公共投资对房地产市场的价格溢出效应研究》，《世界经济文汇》2009 年第 1 期。

[43] 周京奎：《城市舒适性与住宅价格、工资波动的区域性差异》，《财经研究》2009 年第 9 期。

[44] 周京奎：《信念、反馈效应与博弈均衡》，《世界经济》2005 年第 5 期。

[45] 周京奎：《政府公共资本品供给对住宅价格的影响效应研究》，《经济评论》2008 年第 5 期。

[46] 邹琳华：《管制和垄断对房地产成本的影响估计》，《统计研究》2009 年第 2 期。

[47] 邹至庄、牛霖琳：《中国城镇居民住房的需求与供给》，《金融研究》2010 年第 1 期。

[48] Chau, K. W., "Real Estate Research in Asia: Past, Present and the Future", *Journal of the Asian Real Estate Society*, 1998, Vol. 1 (1).

[49] Jaffe, Austin：《房地产是否有一中心主体知识?》，王健安译，载 James R. De Lisle 和 J. Sa-Audu 编《房地产学术思潮论文集：房地产估价、市场分析及公共政策》，台湾住宅学会译，唐山出版社，1996，第 151～168 页。

[50] Liu, Hongyu and Shen Yue, "Housing Prices and General Economic Conditions: An Analysis of Chinese New Dwelling Market", *Tsinghua Science and Technology*, 2005, Vol. 10 (3).

教育收费热点问题研究

崔世泉　袁连生[*]

内容摘要　教育收费应按教育产品属性的划分，区别对待。义务教育公共产品属性的特点决定了义务教育应当免费，由国家财政支出。非义务阶段学费制定要综合考虑教育成本和居民承受能力，促进效率和公平的统一。公立学校“择校”收费现象和公共财政支出的本质要求相违背，公立学校要走均衡化发展道路，即使在资源有限的情况下，受教育机会主要按学生个人能力来分配才是实现社会效益最大化的分配准则。民办学校收费要区分投资办学和捐资办学的区别，要承认非学历教育的民办学校的营利性，同时要坚持学历教育民办学校的非营利性。

关键词　教育成本分担与补偿　准公共产品　人力资本　非营利组织

教育收费是一个由来已久的问题，也始终是社会关注的热门话题。从表面上来看，教育收费改革总是伴随着教育经费危机出现的，是弥补经费不足的权宜之计，但深层次的原因却是教育产品性质再定位，教育资源配置方式转变和教育体制改革的要求。

由于教育是分层次、分类别的，从层次上来看有初等教育、中等教育、高等教育；从类别上来看有公办、民办之分。不同层次和不同类别的教育，产品属性千差万别，学费收取的依据和面临的问题也各不相同。目

* 崔世泉，北京师范大学经济与工商管理学院博士研究生，主要研究方向为教育财政。袁连生，教育经济学博士，北京师范大学经济与工商管理学院教授、博士研究生导师，主要研究方向为教育财政。

前，国内外关于教育收费问题的研究可谓包罗万象，著作也是汗牛充栋。如何在这些繁杂的信息中，理出一条清晰的主线，既将教育收费的主要问题揭示清楚，又能照顾到不同层级和类别教育收费中的特殊矛盾？从这个思路出发，本文以“教育收费”热点问题的探讨为主线，以点带面来探讨教育收费的理论依据、教育收费与公平和效率的关系、教育收费标准确立的依据以及教育是否具有营利性等诸多理论和实践中的问题。

一 义务教育收费：收费或免费的抉择

（一）关于义务教育收费的观点

关于义务教育阶段是否应该收费的讨论主要存在三种观点。一是主张义务教育应当免费。如魏新（1997）认为，义务教育具有两个基本特点：强制性和免费性。强制性主要是指接受义务教育是国家法律规定的公民应当享有的一种权利和应当履行的一种义务。免费性是指义务教育经费来源应当由国家财政负担，这样才能确保没有一个孩子因贫困而丧失接受义务教育的权利。正是义务教育的这两个特点使得义务教育具有明显的非排他性，在产品属性上更接近纯公共产品的范畴，应当由国家税收支付，免费提供。二是主张义务教育也应当收费。厉以宁（1993）认为，教育既有商品性的特点，又具有公益性。随着教育层级的提高，教育公益性程度会不断减弱，而商品性的一面会不断加强。义务教育本质上是属于公益性教育。但公益性并不代表免费，公益性教育也应当按成本收费但绝不能是赢利性的收费。周贝隆（1993）则认为，将义务教育理解成免费教育是对义务教育的误解。义务教育和免费教育并非同一个概念，义务教育也要花钱，无论是政府出资或是一定条件下的收费，都是取之于民，用之于民，收费不但不会损害教育公平，反而可以促进事实上的教育机会均等，所以中国“应打开中小学收费”的口子。郝文武（1994）则主张，义务教育是国家、个人、社会和集体的义务和责任，也是每个公民，包括受教育者及其家庭和非受教育者及其家庭的义务和责任，所以应当由国家、社会、集体和个人共同投资。三是主张义务教育收费是弥补财政不足的过渡性措施，等财政条件好转要向低收费、直至完全免费转变（才宗文，1997）。

（二）关于教育是否收费的理论依据

教育是否应该收费，理论界有很多观点。如人力资本理论，主张将教育视为一种投资，并且认为这种投资和物质资本的投资一样，在弥补教育投资成本之外是能给投资者带来利润的，因此受教育者为了未来的收益应当提前支付一定的教育费用。教育公平理论则从收费和教育公平的关系入手来论证是否应当收费，它们认为免费并不一定公平，特别是对高等教育而言，免费只不过是用穷人的钱替富人支付教育费用罢了。教育成本分担和补偿理论则强调，教育是一种各方都能受益的事，因此国家、社会、企业、家庭和个人都应根据受益原则和能力支付原则来分担一部分教育费用。虽然在教育收费的理论依据上有众多的视角，但是大多数学者还是主张从教育产品的性质界定入手，来谈论教育是否应当收费、怎样收费以及收费标准的问题。而其最重要的依据是公共产品理论和外部性理论。

根据公共产品理论的解释，社会产品基本上分为三类：公共产品、私人产品和介于两者之间的准公共产品。公共产品有两大特性：利益上的非竞争性和消费上的非排他性。利益上的非竞争性，按萨缪尔森的理解就是把物品提供给另外一个人并不导致其他人对该物品消费的减少，也即公共产品一旦生产出来，多提供给一个人享有的边际成本为零。消费上的非排他性又分两种情况：技术上的非排他性和经济上的非排他性。前者是指排他没有技术上的可行性，后者是指虽然技术上可行但排他的成本太高。与公共产品相对应的是私人产品，也即同时具有竞争性和排他性的产品。而准公共产品则是介于两者之间的产品，准公共产品又可分为两类：第一类是无消费的竞争性但具有消费的可排他性的物品和劳务，如医疗、保险、教育、社会保障等；第二类是无消费排他性，但具有消费竞争性的物品和劳务，像公共资源①。产品性质的不同，决定了产品资源有效配置方式的差异。对于私人产品来说，由于产权界定明晰，易于形成和保护私人产权，这决定了价格机制是其最有效的资源配置方式。对于公共产品，产权界定模糊，私人产权难以形成，加之“搭便车”行为的大量存在，使得私人不愿提供，只能由政府通过征税的方式免费提供。而介于两者之间的准公共产品，情况要复杂得多，对于不具排他性的准公共产品，因为价格机制难以形成，所以只能由政府无偿提供。而对具有排他性，但不具有消费上竞争性的准公共产品，则只能采用收费机制，由私人和政府共同分担。

外部性理论认为教育不仅具有私人利益，而且还具有广泛的社会利益。弗里德曼就认为教育具有正的邻近影响。他曾指出，如果大多数公民

① 〔日〕植草益：《微观规制经济学》，中国发展出版社，1992，第285页。

没有一个最低限度的文化和知识，也不广泛接受一些共同的价值准则，稳定而民主的社会就不可能存在。教育对文化知识和价值准则这两个方面，均会作出贡献。结果是，儿童受到的教育不仅有利于儿童自己或者家长，而且社会上其他成员也会从中得到好处。我的孩子受到的教育由于能促进一个稳定和民主的社会而有助于你的福利。因为无法识别获得利益的具体的个人（或家庭），所以不能向他们索取劳务的报酬。因此，存在着相当大的“邻近影响”[①]。这种邻近效应或者说是外部性的存在，使得个人收益往往小于社会收益，单纯由个人支付费用是很难实现社会最优教育需求量的，因此个人和政府要共同承担教育费用。

需要注意的是，学者们在利用公共产品理论和外部性理论论证教育收费时，并不是笼统的论述，而是将教育市场进行进一步的细分。范先佐认为，将教育从整体上看做混合产品或准公共物品，并不意味着教育是同质均匀分布的铁板一块，实际上各级各类教育的性质有很大差异，它们在受益外在性和排他性上表现各异。从小学、初中、高中、大学到成人教育和职业教育，他们在受益外在性方面逐渐减少，在消费排他性方面逐渐增强。所以按这样的顺序，教育公共产品属性逐渐减少，私人产品属性逐渐增强[②]。靳希斌认为，从教育层次或级别上分析，基础教育特别是义务教育属于国家公益性事业；非义务教育的公益性在逐渐淡化，非公益性成分在不断加大，从办学性质和办学主体上分析，公立学校、国办学校的公益成分比较大，私立学校、民办教育等的非公益性成分比较大[③]。王善迈（2000）强调，教育服务的产品性质决定了教育收费的性质。如果教育服务在性质上属于像家用电视机一样的私人产品，教育收费的性质就是教育服务的价格，与其他商品价格一样，教育收费由市场供求形成和调节，随行就市，一般情况下，教育收费应高于教育成本。如果教育服务在性质上是如同国防服务一样的公共产品，就应由政府免费向消费者——居民提供，税收就是教育服务的成本。如果教育服务属于准公共产品，政府与消费者（受教育者）就应共同承担其成本。

目前，在义务教育产品属性的界定上开始出现一些共识，人们开始普遍强调义务教育的公共产品属性，认为义务教育具有广泛的社会价值、文

---

① 〔美〕米尔顿·弗里德曼：《资本主义与自由》，商务印书馆，1986，第84页。

② 范先佐：《筹资兴教：教育投资体制改革的理论与实践问题研究》，华中师范大学出版社，1999，第76页。

③ 靳希斌：《市场经济大潮下的教育改革》，广东教育出版社，2002，第5~6页。

化价值、政治价值和经济价值，义务教育在培养良好公民、文化传承、促进民主以及劳动者素质的提高方面所形成的诸多价值都具有广泛的受益对象和受益空间的外溢性，是一种全国性的准公共物品。从理论上来说，义务教育的公共物品的特征决定了义务教育的承办者不应该向义务教育的消费者收取任何费用。义务教育应当由政府创办和提供，其融资应当由政府税收来解决，由中央和地方共同负责（昌忠泽，2006）。

（三）义务教育收费政策规定和实践

1986 年《中华人民共和国义务教育法》第十条规定，国家对接受义务教育的学生免收学费。国家设立助学金，帮助贫困学生就学。第八条规定，义务教育事业，在国务院领导下，实行地方负责，分级管理。第十二条规定，实施义务教育所需事业费和基本建设投资，由国务院和地方各级人民政府负责筹措，予以保证。地方各级人民政府按照国务院的规定，在城乡征收教育事业费附加，主要用于实施义务教育。这三条规定存在三个方面的不足，为以后义务教育的收费甚至是乱收费打开了缺口。首先，1986 年义务教育法虽然提到义务教育免收学费，但并没有禁止收取杂费。1992 年《义务教育实施法细则》第十七条明确规定，实施义务教育的学校可收取杂费。收取杂费的标准和具体办法，由省级教育、物价、财政部门提出方案，报省级人民政府批准。从以后的收费实践来看，由于学费和杂费界定模糊，杂费收取项目不明，结果成为政府推卸义务教育责任、转嫁教育负担的源头。其次，在义务教育经费筹措上，各级政府权责不明。强调分级办学，分级管理，结果导致义务教育经费筹措责任被层层下放，直至乡村一级。而大多数乡村财政保障能力有限，结果造成教育经费投入严重不足，只能靠收取杂费以及各种乱收费来维持。再次，农村各种教育附加费泛滥，加重了农村居民教育负担。这一时期义务阶段教育收费的两个突出特点。一是收费项目繁杂，主要的收费项目有杂费、住宿费、借读费、课本费、练习本费、体检费、春游费、校服费等。二是超标准的高收费和不合法的乱收费层出不穷。2003 年底，国家发展与改革委员会在全国组织部署教育收费专项检查，根据对 20 个省（自治区、直辖市）63484 所大、中、小学教育主管部门的检查，查出违法收费案件 12634 件，违法收费金额达 21 亿多元（程志伟，2005）。

无序的教育收费，增加了居民特别是农村居民的教育负担，严重影响了农村义务教育的发展，也损害了义务教育的公益性。随着我国公共财政建设的推进，义务教育被纳入公共财政免费提供的呼声越来越高，义务教育的收费政策也逐步发生了变化。首先是改革义务教育经费保障机制。2001 年《国务院关于基础教育改革和发展的决定》明确提出，要进一步完善农村义务教育管理体制，实行在国务院领导下，由地方政府负责、分级管理、以县为主的体制。并且提出要对贫困地区家庭经济困难的学生进行“两免一补”的试点。2003 年《国务院关于进一步加强农村教育工作的决定》要求 2007 年在全国农村推行“两免一补”。2005 年国务院下发的《关于深化义务教育经费保障机制改革的通知》要求按照“明确各级责任、中央地方共担、加大财政投入、提高保障水平、分步组织实施”的基本原则，逐步将农村义务教育全面纳入公共财政保障范围，建立中央和地方分项目、按比例分担的农村义务教育经费保障机制。中央重点支持中西部地区，适当兼顾东部部分困难地区。其次是立法保障义务阶段学校免费原则。2006 年重新修订的《中华人民共和国义务教育法》第二条规定，义务教育是国家统一实施的所有适龄儿童、少年必须接受的教育，是国家必须予以保障的公益性事业。实施义务教育，不收学费、杂费。国家建立义务教育经费保障机制，保证义务教育制度实施。至此，我国义务教育完成了由收费向免费制度的过渡，义务教育居民负担过高、乱收费等问题得到了基本的解决。当前义务教育阶段收费存在的主要剩余问题集中在两个方面：一是义务教育优质教育资源短缺带来的“择校费”问题依然突出；二是外来工子女接受义务教育的各种变相收费问题依然存在，需要在以后的政策安排和制度设计中逐步解决。

二　基础教育择校收费：效率和公平的权衡

（一）择校收费的“根源”

教育收费中的第二个热点问题是“择校收费”。按范先佐的观点来理解，择校收费就是让货币来规范人们的“择校行为”，使之多花钱便能接受高质量的教育[①]。从择校收费的根源来看，有以下几个有代表性的观点。第一种观点认为，择校收费是基础教育经费短缺、应试教育弊端和片面人

① 范先佐：《筹资兴教：教育投资体制改革的理论与实践问题研究》，华中师范大学出版社，1999，第 253 页。

才观的综合反映（曾天山，1996）。在现代社会，人们总是希望通过接受教育特别是高质量、高层次的教育来获得较高的文化素养、较好的职业和较高的社会地位。长期以来，我国教育经费短缺，教育资源贫乏，多数中小学一直处于低质低效运作之中，优质学校数量有限，远远不能满足广大人民群众日益增长的教育需求，教育供求矛盾相当尖锐（呼中陶等，2005）。在优质教育资源短缺的情况下，必然要通过一定的手段来分配资源，而主要的形式就是“以分择校”、“以权择校”和“以钱择校”。第二种观点认为，“择校”收费是教育制度设计缺陷造成的，特别是重点校和示范校制度（张景成，2005）。1978 年教育部颁发了《关于办好一批重点中小学试行方案》，要求在全国各大中城市和区县两级开办重点学校，市一级要办好一批重点中小学；区县一级可以办 2 ~ 3 所重点中学，5 ~ 6 所重点小学，由此形成了省级、市级、县区重点学校系列。重点校已经在人力、物力、财力等资源的投入方面得到政策方面的倾斜，和普通学校的差距越拉越大。虽然政府后来逐渐认识到“重点校”政策的弊端，并采取措施努力试图纠正，但木已成舟，重点校已经形成了自身的生存机制。教育经济学的研究表明，教育可以给学生和家庭带来经济和非经济的预期收益，而教育的预期收益和受教育者所受的教育质量直接相关。在这样的利益驱动下，在家长有选择高质量教育的公共权力以及不同家庭财富差异分化的条件约束下，在重点校政策制度安排下以及学校教育质量分化的背景下，以权择校和以钱择校的现象出现也就成了历史的必然（王善迈，2008）。第三种观点将择校收费归结为家长们强大的教育需求。这种观点认为，日益加剧的人口压力和就业矛盾，使得家长们对孩子接受高质量教育的需求越来越强烈，择校从高中向中学、小学甚至幼儿园开始迈进（张景成，2005）。

（二）择校收费的影响效果

关于“择校”收费所产生的效果，特别是对教育公平和效率的影响，学术界也是存在诸多争论的。赞成择校收费的人认为，在教育资源配置不均的情况下，无论哪种资源分配手段都存在不足，以分择校、就近入学和以钱择校都有利弊。“以钱择校”可以满足受教育者的求学愿望和特殊需要，并且在一定程度上缓和了学校经费紧张的状况，充分发挥了重点学校的教育潜力，调动了教职员的积极性，扩大了吸收外部教育资源，而且可以引导社会的消费导向（曾天山，1996）。反对派则认为择校收费应当取缔。从教育内部看，它实际上拉大了重点学校与薄弱学校现存的差距，使重点学校人满为患，薄弱学校无人问津，甚至出现荒校现象。这既是对教育资源的浪费，也直接破坏了义务教育免费和就近入学的基本原则。择校收费造成了招生录取上的双轨制，以钱择校和以分择校，花钱买分严重破坏了社会主义教育制度特有的教育权利与教育机会平等原则，客观上违背了社会主义教育的本义，加剧并扩大了社会的不平等。也有人认为，择校收费助长了应试教育，破坏了素质教育的推行，不利于民族整体素质的提高和社会的全面进步。从教育外部看，择校收费助长了社会不正之风，是导致权钱交易、教育腐败的根源（曾天山，1996）。

（三）择校收费的政策规定和实践

1986 年《中华人民共和国义务教育法》出台后，中小学生免试就近入学政策渐次推行。在不需要“以分择校”的情况下，20 世纪 90 年代初，随着改革开放和相当一部分家庭收入水平的提高，“以钱择校”的暗箱操作便开始萌芽、发展。一些重点学校开始招收择校生和收取择校费，加之 20 世纪 90 年代后期确立了学校转制制度和捐资助学制度，择校收费问题逐渐演变为政策问题，引起了全社会对“教育公平”问题的普遍关注。治理择校收费问题成为社会的焦点问题之一（李孔珍，2009）。针对择校收费，1995 年国家教委关于贯彻执行《治理中小学乱收费工作的实施意见》的通知，明确提出义务教育阶段收费的“五不准”，其中第一条就是九年义务教育阶段初中和小学必须坚持就近入学的原则，不准招收“择校生”，严禁把捐资助学同录取学生挂钩；为了从源头上治理择校收费的问题，教育部多次强调义务教育均衡发展，不设重点校、重点班。如 1993 年《关于减轻义务教育阶段学生过重课业负担，全面提高教育质量的规定》指出：“义务教育阶段不应分重点学校（班）与非重点学校（班）”；1997 年国家教委《关于义务教育阶段办学行为的若干原则意见》再次规定：“义务教育阶段不设重点校、重点班、快慢班。”2006 年义务教育法第六条提出国务院和县级以上地方人民政府应当合理配置教育资源，促进义务教育均衡发展，改善薄弱学校的办学条件，并采取措施，保障农村地区、民族地区实施义务教育，保障家庭经济困难的和残疾的适龄儿童、少年接受义务教育。

针对高中阶段的教育择校收费，2003 年教育部办公厅发出通知，要求各地公办高中严格执行招收“择校生”的“三限”政策，即：高中招收择校生要限人数、限钱数、限分数。教育部明确规定，各地“择校生”的招生比例和最低录取分数线要由省级教育行政部门确定，最高收费标准由省级人民政府确定。要将“择校生”纳入普通高中招生计划，统一向社会公示招生比例、招生人数和收费标准，统一按分数择优录取，统一办理入学手续。严禁学校擅自扩大“择校生”招生比例、降低录取分数线、提高收费标准或在限定金额外收取其他有关择校的费用。

三　高等教育阶段学费标准的确立：教育成本还是居民承受能力的选择

随着高等教育收费改革的进行，“收费”上学的观念已被人们广泛接受，当前的主要问题是收费的标准如何确定，以及收多少费的问题。正如约翰·斯通所言，如果学费太高，将有太多的学生需要资助，将抵消学费的边际净效应；如果学费太低，则学费收入不足以弥补定期调整学费、收取学费和解决学生延迟付费问题上所需的政治与管理成本①。因此，如何确立合理的学费最为关键。

（一）学费标准的影响因素

关于学费标准确立的依据，张人杰（2003）综合相关研究成果后列出了16种影响因素，其中被学者谈论最多的三项因素是：教育成本、居民承受能力以及教育收益。除此之外，教育的供求关系在确定教育收费标准时的作用，也是经常引起争论的问题。

1. 教育成本

这种观点最早是由成本分担与补偿理论的创建者约翰·斯通提出的。在《高校教育的成本分担：英国、联邦德国、法国、瑞典和美国学生财政资助》一书中，约翰·斯通最先把教育成本和学费联系起来，并对两者进行了考察。他认为，高等教育是有投资、有收益的活动，它满足了多个利益主体的需要。根据“谁受益、谁付费”的市场原则，政府、企业、家庭和雇主等受益者应共同分担教育成本，学生（家庭）必须向高校缴费上学（朱琼英等，2007）。王善迈（2000）也认为，教育收费不是价格，而是公益事业性收费，在本质上属于教育成本分担，因此教育成本应成为制定学

① 〔美〕约翰·斯通：《高等教育财政：问题与出路》，人民教育出版社，2003，第57页。

费标准的首要依据。王康平（2001）认为，学费是对教育成本的个人分摊，以教育成本为基准核算学费标准，符合市场经济原则，有利于实现教育成本分担，为教育发展提供部分经费保障，也容易得到社会理解①。

但依教育成本收费存在众多理论和实践中的问题亟待解决。王善迈（2000）认为，依教育成本确定学费在操作层面上面临两大困难。一是学校和政府在现行制度下不可能提供准确系统的成本信息。由于学校是非营利机构，全世界绝大多数国家的公立学校没有教育成本核算制度。从会计制度来说，学校实行的是收付实现制，而不像营利机构实行权责发生制，学校通过固定资产投资和采购形成的固定资产，包括各种建筑物、价值较高的大型教育仪器设备，也不存在固定资产折旧和折旧基金提取制度。所以学校和政府不可能提供准确和系统的教育成本信息。二是教育成本分担中受教育者应分担的比例如何确定。有一种建议是主张依个人和社会的教育收益率来确定分担比例，但教育收益率的信息难以获得，特别是在我国劳动力市场发育过程中准确的信息更是难以获得。张人杰（2003）认为，在教育成本核算方面，除了机会成本不应纳入已获得共识以外，还存在两大困惑：一是教育成本核算应采用哪些指标，目前还没有定论；二是如何确立合理的教育成本。另外，根据美国教育经济学家鲍温的观点，高校不是成本约束型组织，教育培养成本倾向于不断增长。学费依据教育成本收取，教育成本又依据收入决定，这样教育成本和学费就总是会处于螺旋上升的过程。

2. 居民承受能力

约翰·斯通认为，学费从消费者的接受程度来看，就是学生及家长到底能支付多少学费的问题②。王善迈（2000）认为，学生及其家庭收入水平决定的支付能力，是学费标准确立的重要依据。在市场经济条件下，居民收入水平存在较大差异，如果学费水平过高，超过大多数居民的支付能力，将导致教育机会的不公平，进而引发新一轮的收入和分配的不公平。袁连生（2001）通过实证研究发现，我国居民支付能力存在两个显著特点：一是支付能力低；二是支付能力差距大。目前的学费水平，无论是占人均收入的比重，还是占教育成本的比重都远超过其他国家的水平，因此不宜再提高。

① 王康平：《高校学费政策的理论与实践》，厦门大学出版社，2001，第121页。

② 〔美〕约翰·斯通：《高等教育财政：问题与出路》，人民教育出版社，2003，第57页。

3. 教育收益

按人力资本理论的观点，教育是人力资本投资的一种重要形式，通过投资教育，增加了个人的知识技能，促进了人力资本的增值，这会为个人带来远较其他投资或消费活动更多更大的收益。正如亚当·斯密所言，“学习一种才能，须受教育，须进学校，须做学徒。这种才能的学习，所费不少……但这种费用，可以希望偿还，而兼取利润”①。既然教育是一种投资，那么为教育支付一定的费用来积累人力资本也就是必不可少和合情合理的了。

4. 教育供求关系

吴开俊和范先佐（2007）认为，作为非义务教育的高等教育学费，不是一个简单的筹措高等教育办学经费和成本补偿的问题，而是市场经济条件下商品劳务交换的一种服务价格，学费实质上是高等教育的受益者“学生”和高等教育的提供者（学校）之间就高等教育劳务交易的价格。高等教育学费之所以具有部分价格属性，在于高等教育的准公共产品属性，高等教育除了具有社会外溢性之外，更多的还具有私人受益性。高等教育学费应成为具有私人受益性那部分的价值或价格。因此，高等教育学费既能调节教育供求，当然也受教育供求的影响。李文利等（2001）、魏新（1997）的实证研究也表明，供求关系是确立学费水平的一个重要因素。

（二）学费政策的选择：高学费高资助或是低学费低资助

高等教育学费高低与高等教育学费政策的选择有密切关系。目前关于高等教育学费政策的确定存在两种思路。一种强调高学费高资助。他们认为，应当基于效率和公平的考虑，减少政府对学校的直接拨款，将政府拨款转向对贫困学生的资助，将学费提高到按全成本或接近全成本来收费②。这种观点在国内也得到一批学者的拥护，如张维迎（2006）就认为，大学应当实行高学费高资助，并且认为这种政策总体上是有利于穷人孩子上学的。闵维方则强调，高等教育是一种能使私人受益和社会受益的事，因为私人受益性的存在，高等教育收费可以看做个人的一种投资。实行成本分担补偿不仅能使高等教育的规模得以维持，而且高等教育经费的充足还能进行扩大再生产、扩大高等教育机会，使更多的人受益。王善迈（2000）

---

① 〔英〕亚当·斯密：《国富论》（上卷），上海三联书店，2009，第212页。

② 〔美〕约翰·斯通：《高等教育财政：问题与出路》，人民教育出版社，2003，第43页。

则指出，高等教育成本分担能够优化教育投资结构，使政府集中力量支持公益性更强的基础教育的发展。

另一种思路则强调低收费低资助。他们认为，教育是政府对人民的一项公共服务，发展高等教育是为国家培养人才，是国家的职责，高校应该免费或低费向所有人开放（朱琼英和许安平，2007）。他们的主要理由是：其一高等教育是具有巨大社会收益的事业，政府应投资高等教育；其二低收费有利于教育公平，他们主张制定学费应考虑社会承受能力，认为高学费将影响低收入阶层子女高等教育参与的积极性，并且实际影响到低收入阶层子女对学校和专业的选择；其三他们担心高学费并不能带来相应的高资助。

（三）高等教育收取学费的政策规定和实践

我国高等教育收费制度改革始于1989年，当年国家教委、国家物价局、财政部联合下发了《关于普通高等学校收取学杂费和住宿费的规定》。规定要求从1989学年度开始，对新入学的本、专科学生（包括干部专修科和第二学士学位班学生），实行收取学杂费和住宿费制度。最初的学杂费标准要求依照地区经济发展水平、人民群众的收入水平和经济承受能力来制定，学杂费水平比较低。1993年《中国教育改革和发展纲要》提出，高等教育是非义务教育，学生上大学原则上均应缴费，并且要求提高非义务教育阶段学生学杂费标准。之后学杂费水平快速上升。

1996年《高等学校收费管理暂行办法》出台，首次明确提出高等教育属于非义务教育阶段，学校依据国家有关规定，向学生收取学费。1998年高等教育法用法律的形式确定，高等学校的学生应当按照国家规定缴纳学费。1996年的暂行办法提出学费收取的依据：学费标准根据年生均教育培养成本的一定比例确定。教育培养成本包括以下项目：公务费、业务费、设备购置费、修缮费、教职工人员经费等正常办学费用支出。不包括灾害损失、事故、校办产业支出等非正常办学费用支出。并首次明确提出，在现阶段，高等学校学费占年生均教育培养成本的比例最高不得超过25%。2000年，教育部《关于2000年高等学校招生收费工作若干意见的通知》提出，学费标准应依据高等学校年生均日常运行费用、财政拨款、当地经济发展水平和居民承受能力等情况确定。并规定用于确定收费标准的高等学校年生均日常运行费用包括以下项目：学校教学和管理支出的公务费、业务费、设备购置费、修缮费、在编教职工人员经费、离退休人员经费等正常办学费用支出。不包括灾害损失、事故、校办产业支出等非正常办学费用支出和实行后勤社会化的所有服务性支出。同时再次强调高等学校的学费占其年生均日常运行费用的比例按25%掌握的原则。

随着学费改革的深入进行，收费上学的观念已被广泛接受，高等教育规模快速扩大，公民参与高等教育的机会明显改善，政府教育拨款的结构得到优化，三级教育生均经费支出结构日趋合理。但在高等教育收费改革的过程中，也出现了一些问题，如学费水平提高速度过快。自1989年大学开始收费以来，我国高校的学费呈现逐年快速上升的趋势。1989年收取学杂费的标准在100~300元，1993年普通高校生均缴纳学费610元，相比1989年翻了一番。1996年随着收取学费制度的确立，学费标准再次翻了一番，达到1319元。1999年高校扩招推动学费标准又翻了一番，达到2769元。扩招后学费又大幅上涨，2000年比1999年上涨了28.2%，2001年达到3895元。直到2001年、2002年教育部等部委先后两次发文规定高校不得提高学费标准，学费快速上涨的趋势才得到缓解。2004年，我国大学学费在4800元左右，住宿费标准在500~1200元，比1989年增加了25~50倍，而城镇居民人均年收入只增长了4倍，扣除价格因素实际增长2.3倍，大学学费的涨幅几乎10倍于居民收入的增长（马国川和赵学勤，2008）。收费改革还带来居民负担程度的加重。随着收费改革的深入，居民分担教育成本的比例不断增加，目前高等院校学杂费收入已成为仅次于政府教育财政拨款的第二大收入来源。据有关资料测算，1999年以来我国普通高等学校生均学费占人均国民收入的比例一直维持在50%上下，远远高于发达国家20%的水平（纪宝成，2007）。

收费改革还带来了高等教育乱收费和高收费问题突出。比如许多高校巧立名目收取“转专业费”、“赞助费”、“扩招费”、“定向费”、“跨地区建设费”等国家统一规定项目之外的费用，还有许多高校不顾国家关于教育收费标准的限定，想尽办法提高学费和住宿费标准。种种不规范的收费行为，已经严重影响了居民特别是低收入阶层子女高等教育的参与机会，也成为社会舆论关注的焦点。

针对收费改革中出现的种种问题，政府也出台了许多新的规定和办法。其一，从2001年起教育部连续多年下发文件，要求稳定学费水平。其二，对学费管理制度进行改革。1989年刚开始实行高等教育收费制度改革时，实行的是中央集中统一管理制度。1992年开始推行学费属地化管理，允许普通高等学校根据本地区、本校和学科特点，研究拟定学杂费、住宿费、委托培养费，函授、夜大学及短训班培训费等收费标准，并按行政隶属关系，地方所属普通高等学校报省、自治区、直辖市人民政府批准。1996 年确立了中央和省级政府两级管理体制，学费占年生均教育培养成本的比例和标准由国家教委、国家计委、财政部共同作出原则规定，国家规定范围之内的学费标准审批权限在省级人民政府。由省级教育部门提出意见，物价部门会同财政部门根据当地经济发展水平、办学条件和居民经济承受能力进行审核，三部门共同报省级人民政府批准后，由教育部门执行。2001 年为了加强对学费的管理提出为统一、规范高等学校年生均日常运行费用标准，今后由教育部、国家计委、财政部实行定期公布高等学校年生均日常运行费用的制度，在每一新学年开始前公布上一学年的相关费用水平，作为各省、自治区、直辖市制定和调整当年学费标准的依据。各地区不再确定高等学校年生均日常运行费用标准。其三，将高等教育收费纳入财政预算内管理，严格实行收支两条线。其四，建立起教育收费公示制度和教育价格听证制度，促进收费决策的民主化和信息的透明化。其五，加大对贫困大学生资助制度的建设。1999 年开始推行国家助学贷款制度。2004 年针对旧机制的种种问题，改革原有的国家助学贷款制度，建立起助学贷款的新机制。2002 年推行国家奖学金。2007 年推行国家助学金，扩大享受奖学金和助学金的学生比例，提高国家助学金和奖学金的标准。除此之外，国家还建立了新生入学绿色通道制度，完善勤工助学制度，以及重新实行师范生免费等种种措施，帮助贫困子女入学。

四 民办教育的收费：营利或非营利的论争

20 世纪 80 年代以来，我国民办教育逐步得到恢复，与免费的公办学校不同，民办学校始终是收费的。由于政府拨款少，社会捐赠有限，民办学校为了生存和发展，必然要实行成本分担，主要靠收取学费来补偿教育资源的消耗。因此，是否收费，是否按成本收费对民办学校来说都不存在争论。民办学校收费争论最多的是民办学校是否应当营利。

（一）关于民办学校能否营利的观点

目前关于民办学校能否营利主要存在三种不同的观点。①认为民办教育也是公益性事业，可以收取成本费但不能营利。如厉以宁（1993）认为，教育是为社会提供服务的，教育服务具有双重属性——兼具公益性和商品性。但不同层次和类别的教育公益性程度是不一样的，公益性强的教育应由国家提供为主，如基础教育就是如此。其他类型的教育就不一定由国家来提供，如学前教育、职业技术教育、专科教育、地方大学等。这些教育的经费可以由社会团体、企业、社区、基金会等提供，私人也可以提供。即使私人提供教育、私人办学，也不应以营利为目的。收费可以高些，但也只能略高于成本。②主张为了鼓励和促进民办教育的发展，应当允许民办教育适当营利，而且民办教育营利和公益性也并不互相冲突。文东（2004）茅认为，营利和非营利性并非判断教育是否具有公益性的标准，教育公益性和可营利性是两个不同范畴的概念，也没有充分证据显示非营利性的教育制度安排是实现社会公益性的最优制度安排。也有学者认为，我们国家民办教育的发展不同于欧美发达国家，他们经济发展水平高，并且有鼓励社会捐赠的税收激励，民办学校捐资助学占了很大的比例，而在我们国家民办教育主要还是投资居多，不允许民办教育的适当营利，显然是不利于促进民办教育发展的。③强调教育是一种特殊的商品，教育是一种产业，应当营利。有学者（薛二勇，2002）认为，教育可以是以教书育人为本质内容，以教育服务消费品为劳动产品，通过教育市场与社会各界和家庭交换，以获取特定补偿的第三产业。张铁明（2003）认为，教育服务消费品是教育产业的特殊商品，具有价值和使用价值，当其作为商品出售时，应当获得利润，否则就无法进行简单再生产和扩大再生产[①]。周贝隆（1993）则强调，应当将职业技术教育交给企业、行业、用人部门去办，或者以用人部门为主，教育部门协办，采取谁受益、谁付费的市场调节机制。高质量的义务教育也应由民办学校来办，实行全价收费。郝文武（1994）持同样的观点，认为私立学校国家除了对其教学质量进行管理外，其余都可按企业法管理、收费，对其投资是否应当营利不必做任何规定。

（二）民办教育收费管理的政策规定和实践

1985 年《中共中央关于教育体制改革的决定》提出鼓励单位、集体和个人捐资助学，鼓励集体、个人和其他社会力量办学，对民办教育予以了

① 张铁明：《教育产业论——教育与经济增长关系的新视角》，广东高等教育出版社，2003，第 22 ~31 页。

肯定。1993 年《中国教育改革和发展纲要》提出改革办学体制，改变政府包揽办学的格局，逐步建立以政府办学为主体、社会各界共同办学的体制。1997 年《社会力量办学条例》规定，社会力量办学事业是社会主义教育事业的组成部分。各级人民政府应当加强对社会力量办学工作的领导，将社会力量办学事业纳入国民经济和社会发展规划。2003 年《民办教育促进法》第三条规定，民办教育事业属于公益性事业，是社会主义教育事业的组成部分。国家对民办教育实行积极鼓励、大力支持、正确引导、依法管理的方针。各级人民政府应当将民办教育事业纳入国民经济和社会发展规划。这些政策规定和法规逐渐确立起民办教育在我国教育体系中的地位，有力促进了民办教育的恢复和发展。

在民办教育收费上，教育部要求义务教育和非义务教育要区别对待，公办教育和民办教育要区别对待。公办义务教育不收学费，公办非义务教育可按成本收取适当比例的费用。教育部还规定在民办教育收费中应体现谁投资谁受益的原则，学费收取标准应与办学主体筹资方式相适应。基本上按照培养学生的完全成本进行收费，原则上均不宜超过学生的教育成本，但各地民办教育收费可采取因地制宜的原则，允许不同地区、不同办学主体、不同学校、不同专业的收费有所差别（薛二勇，2002）。

在民办教育是否能营利的问题上，中华人民共和国教育法第八条规定，教育活动必须符合国家和社会公共利益。第二十五条规定国家制定教育发展规划，并开办学校及其他教育机构。国家鼓励企业事业组织、社会团体、其他社会组织及公民个人依法开办学校及其他教育机构；任何组织和个人不得以营利为目的开办学校及其他教育机构。受限于教育法的约束，1997 年社会力量办学条例第六条规定，社会力量开办教育机构不得以营利为目的。第三十七条则强调，教育机构应当确定各类人员的工资福利开支占经常办学费用的比例，报审批机关备案。教育机构的积累只能用于增加教育投入和改善办学条件，不得用于分配，不得用于校外投资。2002 年《民办教育促进法》则回避了教育营利性的问题，回避了投资和收益的概念，提出民办教育可以获得合理的回报，如民办教育促进法第五十六条规定民办学校在扣除办学成本、预留发展基金以及按照国家有关规定提取其他必需的费用后，出资人可以从办学结余中取得合理回报。随后出台的民办教育促进法实施条例则对民办教育的合理回报做出了更为细致的规定，实施条例第四十四条规定，出资人根据民办学校章程的规定要求取得合理回报的，可以在每个会计年度结束时，从民办学校的办学结余中按一定比例取得回报。办学结余，是指民办学校扣除办学成本后形成的年度净收益，扣除社会捐助、国家资助的资产，并依照本条例的规定预留发展基金以及按照国家有关规定提取其他必需的费用后的余额。虽然民办教育促进法并没有正面回答民办教育能否营利的问题，但允许民办教育获得合理回报，其实已是变相承认民办教育存在投资办学和捐资办学的区别，以及部分投资办学的民办学校具有营利性的事实。

五　教育收费政策的多数共识

通过对前文教育收费理论研究和政策实践的综合分析可以发现，对我国未来教育收费改革趋势，多数人形成以下共识。

（一）教育收费应依据教育产品属性的判断，区别对待

教育产品虽然从性质上来看属于准公共产品，但不同层次和类别的教育其外溢性的程度和范围相差很大。有些产品如义务教育社会受益程度远远大于个人受益程度，在产品性质上更加接近公共产品的范畴，而且接受义务教育的对象包括每个适龄儿童，由政府财政负担符合效率和公平的双重要求。因此，在我国公共财政建设的过程中，将义务教育纳入公共财政支出范围，实行免费教育是必然选择。非义务阶段教育虽然仍具有社会公益性成分，但其商品性程度在逐渐加强，可以在保证教育公益性的前提下，采取事业性收费的办法，实行成本补偿或成本分担的办法。民办教育采取经营性收费和教育价格相结合的办法。对于民办学历性教育，因为它是对公办教育供给短缺和供给形式单一的有力补充，在提高居民教育选择机会以及促进教育多样化方面具有重要作用，较好地满足了群众超额教育需求和差异化教育需求，但其本身公益性的特点没有因此而改变。所以对这类民办教育要坚持教育公益性，强调非营利性，可以采取经营性收费的做法，由受教育者支付大部分成本或全部成本。而对非学历性教育的民办教育，其受益对象明确，社会外溢程度小，可以看做一种特殊的教育服务商品，应交由市场，由市场供求来形成价格。

（二）公立非义务教育收费标准的确立应综合考虑教育成本和居民负担能力，确保效率和公平的统一

公立学校制定适度学费标准时，应着重考虑以下几个方面的因素：

①历史因素。我国各级各类教育在20世纪80年代以前基本上是国家的事，教育被视为社会福利品，由政府无偿提供。收费改革始于20世纪80年代末90年代初，由无偿向有偿教育的转变，需要一个转变的过程，因此最初学杂费制定标准强调要考虑地区经济发展水平、居民收入水平以及居民承受能力，即使后来确立了以教育成本为依据的收费标准，也提出必须根据经济发展状况和群众承受能力分步调整到位的逐步实施的建议。②消费者因素。尤其是不同家庭的价格需求弹性。提高学费虽然对高收入阶层的影响较小，但对于价格需求弹性大的低收入阶层来说，提高学费无疑会影响到他们对高等教育机会参与以及对专业和学校的选择。特别是在我国居民收入水平不高、收入水平差异大的背景下，适度的学费标准对教育公平尤为重要。③财政因素。我国教育的基本国情是“穷国办大教育”，财政提供给教育的资源有限，需要教育尤其是非义务阶段的教育的受益者分担一部分的教育成本。④政治因素。实行教育成本分担和补偿，涉及教育利益和负担再分配的问题。国家、社会、学校、个人之间以及不同阶层之间的利益都要做出相应的调整，他们也都会对教育成本分担和补偿的标准做出自己的判断，提出自己的利益诉求。

总之，合理的学费标准额度的确立，并非简单的教育成本分担与补偿问题，而涉及方方面面，教育效率和公平原则应成为协调各方利益的最高准则。

（三）应逐步取消“择校收费”现象，优质优价只适合民办教育的定价规则

当前，我国公办中小学还普遍存在“择校收费”现象。高中阶段的“择校”收费还被以“三限”的规定，变相合理化。公立学校的主要资金来源还是政府的公共财政支出，公共财政的四个基本特征是“公共性”、“公平性”、“公益性”以及“法制性”①。从“公共性”来看，财政支出要投向能满足“公共需要”的领域，而非“私人需要”的领域，公共需要具有统一性的特点，而私人需要则具有差异化的特点，因此基准的教育产品而非差异化的教育产品应是政府努力投入的领域。“公平性”是指在财政支出上要平等地对待支出对象，不能区别对待，对某些人给予优待，而对另一些人不作为。人为地将公办教育区分为重点学校和非重点学校，一部

① 楼继伟、王军：《中国公共财政》，人民出版社，2006，第1～4页。

分人享有优质教育资源，另一部分不享有，显然是不符合财政支出的公平性的。“公益性”主要是指财政支出不从事市场活动，不以追求利润为目标，只以满足公共需要为己任，追求公益目标。那些主张对重点学校实行“优质优价”的观点，事实上是把优质教育资源当做稀缺的商品来进行买卖。在优质教育资源政府垄断供给和优质教育资源需求竞争的市场结构中，如何体现公办学校的非营利性？如何体现政府财政支出的非营利性？“法制性”是指财政支出要依法进行，中华人民共和国教育法明确规定，中华人民共和国公民有受教育的权利和义务。公民不分民族、种族、性别、职业、财产状况、宗教信仰等，依法享有平等的受教育机会。在优质教育资源有限，或教育供给不足的情况下，受教育机会应当主要靠个人能力来作为分配的准则，也只有这样才能使公共财政支出的教育社会效益发挥到最大，让钱参与优质教育机会的分配，实行能力和货币双轨分配体制，有违平等受教育机会的法律规定。所以，由政府财政支持的公立中小学校，必须实行均衡化的教育发展战略，坚决清理“择校收费”。而对财政暂时无力满足的居民的超额教育需求和差异化的教育需求，应交由民办学校来经营，它们可以实行优质优价。

（四）民办教育收费管理应明确区分营利和非营利，实行分类管理

民办教育应适时突破教育法关于任何组织和个人不得以营利为目的开办学校及其他教育机构的法律规定，允许并且承认一批民办教育事实上是完全营利的学校。居民超额需求的存在以及差异性需求的存在使得教育消费性和投资性的特点更加凸显，在教育供不应求的情况下以及教育信息不对称的情况下，民办学校具有很强的动力去追求自身利益的最大化。所有民办学校都按非营利学校对待，给予税收的优惠和政策的优惠，对于一些以投资办学的民办学校来说，显然存在不当获利的情况，政府如果按教育成本核算来保障投资办学的民办学校的非营利性特点，核算和监督成本往往又是难以承受之重，同时也会抑制投资办学的积极性。因此堵不如疏，要敢于承认民办学校的营利性，通过税收来调节他们的利润，同时要加强对民办学校的质量监管，防止营利性学校通过教育信息不对称来侵害受教育者的利益。对于一些捐资办学以社会公共利益为目的的非营利性学校，政府要大力鼓励，除了税收优惠，还要给予财政支持。同时要加强对非营利性学校的教育成本核算，加强会计和审计制度建设，确保这些学校的真正非营利性。

参考文献

[1] 才宗文:《正确看待教育收费》,1997年8月5日第2版《中国教育报》。

[2] 昌忠泽:《教育收费研究之误区:对三种物品属性的混淆》,《学术月刊》2006年第4期。

[3] 程志伟:《教育收费之乱亟待解决》,《经济》2005年第Z1期。

[4] 范先佐:《筹资兴教:教育投资体制改革的理论与实践问题研究》,华中师范大学出版社,1999。

[5] 郝文武:《中国教育收费模式及其选择——国内教育收费不同观点述评》,《上海教育科研》1994年第1期。

[6] 呼中陶、李季、龚界文:《教育收费的国家政策分析及建议》,《中国教育学刊》2005年第4期。

[7] 纪宝成:《人大校长:大学学费已经处于高水平 不宜再提高》,《陕西教育(行政版)》2007第Z1期。

[8] 靳希斌:《市场经济大潮下的教育改革》,广东教育出版社,2002。

[9] 李孔珍:《关于北京市治理择校收费问题的政策探讨》,《教学与管理》2009年第15期。

[10] 李文利、闵维方:《我国高等教育发展规模的现状和潜力分析》,《高等教育研究》2001年第2期。

[11] 厉以宁:《谈市场经济体制下教育改革的几个问题》,《中国教育学刊》1993年第2期。

[12] 马国川、赵学勤:《一九八九:高校收费改革元年》,《书摘》2008年第10期。

[13] 王康平:《高校学费政策的理论与实践》,厦门大学出版社,2001。

[14] 王善迈:《论高等教育的学费》,《北京师范大学学报(社会科学版)》2000年第6期。

[15] 王善迈:《基础教育"重点校"政策分析》,《教育研究》2008年第3期。

[16] 魏新:《关于我国教育投入若干问题的思考》,《教育研究》1997年第6期。

[17] 文东茅:《论民办教育公益性与可营利性的非矛盾性》,《北京大学教育评论》2004年第1期。

[18] 吴开俊、范先佐:《高校学费依据教育培养成本收取的悖论》,《高等教育研究》2007年第1期。

[19] 薛二勇:《民办教育收费问题研究》,《中国民办教育研究》2002年第Z1期。

[20] 袁连生:《我国居民高等教育支付能力分析》,《清华大学教育研究》2001年

第 3 期。
[21] 曾天山：《从择校收费看我国的教育改革》，《教育评论》1996 年第 3 期。
[22] 张景成：《择校收费的是与非》，《新长征》2005 年第 13 期。
[23] 张人杰：《论大陆公立高校的学费》，《学术研究》2003 年第 2 期。
[24] 张铁明：《教育产业论——教育与经济增长关系的新视角》，广东高等教育出版社，2003。
[25] 张维迎：《教育的悖论？穷人上不起学是因为学费太低》，《教育与职业》2006 年第 22 期。
[26] 周贝隆：《市场经济、现代化与教育》，《中国教育学刊》1993 年第 2 期。
[27] 朱琼英、许安平：《中美高校学费政策的研究综述》，《现代教育科学》2007 年第 3 期。
[28]〔美〕约翰·斯通：《高等教育财政：问题与出路》，人民教育出版社，2003。

价格垄断行为及其法律规制

孙　威*

内容摘要　在简要分析价格与市场经济、竞争之间关系的基础上，本文立足于我国《反垄断法》及相关法律法规，并借鉴其他国家关于价格垄断的法律司法实践，对我国经济生活中价格垄断协议行为、滥用市场支配地位的价格垄断行为以及滥用行政权力的价格垄断行为进行了研究，以期加强和完善我国对价格垄断的法律规制。

关键词　价格垄断行为　竞争　反垄断法

一　引言

市场经济优越于计划经济，是因为市场经济能够提高社会资源的配置效率，增加消费者的福利并最终增加社会福利。市场经济中，生产经营的决策并非由政府部门的计划决定，而是由经营者根据各种市场因素自主决定，其中最重要的因素就是价格。价格代表着个人自由、自发秩序和市场制度，价格配置社会资源①。宏观层面上，当价格在市场供求作用之下产生变动时，就会引导追求利益最大化的经营者进行竞争，将社会资源配置到价格更高、利润空间更大的产品上；微观层面上，在由供求关系决定的一定价格水平下，经营者会千方百计地提高生产效率，通过竞争实现利润

* 孙威，法学博士，中国社会科学院法学研究所博士后研究人员，研究方向为国际法学。
本文写作过程中，笔者得到了中国社会科学院法学研究所王晓晔研究员，财政与贸易经济研究所温桂芳研究员、张群群研究员的悉心指导和巨大帮助，特此致谢。

① 茅于轼：《价格扭曲将导致宏观经济扭曲》，中国经济网经济博客，茅于轼的博客，2009年10月20日日志，http：//blog. ce. cn/html/46/304246 - 365768. html。

最大化。上述过程最终会改变市场供求关系，进而导致价格的变动，而新的价格又会引发新的竞争和社会资源的重新配置。这就是说，价格竞争这一动态过程带来技术进步、成本降低、生产效率提高和社会福利增加。要使价格机制正常发挥作用，就必须保证经营者能够根据市场供求自主地决定价格，保证市场的开放性和经营者能够进行竞争。否则，市场主体的微观竞争活动就会偏离市场规律，而宏观经济运行也要受到不利影响。然而，历史经验告诉我们，市场本身不能保证价格不被扭曲，也不具备保护公平竞争的能力，因此，国家应当建立以反垄断和保护竞争为宗旨的反垄断法律制度。因为价格机制是竞争机制的核心，价格又是垄断利润的来源和实现方式，所以，对价格垄断行为的规制一直是各国反垄断法律制度的重要内容。本文立足于我国《反垄断法》及相关法律法规，并借鉴其他国家关于价格垄断的法律司法实践，对我国经济生活中的价格垄断行为，如价格垄断协议、滥用市场支配地位的价格垄断行为以及滥用行政权力的价格垄断行为进行研究，以期加强和完善我国对价格垄断的法律规制。

二　价格垄断协议

（一）价格垄断协议的概念和分类

《反垄断法》中垄断协议是指经营者之间排除、限制竞争的协议、决定或者其他协同行为[①]。依据协议主体之间的关系，垄断协议可以分为两类：一为横向垄断协议，又称卡特尔，指处于同一经营层面的经营者之间，如生产者之间、批发商之间达成的限制竞争的协议；二为纵向垄断协议，指处于不同经营阶段的经营者之间，如生产商与批发商之间、批发商与零售商之间达成的限制竞争的协议。本文的价格垄断协议，主要指经营者之间就某一商品或服务的价格订立的排除、限制竞争的协议。

横向价格垄断协议，又称价格卡特尔，主要指竞争者之间达成的固定或者变更商品或服务价格的协议[②]，在实践中具体表现为：固定或者变更商品的销售价格、转售价格、目标价格、最高价格、最低价格、推荐价

① 详见《反垄断法》第13条。

② 详见《反垄断法》第13条。

格、价格计算公式以及谈判基准价格等各种价格的协议；固定或者变更价格变动幅度，即涨价或降价幅度的协议；固定或者变更对价格有影响的各类因素，如销售利润率、折扣幅度、向顾客赠送的礼品、向顾客提供的赊销方案以及向顾客收取的运费费率等的协议；约定未经其他经营者同意不得变更价格，不得从事价格竞争的协议。纵向价格垄断协议主要包括经营者与交易相对人达成的固定向第三人转售商品价格的协议，以及限定向第三人转售商品的最低价格的协议①。

需要说明的是，根据《反垄断法》第 13 条、第 14 条，国务院反垄断执法机构有权在法律列举的行为之外认定新的垄断协议行为。这就意味着，国家反价格垄断执法部门，即国家发改委在反垄断执法过程中能够将《反垄断法》列举的价格垄断协议以外的协议认定为价格垄断协议。这样一个兜底条款固然有助于减少执法盲区，但也可能造成反垄断执法机构之间的工作重叠，关于这一点的分析详见本文第五部分。

（二）价格垄断协议的构成要件

笔者认为，根据《反垄断法》的相关规定，价格垄断协议行为的构成要件至少包括以下三个方面。

1. 行为是由两个及以上的经营者实施的

《反垄断法》中的“经营者”，是指从事商品生产、经营或者提供服务的自然人、法人和其他组织②。由此可见，经营者是否拥有独立的法律主体地位，是否取得营业执照或相关的经营资质，都不重要。只要从事了商品生产、经营或者提供了服务，即便是事业单位、社会团体、企业分支机构，甚至法律、法规授权的具有管理公共事务职能的组织，都有可能成为价格垄断协议行为的主体。同时，价格垄断协议行为应当由两个及以上的经营者共同实施，而不能由单一经营者独立实施。

根据《反垄断法》，行业协会也可能成为垄断协议行为的主体。作为非营利性的组织，行业协会虽然本身不从事经营活动，但是其成员都是同一或相关行业的经营者，彼此之间都存在着竞争或者交易的关系。为保护和增进协会成员的共同利益，行业协会有时把握不好加强行业信息交流、强化行业自律与组织成员串通涨价、限制竞争之间的界线。为此，《反垄

① 详见《反垄断法》第 14 条。

② 详见《反垄断法》第 12 条。

断法》不仅在总则中要求行业协会加强行业自律，引导本行业经营者依法竞争，维护市场竞争秩序①，还专门强调行业协会不得组织本行业的经营者从事垄断协议行为②。

2. 行为应当具有“协议”的属性

与民商法中的协议不同，《反垄断法》中的垄断协议具体包括协议、决定和协同行为等三种表现形式。其中，协议是指两个及以上的经营者达成的排除、限制竞争的一致意思表示，至少使其中一方在法律或者事实上承担一定的作为或不作为的义务；决定是指各种形式的企业联合组织以及行业协会，要求其成员共同实施排除、限制竞争的决议；协同行为，则是指经营者虽然没有达成协议，也没有可供遵循的决定，但相互间通过意思联络，共同实施的排除、限制竞争的协调、合作行为。显然，垄断协议所讨论的协议概念比民商法中的协议宽泛得多，我们身边价格垄断协议的实例就能反映这一点。

以2010年1月份广西南宁、柳州两市部分米粉生产厂家先后集体提高米粉出厂价格为例，此事件中南宁市有18家米粉厂就联合涨价达成了口头协议，该价格垄断协议的表现形式显然就是协议。同样是在2010年1月，中国出版工作者协会、中国书刊发行业协会、中国新华书店协会联合制定的《图书公平交易规则》对于在我国境内从事图书交易的供货商和经销商的打折促销施加了一系列的限制，这也属于价格垄断协议行为，但其表现形式是行业协会的决定。2009年的“中航信”事件中，在国航给中航信发出调整售票系统，改变机票折扣计算方式的通知后，国内主要航空公司跟随国航，要求中航信对系统进行调整，按照新的公式计算折扣票价，这一价格垄断协议行为的表现形式则是协同行为。实践中，这三种表现形式可能出现重叠，彼此之间并不存在泾渭分明的界线。

既然垄断协议的外延如此宽泛，这就要求我国反垄断执法机构在执法过程中注意垄断协议的识别和认定。我国现行法律对此尚无具体规定③，

---

① 详见《反垄断法》第11条。

② 详见《反垄断法》第16条。

③ 需要指出的是，2009年国家发改委公布的《反价格垄断规定（征求意见稿）》和国家工商总局公布的《关于禁止垄断协议行为的有关规定（征求意见稿）》分别在第5条和第4条规定了认定协同行为应当考虑的因素，如经营者行为的一致性、合理性，经营者之间的沟通，以及相关市场结构及变化等因素，对垄断协议的认定进行了有益的探索。

不过其他国家相关的司法实践很值得我们借鉴[1]。笔者认为，这里的协议可以理解为独立决策的经营者之间在意思表示方面的一致和协调。独立决策十分重要，即便两个经营者是相互独立的法律主体，但只要它们并非独立决策，如母公司与全资子公司的关系，则它们之间的意思表示一致或协调并不构成反垄断法中的协议。那么，独立决策是否意味着经营者必须是完全自愿参与价格垄断协议的呢？笔者认为不尽然，只要经营者之间存在竞争或相互交易的关系，即存在相互冲突的利益，即便各方交易地位并不平等，也可以认定其决策的独立性，进而认定协议行为的存在。此外，经营者之间意思表示的一致或协调同样重要，经营者行为的相似性并不当然表明协议的存在，其行为的不一致也不能必然排除协议的存在。

3. 协议应包含涉及价格的排除、限制竞争的内容

具体而言，价格卡特尔应包含竞争者之间固定或者变更价格的内容，纵向价格垄断协议则应包含经营者与交易相对人之间固定向第三人转售商品价格或者限定向第三人转售商品的最低价格的内容。根据《反垄断法》关于垄断协议行为法律责任的规定，只要经营者达成了协议，即形成了关于限制竞争的合意，价格垄断协议行为就已经成立，经营者是否实施该协议只会对处罚措施的力度产生影响[2]。这就是说，排除、限制竞争既可能表现为价格垄断协议的后果，也可能表现为价格垄断协议的目的。

（三）法律规制原则

1. 本身违法原则和合理原则

由于垄断协议直接限制自由竞争，扭曲市场机制，损害消费者利益，

① 美国反托拉斯法中，相关的经典案例主要包括 Interstate Circuit v. United States 306 U. S. 208 (1939), American Tobacco Co. v. United States 328 U. S. 781 (1946), Theatre Enterprises v. Paramount Film Distributing Corp. 346 U. S. 537 (1954), Matsushita Electric Industrial Co. v. Zenith Radio Corp. 475 U. S. 574 (1986)；欧盟竞争法中，相关的经典案例主要包括 ICI V. Commission ('Dyestuffs') (48/69) [1972] ECR 619, [1972] CMLR 557, Suiker Unie V. Commission (40/73, etc) [1975] ECR 1663, [1976] 1 CMLR 295, AEG-Allegemeine Elcktricitäts-Gesellschaft AEG-Telefunken AG V. Commission (107/82) [1983] ECR 3151, [1984] 3 CMLR 325, Adelat and Bayer (96/478/EEC) OJ 1996 L201/1, [1996] 5 CMLR 416; appeal sub nom Bayer V. Commission (T-41/96) [2000] ECR II-3383, [2001] 4 CMLR 4 (CFI); Bundesverband der Arzneimittel-Importeure eV and Commission V. Bayer (C-2&3/01 P) OJ 2004 C59/2, [2004] 4 CMLR 653, [2004] All ER (EC) 500 (ECJ)。

② 详见《反垄断法》第46条。

现代反垄断法无不将之视为垄断行为之首。与此同时，各国反垄断法又注意到，对垄断协议不能一概而论，有些协议在限制市场竞争的同时，还具有推动竞争的效果。于是，关于如何规制垄断协议，在反垄断法律制度产生之初就存在着两种法律原则：第一种为本身违法原则，即对某些严重限制竞争、严重损害消费者利益的协议，不管其产生的具体情况，也不管其影响的范围有多大，均将其视为非法；第二种为合理原则，即运用包含多个考量因素的合理性标准，如协议产生的背景和效果等，去衡量被质疑协议行为的目的和效果，再根据衡量的结果决定如何规制。

本身违法原则能够为经营者提供明确的行为规范，使经营者能够预测一项行为的法律后果，同时也能减轻原告的举证负担，节约执法机构审理案件的执法资源。但是，适用本身违法原则是建立在“被禁止的行为在绝大多数情况下真实有害”这一判断基础之上的，可一旦这种判断错了，那么本身违法原则非但不能制裁真正有害的行为，反而会挫伤经营者从事正当竞争行为的积极性。相比之下，适用合理原则要对被质疑行为进行更为全面的考量，这有助于提高反垄断执法的准确性与灵活性。但合理原则同样存在局限性，因为适用合理原则要耗费国家更多的执法资源，而且，缺少明确的行为规范也会使得经营者不敢采取一些原本能够促进竞争的行为。

2. 适用于价格卡特尔的规制原则

本身违法原则首先适用于价格卡特尔行为。这是因为在市场经济诸因素中，价格作为生产者之间以及生产者与消费者之间互通信息的媒介，是促进和调节生产最重要的因素。一旦价格被固定下来，价格对生产者的激励作用就丧失殆尽，生产因素就不能被合理分配。而且，固定的价格一旦成为垄断价格，它们一般都大大超过正常价格水平，消费者要为此支付高昂的代价，从而导致社会收入不公平地从消费者手中转移到联合抬价的生产者手中。正是由于价格卡特尔对市场经济有着重大损害，在各国反垄断法实践中价格卡特尔一般都被认定为严重的限制竞争行为，从而也是违法行为。

美国最高法院早在20世纪初就确立了对价格卡特尔适用本身违法原则的先例[①]。在1927年“川通陶瓷案”中，美国最高法院明确指出，“由于

① United States v. Trenton Potteries Co. , 273 U. S. 392, 47 S. Ct. 377 (1927); United States v. Socony – Vacuum Oil Co. , 310 U. S. 150, 60 S. Ct. 811 (1940).

经济和商业的变化，一个在今天看来是合理的固定价格，也许明天就会变为不合理”，而且“只有维护竞争，才能最有力的保护公共利益不受垄断和价格操纵之害”。美国最高法院对于价格卡特尔的这种严厉态度至今没有发生实质性的改变。根据欧盟竞争法，价格卡特尔无论其影响大小，都属于被明令禁止的行为[①]。不仅如此，价格卡特尔作为一种“核心限制”行为，不能依据《欧盟职能条约》第101（3）条得到豁免[②]。

3. 适用于纵向价格垄断协议行为的规制原则

纵向价格垄断协议对竞争的影响要比价格卡特尔更为复杂，因为它在有些情况下对竞争产生消极影响，有些情况下却会产生积极影响。纵向价格垄断协议对竞争的消极影响主要表现在以下几个方面。首先，纵向价格垄断协议具有防止同一品牌产品销售价格下降的作用，因此其直接效果可视为变相的涨价，并有助于维持生产商的利润率。其次，如果纵向价格垄断协议普遍存在，生产商之间和/或分销商之间的竞争会逐渐弱化。在生产商的层面，纵向价格垄断协议会增强市场价格的透明度，有助于供应商之间形成基于共谋的价格均衡；同时，拥有市场支配地位的生产商还可以借助纵向价格垄断协议排挤竞争者。在分销商层面，纵向价格垄断协议会削弱同一品牌内部的价格竞争，有助于分销商之间形成基于共谋的价格均衡；同时，纵向价格垄断协议还会使效率更高的分销商无法进入市场或借助低价取得规模效应，使分销商无法实施以低价为基础的销售方略。

纵向价格垄断协议对竞争的积极影响则表现在以下几个方面。首先，设定一个有效的最低价格将促使分销商在非价格领域，如服务和促销等方面更积极地进行竞争，这对于生产商和消费者而言都是有利的。其次，当经营者新进入一个市场或者刚推出一种新产品时，经营者可以通过设定最低转售价来保证分销商的转售利润，进而激励分销商加大推销力度，使生产商和消费者均受益。此外，纵向价格垄断协议有助于从分销环节遏制“搭便车”现象。具体而言，设定最低转售价能使分销商的利润维持在一

---

① 详见《欧盟职能条约》第101（1）条；《关于对条约第81（1）条中规定的低度影响（可忽略不计的）协议的委员会通知（1）》（2001/C368/07）第11（1）、（2）条。

② 详见《关于将条约第81（3）款适用于各类专业化协议的（EC）第2658/2000号委员会条例》第5.1条；《关于将条约第81（3）款适用于各类研发协议的（EC）第2659/2000号委员会条例》第5.1条。又见欧委会《关于适用条约第81（3）条的指南》（2004/C101/08）第46段。

定的水平，这会激励某些分销商花费成本为潜在客户提供额外的售前服务，以达到吸引客户的目的。此时，如果没有最低转售价的约束，其他没有花费成本提供售前服务的分销商就会降低产品的价格，以抢走本应属于那些提供售前服务的分销商的客户。这种“搭便车”的行为会损害分销商之间的竞争，而纵向价格垄断协议能够遏制分销层面的“搭便车”现象，保护分销商之间的正常竞争，使消费者获益。

面对纵向价格垄断协议的复杂性，许多国家关于纵向价格垄断协议的规制原则都经历了从本身违法原则向合理原则过渡的过程。在美国，最高法院在 1911 年确立了对纵向转售价格固定协议适用本身违法原则的先例①，并在随后的 50 年间把本身违法原则的适用逐渐扩大到其他纵向限制行为②。这种严厉的规制原则备受攻讦，其原因在于越来越多的人相信：纵向限制会对经济和竞争产生积极影响；而纵向限制的消极影响仅存在于理论层面③。受此影响，美国最高法院在 1977 年的一个判例中明确宣布，非价格纵向限制适用合理原则，但价格纵向限制仍适用本身违法原则④。很多学者不认同这种区分价格限制和非价格限制的做法，他们认为，无论是从限制竞争的角度，还是从促进竞争的角度分析，对纵向限制做这种区分都是没有意义的，纵向价格限制同样应当适用合理原则⑤。终于，在 2007 年 6 月的一个判决中，美国最高法院宣布对纵向固定转售价格的协议适用合理原则⑥。该判决指出，固定转售价格的协议虽然限制了同一品牌销售商之间的竞争，但它有利于推动不同品牌之间的竞争，因此应和其他纵向限制性条款一样，适用合理原则。

在欧盟，竞争法历来把纵向价格垄断协议视为一种“核心限制”行为，并一度认为纵向价格垄断协议不能依据《欧盟职能条约》第 101（3）

---

① Dr. Miles Medical Co. v. John D. Park & Sons Co., 220 U. S. 373 (1911).

② 详见 United States v. Arnold, Schwinn & Co., 388 U. S. 365 (1967)。

③ Eugene, Buttigieg, "Competition Law: Safeguarding the Consumer Interest", The Netherlands: *Wolt'ers Kluwer Law & Business.* 2009, pp. 97 –98.

④ Continental T. V., INC. v. GTE Sylvania INC., 433 U. S. 36, 97 S Ct 2549 (1977).

⑤ 参考 Posner, RA., "The Rule of Reason and the Economic Approach: Reflections on the Sylvania Decision", US: 45 *U Chi L Rev* 1. 1977 和 "The Next Step in the Antitrust Treatment of Restricted Distribution: Per Se Legality". US: 48 U Chi L Rev 6. 1981。参考 Gellhorn, E & Tatham, T. "Making Sense Out of the Rule of Reason", US: 35 Case *Western Reserve Law Review* 155. 1984 ~ 1985。

⑥ Leegin Creative Leather Products, Inc. v. PSKS, Inc., 127S. Ct. 2705 (2007).

条得到豁免[①]。这一方面是因为这些协议会在分销商之间建立起价格卡特尔，从而会严重损害市场竞争和消费者的利益[②]；另一方面是因为纵向限制经常被经营者用于将欧洲统一市场分割为不同成员国国内市场，这有违于欧盟竞争法关于实现并维持欧洲市场统一的目的[③]。2010 年 5 月 31 日，欧盟对于纵向协议及协同行为颁布的新条例[④]和新指南正式生效。虽然新条例第 4（a）条仍然将纵向价格垄断协议视为“核心限制”行为，并推定该行为不能根据新条例得到集体豁免，但新指南允许当事人在具体案件中提出《欧盟职能条约》第 101（3）条所规定的效率抗辩[⑤]。同原有制度相比，新指南的上述规定是一个重大革新，标志着欧盟竞争法长期以来对于纵向价格垄断协议的严苛态度开始松动。

根据以上分析，笔者认为，我国反垄断执法机构应当在全面分析纵向价格垄断协议影响的基础上，谨慎选择所适用的规制原则。《反垄断法》第 13 条和第 14 条明确禁止经营者从事垄断协议行为，而第 15 条则规定垄断协议可以得到豁免的情形。不过，根据第 15 条的规定，无论价格卡特尔还是纵向价格垄断协议，都是很难得到豁免的［详见本部分第（五）个问题的分析］。因此，笔者认为，我国《反垄断法》对于价格垄断协议实际适用的是本身违法原则。对于价格卡特尔适用本身违法原则是恰当的，可对于纵向价格垄断协议是否应适用本身违法原则，是需要反垄断执法机构进一步思考的问题。

（四）价格垄断协议行为的法律责任

《反垄断法》在制裁经营者垄断协议行为时将其区分为两种情形：一是达成并实施垄断协议的行为，二是已经达成但尚未实施的垄断协议的行为。对于前者，《反垄断法》规定了责令停止违法行为、没收违法所得和

---

① 详见《关于将条约第 81（3）款适用于各类纵向协议及协同行为第 2790/1999 号委员会条例》第 4（a）条；《关于将条约第 81（3）条适用于技术转让协议的（EC）第 772/2004 号委员会条例》第 4.1、4.2 条。又见欧委会《关于适用条约第 81（3）条的指南》(2004/C101/08）第 46 段。

② 详见欧委会《关于纵向限制指南的委员会通知》(2000/C291/01）第 112 段。

③ 参考 Pitofsky, R.,“Vertical Restraints and Vertical Aspects of Mergers-A US Perspective”, Fordham Corp LInst 111. 1997；以及 Gerber, D. J.“Modernising European Competition Law: A Development Perspective”, 22 *ECLR* 122. 2001。

④ 即《关于将欧洲联盟运行条约第 101（3）款适用于各类纵向协议及协同行为（EU）第 330/2010 号委员会条例》。

⑤ 详见欧委会《关于纵向限制指南的委员会通知》(2010/C130/01）第 223 ~ 225 段。

行政罚款等三种处罚方式；对于后者，《反垄断法》仅规定了行政罚款这一种处罚方式[①]。就行政罚款而言，《反垄断法》对以上两种情形规定了不同的计算方法，对尚未实施垄断协议的经营者规定了具体的罚款金额，对达成并实施垄断协议的经营者则按照其上一年度销售额的百分比计算罚款，这体现了制裁措施要在一定程度上与垄断协议行为的效果挂钩。对于行业协会组织本行业经营者达成垄断协议的，《反垄断法》规定了行政罚款和撤销登记的处罚措施[②]。此外，垄断协议行为还面临承担民事法律责任的风险[③]。

《反垄断法》规定，参与垄断协议的经营者主动向执法机构报告达成垄断协议的有关情况并提供重要证据的，执法机构可以酌情减轻或免除对该经营者的处罚[④]，这就是反垄断法中的宽恕政策。随着反垄断执法工作的深入开展，《反垄断法》严厉的处罚措施必将使现在各种明目张胆的垄断协议行为转入地下，而执法机构发现和调查垄断协议的难度亦将随之增大。引入宽恕政策，通过减免处罚鼓励垄断协议的参与者主动向执法机构提供线索，不仅能够为执法机构获得垄断协议行为的信息和证据提供方便，而且还会造成垄断协议参与者的彼此不信任，有助于垄断协议从内部瓦解，这已为其他国家反垄断执法实践所证实。

（五）价格垄断协议行为的豁免

《反垄断法》第 15 条规定了垄断协议可以得到豁免的六种具体的情形，其中除第六项“为保障对外贸易和对外经济合作中的正当利益”的情形以外，前五种情形都要求寻求豁免的垄断协议必须同时满足两个前提条件，第一是所达成的协议不会严重限制相关市场的竞争，第二是能够使消费者分享由此产生的利益[⑤]。根据这一规定，笔者认为，价格垄断协议是很难依据前五种豁免情形得到豁免的。这是因为，价格垄断协议就是要通过经营者之间的合作、协调，人为扭曲价格机制，其对于竞争的限制不可不谓严重；人为操纵的价格往往是垄断高价，消费者是很难分享由此产生的利益的。鉴于价格垄断协议很难满足适用前五种豁免情形的前提条件，

① 详见《反垄断法》第 46 条第一款。
② 详见《反垄断法》第 46 条第三款。
③ 详见《反垄断法》第 50 条。
④ 详见《反垄断法》第 46 条第二款。
⑤ 详见《反垄断法》第 15 条。

所以容易得到豁免的价格垄断协议是第六种情形。

"为保障对外贸易和对外经济合作中的正当利益"而订立的价格垄断协议，又称出口卡特尔，是指国内经营者为确保或促进产品出口和对外经济合作中的利益，专就限制国（境）外的市场竞争达成的价格垄断协议。出口卡特尔之所以被豁免，是因为它既没有发生在我国境内，又对我国境内市场竞争没有影响，不属于《反垄断法》的适用范围[①]。但是，由于出口卡特尔专为限制国（境）外市场竞争，所以很有可能引发市场所在国的反垄断执法程序。目前，我国企业在美国被诉的两起价格垄断诉讼，即维生素 C 案和镁砂、镁制品案，就涉及出口卡特尔的问题。2010 年 4 月 15 日，商务部表示正在研究针对目前三大铁矿石生产商趋于达成季度定价机制的价格垄断行为进行反垄断调查[②]，这也说明了出口卡特尔可能受到国（境）外反垄断执法机构的管辖。

三 滥用市场支配地位的价格垄断行为

（一）市场支配地位及其滥用

1. 市场支配地位的概念及认定

市场支配地位是一种经济现象，反映了经营者与市场竞争的关系。根据《反垄断法》，市场支配地位是指经营者在相关市场内具有能够控制商品价格、数量或者其他交易条件，或者能够阻碍、影响其他经营者进入相关市场能力的市场地位[③]。简言之，拥有支配地位的经营者可以不考虑其竞争者或交易对象的反应独立做出经营决策，它们非但不受市场竞争的支配，反而还能左右市场竞争。

认定市场支配地位的第一步是界定相关市场，即经营者在一定时期内就特定商品或者服务（以下统称商品）进行竞争的商品范围和地域范围[④]。恰当界定相关市场的范围非常重要，相关市场界定得过宽，可能会忽略实际支配市场竞争的经营者，其垄断行为得不到应有的制裁；界定得过窄，则可能会夸大经营者的市场地位，损害良性的竞争行为。关于相关市场界

① 详见《反垄断法》第 2 条。

② 详见 http://finance.sina.com.cn/china/hgjj/20100415/11337756364.html。

③ 详见《反垄断法》第 17 条。

④ 详见《反垄断法》第 12 条。

定，国务院反垄断委员会2009年5月颁布的《关于相关市场界定的指南》规定了具体的方法和指导，此处不再赘述。

第二步是分析经营者能否支配相关市场中的竞争，对此《反垄断法》具体规定了应当考虑的因素①。国家发改委《反价格垄断规定（征求意见稿）》第18条和国家工商总局《关于禁止滥用市场支配地位行为的有关规定（征求意见稿）》第5条均对上述各个因素做出了具体解释，值得参考。根据该两份文件，市场份额是指经营者的特定商品销售额或者销售量在相关市场的比重，相关市场竞争状况包括相关市场的发展状况、现有竞争者的数量、是否存在潜在的竞争者，以及进入障碍、相关市场其他经营者的市场份额、商品差异程度、市场透明度等；控制销售市场或者原材料采购市场的能力，包括控制采购或销售市场渠道的能力，影响或者决定价格、数量、合同期限或其他交易条件的能力以及优先获得原材料的能力等。原材料包括企业生产经营所必需的原料、半成品、零部件及相关设备等；财力和技术条件，包括经营者的资产规模、财务能力、盈利能力、融资能力、研发能力、技术装备、技术创新和应用能力、拥有的知识产权等因素，对于经营者的财力和技术条件的分析，应当同时考虑其关联企业的财力和技术条件及其对相关市场进入、扩大产能等的影响；影响依赖程度的因素包括与该经营者之间的交易量、交易关系的持续时间、交易相对人转向其他经营者的难易程度等；影响经营者进入相关市场的因素包括市场准入制度、拥有管网等必需设施、销售渠道、资金和技术等规模经济要求、成本优势等。

概括起来，这些因素可以分为两类：其一，相关市场的结构性因素，如经营者的市场份额、相关市场竞争状况以及进入相关市场的难易程度等，通常经营者的市场占有率越高、竞争者越少、相关市场进入的难度越大，就越容易支配市场竞争；其二，经营者的行为因素，即考察经营者的决策在多大程度上可以不考虑其竞争对手和交易对象的反应，如果经营者拥有强大的实力，能够控制原材料和销售市场，或者其交易对象对其有所依赖，则该经营者就能在一定程度上支配市场竞争。相关市场的结构性因素与经营者的行为因素有着不可分割的内在联系，结构通常是行为的基础，而行为的结果往往又会对结构产生影响。总之，《反垄断法》要求综合考虑各方面因素来认定市场支配地位。

① 详见《反垄断法》第18条。

除认定标准之外，《反垄断法》还规定了市场支配地位的推定标准，即一个或几个经营者只要达到了一定的市场份额标准，就被推定具有市场支配地位，但经营者可以根据市场实际情况提出反证，证明其不具备市场支配地位[①]。需要指出，因为市场情况复杂多变，经营者的市场份额通常会因各种因素而不断变化，所以在根据经营者市场份额推定支配地位时，如《反垄断法》能增加考虑时间因素，即经营者是否长期维持较高的市场份额，则有助于增强推定的准确性和科学性。

2. 市场支配地位的滥用行为和价格垄断

市场支配地位作为一种经济现象，其本身并不为法律所禁止，反垄断法禁止的是经营者滥用市场支配地位的行为。我国《反垄断法》在第17条以列举的方式规定了六种滥用市场支配地位的行为[②]，但没有解释“滥用”的含义。六种滥用行为可以分为两大类：其一，剥削性滥用行为，具体表现就是经营者借助市场支配地位，通过以不公平的高价销售商品或者以不公平的低价购买商品等手段，压榨交易对象以获取高额利益的行为；其二，排他性滥用行为，即经营者借助市场支配地位，排挤竞争对手或阻止潜在的竞争者进入市场的行为。

当经营者面对竞争对手或者交易对象时，彼此之间存在的利益冲突会促使经营者采取排挤竞争对手、不利于交易对象的行为。如果不考虑市场支配地位的因素，《反垄断法》所列举的六种滥用行为都是经营者根据交易自由、合同自由原则有权自主做出的商业决策。但是，当经营者具备影响市场竞争的能力时，它们则有可能凭借市场支配地位，通过这些行为影响市场结构，破坏市场竞争秩序，损害消费者的利益。此时，它们的行为就构成“滥用”，为《反垄断法》所禁止。由此可见，合同自由的前提是竞争，某些交易行为在竞争性市场条件下是合法的，但在存在市场支配地位的前提下就失去了合法性。这就是《反垄断法》中“滥用”的含义。据此，判断具有市场支配地位经营者的行为是否构成滥用，价格是否“公平”，行为有无“正当理由”，其标准就是该种行为是否借助市场支配地位损害竞争以及消费者的利益。

根据《反垄断法》，滥用市场支配地位从事的价格垄断行为主要包括三个方面：其一，以不公平的高价销售商品或者以不公平的低价购买商

① 详见《反垄断法》第19条。

② 详见《反垄断法》第17条。

品，通称为垄断高价/低价行为；其二，没有正当理由，以低于成本的价格销售商品，通称为掠夺性定价行为；其三，没有正当理由，对条件相同的交易相对人在交易价格上实行差别待遇，通称为价格歧视行为。以下，本文分别探讨这三种价格垄断行为的法律规制问题。

（二）垄断高价/低价行为的法律规制

1. 规制垄断高价/低价行为的必要性问题

关于垄断高价/低价行为是否会损害竞争以及消费者利益，理论界是存在争议的。有学者认为，垄断高价/低价行为至少会对竞争和消费者产生两方面的损害：首先，垄断高价/低价会产生一种不公平的财富再分配，即交易对象的财富通过垄断高价/低价转移到处于支配地位的经营者手中，这最终会损害消费者的利益；其次，垄断高价/低价会导致相关商品或服务的实际产量低于完全竞争情况下原本能够达到的数量，这不仅会减少消费者的选择，而且最终会导致社会资源配置效率的下降和社会总体福利的减少①。持不同观点的学者则认为，既然承认企业之间的竞争是经济发展的引擎，那么企业就应当得到足够的经济回报，垄断高价/低价就是对企业的一种激励。在他看来，消费者的利益可以分为长期利益和短期利益：降价符合消费者的短期利益；但激励生产者不断创新、持续提高生产率则符合消费者的长期利益。因此，为保持对生产者的激励，短期内的垄断高价/低价是必要的，法律不应仅着眼于对消费者短期利益的保护②。笔者认为，以上争论表明垄断高价/低价行为对于竞争和消费者利益同时具有积极影响和消极影响。

正是由于垄断高价/低价行为的这种特殊性，不同国家对有无必要规制垄断高价/低价行为的问题有着不同的看法。根据美国反托拉斯法，垄断企业索取垄断性价格不违反反托拉斯法。美国最高法院在其2004年的一个判例中明确指出，垄断企业收取垄断价格不仅不违法，而且是自由市场经济的一个重要体现，因为取得垄断利润，至少在一个短时期内取得垄断利润，是对企业的最大激励，可以使它们甘冒风险进行创新和扩大经营③。

① Lande, R. H., "Wealth Transfers as the Original and Primary Concern of Antitrust: The Efficiency Interpretation Challenged", US: 34 *Hastings Law Journal* 65. 1982.

② Broadley, J. F., "The Economic Goals of Antitrust: Efficiency, Consumer Welfare and Technological Progress", US: 62 *NYULRev* 1020. 1987.

③ Verizon Communications v. law Offices of Curtis v. Trinko, 540 US 398 (2004).

与美国法不同，欧盟条约将“直接或间接地实行不公平的购买或销售价格及其他不公平的交易条件”明确规定为滥用市场支配地位的行为[①]。尽管存在这一规定，但欧盟委员会和欧洲法院对具有市场支配地位的企业很少进行价格管制，除非是针对自然垄断或者被授权垄断经营的企业。上述情况反映了反垄断执法机构对垄断高价/低价的矛盾态度。经营者拥有市场支配地位之后，往往会操纵价格，以不公平的高价销售商品或者以不公平的低价购买商品，但是从某种程度上说，此时的垄断高价/低价恰恰反映出相关市场的供求关系。在这种情况下，反垄断执法机构对具有市场支配地位的经营者的价格行为进行监督，可能反而是对市场供求关系、竞争机制的人为干预，不利于消费者长期利益的实现。

那么，如何把握规制与不规制之间的度呢？对此，经济学理论认为，只有当企业进入市场存在法律上或者事实上的障碍时，政府监管企业的价格行为才具有合理性。笔者认同这一观点，因为市场进入的障碍会削弱甚至切断价格与资源配置之间的联系，会造成竞争机制无法发挥作用。此时，尽管垄断高价/低价反映了市场供求关系，但它并不能指引社会资源进行有效的配置。具体而言，垄断销售高价的出现并不能吸引社会资源的投入以增加商品的供应，其他经营者乃至广大消费者也不能分享垄断购买低价所带来的利益，垄断高价/低价仅仅是垄断经营者限制竞争、损害消费者利益的工具。我国社会生活中各类公用事业企业利用政府赋予的市场支配地位，提高产品和服务收费的问题就是最典型的例子，因此，非竞争性市场结构下支配性企业的价格行为应当受到政府的监督。与之相反，对于竞争性市场结构下的垄断高价/低价行为，反垄断执法机构应当持更为谨慎的态度。

2. 现行规制方法的局限性分析

对于垄断高价/低价，包括我国《反垄断法》在内的各国反垄断法所普遍采用的规制方法是：由反垄断执法机构确定一个“公平”的价格，通过价格比较的方法判断凭借市场支配地位产生的价格是否“不公平”；然后，再在此基础上决定具体的制裁措施。抽象地说，这种方法的实质是用一个人为确定的“公平”价格代替一个同样是人为确定的“不公平”的价格，所以这种方法并不能从根本上解决问题。理想地看，消除垄断高价/低价行为的根本出路在于改变相关市场的结构，消除市场支配地位。因此，笔

---

① 详见《欧盟职能条约》第102（a）条规定。

者认为，反垄断执法机构对现行规制方法的局限性应保持清醒的认识，应尽量从宏观上为竞争性市场结构的形成以及市场支配地位的消除创造条件，比如改革现行公用事业的投资体制，引入竞争机制等。

值得关注的是，国务院于2010年5月7日发布了《国务院关于鼓励和引导民间投资健康发展的若干意见》，要求各地鼓励和引导民间资本进入法律法规未明确禁止准入的行业和领域，鼓励民间资本参与交通运输、水利工程、电力、石油天然气、电信及土地整治和矿产资源勘探开发等领域建设，同时允许民间资本兴办金融机构，并鼓励和引导民间资本进入社会事业领域，如参与发展医疗事业等①。笔者认为，该意见必将对我国传统垄断行业中竞争性市场结构的形成以及市场支配地位的消除产生积极而深远的影响。

3. 判断价格是否公平的考虑因素以及我国的特殊问题

《反垄断法》并没有规定反垄断执法机构应当怎样判断垄断价格是否公平，但国家发改委《反价格垄断规定（征求意见稿）》对这一问题进行了探索性的规定②。笔者认为，其主要是借鉴了欧洲法院对于超高定价的判断方法③。根据该文件，判断垄断价格公平与否既要动态考察商品价格与其成本之间的差距，又要关注商品价格与竞争性商品价格之间的差距。笔者认为，这一方法在考察经营者利用市场支配地位操纵价格、剥削交易对象的程度的同时，兼顾了市场竞争对于垄断价格的影响，有助于增强判断的合理性，这是十分可取的。然而，这一方法的问题在于，它没有对我国国有企业的特殊情况给以考虑，必将影响对公用事业垄断价格的公平性判断。

申言之，只有当处于支配地位的经营者是追求利润最大化的理性经济人时，对于商品成本和价格之间差距的考察才有意义。而在我国拥有市场支配地位的国有企业中，这一前提并不总是存在，这是因为经营者的身份发生了分裂：企业的所有者是国家，经营决策者是企业管理层。国有企业法人治理结构中，由于国家这一“股东”的缺位，经营决策实际上是由基本不受“股东”约束的企业管理层做出的。而利润的最大化与企业管理层的利益并没有直接关系，相反，办公条件是否优越以及员工薪酬福利高低

---

① 详见 http：//www. gov. cn/zwgk/2010－05/13/content_ 1605218. html。

② 详见国家发改委《反价格垄断规定（征求意见稿）》第12条。

③ 参考联合商标案，United Brands Corporation and United Brands Continental BV v. Commission（27/76），［1978］ECR 207，［1978］1 CMLR 429，CMR 8429。

这些原本属于企业经营成本的问题，反倒成为与企业真正决策者的利益息息相关的问题。于是，众多公用事业企业一方面享受着奢华的办公条件和令人瞠目的薪酬福利，另一方面却在亏损经营，一再向国家要求财政补贴，就成为我国社会经济生活中一种独特却又普遍的现象。在这种情况下，如果反垄断执法机构仅考察企业成本与价格之间的差距，显然不能抓住问题的关键。因此，笔者认为，反垄断执法机构应当在一定条件下增加对于经营者成本合理性的考量。

（三）掠夺性定价行为的法律规制

掠夺性定价是具有市场支配地位经营者的一种竞争策略，一般表现为经营者在相当长的一段时期内故意将价格设置于其成本之下，目的在于将竞争对手逐出市场或吓退欲进入市场的潜在竞争者，并随后设定高于竞争水平的价格以收回前期降价的损失。在《反垄断法》出台之前，我国其他相关法律将掠夺性定价作为倾销行为加以规制[①]。比较而言，《反垄断法》规定的掠夺性定价行为是由具有市场支配地位的经营者实施的，而其他法律规制的倾销行为则不需这一构成要件。据此，倾销行为的外延大于掠夺性定价行为，如果一个经营者在从事倾销行为时不具备市场支配地位，即便通过倾销行为取得了市场支配地位，其先前的倾销行为也不受《反垄断法》规制，而是受到其他法律的规制。

与垄断高价行为相反，掠夺性定价行为的表现形式是经营者降低商品和服务的价格。因此，如何区分掠夺性定价行为和正当的价格竞争一直是备受理论界和反垄断执法机构关注的难点。在20世纪50年代到70年代末，理论界和司法机关曾经一度认为，实施掠夺性定价的经营者往往会蒙受损失，所以这种行为从理论上无法解释为一种理智的策略，没有必要对其认真审查[②]。20世纪80年代以来，经济学中的博弈理论得到了长足发展。博弈论对掠夺性定价行为的分析指出，处于支配地位的经营者往往拥有其竞争者或潜在竞争者所不具备的融资优势以及相关技术设施的优势，凭借这些优势，处于支配地位的经营者通过掠夺性定价行为不仅有可能排

---

① 详见我国《反不正当竞争法》第11条、《价格法》第14条、国家发展计划委员会1999年《关于制止低价倾销行为的规定》以及国家发改委《制止价格垄断行为暂行规定》第7条。

② 参考Easterbrook，F. H. “Predation Strategies and Counterstrategies”，US：48 *U. CHIC. L. REV* 263. 1981；典型判例是Matsushita vs. Zenith Ratio，475 US 574（1986）。

挤与他们的生产效率相同的（潜在）竞争者，甚至还有可能排挤生产效率更高的（潜在）竞争者，这将损害竞争和消费者利益①。正是在这一时期，美国反托拉斯法和欧盟竞争法先后出现了对掠夺性定价加以规制的判例②。

上述理论和实践的发展表明，掠夺性定价的特点需要反垄断执法机关对其构成要件和适用范围进行科学的界定。就构成要件而言，《反垄断法》除要求经营者应当具备市场支配地位之外，还要求掠夺性定价必须满足价格低于成本和没有正当理由两个要件。下面，本文将简要分析价格低于成本和没有正当理由这两个要件。

1. 价格低于成本

（1）成本的选择。分析价格和成本之间的关系是分析掠夺性定价行为的起点，而考察价格和成本的关系，首先要确定使用什么成本同价格进行比较。对此，《反垄断法》没有做出明确规定。根据其他国家的司法实践，反垄断法所考察的成本一般包括商品的平均总成本和平均边际成本（或者平均可变成本）。所谓平均总成本，是指经营者有史以来生产、销售某种商品的全部不变成本和可变成本之和除以该种商品全部产量所得到的结果。经济学理论认为，在决策是否增加生产时，经营者不会考虑已经投入的成本，而只考虑需要增加的成本（边际成本）是否小于因此而带来的收益（边际收益），只要边际收益高于边际成本，经营者有利可图，就会继续生产。在短期增加生产的情况下，经营者固定成本（如厂房、设备等）的增加并不明显，主要是可变成本（如工资、原材料等）的增加。此时，边际成本的主要部分是可变成本，于是，根据平均边际成本/平均可变成本确定的商品售价，很可能低于平均总成本。

1975 年，美国学者阿里达和特纳提出，如果一个企业按照边际成本销售产品，要比按照平均总成本销售产品更能充分利用其生产能力，更能优化资源的配置。据此，如果商品的价格低于其短期边际成本，这个价格就可被视为掠夺性定价。考虑到边际成本的计算比较困难，阿里达和特纳决定使用平均可变成本代替边际成本③。这一规则得到了美国法院和欧洲法

---

① 参考 Mastromanolis，E. P.，“Predatory Pricing Strategies in the European Union：A Case for Legal Reform”，19 ECLR 211. 1998. 以及（美）Emch，Adrian 和 Leonard，Gregory K：《掠夺性定价的经济学及法律分析——美国和欧盟的经验与趋势》，《法学家》2009 年第 5 期。

② 欧盟竞争法的典型判例是 CaseC－62/86AKZO Chemie BV v Comission［1991］；美国反托拉斯法的典型判例是 Brook Group v. Brown & Williamson 409 US 209（1993）。

③ 王晓晔：《竞争法学》，社会科学文献出版社，2007 年，第 303～304 页。

院的广泛采纳。不过有美国学者认为，只要占垄断势力的企业的产品定价低于平均总成本，即便高于平均可变成本，该市场的竞争仍会受到严重损害。因此，美国法院目前的做法是综合考虑平均总成本和平均可变成本[①]。值得注意的是，2008 年 12 月之后，欧盟委员会开始使用平均可避免成本和长期平均增量成本与价格进行比较，考察处于支配地位的企业是否故意用短期亏本或放弃利润的方法（牺牲）来封锁一个或多个实际竞争对手，或者潜在的竞争对手。其中，平均可避免成本指的是企业如果不生产一定数量的（额外）产品的话，便可以节省的成本。在大部分情况下，平均可避免成本与平均可变成本是一致的，因为通常能节省的只能是可变成本。长期平均增量成本则是企业生产特定产品时付出的全部成本（包括可变成本与固定成本）。长期平均增量成本与平均总成本可以很好地进行相互参照，而且如果企业仅生产单一产品的话，两者就是一致的[②]。

根据原国家计委制定的《关于制止低价倾销行为的规定》[③]，用于同价格进行比较的是商品合理的“个别成本”，在无法确认个别成本时，则使用“行业成本”。笔者认为，如果《反垄断法》继续采用这一标准，可能会产生限制竞争的不良后果。首先，如果“个别成本”是指商品的平均总成本，则使用“个别成本”会妨碍经营者按照边际成本销售商品，不利于资源的有效配置。其次，如果一个经营者的效率高于行业普遍的效率，则该经营者的成本必然低于行业平均成本。此时，如果使用行业成本作为与价格比较的标准，则可能将该经营者的竞争性定价错误地认定为掠夺性定价，反而限制了正当的价格竞争。

值得注意的是，国家发改委《反价格垄断规定（征求意见稿）》将“以低于成本的价格销售”界定为“经营者持续地以承担损失的方式销售商品”[④]。尽管该文件没有明确指出应使用何种成本，但笔者认为“承担损失”的标准与欧盟委员会提出的“牺牲”概念比较相近，抓住了掠夺性定

① 王晓晔：《竞争法学》，社会科学文献出版社，2007 年，第 303～304 页。

② 参考《欧洲委员会适用欧共体条约第 82 条查处支配地位企业滥用排挤行为的执法重点指南》。根据该指南，如果企业生产多种产品，并且具备规模经济，那么在每一种产品中，长期平均增量成本都会低于平均总成本，因为长期平均增量成本并不计算真正的共同成本。当存在多种产品时，不生产其中一种或一类产品就能节省的成本是不会被定性为共同成本的。如果共同成本的数额很大，则在评估支配地位企业封锁具有同等效率的企业的能力时，必须将共同成本考虑进来。

③ 详见国家计委《关于制止低价倾销行为的规定》第 5 条。

④ 详见国家发改委《反价格垄断规定（征求意见稿）》第 13 条。

价的核心特征。

（2）价格与成本的比较。用价格与平均可变成本、平均总成本进行比较，会出现三种情况：其一，价格高于平均总成本；其二，价格低于平均可变成本；其三，价格低于平均总成本，但高于平均可变成本。其中，如果价格高于平均总成本，这样的定价是不存在掠夺性的，因而也是合法的。下面，我们结合其他国家的法律实践简要分析另外两种情况。

首先，对于价格低于平均可变成本的情况，欧盟竞争法将其推定为违法，因为这种定价的经济目的只可能是消灭竞争对手①；美国反托拉斯法则要求原告必须同时证明掠夺者合理的预见或有极大的可能收回其低于成本定价所遭受的损失，其原因在于如果不能收回损失，掠夺性定价行为只会使市场总体价格更低，增加的是消费者的福利②。比较起来，当价格低于平均可变成本时，美国反托拉斯法还要考察相关市场的结构性因素，适用的是合理原则；而欧盟竞争法直接推定违法，适用的则是本身违法原则③。对于欧洲法院的这一做法，有学者提出批评意见，认为美国反托拉斯法要求证明能够收回损失的做法更加可取④。实践中，受到欧委会调查的当事人也都会提出“不能收回损失”作为抗辩理由。尽管如此，欧洲法院在2009年的判例中再次确认“能够收回损失”不是认定掠夺性定价的前提⑤。

其次，对于价格低于平均总成本，但高于平均可变成本的情况，欧盟竞争法规定，如果此定价属于排挤竞争对手计划的一部分，即此定价的意图在于排挤竞争对手，那么此定价行为就构成违法⑥；美国最高法院认为，由于司法机关没有足够的能力来分析这种定价对竞争的影响，为避免限制合法的降价行为，不同意将这种定价推定为掠夺性定价⑦，而最高法院以外的大部分美国法院都推定这种定价是合法的⑧。

---

① 参考 Case C－62/86 AKZO Chemie BV v. Comission［1991］。

② 参考 Brook Group v. Brown & Williamson 409 US 209（1993）。

③ 欧洲法院的态度在 Case C－333/94 Tetra Pak International v. Commission［1996］中得到了体现。

④ 参考 Korah，V.，“Tetra Pak II-Lack of Reasoning in Court's Judgment”，EU：18 *ECLR* 98. 1997。

⑤ 参考 Case C－202/07France Télécom SA v. Commission of the European Communities［2009］。

⑥ 参考 Case C－62/86 AKZO Chemie BV v. Comission［1991］。

⑦ 参考 Brook Group v. Brown & Williamson 409 US 209（1993）。

⑧ ［美］欧内斯特·盖尔霍恩、威廉姆·科瓦契奇、斯蒂芬·卡尔金斯：《反垄断法与经济学》，任勇、邓志松、尹建平译，法律出版社，2009，第5版，第135页。

根据以上分析，除欧盟竞争法对低于平均可变成本的定价做出了较明确的规定外，欧盟法和美国法对掠夺性定价并没有规定清晰、明确、能够指导企业行动的认定标准。不仅如此，欧盟委员会在 2008 年 12 月颁布了查处支配地位企业滥用排挤行为的执法重点指南，该指南使用平均可避免成本和长期平均增量成本等新标准分析掠夺性定价，但却没有说明这些标准如何关联、适用范围。笔者认为，欧委会不会无端引入这些新标准，或许欧委会和欧洲法院将通过使用这些新的标准，绕开传统判例的约束，使掠夺性定价的规制原则变得更加灵活。

笔者认为，上述研究和分析给我们的启示至少包括：其一，对掠夺性定价的规制总体上不宜过于严苛；其二，对于“成本”应加以科学、准确的界定；其三，对于“正当理由”，应当做出具体、详细、可操作的规定。

2. 没有正当理由

《反垄断法》没有规定什么是“正当理由”，而国家发改委在《反价格垄断规定（征求意见稿）》第 13 条列出了六种“正当理由”[①]。笔者认为，上述欧盟竞争法关注的定价意图以及美国反托拉斯法关注的能否收回损失等问题，都属于“正当理由”所涵盖的范畴。根据《反不正当竞争法》的相关规定以及其他国家反垄断法的实践，“正当理由”可以分为防御性和扩张性两大类。首先，所谓防御性的正当理由，是指经营者低于成本之下定价是对其竞争对手削价的反应，或是对其控制能力之外的外部市场条件的反应，目的在于稳定其在市场中的竞争地位。比如，经营者为了应对竞争对手的掠夺性定价行为，或者为减少市场变化，如生产能力过剩、需求萎缩等，所带来的损失，而采取的降价销售行为等。

所谓扩张性的正当理由，是指经营者低于成本之下定价是为了扩大市场需求，或为了以更低的成本与竞争者开展竞争。扩张性正当理由的成就需要同时满足三个条件：其一，低于成本定价具有提高效率的合理性；其二，如果不采取低于成本定价的行为，没有其他方式可以取得这样的效率；其三，低于成本定价的损失将通过成本的最终降低以及效率的提高得到补偿，而非通过消灭竞争对手、损害消费者利益获得补偿。总之，认定掠夺性定价行为必须非常慎重，如果合理的降价行为被认定为掠夺性定价，反而会限制正常的价格竞争。

---

① 详见国家发改委《反价格垄断规定（征求意见稿）》第 13 条。

（四）价格歧视行为的法律规制

价格歧视行为，具体是指具有市场支配地位的经营者与有关相对人交易等级和质量相同的同种商品时，在交易方式、交易环节、交易数量、货款结算、售后服务等方面相近或相同的情况下，对不同相对人实行不同的价格。对条件不同的交易相对人实行相同的价格，亦属价格歧视。由于市场支配地位的存在，相对人往往只得与处于支配地位的经营者进行交易，所以该等经营者的价格歧视行为会对竞争产生直接的影响。

价格歧视行为对竞争的危害主要表现在两个方面：其一，价格歧视行为直接影响处于支配地位的经营者与其竞争者之间的竞争，美国反垄断法将之称为损害一线竞争；其二，价格歧视行为还会直接影响被歧视的交易对象与其竞争者之间的竞争，美国反垄断法将之称为损害二线竞争。一般而言，对一线竞争的损害主要体现为处于支配地位的经营者通过价格歧视实行掠夺性定价，比如经营者在某一个区域大幅降价，从而排挤在该地区的竞争对手；对二线竞争的损害则主要体现为这种价格歧视行为会改变交易对象的竞争地位，比如当交易对象以不利的条件购买了商品后，就会在与同行的竞争中处于不利的地位。

但是，这并不意味着此等行为当然违法，只有不具备正当理由的价格歧视才为法律所禁止。经营者采取价格歧视行为的正当理由主要有三：其一，经营者是为了应对来自竞争者的低价销售而采取的同样价格歧视行为，但该等行为不应构成或促进价格固定；其二，如果价格的差异反映了卖方向不同买方供货的成本差异，这种价格歧视也具备正当理由；其三，交易对象能够以合理的价格从其他经营者获得，或者向其他经营者出售同种商品或者替代商品。

四　滥用行政权力的价格垄断行为

（一）滥用行政权力限制竞争行为概述

如前所述，竞争会产生垄断，需要政府依据反垄断法律制度规范竞争行为，维护竞争秩序。然而，实践证明，对竞争的限制不仅来源于经营者，很多情况下是来源于具有“裁判员”身份的政府。由于行政权力具有强制性、效果直接性和效力普遍性等特点，政府限制竞争行为的危害性有时要比经营者对竞争的限制更大。这一点在我国这类由行政权力主导的计划经济体制向市场经济体制过渡的转型经济国家表现得更为明显，即旧体制下形成的观念、意识，特别是错综复杂的部门、地区甚至个别人的经济利益和政治利益，会驱使拥有行政权力的主体不正当地运用行政力量限制、排除竞争。我国《反垄断法》对滥用行政权力限制竞争的行为给以特别的关注，明令禁止行政机关和法律、法规授权的具有管理公共事务职能的组织滥用行政权力，排除、限制竞争①。

滥用行政权力限制竞争行为的主体包括行政机关和法律、法规授权的具有管理公共事务职能的组织。其中，行政机关是指依法享有行政职权，能够以自己的名义代表国家进行行政管理活动，并且承担由此产生的法律后果的行政组织。需要指出，《反垄断法》不应凌驾于国家主权之上，所以其中的行政机关不应包括代表主权国家行使行政职权的中央政府。至于法律、法规授权的具有管理公共事务职能的组织，是指行政机关以外经法律、法规授权，运用公共权力管理那些伴随社会发展而产生的关系到国家、集体、个人共同利益的社会性事务的机构，主要是法律、法规授权的具有管理公共事务职能的事业单位。

《反垄断法》所禁止的是滥用行政权力限制竞争的行为，而不是所有运用行政权力限制竞争的行为。《反垄断法》没有明确“滥用行政权力”的概念。一般而言，滥用行政权力是指行为人违反授权者授予其权力的目的和要求而行使行政权力的越权行为。从法律角度看，判断一个行政行为是否构成滥用，就要考察该行为是否符合法律和相关行政法规，是否违反了法律、法规明确的禁止性规定。《反垄断法》第五章列举了禁止滥用行政权力限制竞争的各种行为，具体包括行政性强制交易行为、地区封锁、行政性限制招投标、行政性限制跨地区投资、强制经营者从事违法垄断行为以及制定含有限制竞争内容的规定等。其中，涉及价格垄断行为主要包括地区封锁、强制经营者从事违法垄断行为以及制定含有限制竞争内容的规定等三个方面。

（二）滥用行政权力的价格垄断行为

1. 涉及地区封锁的价格垄断行为

地区封锁是指地方政府及其所属部门滥用行政权力限制外地商品进入

① 详见《反垄断法》第8条。

本地市场，或限制本地商品流向外地市场的现象。究其原因，这种现象主要是我国财政管理体制和行政管理体制造成的。我国1980年开始实行的地方财政包干制度和1994年实施的地方和中央“分税制”，在调动地方政府积极性、推动区域经济发展的同时，也造成了地区之间经济利益的冲突，促使地方政府通过地区封锁帮助本地区有竞争力的商品和企业扩张市场占有，保护那些缺乏竞争力的商品和企业。同时，出于对职位升迁的考虑，地方政府官员也有积极性通过地区封锁保护地方经济，以凸显自己的“政绩”。简言之，地区封锁往往是地方政府之间竞争的产物。

地区封锁中价格垄断行为的突出表现是地方行政机关和法律、法规授权的具有管理公共事务职能的组织滥用行政权力，对外地商品设定歧视性收费项目、实行歧视性收费标准，或者规定歧视性价格。这些行为提高了外地商品进入本地市场的成本，抬高了价格门槛，削弱了竞争力，有助于达到保护本地企业和商品的目的。这些行为阻碍了商品的自由流通和市场竞争，使全国本应统一的市场分隔成一个个狭小的地方市场，危害社会主义市场经济体制的建立与完善，理应禁止。

2. 强制经营者从事价格垄断行为

市场经济是建立在竞争机制基础之上的，市场主体只有在竞争机制的作用下自主进行经营决策，社会资源才能得到有效率的配置，市场经济才能健康发展。随着我国市场经济的确立，企业、个人等微观经济主体大都进入了竞争的角色。市场经济中，政府的角色应该是促进市场竞争，推动整个国民经济良性发展。但是，我国目前有些行政管理部门，出于本行业或者本地区的利益，往往会以种种借口，强制经营者从事限制竞争的行为，抑制经营者之间开展市场竞争。以民航业为例，国家计委和民航总局在1999年联合发布通知，要求航空公司必须严格执行规定的客票价格，不得擅自提高或降低票价，不得以任何名义进行折扣销售[①]，这相当于强制航空公司从事价格卡特尔行为，直接限制了民航业的竞争。

3. 制定含有价格垄断内容的规定

这种行为是指行政机关和法律、法规授权的具有管理公共事务职能的组织滥用行政权力，在其制定的针对不特定对象、能够反复适用的行政规定中加入价格垄断内容的限制竞争行为。我国各级行政机关都拥有制定一

① 参见《关于加强民航国内航线票价管理制止低价竞销行为的通知》。

定的行政规定的权力①，而县级以上人民政府所属部门也在一定限度内享有在本辖区内针对普遍性事项以通知、纪要、命令、公告等形式制定行政规定的权力。行政机关及其所属部门制定普遍性行政规定的行为被称为抽象行政行为②，一旦抽象行政行为包含了价格垄断的内容，由于其能够反复适用于不特定的对象，竞争必然会受到严重的限制。

（三）法律制裁

与一般垄断行为不同，《反垄断法》对于滥用行政权力限制竞争的行为仅规定了行政责任，没有规定民事责任；即使仅就行政责任而言，行政垄断行为仅受到行政处分，而不会受到行政处罚③。此外，对一般垄断行为行使制裁权的主要是反垄断行政执法机构，而对行政垄断行为行使制裁权的却是违法主体的上级机关，反垄断执法机构只有建议权，不能直接做出制裁决定，这使得《反垄断法》对于行政垄断行为不能给以直接的打击。

五　结论

以上对三类价格垄断行为及其法律规制的研究表明，我国《反垄断法》已经初步确立了对价格垄断行为的规制体系，这对于打击各种价格垄断行为，维护市场正常竞争秩序必将产生积极的影响。不过，这仅仅是一个开始，我国反价格垄断之路还很长。就现阶段而言，我国反价格垄断工作亟须完成以下两方面的工作。

1. 健全反价格垄断法律规范体系

由于我国《反垄断法》篇幅有限，而且内容非常原则，目前反价格垄断工作需要国务院反垄断委员会和国家发改委尽快发布配套的法规、规

---

① 参考《立法法》第56、71、73条，《地方各级人民代表大会和地方各级人民政府组织法》第51、60、61条。

② 所谓抽象行政行为，是指行政机关针对不特定的对象发布的能反复适用的行政规范性文件（参最高人民法院2000年3月10日《关于执行行政诉讼法若干问题的解释》）；所谓具体行政行为，是指国家行政机关和行政机关工作人员、法律法规授权的组织、行政机关委托的组织或者个人在行政管理活动中行使行政职权，针对特定的公民、法人或者其他组织，就特定的具体事项，做出的有关该公民、法人或者其他组织权利义务的单方行为（参最高人民法院《关于贯彻执行〈中华人民共和国行政诉讼法〉若干问题的意见（试行）》）。

③ 详见《反垄断法》第51条。

章、实施细则或者指南，为规制价格垄断提供更具操作性的法律依据。这是健全反价格垄断法律规范体系的首要工作。除此之外，另一项重要的工作是理清《反垄断法》与价格法律体系的关系。

在《反垄断法》实施之前，经营者的价格垄断行为受到《价格法》及其配套法规、规章的规制①。其中，《价格法》第 14 条规定了若干种“不正当价格行为”②，而《制止价格垄断行为暂行规定》则对“价格垄断行为”做出了具体的规定。根据这些规定，价格垄断行为在构成要件方面与不正当价格行为有所不同，但两种行为的法律责任基本相同。因为，对不正当价格行为和价格垄断行为的行政处罚都应当依据《价格法》第 40 条和《价格违法行为行政处罚规定》第 4 条做出③，而这两条规定并不区分不正当价格行为和价格垄断行为④。

比较价格法律体系和《反垄断法》的规定，可以看出，除滥用行政权力的价格垄断行为以外，《反垄断法》规定的价格垄断行为均同时构成《价格法》规定的“不正当价格行为”和《制止价格垄断行为暂行规定》规定的“价格垄断行为”，但《反垄断法》规定的价格垄断行为的法律责任与价格法律体系规定的法律责任却有所不同。由此产生的问题是，拥有价格执法机关和反价格垄断执法机构双重身份的发改委，究竟应该依据哪种法律规定对价格垄断行为进行规制。毕竟，《反垄断法》和《价格法》的效力级别相同，彼此也不存在“一般法与特别法”的关系，所以，理清二者之间的关系也是我国反价格垄断执法工作的当务之急。

2. 完善反价格垄断执法机构的建设

目前，国务院已经确立了商务部、国家工商总局和国家发改委“三足鼎立”的反垄断执法模式，其中国家发改委负责反价格垄断的执法工作。这种模式不仅会影响反垄断法的效力和权威，还有可能导致不同机构之间执法权限的重叠。事实上，这个问题已经有所显现。2009 年国家发改委公布的《反价格垄断规定（征求意见稿）》第六条明确将“通过限制生产销售数量或者分割销售采购市场等方式，固定或者变更商品价格的”规定为价格垄断协议行为加以规制。而 2009 年国家工商总局公布的《关于禁止

① 主要包括《价格法》、《价格违法行为行政处罚规定》以及《制止价格垄断行为暂行规定》等。

② 详见《价格法》第 14 条。

③ 详见《制止价格垄断行为暂行规定》第 10 条。

④ 详见《价格法》第 40 条。

垄断协议行为的有关规定（征求意见稿)》第五条也把“限制商品的生产数量或者销售数量”和“分割销售市场或者原材料采购市场”的协议作为垄断协议行为进行规制。实践中，经营者之间之所以要签订限制生产销售数量或者分割销售采购市场的协议，其目的主要是通过这种方式提高商品价格，因为经营者只有通过垄断高价才能实现垄断利润。所以，如果上述两个规定得到实施，国家发改委和国家工商总局的反垄断执法工作难免会产生重叠，这种状况是令人担忧的。

这种执法模式还有一个致命弱点，就是反垄断执法机构均附属于国务院部委，级别不高，权威不大。不难想见，当实施垄断行为的主体是大型国有企业或者政府部门时，反垄断执法机构工作的独立性和权威性都是难以保障的。解决这一问题的出路在于，国务院下决心将三个反垄断执法机构整合为一个统一机构，并赋予其必要的权威和地位，即成为一个直属国务院的部级机构。

以上两方面问题，尚需反垄断执法机构和相关法学研究者给以长期关注。

参考文献

[1] 王晓晔:《王晓晔论反垄断法》，社会科学文献出版社，2010。

[2] 王晓晔主编《中华人民共和国反垄断法详解》，知识产权出版社，2008。

[3] 王晓晔:《竞争法学》，社会科学文献出版社，2007。

[4]〔美〕欧内斯特·盖尔霍恩、威廉姆·科瓦契奇、斯蒂芬·卡尔金斯:《反垄断法与经济学》，任勇、邓志松、尹建平译，法律出版社，2009，第5版。

[5] Buttigieg, Eugene, *Competition Law: Safeguarding the Consumer Interest*, The Netherlands: Wolters Kluwer Law & Business. 2009.

[6] Rose, Vivien, and Peter Roth, *Bellamy & Child: European Community Law of Competition*, Oxford: Oxford University Press. 2008.

[7] Korah, Valentine, *Cases and Materials on EC Competition Law*, Oxford: Hart Publishing Co. . 2006.

[8] Van Bael & Bellis, *Competition Law of the European Community*, Hague: Kluwer Law International. 2005.

[9] Areeda, Phillip & Kaplow, Louis, *Antitrust Analysis: Problems, Text, and Cases*, 中信出版社，2003。

中国外贸领域内的价格问题研究综述

马林梅*

内容摘要 随着我国对外开放水平的不断提高，有关外贸领域价格问题的研究取得了丰硕的成果。这些相关研究主要涉及进出口贸易条件的变化、国内外市场价格的互动关系、外资企业以价格手段转移利益机制以及人民币汇率变动对进出口价格的影响几个方面。本文对该领域的研究做了概括和总结，旨在反映这一领域理论研究的现状与最新的进展。

关键词 贸易条件 国内外价格互动 转移价格 汇率传递

随着我国改革开放的不断发展，涌现出了大量的有关外贸领域价格问题的研究成果。本文对该领域的相关研究做了概括和总结，主要包括：进出口贸易条件的变化、国内外市场价格的互动关系、外资企业以价格手段转移利益机制以及人民币汇率变动对进出口价格的影响几个方面，并且对这几个方面的研究做了简单的评价。

一 进出口贸易条件的变化研究

自20世纪50年代普雷维什和辛格提出的贸易条件恶化论后，一国贸易条件的变化就成为人们关注的问题。贸易条件是衡量一国在一定时期内出口相对于进口的盈利能力和贸易利益的指标，通常表现为：价格贸易条

* 马林梅，中国社会科学院研究生院博士研究生，辽宁工程技术大学工商管理学院讲师，主要研究方向为国际经济与贸易、产业经济学、市场组织与价格制度。

件、收入贸易条件和要素条件。贸易条件的变动包括两方面的内容，一是长期趋势的变动，二是波动性。

（一）我国总贸易条件的变化

1. 我国总价格贸易条件的变化

徐贤权（1981）以1970年为基期，选择代表性的进出口商品编制进出口价格指数，测算了我国20世纪70年代贸易条件的变化。结果表明整个70年代我国的贸易条件总体上是有利的。但值得注意的是，后期贸易条件出现了恶化的趋势——倘若以1977年为基期，则1978、1979、1980三年的贸易条件均小于100。这是因为大体上在1977年以前，我国出口商品价格上涨幅度大于进口商品的价格上涨幅度；但1977年后，情况发生了变化，进口价格的涨幅超过了出口价格的涨幅。孔庆峰等（2007）、李汉君等（2009）运用 Laspeyres 价格指数①分别测算了1995～2005年、1981～2007年间我国贸易条件的变动趋势。毕玉江（2008）根据海关统计的1995年1月到2005年10月间的月度数据，计算了该期间内我国贸易条件的变动情况。虽然学者们研究所采用的数据区间以及代表性的商品存在差异，但总体来看，我国的价格贸易条件长期呈现恶化的趋势已经得到学者们的普遍认同②。我国价格贸易条件长期恶化的直接原因在于我国进出口商品价格的变化。从总体来看，无论进口价格还是出口价格都有所上升，但我国出口价格的涨幅要小于进口价格的涨幅，导致了我国价格贸易条件从长期来看处于恶化的趋势。从更深层次的原因来分析，造成进口价格指数上升幅度较大而出口价格指数下降或者上升幅度较小的原因有：我国出口产品中初级产品的比重有很大下降，而初级产品的国际价格近年来涨幅大大高于工业制成品价格；国内经济快速增长及产业结构升级的加快，带动了先进技术设备和资本密集型产品需求的上升；跨国公司通过内部贸易和“转移价格”来获得高额利润，这一做法在一定程度上提高了我国的进口价格却降低了出口价格；由于产品技术更新能力薄弱、品牌核心价值低

① 德国学者拉斯贝尔斯（Laspeyres）提出的用基期数量加权计算的价格指数。其公式为 $PL = (\Sigma P_{1i}q_{0i}/\Sigma P_{0i}q_{0i}) \times 100\%$，其中：$P_{0i}$，$P_{1i}$表示基期和报告期的第 i 项进出口商品价格数值；q_{0i}，q_{1i}表示基期和报告期的第 i 项商品进出口量占统计商品总进口或总出口量的百分比。

② 除上述学者外，其他如张先锋等（2006，2009）、林桂军等（2007）、刘志永（2009）等学者的研究也得出了相似的结论。

等因素的影响，我国企业在国际市场竞争中主要采取了价格竞争的手段，大部分出口商品价格不断下跌等。

虽然我国的价格贸易条件从长期来看处于恶化的趋势，但是贸易条件并不是一直恶化的，而是呈现出波动性的特征。孔庆峰（2007）等将 1981 ~ 2005 年的贸易条件变化按不同的发展趋势分为四个阶段。1981 ~ 1985 年，这一阶段的贸易条件有所改善，主要原因是出口价格指数下降的幅度小于进口价格指数的下降幅度；1986 ~ 1989 年，这一阶段的贸易条件出现了恶化趋势，这是由该阶段出口价格指数下降而进口价格指数上升造成的；1990 ~ 1993 年，该阶段的贸易条件开始改善，在经过上个阶段的恶化与这个阶段的改善后，贸易条件又基本恢复到 1985 年的水平；1994 ~ 2005 年，这一阶段的贸易条件一直呈恶化趋势，主要是由于进口价格指数的大幅上升造成的。

2. 我国总收入贸易条件和总要素贸易条件的变化

相对于价格贸易条件的变动，我国学者对收入贸易条件的变化以及要素贸易条件的变化研究比较少。刘志永（2009）的研究表明：1993 ~ 2006 年，我国总体商品的收入贸易条件与单要素贸易条件有上升的趋势，这主要得益于我国出口商品数量大幅增加以及我国的出口商品劳动生产率提高。虽然作者没有具体测算考察期间内我国双要素贸易条件的变动情况，但他认为，因为发达国家专业化从事高新技术行业的技术创新快于中国专业化从事低技术行业的技术创新，所以虽然我国的劳动生产率在考察期间内有大幅提升，但速度没有发达国家快。再考虑到我国价格贸易条件的恶化程度，他认为，从长期来看，中国的双要素贸易条件是趋于恶化的。

（二）不同商品的贸易条件变化

孔庆峰等（2007）研究发现，初级产品和工业制成品的贸易条件指数总体趋势类似，都呈现明显的恶化趋势，并且与总贸易条件相似，初级产品和工业制成品的贸易条件指数也是在波动中下降的，但是具体变化又有所不同。1993 年之前，初级产品和工业制成品的贸易条件指数交替以不同的幅度上升和下降；1993 年之后，工业制成品贸易条件指数的降幅明显高于初级产品贸易条件指数的降幅。更为细致的研究是针对某一类产品的贸易条件的分析。如侯方淼等（2009）分析了 1995 ~ 2007 年我国木质林产品对外贸易条件的总体变化趋势和各种主要木质林产品的贸易条件变化情况。

（三）我国与不同国家或地区之间的贸易条件变化

段国蕊（2007）研究了中国与东盟的贸易条件变化，认为从总体来看，我国对东盟的净收入贸易条件增长明显，我国大力发展与东盟的对外贸易获得了较多的贸易利益。这种贸易条件的改善在很大程度上是由价格竞争所带来的贸易量的增长而产生的，而不是由于价格的提高、产品质量的改善、产业结构的提升所产生的。李玉霞等（2008）研究了1992～2003年中国—欧盟价格的变化情况，认为该期间内中欧的价格贸易条件恶化但收入贸易条件得到了改善。中国—欧盟的价格贸易条件指数从1993年的105下降到2003年的63，降幅约为40%。同一期间，中国—欧盟收入贸易条件却得到了明显改善，由1993年的102增长到2003年的541。中国经济增长、欧盟经济增长、中国对欧盟出口商品结构和在华的外商投资等四大因素，对中国—欧盟贸易条件的变化产生了显著的影响。根据实证分析的结果，这四个因素对中国—欧盟收入贸易条件的影响都是正向的。王雪峰等（2009）运用1980～2003年的中国和美国的相关数据进行了实证分析，认为该期间内中美的贸易条件呈现恶化的趋势，这主要是由于我国和美国的购买力水平以及劳动生产率水平的变动引起的。

黄满盈（2009）等运用1987～2006年的数据考察了中国与主要的贸易伙伴（包括美、欧、日、东盟）的贸易条件的变化情况，并对波动性进行了分析与比较。在考察期间内，与对美、欧的贸易条件波动性相比，我国对日本的贸易条件波动性比较小。在制成品内部，我国对主要贸易伙伴国的高技术制成品的贸易条件波动性比较大，而低技术制成品贸易条件波动性比较小。而从总体来看，在考察期间内，我国的贸易条件波动性在下降。

（四）影响我国贸易条件变化的因素

英国经济学家约翰·穆勒的相互需求原理认为，贸易条件取决于两国之间对对方商品的需求。当一国对他国的商品的需求大于他国对本国的商品需求，则贸易条件对本国不利。近年来，国际经济学界从更广泛的角度研究了影响贸易条件变化的因素。与此相一致，我国的学者黄满盈（2009）则通过因子分析，把影响我国价格贸易条件变动的因素归结为技术进步、贸易政策、出口需求价格弹性三个公共因子。韩青（2006）通过分析，认为名义汇率、工业制成品出口和外资企业出口是价格贸易条件的格兰杰原因，而出口量、工业制成品出口、外资企业出口和贸易顺差是收入贸易条件的格兰杰原因。张先锋等（2008）以1981～2006年的数据对这些影响因素做了实证检验后认为，1981～2006年，技术进步与我国工业制成品的价格贸易条件和单要素贸易条件呈显著正相关关系，而人均资本存量与收入贸易条件呈显著负相关关系。资本技术密集型产品出口占工业制成品出口的比例与我国工业制成品的价格贸易条件呈显著正相关关系，累积FDI占国内资本存量的比例与价格贸易条件和收入贸易条件呈显著负相关关系，但对单要素贸易条件的影响不显著。以直接标价法表示的实际汇率变动与三种贸易条件均呈显著负相关关系。经济增长与我国工业制成品的收入贸易条件和单要素贸易条件呈显著正相关关系。另外，前期贸易条件的变化对现期价格贸易条件的影响显著。

（五）简评

从上述的介绍中可以看出，不论采用何种方式构建的对外贸易指数，所选取的商品包括哪些主要商品，所采用的数据是年度数据还是月度数据，虽然存在一些波动，但从长期来看，我国的总体价格贸易条件呈现出恶化的趋势。由于我国出口商品数量增长速度比较快，我国的收入贸易条件大体上呈现改善的趋势。

从研究的内容来看，学者们主要关注的还是价格贸易条件的变化情况，但对收入贸易条件和要素贸易条件的研究还比较少。贸易条件的三个指标从不同的角度反映了一国对外贸易的利益，仅凭价格贸易条件呈现恶化的趋势也不足以得出我国从对外贸易中获益减少或者福利损失的结论。要全面研究一国的贸易条件变化以及此种变化对一国经济、福利的影响，从而制定相应的宏观经济政策，另外两个指数的研究也是必不可少的。

此外，我国各种贸易条件的波动性的研究成果还比较少，这是今后需要加强的一个方向。

二　国内外市场价格之间的关系研究

20世纪80、90年代，随着我国价格体系的改革，许多学者研究了国内外市场价格的对接问题，这些研究大多完成于我国在复关谈判期间以及“入世”之前的阶段。如温桂芳等（1995）认为，国内外市场价格应该对接，并且肯定会实现对接，但是在对接的过程中应该注意一些问题，比如对接的范围、对接的时间、如何进行对接等，尤其特别强调，价格接轨不是简单的价格水平的对接，而是价格形成机制的对接。随着我国经济逐渐融入国际经济体系，特别是2001年我国加入WTO，人们更加关注国内外市场价格的相互影响。

（一）国际市场价格与国内市场价格互相影响的途径和链条

国际市场价格对国内市场价格的影响途径大体上有两个。一个是通过贸易途径，该途径的传导链条为：

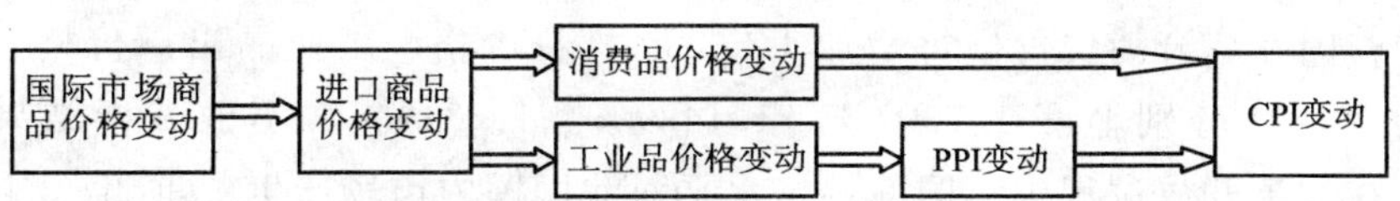

另一个是货币传导途径，其传导链条可以表示为：

除了上述两条传导途径外，对于一些比较特殊的商品，比如农产品、石油等，期货市场也是国际市场影响国内市场价格的一个途径。其传导途径为：

国内市场价格对国际市场价格影响的途径主要是通过贸易途径，其传导链条为：

从理论上讲，国内市场价格变动，一方面会引起我国出口商品价格变化，最终影响国际市场价格变化；另一方面，国内市场商品价格变化，会引起我国对国外商品需求的变化，进而影响进口商品价格变化，最终影响国际市场价格变化。

（二）国际市场价格与国内市场价格相互影响的总体实证检验

国际市场价格对国内市场价格影响的实证检验：赵革等（2005）经过实证分析认为，国际市场价格每上升 1 个百分点，2 个月后国内工业品价格平均上涨 0. 33 个百分点，3 个月后居民消费价格平均将上涨 0. 16 个百分点。通过贸易途径的传导链条，价格影响的传导呈现减缓的特征。同时，国内工业品出厂价格对国际市场价格的变化比较敏感，与国际市场价格的波动高度相关。而消费价格变化的反映则相对迟钝，呈中度相关。焦军普（2007）运用协整方法实证检验后得出，在人民币汇价水平不变的前提下，国际综合消费价格每增加 1%，原材料价格、工业品出厂价格、居民消费价格分别上涨 1. 7307%、1. 1429%、1. 3314%。实证分析结果证实，在改革开放过程中，国际价格水平对我国国内市场产生了重要影响。

在有关国内市场价格对国际市场价格变化的影响方面，康银功（2008）运用 2000～2006 年的月度数据，构建 *VAR* 模型，实证分析了我国进出口贸易对国际市场价格变化的影响。结果表明，我国进出口对世界市场价格已能够产生一定程度的影响，但效应还十分微弱，而且，就短期波动而言，影响几乎不存在。我国进口和出口对世界制成品价格指数与综合价格指数分别具有不同的影响。我国进出口均会对世界市场制成品价格产生影响，但出口产品价格弹性较强，而进口产品价格弹性则较弱。

（三）大宗商品的国际国内价格传导

1. 大宗商品的国际国内价格传导

大宗商品主要指一些初级产品，包括：原油等金融属性强、避险保值功能强的商品；以有色金属为代表的工业品以及农产品。

就农产品总体而言，张巨勇等（1999）使用 1993 年 9 月至 1996 年 12 月的月度价格，分析了中国小麦、玉米和大米国内市场与国际市场的整合程度，同时，使用 1978～1995 年的年度价格，分析了大麦等 10 种农产品国内市场与国际市场价格的整合程度。结论表明，农产品的国际市场价格与国内市场价格相互影响不是很大。我国农产品国内市场与国际市场价格整合程度还很低。而罗锋等（2009）运用 2003 年 1 月至 2008 年 6 月的月度数据所进行的实证分析表明，从长期来看，国内农产品价格与国际农产品价格存在协整关系，国际农产品价格的变动对国内农产品价格的影响较为显著，进口价格对国内农产品价格影响的作用时滞为 3 个月，国际期货市场价格对国内价格的影响不存在时滞，且在第15个月影响达到最大。值得强调的一点是，与进口价格传递相比，国际期货价格的信息反应机制对国内农产品价格波动的影响更大。

对单一的大宗农产品进行的研究，主要集中在对大豆、棉花等产品的国内外市场价格影响方面。余建斌等（2005）运用共聚合法对中国大豆国际贸易与国内大豆市场价格的关系进行了实证分析。结果表明，中国大豆进口和出口与国内大豆市场价格关系整合，而且进口与国内市场价格原有的均衡关系在1996年后被打破，进入了一个新的阶段。1996年以后，进口量与国内市场价格之间的相互影响更大，整个大豆市场的不确定性程度增大。王利荣等（2009）分析了我国加入世贸组织后国内棉花价格与国际棉花价格之间的动态关系。结果表明，国内棉价与国际棉价具有长期均衡关系，其中国际棉价波动对国内棉价有较强的冲击，对国内市场起引导作用；而国内棉价波动对国际市场影响较小。谭砚文等（2005）的研究结果表明，中国棉花进口量的波动将导致国际市场棉花价格的变化，而出口数量的多少不会对国际市场棉花价格产生影响。张雯丽等（2005）认为，我国棉花市场与国际现货市场相关程度较大，与国际期货市场相关程度较小。

在工业初级产品方面，董超等（2009）研究了国内外工业初级产品价格波动的相互影响，认为国内外工业初级产品价格波动存在显著的相关性。国内外工业初级产品价格指数之间存在长期协整关系，长期的国际市场价格波动对国内市场的影响程度非常大。但国际市场工业初级产品价格波动幅度和频率要大于国内市场，国内市场工业初级产品价格波动对国际市场影响力不足，传导力量不对等。也就是说，国际市场工业初级产品价格波动对国内市场同类产品价格的影响大、持续时间长。反之，我国工业初级产品的价格波动虽然可以迅速向国际市场传递，但影响力较弱且不易维持。

对单一的工业大宗商品的研究主要集中在石油价格上。随着我国经济的快速增长，我国的石油消费量也急剧增加，另一方面，2004年以来，国际油价剧烈波动。在这样的背景下，国际油价波动对我国经济的影响引起了许多国内外学者的关注。相关研究主要包括以下几个方面。

关于国际油价与国内油价的互动关系，焦建玲（2004）等学者考察了国内外原油价格的相互作用机制，认为国内原油价格与国际原油价格波动趋势基本保持一致，只是波动幅度国内要小于国际，且国际原油价格对国内原油价格的影响随着时间的推移而逐渐减弱。但他们也指出，国内原油价格几乎完全跟踪国际原油价格的变化，国内原油价格水平实现了与国际原油价格水平接轨，但价格形成机制并没有真正接轨。这是由于目前国内石油市场主要由三家大型的石油公司垄断，缺乏竞争和风险机制，还未真正完全市场化，国内的原油价格只是在被动地跟踪国际油价，并不是国内市场供求关系和消费结构变化的反映。另外，中国没有独立的报价系统，不仅不能及时正确地反映国内市场的供求关系、消费结构的变化，也不能将国内石油市场价格的变化反馈到国际市场，也就是无法参与国际原油价格的形成过程，造成我国在国际上没有石油定价权，从而一直深陷被迫接受国际油价高企的窘境。孟刚等（2008）则认为，虽然我国国内原油价格已经实现了与国际原油价格的联动，但是，国内成品油与国际油价却存在倒挂现象。

国际油价波动对我国经济的影响主要体现在国际油价的波动对我国经济增长、财政收支、通货膨胀等方面的影响。史丹（2000）等学者的研究认为，国际油价波动对我国的经济运行有一定的影响。他们发现油价波动对我国经济造成的影响是非对称的，油价上升会滞后性地阻碍经济增长，而油价下降只是在短期对经济有正面的刺激作用，也就是说国际油价的上升对我国经济增长所起的阻碍作用要大于油价下降对经济增长所起的促进作用。但是，这种现象并不像西方工业化国家那样明显。主要原因在于，我国目前的产能过剩以及政府对成品油价格的管制和补贴，使价格没有真正反映国内市场的需求。孟刚（2008）等认为，由于油价上涨而引发的经济增长减速会减少政府税收，增加政府支出，而且对油价的补贴也使得政府负担增加。因此，油价上涨将导致政府的财政状况恶化。杨晓华（2008）等学者讨论了国际油价的波动对国内价格水平影响的传导途径，并且从实证的角度分析了国际油价的变动对于消费价格指数和工业品出厂价格指数的影响。他们认为，从长期来看，随着石油对外依存度的提高，国际油价的上涨，虽然存在一定时滞，但会给 PPI 带来更多和更大的影响，也会促进 CPI 在一定程度上上升。不过就我国目前的情况来看，由 PPI 向 CPI 的传导存在一些困难，国际油价的波动对 CPI 影响还不显著，即国际油价上涨对我国通胀的影响并不明显。

2. 我国进口大宗商品定价权的缺失与对策

我国是世界上多种大宗商品的最大消费国和进口国，我国的消费需求对国际大宗商品市场具有重要影响。然而，从现实来看，我国的这种影响力仅仅体现在需求拉动方面，在价格上影响力甚微，进口大宗商品的定价权缺失，只能被动接受国际市场的价格，这与我国“超级买家”的地位极不协调。尤其是近年来我国铁矿石价格谈判的失利，使得进口大宗商品定价权备受人们的关注。学者们分析了我国大宗商品定价权缺失的原因并探讨了获得定价权的策略。远期定价和期货定价两种方式实际上已成为大宗商品的主要定价方式，期货市场是形成大宗商品基准价格的中心，而我国期货市场刚刚起步，期货市场定价中心的功能还未有效发挥，企业对国际期货市场和国内期货市场的参与度也都很有限，国内大宗商品的相关行业集中度不高，参与国际价格谈判时无法发挥整体的力量。对价格的影响力较弱再加上其他制度性因素的影响，使得我国企业在大宗商品的主要的定价机制中都没有体现出较强的话语权。而要获得大宗商品的国际定价权，黄先明等（2006）认为，要“三位一体”获取大宗商品国际定价权，即政府、行业和企业各司其职，又互为依托，密切配合，发挥我国在大宗商品国际定价中的合力，形成一个“政府搭台、协会客串、企业唱戏”的有效的协同体系，从国际战略高度来获取国际定价权。陈玉财等（2009）认为，主要可以采取两种方式获得大宗商品的国际定价权：一是让企业通过有效参与国际定价中心来逐渐获取对价格的影响力；二是通过提高大宗商品相关产业集中度、形成行业与价格（谈判、采购）联盟、参与海外资源市场等方式来提高企业的谈判地位，进而获得国际价格影响力。但其中相对重要、合理的是加快期货市场建设，提高企业对期货市场的认知程度和参与程度，通过定价中心方式获得定价权。

（四）影响国际市场与国内市场价格相互传导的因素

从总体来讲，影响国际市场和国内市场价格相互传导的因素主要有：①国内外经济融合程度，国内经济开放程度越高、国内经济与世界经济融合程度越高，国内经济与世界经济的相互影响以及国际市场价格与国内市场价格的相互影响就越大。②国内市场结构，贸易部门占比越大，市场价格越容易受外部市场冲击，价格向非贸易部门及整体经济传导得越快。③商品的替代性，如果国内外商品的替代性大，国际市场上价格上涨将会导致对进口商品需求的下降，对国内商品需求的上升，推动国内价格上涨，这样，国际市场上价格将更容易传导到国内；如果国内非贸易品对贸易品的替代性大，则由于贸易品价格受国际市场价格上涨的影响较大，相对价格发生变化时，就能引起国内需求的明显转移，国内价格水平受国际市场影响就较大。④不同的汇率和结算货币的选择、国内的市场经济体制以及国际间反通胀的协调性等因素，均会对国内外市场价格的相互传导产生影响。针对不同的商品以及不同的国家或地区，影响国内外市场价格相互传导的因素还会有所不同。

（五）简评

从20世纪90年代起，学者们开始关注国内外市场价格的对接及相互之间的关系问题。从理论、实证方面都进行了深入的研究，既有总体的国际市场与国内市场的互动关系的研究，也有针对特殊商品的国内外市场价格的关系研究以及针对特定的市场而进行的研究。但是，从总体来看，相对来说，大量的研究关注的是国际市场对国内市场的传导和影响，而国内对国际市场的价格传导和影响的研究还很少。不仅缺乏总体的国内对国际市场的影响研究，而且还缺乏针对特殊的商品以及针对特定的国家或地区的市场价格影响的研究。如何获得对外贸易中的定价权，更好地维护我国的经济利益，也是我们应当深思的问题。另外，从传导的途径来看，学者们大多探讨的还是贸易途径的研究，而较少关于货币途径以及针对特殊商品的期货市场途径的研究。

三　外资企业以价格手段转移利益的机制研究

我国连续多年成为国际上吸收外商直接投资最多的国家之一。20世纪90年代，越来越多的资料表明，我国的许多外资企业在账面上都处于亏损状态，但外资企业对我国的投资热情却丝毫不减。一方面是许多的企业亏损，另一方面亏损企业却在不断扩大投资规模，这种奇怪的现象引起了国内学者的关注。桑学成（1995），郭继强（1999）等对我国三资企业亏损问题进行了详细的研究，认为跨国公司内部进行原材料、中间商品、产成品、劳务或技术交易及资金借贷时所采用的内部价格即转移价格是许多外资企业“亏损”的秘密。

（一）影响我国外资企业转移定价行为的因素

1. 外资企业转移定价的动因

（1）税务动因。因为各国之间的税率差别比较大，特别是公司所得税率，所以利用转移定价来规避高税收就成为可能。从我国的外资来源地来看，香港、英属维尔京群岛、开曼群岛这三个世界著名的避税港就占了前10位的三席，并且香港的投资占我国利用外资金额的40%以上。因此，利用转移定价可以规避在我国应缴的所得税。另一方面，关税也是跨国公司转移定价的动机之一。为了降低进口时所应缴纳的关税以及增值税，外资企业也可能压低进口商品的价格。从总体来看，我国的关税水平已经比较低了，所以外资企业的降低关税的动机也应当有所弱化了。但对于一些进口关税税率比较高的商品，以此为动机的转移定价行为还是存在的。

（2）非税务动机。赵黎明等（2005）学者的研究都表明，我国外资企业的转移定价呈现一种“逆向避税”的特征，认为近年来我国外资企业转移定价的避税动机已经逐渐在淡化，外商投资企业转移定价的主要目的还是在于转移利润，对利润最大化的追逐以及对企业管理绩效的提升才是他们最为关注的因素，国家税收环境虽然对其转移定价政策有影响，但这种影响并非决定性的。王顺林（2002）通过实证分析认为，我国的外资企业转让定价的影响因素不只是税收，还与公司面临的金融风险、政治风险和组织形式有关；跨国企业经营过程中存在转移利润的行为，并且利润转移并不是以逃避税收为主要目的，而是为了尽快回收利润，逃避风险，同时直接占有投资公司中本应归属中方的利润分成。我国人民币汇率在20世纪80年代到90年代初期不断贬值，90年代中期以后稳定下来。在人民币贬值的情况下，有许多在中国投资的外商企业为了规避汇率风险，急于将利润汇出国外。

2. 我国在转移价格监管方面的缺陷

从体制方面来看，在传统的条块分割的体制安排下，我国对外资缺乏宏观调控。对转移定价实施监管是一项系统工程，从外资项目谈判、签约、审批、验资、外汇管理、海关监管到企业日常管理，都需要多部门协调合作，时刻提防不正常的转移价格。但由于我国相关部门之间缺乏协调，极易形成管理体制上的漏洞。从法规方面来看，一方面，由于我国税法对生产性外商投资企业实行特殊的优惠税收政策，使得一些外商投资企业钻中国税收减免政策的空子；另一方面，我国在有关税收和有关规定中对转移价格提出了一些管制办法，但法规仍不完善，一些规定较为抽象，可操作性不强。另外，再加上我国相关管理人员的意识不强，素质不高，使得我国外资企业转移定价长期没有得到有效的遏制。

3. 影响跨国企业转移定价的其他因素

张晓明（2004）借助一个伯川德寡占模型，考虑了我国的所得税和关税的特点，以我国的中外合资和合作企业为研究对象，从理论上分析了所有权结构对跨国企业转移定价的影响。理论分析结果认为，股权结构对我国外资企业转移定价的动机有着重要的影响。在不同的情形下，股权份额的影响又有较大的不同。在市场竞争程度更高的情况下，越是合资的企业越有高价转移利润的动机。

（二）外资企业在我国实施转移定价的手段

外资企业在我国实施转移定价的手段主要有：一是高价进口原材料、中间产品或者零部件。因为我国目前对外资企业的转移价格尚缺乏有效的控制措施，很多外商就利用其对企业的进口控制权，以种种借口要求子公司高价从境外的母公司或关联公司购买规定的原材料、中间产品或零部件等，甚至是国内企业可以生产的、质量完全符合要求的原材料、半成品等，以便更多地利用转移价格攫取利润。二是抬高固定资产价格。这种方式在合资企业中尤为明显。外商在建立合资企业时采用以投资设备入股方式或指定合资企业使用某些特定设备。由于设备进口一般是由外商来具体操作，他们可能抬高这些固定资产的价格，从而获得经济收益。三是抬高无形资产价格。因为我国的税收条款中对无形资产和服务的转移定价没有做出具体的规定，只是宽泛地要求按照正常交易进行，所以在具体执行中存在较大的随意性。改革开放以来，我国鼓励引进跨国公司先进的技术和管理经验，在此原则指导下所制定的对引进先进技术和管理经验的优惠政策，为跨国公司转让无形资产提供了比较大的定价空间。另一方面，无形资产自身所具有的特点也使其定价往往缺乏市场参考标准。这样，跨国公司在转让这些无形资产进行投资时，往往滥用转移定价，大幅度提高价格，侵吞中方的利益。四是提高融资成本。跨国公司以提供融资租赁或融资贷款方式在我国设立子公司，然后要求子公司以支付利息的形式偿还母公司，由于支付的利息或租金可以计入成本，母公司就利用调高利息率和租金率，很方便地调整各子公司的成本，从而达到全球调拨利润的目的。

（三）我国外商投资企业转移定价的方法

慕银平等（2004 年）将国内外提出的转移定价方法归结为两大类：常用转移定价方法和常用转移定价方法之外的方法。常用转移定价方法包括：成本基础转移定价法、市场基础转移定价法和协议转移定价法；而其他转移定价方法主要包括：双重定价法、歧视定价法等。胡庆江（2004）

指出，根据1994～1995年两位美籍华裔教授进行的采访调查，在我国有44%的跨国关联交易采用了协议市场定价，即在市场价格的基础上进行人为协议的调整；41%采用的是以交易成本为基础的成本加成定价法，与OECD所规定的可比非受控价格法①相比，这两种方法都不符合公平独立核算的原则。

（四）我国政府应对外商投资企业转移定价行为的对策研究

从制度建设与法律制定方面来讲，我国应进一步完善与细化有关外资企业转移定价的法律条规，应对转移定价的定价原则、关联企业的概念、转移定价方法（特别是无形资产、服务方面的）、预约定价协议等方面添加明确的规定，并增加对转移定价的处罚、转移定价的上诉以及仲裁条款。就政府监管方面来讲，为了实施更为高效的监管，我国应当建立高素质的税收队伍以确保法规执行富有成效，重点对跨国公司的交易进行检查，要加强会计师事务所和海关的作用，建立国家的反转移定价的数据库，为我国的税务部门提供充分、全面的外资信息，还要提高合资、合作企业中方的自我保护能力、在可能的情况下增强中方的管理控制权。就政府理念来讲，要积极引导各级政府转变规制转移价格会影响利用外资工作的思想。

（五）简评

西方转移价格方面的研究主要应用组织行为学和心理学理论，采用调查研究法和实验研究法，揭示各种因素对转移价格产生的影响。我国学者主要是从外资企业在中国运用转移价格对我国产生的不利影响出发，研究了转移价格的目标、动机、具体操作手段以及规制的对策等，这些分析多侧重于转移价格的负面影响。同时，我国对转移价格的研究与国外相比侧重于规范分析，侧重于动因、对策分析，实证研究还比较薄弱。因此，针对我国的实际国情、具体企业环境和企业结构特征的实证研究，应是今后转移定价研究不可或缺的部分。

另一方面，我国的外资企业包括中外合资、中外合作以及外商独资企业，企业类型不同，其转移定价的策略、影响因素也会有所不同，尤其是进入新世纪以来，我国的外商独资企业的数量及投资金额都快速增长，因

① 是指按照没有关联关系的交易各方进行相同或者类似业务往来的价格进行定价的方法。

此，应当加强外商独资企业的转移定价相关研究，以便制定相关的规制措施时更有针对性。此外，不同行业的外资企业转移价格的目的、手段以及应当采用的转移定价的方法也呈现出不同的特点，我国的相关研究还没深入细致地涉及这些方面。这也是今后我们应当着重研究的一个方向。

转移价格各个影响因素之间关系非常密切，转移价格的效应也不是各种影响因素的简单汇总，转移价格的各个因素都存在着相互博弈关系，这也给以后的研究者留下了许多值得进一步研究的命题。

四 人民币汇率变动对进出口价格的影响

（一）汇率传递的传统理论与最新进展

汇率变动对进出口商品价格的影响可以用汇率传递理论进行解释。汇率传递是指汇率变动所引起的一国商品进出口价格的变动。传统的汇率传递理论是以购买力平价为基础的，假设本国是一个小国，世界市场是完全竞争的，本国是一个价格接受者，那么，在没有运输成本、关税和其他贸易障碍的情况下，国际套利使一价定律成立。如果一价定律成立，则汇率变动会引起进出口价格同比例变动，在这种情况下，汇率传导是完全的，汇率传导系数等于1。但该假设的成立需满足两个条件：市场是完全竞争的，商品的价格加成比例始终为零，边际成本不变。许多学者对发达国家（特别是美国）的汇率变动与进出口价格的影响所做的实证研究结果却与传统的汇率完全传递理论不相符，汇率的传递是不完全的。在这样的背景下，多恩布什等学者提出了新的汇率不完全传递理论。新一代的汇率传递理论认为，汇率的传递在一些因素的影响下是不完全的。汇率传递影响因素主要有：市场的竞争程度以及产业组织因素（包括产业的集中度、产品的同质以及替代程度、相对于国内竞争者的国外厂商的市场份额以及进口商品用本国货币标价的范围等）、扩展市场的沉淀成本、厂商的市场份额以及生产全球化的程度等。

（二）人民币汇率变动对进出口价格的影响

我国有关人民币汇率变动对进出口价格影响的专门研究始于1994年汇改前后。尤其是亚洲金融危机爆发之后，许多国家以货币贬值的方式促进出口，国内的学者开始关注汇率的变动对进出口价格的影响。在此前后，一些学者开始系统介绍国外的有关汇率变动对进出口价格影响的理论。如傅建设（1997）介绍了国外传统的汇率传递理论以及汇率传递新一代理论，赵忠秀（1998）介绍了影响汇率不完全传递的因素等。而另一些学者开始思考人民币汇率的波动会对我国的进出口价格产生什么样的影响。人民币汇率变动对进出口价格的影响再次成为学者们关注的热点是在2005年我国实现新的汇改之后。随着此次汇改以及之后人民币的不断小幅升值，人民币汇率变动对我国进出口价格的影响成为学者们日益关注的热点问题。在此期间，涌现了大量的相关研究成果。

1. 人民币汇率变动对我国总体进出口商品价格的影响

（1）人民币汇率变动对我国出口价格的传递效应。这样的研究多以人民币汇率变动对中美、中欧进出口商品的价格影响为例，其中有关对中美进出口商品的价格影响研究成果最多。

毕玉江等（2007）使用1985年第一季度至2001年第四季度标准国际贸易分类（SITC）一位数分类的数据检验了汇率变动对中国商品出口价格的传递程度。黄蔚（2008）选取1989~2007年的年度数据，利用单位根协整理论研究了人民币名义汇率变化对向美出口商品价格的传递效应。马红霞等（2008）利用1999年1月至2006年12月的月度数据，在SITC一位数商品分类层面上，考察了人民币对欧元汇率变动对中国向欧元区出口价格的影响。虽然实证研究所得到的具体传递系数不一样，但都认为人民币汇率变动对我国出口价格的传递效应是不完全的，且传递存在一定的时间滞后性，此外不同的商品的传递效应也是不同的。

（2）人民币汇率变动对我国总体进口价格的传递效应。毕玉江等（2006）学者采用不同的数据研究了人民币的汇率变动对我国进口价格的传递效应，虽然由于选取的数据区间不同，得到的传递系数也不尽相同，但一致的结论是：汇率对进口价格的短期传递是不完全的，而且研究也表明传递过程存在时滞。但他们大都认为，人民币汇率变动对我国进口价格的传递效应比出口价格的传递效应大。但也有学者的结论与此不同。如李颖（2008）认为，人民币名义有效汇率对国内总体进口价格的传导效应无论短期还是长期基本上都大于1，国外出口商对人民币汇率冲击的持续反应过度。

2. 针对特定商品的人民币汇率传递效应

鞠荣华等（2006）实证分析了我国农产品出口价格的汇率传递情况，发现我国农产品出口价格的汇率传递程度较低，出口商看市定价，吸收了大部分的汇率变化；不同种类的农产品出口价格的汇率传递程度不同，在国际市场上占较大份额的农产品出口价格的汇率传递程度较高，而份额较小的农产品出口价格的汇率传递程度较低。马宇（2007）以家电行业为例，运用混合回归的方法，使用1999～2005年的年度数据研究了人民币实际有效汇率变化对家电行业出口价格的传递效应，其实证结果显示，人民币汇率变化对家电出口价格的影响90%以上都会传递到国外市场。企业很难通过改变成本加成比例来减少目标市场的价格波动。因此，人民币汇率升值可能对我国一些出口产业带来较大影响。谷任等（2007）用标准国际贸易分类（SITC）将纺织品和服装产品划分为棉纱、棉机织物和服装成衣，并计算了它们的出口单价，由此估计出汇率变化对价格的传递效应。他们发现人民币汇率传递系数（绝对值）在服装类和棉纱类分别为1.85和1.28，而在棉机织物类仅为0.01。

（三）人民币汇率传递效应的影响因素

人民币汇率变动对出口价格所产生的传导效应的大小主要受我国出口企业在传导效应过程中的看市定价能力的影响。因为我国出口产品多是附加值比较低的商品，在国际市场上所具有的是非价格竞争优势，对外国的市场依赖程度也比较高，再加上国内企业在出口国市场上的势力不足，所以当汇率发生变化时，为了抑制汇率波动对出口产品价格产生过度影响，我国出口企业会根据市场份额、产品差异或边际成本的可变性等能动地调整出口产品的加成份额，自行承担了很大部分的汇率变动风险，从而导致了汇率传递的不完全。我国的出口贸易中，一半以上的商品出口所采用的贸易方式是加工贸易，这样的贸易方式的特征是“两头在外”。因为原材料等是进口品，所以会使得人民币汇率的出口传递弹性降低。另外，从不同的行业，不同的商品来讲，出口企业的看市定价能力有所不同，因此会导致人民币汇率变动的传递弹性有所不同。

人民币汇率变动对我国进口价格的传递在短期内是不完全的，这有可能是国外的出口商自行吸收了一部分汇率变动的风险所导致的，另外，名义价格黏性的存在、国外企业所处的规模报酬阶段、我国进口商品的结构、产品差异程度等，也会影响人民币汇率对进口价格的传导。

（四）人民币汇率变动对我国进出口的影响

汇率变动对贸易的影响包括两个方面，一是汇率水平的变化即汇率升值或贬值对贸易的影响，二是汇率的波动幅度变化对贸易的影响。汇率变动对进出口影响效应的主要理论是传统的汇率弹性理论。该理论认为，在马歇尔—勒纳条件成立时，本币汇率贬值将促进出口，抑制进口，从而改善国际收支逆差状况；本币汇率升值将抑制出口，增加进口，从而减缓国际收支顺差过大带来的压力。国内根据弹性分析理论对人民币汇率变动与国际贸易收支的关系所做的研究主要有三种观点：一种观点认为我国的进出口需求价格弹性严重不足，马歇尔—勒纳条件在中国并不存在，汇率贬值非但不能改善国际贸易收支，反而会导致进出口状况恶化，因而汇率贬值政策有负效果①；第二种观点认为我国的进出口弹性处于临界值，因而汇率变化对我国的贸易收支影响不是很明显②；第三种观点认为汇率贬值能够改善贸易收支③。

我国2005年汇改后，人民币汇率持续小幅升值，人民币升值对我国贸易收支的影响尤其是人民币升值能否有效地减少我国的贸易盈余、缓解中美贸易失衡问题成为学界关注的焦点问题。对此，学者们有不同的研究结论。曹瑜（2008）等人认为，人民币实际汇率升值对改善中美贸易收支平衡状况存在显著影响。实际汇率升值会使出口减少，进口增加，人民币实际汇率升值有助于中美贸易顺差的减少。但有学者持不同观点：许梅恋（2008）认为，在我国出口贸易中，加工贸易占很大的比重以及加工贸易的特殊性，使人民币汇率升值抑制出口的作用被大大削弱了。因此，要有效地削减出口，缓解顺差，就要采取特别针对加工贸易的措施，如增加本国原材料比重、提高加工水平、提高工人工资等而不能仅仅依靠人民币升值。贤成毅等（2008）认为，人民币汇率错位和实际汇率波动会影响中国的进出口，人民币升值会减少中国出口，但也会减少中国从美国的进口。他们认为，造成中美贸易失衡的主要原因是美国储蓄率过低而中国储蓄率过高，以及中美之间的经济结构差异和贸易之间的互补性和制度安排。因此，解决中美贸易失衡根本的路径在于解决两国差异过大的储蓄率问题和经济结构差异问题。徐炜等人（2008）通过对1994年1月至2005年7月、

---

① 陈华（1998），张明（2001），谢建国等（2002），任兆璋等（2004），曹阳和李剑武（2006）等学者持这种观点。

② 陈彪如（1992），李明友（2005），许少强和马丹（2005），李亚琼和黄立宏（2006）等学者认同此种观点。

③ 戴祖祥（1997），谢智勇等（1999），金俊峰（2001），卢向前和戴国强（2005）等学者的研究证实了这种观点。

2005年8月至2006年11月的数据，验证了人民币实际有效汇率对我国进口总额和出口总额的影响。结果表明，随着2005年7月21日汇率制度改革的实施，人民币实际有效汇率对我国进出口的影响正在减小，美国等西方发达国家要求人民币升值以改善其贸易逆差之举在实践中是不合理的。

关于人民币汇率波动率对我国进出口贸易的影响，曹阳等（2006）认为，从长期看，随着汇率波动率的增加，我国的出口量会减少，而进口量则会增加，但短期汇率波动率的增加对贸易影响不大。所以在人民币汇率改革后，只有有效控制汇率风险，才能保持贸易收支的相对稳定。谷宇等（2007）分析了人民币汇率波动性及其对中国进出口的长短期影响。分析表明，在长期内，人民币汇率波动性对进口、出口的影响显著不同，对进口表现为正向冲击，对出口表现为负向冲击。在短期内，对进口、出口都表现为负向冲击，但对进口的冲击效应稍大。从长期来看，人民币实际有效汇率的波动性扩大能在一定程度上降低贸易顺差。并且他们认为，从宏观角度分析，上述结果的出现同中国吸引外资、以出口和投资拉动经济增长的增长模式导致的内外需求不平衡、加工贸易比重过大、贸易结构不合理等因素紧密相关。

（五）简评

从上述的介绍可以看出，近年来，尤其是2005年我国新汇改后，出现了大量的有关人民币汇率变动对我国进出口价格的影响的研究文献。其中，绝大多数都是实证研究。通过实证研究证明，在大多数情况下，人民币汇率变动对我国进出口价格的传递是不完全的，这与国际上学者们对其他国家的实证研究结果相似。

虽然人民币汇率变动对我国进出口价格的传递不完全这一结论得到了大多数学者的认同，但是，对这一结果存在的原因解释却仍然不够充分。一些学者指出了可能的原因，但要加以证实仍有待进一步的研究。此外，人民币汇率对不同行业、不同商品的价格传递效应大小也是不同的。所以，更加细致地研究人民币汇率变动对不同行业、不同商品的进出口价格的影响以及决定因素，才有可能制定出更有针对性的政策和策略。这也是我们今后的一个研究方向。

人民币汇率变动对我国进出口贸易的影响、尤其是人民币升值是否能够降低我国的顺差至今尚无定论，这也是应当进一步研究的问题。

参考文献

[1] 徐贤权：《我国贸易条件在70年代的变化及其在80年代的展望》，《国际贸易问题》1981年第3期。

[2] 孔庆峰等：《我国贸易条件下降的原因及对策分析》，《国际贸易问题》2007年第10期。

[3] 李汉君等：《中国价格贸易条件变动趋势与出口商品结构——1981～2007年的时序数据的研究》，《国际贸易问题》2009年第3期。

[4] 毕玉江：《中国的商品进出口价格与贸易条件变动因素分析及对策》，《价格月刊》2008年第5期。

[5] 刘志永：《对外贸易中“贫困化增长”问题及对策分析——基于贸易条件变动趋势的角度》，《国际经济合作》2009年第2期。

[6] 王雪峰：《对中美贸易条件恶化的经验研究》，《世界经济研究》2009年第8期。

[7] 段国蕊：《中国对东盟贸易条件研究》，《山东经济》2007年第1期。

[8] 黄满盈：《中国同欧、美、日贸易条件波动的比较分析》，《统计与决策》2009年第8期。

[9] 张先锋等：《我国贸易条件与贸易利益关系的再探讨》，《国际贸易问题》2006年第8期。

[10] 温桂芳：《关于国内外市场价格对接的几个问题》，《财经问题研究》1995年第11期。

[11] 赵革、黄国华：《国际市场到国内市场的价格传导链分析》，《统计研究》2005年7期。

[12] 焦军普：《国际市场价格上涨对我国国内价格影响的实证分析》，《经济与管理研究》2007年第9期。

[13] 康银功：《我国进出口贸易对世界市场价格的影响——基于VAR模型的实证分析》，《当代财经》2008年第5期。

[14] 张巨勇等：《我国农产品国内市场与国际市场价格整合研究》，《中国农村经济》1999年第9期。

[15] 罗锋等：《国际农产品价格波动对国内农产品价格的传递效应——基于VAR模型的实证研究》，《国际贸易问题研究》2009年第6期。

[16] 王利荣等：《国内外棉花市场价格的动态关系分析——基于VECM模型》，《国际贸易问题》2009年第11期。

[17] 谭砚文等：《中国棉花国际贸易对国际市场棉花价格影响的实证分析——对

中国棉花“贱卖贵买”现象的质疑》，《中国农村经济》2005 年第 1 期。
[18] 张雯丽等：《国际棉价与中国棉价的相关性及因果性分析》，《价格理论与实践》2005 年第 9 期。
[19] 董超等：《国内外工业初级产品价格波动的关联分析》，《国际贸易》2009 年第 8 期。
[20] 焦建玲等：《中国原油价格与国际原油价格的互动关系研究》，《管理评论》2004 年第 7 期。
[21] 刘建、蒋殿春：《国际原油价格冲击对我国经济的影响——基于结构 VAR 模型的经验分析》，《世界经济研究》2009 年第 10 期。
[22] 孟刚等：《国际原油价格波动对我国经济的影响与对策建议》，《工业技术经济》2008 年第 2 期。
[23] 杨晓华：《国际原油价格波动对我国价格水平影响分析》，《价格理论与实践》2008 年第 9 期。
[24] 黄先明等：《“三位一体”争取大宗商品进口的国际定价权》，《价格理论与实践》2006 年第 4 期。
[25] 陈玉财等：《我国大宗商品定价权的现实思考与策略选择》，《价格理论与实践》2009 年第 4 期。
[26] 曹嵘：《外资企业实施转移定价的原因及对策探析》，《经济论坛》2007 年第 6 期。
[27] 赵黎明等：《跨国公司在我国转移定价特点及其防范对策》，《价格理论与实践》2005 年第 2 期。
[28] 吴联生等：《协商式转移定价与成本转移》，《管理世界》2008 年第 2 期。
[29] 慕银平等：《关联企业转移定价研究综述》，《管理科学学报》2004 年第 3 期。
[30] 谷任等：《汇率变动对我国纺织品出口国际竞争力的影响》，《国际贸易问题》2006 年第 8 期。
[31] 鞠荣华等：《中国农产品出口价格汇率传递研究》，《中国农村观察》2006 年第 2 期。
[32] 马宇：《人民币汇率对出口价格传递率的实证分析：以家电行业出口为例》，《经济科学》2007 年第 1 期。
[33] 毕玉江等：《人民币汇率变动的价格传递效应：基于协整与误差修正模型的实证研究》，《财经研究》2006 年第 7 期。
[34] 李颖：《人民币汇率变动对进口价格传导效应的实证研究》，《经济评论》2008 年第 5 期。
[35] 曹瑜：《汇率制度改革以来实际汇率升值对中美贸易影响的实证研究》，《世界经济研究》2008 年第 7 期。

[36] 许梅恋:《人民币升值对降低我国贸易顺差的作用分析——基于不同贸易方式的分析》,《国际贸易问题》2008 年第 1 期。

[37] 贤成毅等:《人民币升值与中美贸易失衡的实证分析:1980 ~ 2005》,《广西大学学报》(哲学社会科学版) 2008 年第 2 期。

[38] 徐炜等:《人民币实际有效汇率对我国进出口总额的影响》,《国际贸易问题》2008 年第 3 期。

[39] 曹阳、李剑武:《人民币实际汇率水平与波动对进出口贸易的影响——基于 1980 ~ 2004 年的实证研究》,《世界经济研究》2006 年第 8 期。

[40] 谷宇等:《人民币汇率波动性对中国进出口影响的分析》,《世界经济》2007 年第 10 期。

[41] 毕玉江等:《人民币汇率变动对中国商品出口价格的传递效应》,《世界经济》2007 第 5 期。

[42] 陈彪如:《人民币汇率研究》,华东师范大学出版社,1992。

[43] 陈华:《人民币汇率对国际收支影响的实证分析》,《国际经贸探索》2008 年第 5 期。

[44] 戴祖祥:《我国贸易收支的弹性分析:1981 ~ 1995》,《经济研究》1997 年第 7 期。

[45] 傅建设:《汇率变动对进出口价格的影响》,《国际金融研究》1997 年第 6 期。

[46] 郭继强:《转移价格——浅谈三资企业亏损问题》,《北京第二外国语学院学报》1999 年第 4 期。

[47] 韩青:《中国贸易条件及其影响因素的经验分析:1980 ~ 2002》,《经济科学》2006 年第 6 期。

[48] 侯方淼等:《中国木质林产品对外贸易条件的分析与思考——兼论金融危机影响下的木质林产品贸易条件》,《北京林业大学学报》(社会科学版) 2009 年第 4 期。

[49] 胡庆江:《我国外资企业中外方转移定价行为与防范》,《国际经济与合作》2004 年第 8 期。

[50] 黄蔚:《人民币汇率的出口价格传递效应分析——来自中美贸易的证据》,《经济经纬》2008 年第 6 期。

[51] 金俊峰:《人民币实际汇率变动与我国出口贸易之间关系的实证分析》,《经济师》2001 年第 2 期。

[52] 李明友:《人民币汇率对我国外贸影响的实证研究》,《上海金融学院学报》2005 年第 3 期。

[53] 李亚琼、黄立宏:《汇率变动对进出口影响的实证分析》,《经济数学》2006 年第 2 期。

[54] 李玉霞等：《中国—欧盟贸易条件研究》，《国际贸易问题》2008 年第 3 期。

[55] 林桂军等：《我国贸易条件恶化与贫困化增长》，《国际贸易问题》2007 年第 1 期。

[56] 卢向前、戴国强：《人民币实际汇率波动对我国进出口的影响：1994 ~ 2003》，《经济研究》2005 年第 5 期。

[57] 马红霞等：《人民币汇率变动对中欧出口价格的传递效应》，《世界经济研究》2008 年第 7 期。

[58] 任兆璋等：《人民币实际汇率与贸易收支实证分析》，《现代财经——天津财经学院学报》2004 年第 11 期。

[59] 桑学成：《三资企业“亏损”现象透视》，《国际贸易》1995 年第 2 期。

[60] 史丹：《国际油价的形成机制及对我国经济发展的影响》，《经济研究》2000 年第 12 期。

[61] 许少强、马丹：《人民币实际汇率对我国贸易收支影响的实证分析》，《新金融》2005 年第 2 期。

[62] 王顺林：《外商投资企业转让定价研究》，《学术季刊》2002 年第 2 期。

[63] 谢建国等：《人民币汇率与贸易收支：协整研究与冲击分解》，《世界经济》2002 年第 9 期。

[64] 谢智勇等：《亚洲金融危机以来人民币汇率与进出口贸易增长关系的实证分析》，《国际金融研究》1999 年第 7 期。

[65] 余建斌等：《中国大豆国际贸易与国内市场价格关系的实证分析》，《农业经济问题》2005 年第 11 期。

[66] 张明：《人民币贬值与我国贸易收支的关系研究——关于国际收支弹性理论的实证分析》，《金融教学与研究》2001 年第 5 期。

[67] 张先锋等：《我国工业制成品贸易条件的影响因素分析》，《国际贸易问题》2008 年第 5 期。

[68] 张先锋等：《我国价格贸易条件的影响因素分析——基于内外部均衡的视角》，《国际经贸探索》2009 年第 4 期。

[69] 张晓明：《公司内贸易：所有权结构与转移定价》，《产业经济研究》2004 年第 5 期。

[70] 赵忠秀：《汇率波动对进出口价格的传递效应——兼析东南亚金融危机对中国进出口的影响》，《国际商务》1998 年第 6 期。

图书在版编目（CIP）数据

中国价格理论前沿．1/温桂芳，张群群主编．—北京：社会科学文献出版社，2011.3
（中国经济科学前沿丛书）
ISBN 978－7－5097－1897－1

Ⅰ.①中…　Ⅱ.①温…②张…　Ⅲ.①价格－经济理论－研究－中国　Ⅳ.①F726

中国版本图书馆 CIP 数据核字（2010）第 207217 号

中国经济科学前沿丛书

中国价格理论前沿（1）

主　　编／温桂芳　张群群

出 版 人／谢寿光
总 编 辑／邹东涛
出 版 者／社会科学文献出版社
地　　址／北京市西城区北三环中路甲 29 号院 3 号楼华龙大厦
邮政编码／100029
网　　址／http：//www.ssap.com.cn
网站支持／（010）59367077
责任部门／财经与管理图书事业部（010）59367226
电子信箱／caijingbu@ssap.cn
项目负责／周　丽　王玉水
责任编辑／李风华　张景增
责任校对／崔冬梅
责任印制／蔡　静　董　然　米　扬

总 经 销／社会科学文献出版社发行部
（010）59367081　59367089
经　　销／各地书店
读者服务／读者服务中心（010）59367028
排　　版／北京步步赢图文制作中心
印　　刷／三河市文通印刷包装有限公司

开　　本／787mm×1092mm　1/16
印　　张／26.75
字　　数／455 千字
版　　次／2011 年 3 月第 1 版
印　　次／2011 年 3 月第 1 次印刷

书　　号／ISBN 978－7－5097－1897－1
定　　价／75.00 元

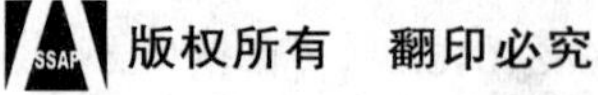